최신판

지방소득세 실무

TAX AFFAIRS

이정민 저

SAMIL | 삼일인포마인

정오표 및 중요한 수정사항이 있을 경우, **www.samili.com** 사이트 **제품몰** 코너에서
본 도서를 검색하신 후 **수정사항**을 클릭하시면 그 내용을 확인하실 수 있습니다.

머리말

지방소득세는 국세의 부가세였다가 2014년 독립세로 전환됐는데 이로 인해 납세지, 외국법인세액 과세표준 차감 등 독자적인 부분이 많이 도입됐다. 그런데 필자가 지방소득세 실무를 하면서 느낀 것은 세무대리인들의 경우 소득세, 법인세 등의 국세 관련하여서는 전문적인 지식을 갖추고 있으나 이러한 지방소득세의 독자적인 부분들이나 국세와 차이가 있는 부분에 대한 지식은 부족한 경우가 상당히 있다는 것이다. 특히, 법인지방소득세 신고 시 안분율을 착오 적용하여 가산세를 본인이 부담해야 한다며 난처해하는 세무대리인들을 자주 보며 같이 안타까운 마음을 느껴왔다. 따라서 첫째로 이러한 세무대리인들을 위해 이 책을 집필하게 된 것으로 이 책은 지방소득세의 독자적인 부분 및 국세와 차이가 있는 부분 위주로 다루었고 특히 법인지방소득세 안분율 제도 관련해서는 지면을 약 60페이지 가까이 할애하여 안분 시 발생할 수 있는 모든 경우에 대해 다룰 수 있도록 노력하였다.

한편, 필자는 지방세연구원에 강사로 출강하면서 지방소득세 관련된 법인세, 소득세에 대해서 어떻게 학습해야 하는지 몰라 난처해하는 실무 공무원들을 자주 보아왔다. 지방세법 등 지방세 관련 규정을 읽을 때에도 그것이 국세 규정과 연동돼 있어 이를 잘 해석하지 못하여 난처해하는 공무원들이 많았다. 이러한 공무원 실무자들을 위해서도 이 책을 집필하게 됐다. 방대한 법인세, 소득세 규정들은 모두 학습할 필요가 없으므로 꼭 필요한 개념들만 수록하였고 특히 국세청 통보자료로 과세하는 지방소득세 특성상 통보되는 법인세 및 소득세의 과세표준 계산, 소득 구분 등의 세부 내용은 과감히 생략하였다. 그러면서도 지방소득세 독자적인 유권해석, 판례, 규정 등은 빠짐없이 수록하였다. 따라서 이 책을 읽으면 법인세, 소득세 관련 규정을 따로 학습하지 않고도 지방소득세 관련 모든 규정들을 학습한 효과를 얻을 수 있을 것이고 이 책의 내용으로 실무에서 발생하는 대부분의 문제를 해결할 수 있을 것이다.

결국 이 책은 세무사, 세무 사무원, 회계사, 기업 세무 담당자, 공무원 실무자들의 실무를 지원하기 위해 집필된 것으로 이 책이 독자분들의 지방소득세 실무상 문제 해결에 기여할 수 있기를 바란다.

끝으로 이 책을 집필할 수 있도록 도와주신 오연관 대표이사님과 김동원 이사님께 특히 감사의 인사를 드리고 박상준 부장님 외 삼일피더블유씨솔루션 출판팀 직원 여러분들께도 감사의 인사를 드린다. 그리고 오늘까지 필자가 있을 수 있도록 낳아주시고 키워주신 어머니, 그리고 책 집필에 있어 조언을 아끼지 않으신 아버지(이원배 세무사)께 감사를 표한다.

2026. 1.
저자 이정민

차 례

제1편 2026년 개인지방소득세 실무 / 15

차 례

차 례

제2편 2026년 법인지방소득세 실무 / 151

차 례

차 례

차 례

본 책에 쓰인 약어 및 그 의미는 다음과 같다.

약어	의미
지법	지방세법
지령	지방세법 시행령
지칙	지방세법 시행규칙
지기법	지방세기본법
지기령	지방세기본법 시행령
지기칙	지방세기본법 시행규칙
지특법	지방세특례제한법
지특령	지방세특례제한법 시행령
소법	소득세법
소령	소득세법 시행령
소칙	소득세법 시행규칙
소통	소득세법 기본통칙
법법	법인세법
법령	법인세법 시행령
법칙	법인세법 시행규칙
국기법	국세기본법
국기령	국세기본법 시행령
국기칙	국세기본법 시행규칙
상증법	상속세 및 증여세법
조특법	조세특례제한법
조특령	조세특례제한법 시행령
조특칙	조세특례제한법 시행규칙
국조법	국제조세조정에 관한 법률
조심	조세심판원
행안부	행정안전부
행자부	행정자치부
지자체	지방자치단체
특징	특별징수

제 1 편

2026년 개인지방소득세 실무

1 개인지방소득세 기본 개념

가. 조세의 분류

1) 과세주체에 따른 분류

과세주체에 따라 조세를 분류하면 조세는 국세와 지방세로 나눌 수 있다. 국세는 국가가 국가재정수입에 충당하고자 징수하는 조세이고 지방세는 지방자치단체가 지방재정수입에 충당하고자 징수하는 조세이다. 개인지방소득세는 지방세에 속한다.

2) 지방세 종류에 따른 분류

지방세의 종류에 따라 지방세를 분류하면 지방세는 광역자치단체[1]에 귀속되는 특별시세, 광역시세, 도세와 기초자치단체[2]에 귀속되는 시군세, 구세(지방자치단체인 구의 구세, 특별시와 광역시의 구)로 나눌 수 있다(지기법 제2조 제1항 제3호). 개인지방소득세의 지방세 종류에 따른 분류는 다음과 같다(지기법 제8조).

구분	서울특별시	광역시 (인천, 대전, 대구, 광주, 부산, 울산)	특별자치도 (제주, 강원)	특별자치시 (세종)	도
지방세 분류	특별시세	구지역: 시세 군지역: 군세	특별자치도세 다만, 시·군이 있는 경우 시·군세	특별자치시세	시지역: 시세 군지역: 군세

나. 납세의무성립 시기

1) 개요

납세의무가 성립한다는 것은 지방세를 납부할 의무가 성립한다는 것이다. 납세의무가 성립하면 그에 대응하는 국가의 추상적인 조세채권이 성립하는데 납세의무가 성립하였어도 지방세를 납부하기 위해서는 납부할 지방세액을 구체적으로 확정하는 절차(납세의무확정)가 필요하다.

1) 광역자치단체: 도, 특별시, 광역시, 특별자치시, 특별자치도
2) 기초자치단체: 시, 군, 구(특별시와 광역시의 구)

2) 개인지방소득세 납세의무성립 시기

개인지방소득세 납세의무는 소득세의 납세의무가 성립하는 때 성립한다(지기법 제34조 제1항 제7호). 이때 소득세 납세의무가 성립하는 때는 과세기간이 끝나는 때이다(국기법 제21조 제2항 제1호). 다만, 납세조합이 징수하는 소득세 또는 예정신고납부하는 소득세는 과세표준이 되는 금액이 발생한 달의 말일이 납세의무성립일이므로 개인지방소득세 납세의무 성립시기도 과세표준이 되는 금액이 발생한 달의 말일이 된다(국기법 제21조 제3항 제2호).

3) 지방소득세 특별징수세액 납세의무성립 시기

지방소득세 특별징수세액의 납세의무는 소득을 원천징수하는 때(지급하는 때) 성립한다(지기법 제34조 제2항, 대법원 2004. 12. 10. 선고 2003두8814 판결).

특별징수하는 지방소득세 납세의무 성립 시기(대법원 2004. 12. 10. 선고 2003두8814 판결)

특별징수하는 주민세는 그 과세표준이 되는 소득세를 원천징수하는 때에 그 납세의무가 성립하고, 원천징수하는 소득세에 있어서는 소득금액 또는 수입금액을 지급하는 때에 그 납세의무가 성립함과 동시에 확정되며, 소득세법에 의하여 소득세를 원천징수할 경우에는 당해 원천징수의무자는 원천징수할 소득세액에 지방세법 제176조 제2항의 규정에 의한 세율을 적용하여 계산한 소득세할 주민세액을 소득세와 동시에 특별징수하여야 한다고 규정하고 있는바, 위 규정들을 종합하여 보면, 특별징수하는 주민세는 그 과세표준이 되는 소득세를 원천징수하여야 할 때, 즉 원천징수의무자가 소득금액 또는 수입금액을 지급하는 때에 그 납세의무가 성립한다고 보아야 할 것이다.

4) 수시부과하는 지방소득세

지방자치단체의 장은 수시부과 사유[3]로 거주자가 개인지방소득세를 포탈할 우려가 있다고 인정되는 경우 수시로 그 거주자에 대한 개인지방소득세를 부과할 수 있는데 이때 관련 지방소득세 납세의무성립일은 수시부과할 사유가 발생하는 때이다(지기법 제34조 제2항 제2호).

다. 납세의무확정 시기

납세의무의 확정이란 납부할 지방세액을 구체적으로 확정하는 것을 말한다(지방세관계법 운영예규 35-1). 개인지방소득세 납세의무는 신고하는 때 확정된다. 다만, 납세의무자가 과

3) 수시부과 사유(지법 제98조 제1항)
1. 사업부진이나 그 밖의 사유로 장기간 휴업 또는 폐업 상태에 있는 때로서 개인지방소득세를 포탈(逋脫)할 우려가 있다고 인정되는 경우
2. 그 밖에 조세를 포탈할 우려가 있다고 인정되는 상당한 이유가 있는 경우

세표준과 세액을 신고하지 않거나 신고한 과세표준과 세액이 지방세관계법에 어긋나는 경우에는 지방자치단체가 세액을 결정・경정하는 때 확정된다. 한편, 지방소득세 특별징수세액은 소득을 지급하는 때 성립과 동시에 확정된다(지기법 제35조 제1항 제1호, 제2항 제1호).

라. 과세기간

개인지방소득세 과세기간은 소득세의 과세기간과 동일하다(지법 제88조 제1항). 이때 소득세의 과세기간은 다음과 같다(소법 제5조).

구분	과세기간
원칙	1월 1일~12월 31일
거주자가 사망한 경우	1월 1일~사망일
거주자가 주소 또는 거소를 국외로 이전하여 비거주자가 되는 경우	1월 1일~출국일

마. 개인지방소득세 세목명 변경 연혁

개인지방소득세 세목명은 당초에 주민세(소득세할)이었는데 2010. 1. 1. 독립적 과세체계 기반을 마련하여 지방세 재원을 자주화하고자 행정안전부 주도로 지방세법을 개정하여 세목명을 지방소득세(소득세분)로 변경하였다. 그 후 2014. 1. 1. 지방세법을 개정하여 지방소득세를 국세의 부가세에서 독립세로 전환하면서 세목명을 다시 개인지방소득세로 변경하여 현재까지 이어져 오고 있다. 실무자들은 지방소득세 관련 업무 시 다양한 유권해석, 심판례 등을 검토해야 하는 경우가 많은데 이때 유권해석 등에서 종전의 세목명이 사용되는 경우가 많은바 위와 같은 지방소득세 세목명 변경 연혁을 숙지하고 있으면 유권해석 등을 검토할 때 도움이 될 것이다.

구분	주민세(소득세할)	지방소득세(소득세분)	개인지방소득세
세목명 적용	2010. 1. 1. 이전 과세분(귀속연도 무관)	2010. 1. 1. 후 과세분(귀속연도 무관) & 2014. 1. 1. 전에 과세기간 시작분	2014. 1. 1. 이후 과세기간 시작분
적용 규정	구지방세법(2010. 1. 1. 법률 제9924호로 일부개정되기 전의 것)	구지방세법(2014. 1. 1. 법률 제12153호로 일부개정되기 전의 것)	현행 지방세법
개정 이유		독립적 과세체계 기반 마련에 따른 재원 자주화	지방소득세 독립세 전환

2010년 시행 개정 지방세법령 적용 요령 66p(2010. 1. 행정안전부)

〈개정〉

주민세(소득할) → 지방소득세(소득분)

〈개정이유〉

○ 향후 미래지향적 지방소득세제 구축을 위한 기반 마련

- 유사성격의 세목 통합으로 세목체계를 단순화하고 소득관련 독립적 과세체계 기반을 마련하여, 궁극적으로 재원의 자주화 추구

〈운영방안〉

○ (기본전제) 지방소득세는 세목의 신설・폐지가 아닌 기존 세목의 분합(分合)이므로 귀속연도와 관련없이 신규발생분은 지방소득세로, 기존 부과분은 주민세・사업소세로 처리

바. 용어 정리

지방소득세에서 사용하는 용어는 지방세법에서 따로 규정된 것을 제외하고는 소득세법 및 법인세법이 정하는 바에 따른다(지법 제85조 제2항). 다음은 개인지방소득세 관련 주요 용어들이다.

1) 거주자

거주자란 국내에 주소를 두거나 183일 이상의 거소를 둔 개인을 말한다(소법 제1조의2 제1항 제1호).

2) 비거주자

비거주자란 거주자가 아닌 개인을 말한다(지법 제85조 제1항 제4호).

3) 사업자

사업자란 사업소득이 있는 거주자를 말한다(지법 제85조 제1항 제9호).

4) 주소

주소는 국내에서 생계를 같이 하는 가족 및 국내에 소재하는 자산의 유무 등 생활관계의 객관적 사실에 따라 판정한다(소령 제2조 제1항).

5) 거소

거소는 주소지 외의 장소 중 상당한 기간에 걸쳐 거주하는 장소로 주소와 같이 밀접한 일반적 생활관계가 형성되지 않은 장소로 한다(소령 제2조 제2항).

2 납세의무자 및 지방소득의 범위

가. 개요

소득세 납세의무가 있는 자는 개인지방소득세 납세의무가 있다(지법 제86조 제1항). 이때 소득세 납세의무가 있는 자는 거주자와 비거주자로서 국내원천소득이 있는 개인이다(소법 제2조 제1항). 거주자란 국내에 주소를 두거나 183일 이상의 거소를 둔 개인을 말하고 비거주자란 거주자가 아닌 개인을 의미한다(지법 제85조 제1항 제3호, 제4호).

나. 과세대상인 개인지방소득의 범위

개인지방소득이란 소득세법 제3조 및 제4조에 따른 거주자 또는 비거주자의 소득을 말한다(지법 제85조 제1항 제1호). 이때 소득세법 제3조에 따른 과세소득의 범위는 다음과 같다(소법 제3조).

구분	과세소득의 범위
거주자	법에서 규정하는 모든 소득
해당 과세기간 종료일 10년 전부터 국내에 주소나 거소를 둔 기간의 합계가 5년 이하인 외국인 거주자	국내 원천소득, 국외 원천소득 중 국내에서 지급되거나 국내로 송금된 소득
비거주자	국내원천소득
동업자	배분받은 소득 및 분배받은 자산의 시가 중 분배일의 지분가액을 초과하여 발생하는 소득

한편, 소득세법 제4조에서는 소득의 구분에 대하여 규정하고 있는데 이는 지방세법에서 소득세법과 동일하게 규정하고 있다. 후술하겠지만 개인지방소득세 과세표준은 소득세 과세표준과 동일한 금액으로 하므로 과세표준 계산 전 단계인 소득의 구분 등은 세부적인 내용 학습의 필요성이 떨어지므로 이하에서 대략적인 개념 정도만 살펴본다.

1) 거주자의 개인지방소득

거주자의 개인지방소득은 다음과 같이 구분한다. 이 경우 각 소득의 범위는 소득세법이 정하는 바에 따른다(지법 제87조 제1항).

가) 종합소득

퇴직소득과 양도소득을 제외한 소득으로서 다음 (1)~(6)의 소득을 합산한 것(소법 제4조 제1항)

(1) 이자소득

예금 등에서 발생한 이자 등이 이자소득에 해당한다(소법 제16조 제1항).

(2) 배당소득

법인으로부터 받는 배당금 등이 배당소득에 해당한다(소법 제17조 제1항).

(3) 사업소득

영리를 목적으로 자기의 계산과 책임 하에 계속적·반복적으로 행하는 활동을 통하여 얻는 소득 등이 사업소득에 해당한다(소법 제19조 제1항).

(4) 근로소득

근로를 제공함으로써 받는 급여 등이 근로소득에 해당한다(소법 제20조 제1항).

(5) 연금소득

공적연금, 연금계좌에서 연금 형태 등으로 인출하는 연금 등이 연금소득에 해당한다(소법 제20조의3 제1항).

(6) 기타소득

이자, 배당, 사업, 근로, 연금소득금액 외의 소득으로서 소득세법에서 열거하고 있는 소득이 기타소득에 해당한다(소법 제21조 제1항).

나) 퇴직소득

퇴직을 원인으로 지급받는 소득 등이 퇴직소득에 해당한다(소법 제22조 제1항).

다) 양도소득

부동산 등을 양도함에 따라 지급받는 소득 등이 양도소득에 해당한다(소법 제94조 제1항).

한편, 소득의 구분 시 특정 신탁[4] 외 신탁의 이익은 신탁법에 따라 수탁자에게 이전되거

---

4) 1. 「법인세법」 제5조 제2항에 따라 신탁재산에 귀속되는 소득에 대하여 그 신탁의 수탁자가 법인세를 납

나 그 밖에 처분된 재산권에서 발생하는 소득의 내용별로 구분한다(지법 제87조 제1항, 소법 제4조 제2항).

2) 비거주자의 개인지방소득

비거주자의 국내원천소득은 국내원천 이자소득, 배당소득, 부동산소득, 선박등임대소득, 사업소득, 인적용역소득, 근로소득, 퇴직소득, 부동산등양도소득, 사용료소득, 유가증권양도소득, 기타소득으로 구분된다(지법 제87조 제2항, 소법 제119조).

다. 소득별 과세 방법

소득별 과세 방법에는 종합과세, 분리과세, 분류과세가 있다. 지방세법에서 소득별 과세 방법을 직접적으로 규정하고 있지 아니한 부분이 있으나 지방소득세 과세표준은 소득세의 과세표준과 동일한 금액으로 하는 등의 규정이 있으므로 결국 소득세의 소득별 과세 방법이 지방소득세에도 적용된다(지법 제91조 제1~2항).

1) 종합과세

이자소득, 배당소득, 사업소득, 근로소득, 연금소득, 기타소득금액은 소득을 합산하여 총소득을 산정한 뒤 누진세율에 따라 과세한다(소법 제14조 제2항). 이러한 방식의 과세를 종합과세라 한다.

2) 분리과세

분리과세란 일부 소득에 한해 그 소득을 종합소득에 합산하지 않고, 소득을 지급하는 자가 그 소득에 대한 소득세를 원천징수해 납부함으로써 소득을 지급받는 자의 납세의무가 종결되는 형태의 과세[5]를 말하는데 다음의 소득은 분리과세한다(소법 제14조 제3항).

- 분리과세 이자소득
- 분리과세 배당소득
- 분리과세 주택임대소득

부하는 신탁

2. 「자본시장과 금융투자업에 관한 법률」 제9조 제18항 제1호에 따른 투자신탁(제17조 제1항 제5호에 따른 집합투자기구로 한정한다)
3. 「자본시장과 금융투자업에 관한 법률」 제251조 제1항에 따른 집합투자업겸영보험회사의 특별계정
4. 제17조 제1항 제5호의3에 따른 수익증권이 발행된 신탁

5) 단, 분리과세 주택임대소득, 3백만원 이하의 계약금이 위약금・배상금으로 대체되는 경우의 기타소득은 분리과세에도 불구하고 확정신고 의무 있음(소법 제70조 제2항).

- 일용근로자의 급여
- 분리과세 연금소득
- 분리과세 기타소득

3) 분류과세

분류과세란 소득을 종류별로 구분하여 각 소득별로 합산하여 각각 별도로 과세하는 것을 말하는데 양도소득, 퇴직소득은 분류과세한다(지법 제103조 제1항, 제93조 제1항 제1호). 해당 소득들은 장기간에 걸쳐 누적돼 일정시점에 한꺼번에 실현되는 것이 일반적이므로 타 소득과 종합하여 과세하면 누진세율 구조상 높은 세율을 적용받게 되는바 이를 방지하기 위하여 분류과세 하는 것이다.

라. 상속에 따른 납세의무 승계

1) 개요

상속이 개시된 경우에 상속인 또는 상속재산관리인[6](이하 "상속인등"이라 함.)은 피상속인에게 부과되거나 피상속인이 납부할 지방자치단체의 징수금을 상속으로 얻은 재산의 한도 내에서 납부할 의무를 진다(지기법 제42조 제1항). 즉, 이 경우 피상속인의 납세의무가 상속인등에게 승계된다. 이때 피상속인에게 부과되거나 피상속인이 납부할 지방자치단체의 징수금이란 상속 개시 당시 납세의무가 성립하였으나 아직 확정되지 아니하였거나 납세의무가 확정됐으나 아직 납부·징수가 이루어지지 않은 지방세 등을 말한다(대법원 2011. 3. 24. 선고 2008두10904 판결). 즉, 상속개시일(사망일) 이전에 납세의무가 성립된 개인지방소득세 납세의무가 상속인등에게 승계되는 것이고 상속 개시 전에 피상속인에게 한 처분 또는 절차도 상속인등에 효력을 미치는 것이다(지기법 제43조 제3항). 이와 함께 사망자에게 한 부과·고지는 당연무효에 해당하므로(세정 13407-229, 1997. 3. 26.) 실무적으로 상속 개시 이전에 납세의무가 성립하였으나 아직 확정(부과·고지)되지 아니한 피상속인의 지방세등은 상속인등에게 부과·고지하고 상속 개시 이전에 납세의무가 확정(고지 등)된 피상속인의 지방세등은 상속인에게 독촉, 징수 등을 해야 할 것이다. 또한 상속 개시 이전에 납세의무가 성립하였고 부과·고지하고자 한 지방소득세가 송달되지 아니한 상태에서 피상속인이 사망한 경우에는 그 부과는 당연무효이므로 취소하고 다시 상속인에게 부과·고지하여야 할 것이다.

---

6) 상속인의 존부가 분명하지 아니한 때 법원이 피상속인의 친족 기타 이해관계인 또는 검사의 청구에 의하여 선임한 자(민법 제1053조), 재산을 관리하고 빚을 청산하는 역할을 함.

다음은 이상의 내용을 정리한 표이다.

납세의무성립	부과	고지	납세의무확정	과세 방법
×	×	×	×	과세하지 않음.
○	×	×	×	상속인에게 부과 및 고지(신고기한[7] 경과 시)
○	○	×	×	고지 송달 안됐으므로 납세의무확정 X, 종전 과세건 취소 후 상속인에게 다시 부과 및 고지(신고기한 경과 시)
○	○	○	○	상속인에게 고지, 독촉 등 징수 절차 시행

사망자에게 부과 · 고지한 경우(세정 13407-229, 1997. 3. 26.)

귀문의 경우와 같이 피상속인(사망자)이 주민세 신고납부를 이행하지 아니하였다면 피상속자가 신고납부하여야 할 주민세를 상속자가 신고납부하여야 하므로, 신고기간 내에 납부하지 아니하였다면 주민세액의 100분의 20의 가산세를 포함하여 납부하여야 합니다만 과세관청에서 신고납부하지 아니한 당해 주민세에 대하여 100분의 20을 가산한 금액을 보통징수방법으로 사망한 피상속인에게 고지하였다면 이는 사망자에 대한 부과고지로서 무효인 부과처분이므로 이에 따른 가산금도 무효에 해당됩니다.

납세의무 승계되는 세금(대법원 2011. 3. 24. 선고 2008두10904 판결)

피상속인에게 부과되거나 그 피상속인이 납부할 국세 등은 상속 개시 당시 과세요건이 충족되어 납세의무가 성립하였지만 아직 확정되지 아니하였거나 납세의무가 확정되었지만 아직 납부징수가 이루어지지 아니한 국세 등을 말한다.

2) 상속 유형별 납세의무승계

가) 단순승인

단순승인은 피상속인의 권리와 의무를 모두 상속받는 것이다. 단순승인의 경우 지방세기본법 제42조 제1항에 따라 피상속인의 납세의무가 상속인에게 승계된다.

나) 한정승인

상속인은 상속으로 인하여 취득할 재산의 한도에서 피상속인의 채무와 유증을 변제할 것을 조건으로 상속을 승인할 수 있는데 이를 한정승인이라 한다(민법 제1028조). 한정승인도

7) 사망일이 속하는 달의 말일부터 6개월이 되는 날까지, 이하 같음.

상속에 포함되므로 피상속인의 납세의무가 상속인에게 승계된다(대법원 2017. 4. 13. 선고 2017두30740 판결).

> **한정승인 납세의무 승계 여부(대법원 2017. 4. 13. 선고 2017두30740 판결)**
> 앞서 본 법령에 따르면, '상속'은 취득세의 과세요건으로서 '취득'의 원인이 되고, 한편 '상속'에는 '한정승인'도 포함되는 이상, 상속재산에 대하여 한정승인을 한 자는 상속을 포기한 자와는 달리 그 부동산에 대한 등기 없이도 상속인의 사망일에 피상속인의 재산에 취득세 납세의무를 부담하게 된다.

다) 상속포기

(1) 일반적인 경우

상속포기란 상속인이 상속의 효력을 소멸하게 할 목적으로 하는 의사표시이다(민법 제1041조). 상속포기한 자의 경우 상속인으로 보지 아니하므로 상속을 포기한 자에게는 피상속인의 납세의무가 승계되지 아니한다(대법원 2013. 5. 23 선고, 2013두1041 판결).

> **상속포기 납세의무 승계 여부(대법원 2013. 5. 23. 선고 2013두1041 판결)**
> 원래 상속을 포기한 자는 상속포기의 소급효에 의하여 상속개시 당시부터 상속인이 아니었던 것과 같은 지위에 놓이게 되는 점(민법 제1042조), 상속세 및 증여세법(이하 '상증세법'이라 한다.) 제3조 제1항은 상속세에 관하여는 상속포기자도 상속인에 포함되도록 규정하고 있으나 이는 사전증여를 받은 자가 상속을 포기함으로써 상속세 납세의무를 면하는 것을 방지하기 위한 것으로서, 국세기본법 제24조 제1항에 의한 납세의무 승계자와 상증세법 제3조 제1항에 의한 상속세 납세의무자의 범위가 서로 일치하여야 할 이유는 없는 점, 조세법률주의의 원칙상 과세요건은 법률로써 명확하게 규정하여야 하고 조세법규의 해석에 있어서도 특별한 사정이 없는 한 법문대로 해석하여야 하며 합리적 이유 없이 확장해석하거나 유추해석하는 것은 허용되지 않는 점 등을 종합하여 보면, 적법하게 상속을 포기한 자는 국세기본법 제24조 제1항이 피상속인의 국세 등 납세의무를 승계하는 자로 규정하고 있는 '상속인'에는 포함되지 않는다고 보아야 한다.

(2) 상속포기자를 상속인으로 보는 경우

상속포기자는 일반적으로 상속인으로 보지 아니하므로 피상속인의 납세의무가 그 상속포기자에게 승계되지 아니하나 납세의무 승계를 피하면서 재산을 상속받기 위해서 피상속인이 상속인을 수익자로 하는 보험 계약을 체결하고 상속인은 민법상 상속을 포기한 것으로 인정되는 경우로서 피상속인의 사망으로 생명보험 보험금등[8]을 받는 때에는 상속포기자를 상속인으로 보고 그 보험금을 상속재산으로 보아 피상속인의 납세의무가 그 상속포기자에게 승계된다(지기법 제42조 제2항).

3) 상속으로 얻은 재산

상속인등은 상속으로 얻은 재산의 한도 내에서 피상속인의 지방세 등을 납부할 의무가 있는데 이때 상속으로 얻은 재산은 다음의 계산식에 따라 계산된 금액이다(지기령 제21조 제1항).

> 상속으로 얻은 재산 = 상속으로 얻은 자산총액 - (상속으로 얻은 부채총액 + 상속으로 부과되거나 납부할 상속세 및 취득세)

이때 자산총액과 부채총액[9]의 가액은 상속세 및 증여세법 제60조부터 제66조까지의 규정을 준용하여 평가한다. 또한, 상속으로 얻은 재산의 가액에는 상속포기자를 상속인으로 보는 경우의 상속재산으로 보는 보험금과 그와 관련한 상속세가 포함된다(지기령 제21조 제2~3항).

한편, 상속인등은 상속으로 얻은 재산의 한도 내에서 납부의무가 있으므로 상속으로 얻은 재산이 없는 경우는 납세의무가 승계되지 않는다(징세 01254-5960, 1986. 12. 18.).

> **상속으로 얻은 재산이 없는 경우 납세의무 승계 여부(징세 01254-5960, 1986. 12. 18.)**
> 국세기본법 제24조에 규정된 상속으로 인한 납세의무의 승계범위는 상속으로 인하여 얻은 재산을 한도로 하여 납부할 의무를 지게 되므로 상속받은 재산이 없는 경우는 납세의무는 승계되지 않는 것입니다.

4) 실무 Check

실무적으로 상속으로 얻은 재산 금액은 상증세법에 따른 금액이고 그 금액에 추정상속재산도 포함되므로(조심 2008서0677, 2009. 2. 17.) 상속으로 얻은 재산 금액이 문제가 될 때는 법

---

8) 생명보험, 손해보험의 보험금으로서 피상속인이 보험계약자인 보험계약에 의해 받는 것(보험계약자가 피상속인이 아니라도 피상속인이 실질적으로 보험료를 납부한 경우도 이에 해당, 상증법 제8조)

9) "자산총액"과 "부채총액"을 계산함에 있어서는 다음 사항에 유의한다(지기법 운영예규 42…20-1, 참고로 이는 상속세 과세 대상 및 과세 제외 대상임)
   1. 상속재산에는 사인증여 및 유증의 목적이 된 재산을 포함한다.
   2. 생명침해 등으로 인한 피상속인의 손해배상청구권도 상속재산에 포함된다.
   3. 피상속인의 일신에 전속하는 권리의무는 제외한다.
   4. 피상속인이 수탁하고 있는 신탁재산은 수탁자의 상속재산에 속하지 아니한다.

원의 한정승인 결정서상 적극재산 및 소극재산 가액으로 해당 금액을 계산할 것이 아니라 모든 상속재산(적극재산, 소극재산) 목록 및 각각의 가액, 관련 상속세를 관할 세무서에 조회하고 조회된 상속재산 가액에서 상속으로 부과되거나 납부할 상속세 및 취득세를 차감하여 계산해야 할 것이다.

> **상속받은 재산의 범위에는 추정상속재산도 포함됨**(조심 2008서0677, 2009. 2. 17.)
> 위 관련법령 및 사실관계를 종합하면, 청구인이 제시하는 서울가정법원의 상속한정승인 변경결정서에 따르면 청구인이 상속으로 인하여 얻은 재산은 없는 것으로 보이나, 처분청이 피상속인에 대한 상속세를 조사한 결과에 따르면 상속개시일 이전 2년 이내에 피상속인의 예금계좌에서 인출된 금액 중 상속재산가액에 산입한 추정상속재산이 있음에도 입증책임이 있는 청구인이 구체적인 사용처를 밝혀 피상속인으로부터 그 재산을 사전에 증여받지 아니한 사실에 대하여 입증하지 못하고 있으므로 당해 추정상속재산 또한 상속으로 인하여 얻은 재산에 해당하는 만큼, 상속으로 인하여 얻은 재산이 없다는 청구인의 주장을 받아들이기는 어렵다(국심 2003서3557, 2004. 2. 26. 외 다수 같은 뜻).

5) 상속인이 2명 이상일 경우

가) 개요

상속인이 2명 이상일 경우에는 각 상속인은 피상속인의 지방세 등을 상속분에 따라 나누어 계산한 금액을 상속으로 얻은 재산의 한도에서 연대하여 납부할 의무를 진다(지기법 제42조 제3항). 이 경우에 상속인들은 상속인 중 지방자치단체의 징수금을 납부할 대표자를 정하여 상속개시일부터 30일 이내에 신고하여야 하는데 신고 시 상속인 대표자 신고서(지기칙 별지 제11호 서식)를 제출하여야 한다. 해당 신고를 하지 아니한 경우 지방자치단체장이 상속인 중 1명을 대표자로 지정할 수 있고 이 경우 그 지방자치단체장은 지체 없이 모든 상속인에게 각각 상속인대표자 지정 통지(지기칙 별지 제12호 서식)를 하여야 한다(지기령 제22조 제1~2항, 지기칙 제11조).

나) 수유자 등이 있는 경우 승계 금액

상속인 중 수유자, 상속포기자, 유류분을 받은 자가 있는 경우[10] 혹은 상속으로 받은 재산에 보험금이 포함돼 있는 경우 납세의무를 승계하는 금액은 피상속인의 지방세 등을 상속분에 따라 나누어 계산한 금액이 아니라 상속으로 얻은 재산의 가액을 각각의 상속인이

10) 유류분을 받은 자가 있는 경우는 2023. 3. 14. 전에 상속이 개시된 경우는 위 가) 적용(지기법 부칙 제3조(2023. 3. 14. 법률 제19229호로 개정된 것))

상속으로 얻은 재산 가액의 합계액으로 나누어 계산한 비율에 따라 계산한 금액이 된다(지기법 제42조 제3항, 지기령 제21조 제4항).

다) 연대납세의무

상속인이 2명 이상일 경우 그 상속인들은 피상속인의 지방세 등에 연대납세의무가 있는바(지기법 제42조 제3항) 여기서 연대납세의무란 민법상 연대채무의 규정을 준용하는 것으로(지기법 제44조 제5항) 연대납세의무자들 각자 해당 지방세 전부를 납부할 의무가 있고 연대납세의무자 1인의 이행으로 다른 연대납세의무자도 그 의무를 면하게 되는 것을 말한다(민법 제413조). 따라서 이 경우 납세자는 납세의무 승계액과 관계없이 상속으로 얻은 재산 이내 해당 지방세 전체에 대해서 연대납세의무가 있다(대법원 1999. 7. 13. 선고 99두2222 판결). 다만, 납세의무 승계액을 초과하여 다른 연대납세의무자의 부담부분을 납부한 경우 그 부담부분에 대해 다른 연대납세의무자에게 민법상 구상권을 행사할 수 있다. 따라서 상속인대표자가 지정됐으나 해당 지방세액을 납부하지 아니하는 경우 그 대표자에게 체납처분을 할 수 있음은 물론이고 과세관청은 다른 상속인을 대표자로 다시 지정하여 그 다른 상속인에게 해당 지방세의 징수(상속으로 얻은 재산 한도 내) 등이 가능하다 할 것이다.

연대납세의무자는 고유의 납세의무 부분 없이 조세의 전부에 대하여 전원이 연대하여 납세의무를 부담함(대법원 1999. 7. 13. 선고 99두2222 판결)

구 국세기본법(1994. 12. 22. 법률 제4810호로 개정되기 전의 것, 이하 같다) 제25조 제1항은 공유물, 공동사업 또는 당해 공동사업에 속하는 재산에 관계되는 국세, 가산금과 체납처분비는 그 공유자 또는 공동사업자가 연대하여 납부할 의무를 진다고 규정하고 있는바, 이는 통상 공유물이나 공동사업에 관한 권리의무는 공동소유자나 공동사업자에게 실질적, 경제적으로 공동으로 귀속하게 되는 관계로 담세력도 공동의 것으로 파악하는 것이 조세실질주의의 원칙에 따라 합리적이기 때문에 조세채권의 확보를 위하여 그들에게 연대납세의무를 지우고 있는 것이므로, 위 연대납세의무가 자신의 조세채무를 넘어 타인의 조세채무에 대하여 납세의무를 부당하게 확장하고 불평등한 취급을 하고 있다고 할 수 없고, 개인책임을 기초로 하는 헌법전문과 헌법상의 평등권, 재산권보장의 원리에 위배된다고 볼 수도 없다.

6) 서류 송달

연대납세의무자에게 서류를 송달할 때에는 그 대표자를 명의인으로 하고 대표자가 없는 경우 연대납세의무자 중 징수에 유리한 사람을 명의인으로 한다. 다만, 납세의 고지와 독촉에 관한 서류(고지서, 독촉장 등)는 연대납세의무자 모두에게 각각 송달하여야 한다(지기법 제28조 제2항). 이는 연대납세의무라 해도 각자의 납세의무는 개별적으로 성립하고 확정돼야 하기 때문이다(대법원 1988. 5. 10. 선고 88누11 판결). 또한 고지 시 과세표준과 세액의 총액을 각각의 상속인에게 통지하는 것이 아니라 과세표준과 세액을 지분에 따라 배분하여 상속인별로 통지하여야 한다(지령 제95조 제2항, 대법원 2006. 4. 28. 선고 2004두13837 판결). 즉, 연대납세의무자들 각자 납세의무승계된 지방세 전부를 납부할 의무가 있다고 하더라도 납세의무의 확정은 상속인별로 과세표준과 세액을 지분에 따라 배분한 금액으로 하여야 하는 것이다. 다만 고지에 의해 확정된 조세채무의 이행을 청구하는 효력을 가지는 징수고지의 경우는 연대납세의무자들 각자 납세의무승계된 지방세 전부를 납부할 의무가 있으므로 연대납세의무가 있는 세액 전체에 대하여 할 수 있는 것이다. 실무적으로는 총세액 등이 기재된 납세고지서와 함께 상속분과 각자가 납부할 세액과 과세표준 등을 기재한 연대납세자별 고지세액 명세서를 통지하면 납세고지와 함께 징수고지를 한 것으로 되므로 이와 같은 방식으로 고지하면 될 것이다(대법원 1993. 12. 21. 선고 93누10316 판결).

연대납세의무자라 할지라도 각자에게 개별적으로 고지가 있어야 함(대법원 1988. 5. 10. 선고 88누11 판결)

연대납세의무자라 할지라도 각자의 구체적 납세의무는 개별적으로 성립하여 확정함을 요하는 것으로서 연대납세의무자 각자에게 개별적으로 구체적 납세의무확정의 효력발생요건인 부과결정 또는 경정의 고지가 있어야 한다 할 것이다.

과세표준과 세액을 지분에 따라 통지해야 함(대법원 2006. 4. 28. 선고 2004두13837 판결)

그러나 국세징수법 제9조와 소득세법 제114조, 소득세법 시행령 제177조에 의하면, 세무서장은 양도소득세 과세표준과 세액을 통지할 때 납세고지서에 과세연도 · 세목 · 세액 및 그 산출근거 · 납부기한과 납부장소를 명시하여 통지하고, 피상속인의 양도소득세를 2인 이상의 상속인에게 부과하는 경우에는 과세표준과 세액을 그 지분에 따라 배분하여 상속인별로 각각 통지하도록 되어 있으며, 다른 연대납세의무자의 경우와는 달리 공동상속인에 대하여 각자의 납세의무를 구체적으로 확정시키는 효력을 지니는 납세고지는 공동상속인별로 각자에게 개별적으로 납부하여야 할 세액을 구분 특정하여야 하므로(대법원 1997. 3. 25. 선고 96누4749 판결 등 참조), 양도소득세 총액을 상속인들에게 일괄 부과한 것은 적법한 납세의 고지라고 볼 수 없다 할 것이다.

납세고지 및 징수고지(대법원 1993. 12. 21. 선고 93누10316 판결)

공동상속인은 각자 그가 받았거나 받을 재산의 점유비율에 따른 자신에 대한 상속세를 납부할 의무가 있음은 물론, 자신이 받았거나 받을 재산을 한도로 다른 공동상속인에 대한 상속세도 연대하여 납부할 의무가 있는 것으로서(상속세법 제18조), 공동상속인의 이와 같은 연대납세의무는 다른 공동상속인이 각자 납부할 상속세를 납부하지 아니할 것을 요건으로 하여 성립하는 것이 아니므로, 공동상속인에 대하여 각자의 납세의무를 구체적으로 확정시키는 효력을 지니는 납세고지는 공동상속인별로 각자에게 개별적으로 납부하여야 할 세액을 구분·특정하여 하여야 할 것이지만, 각 공동상속인에 대하여 확정된 조세채무의 이행을 청구하는 효력을 지니는 징수고지는 연대납세의무가 있는 상속세 전부에 대하여 할 수 있는 것으로 보아야 할 것이다.

과세관청이 공동상속인에 대하여 상속세 등을 부과하는 과세처분을 함에 있어서 납세고지서에 납부할 총세액과 그 산출근거인 과세표준과 세율 공제세액 등을 기재함과 아울러, 공동상속인 각자의 상속재산점유비율(상속분)과 그 비율에 따라 산정한 각자가 납부할 상속세액 등을 기재한 연대납세의무자별 고지세액명세서를 그 납세고지서에 첨부하여, 납세고지서에 납세자로 표시된 공동상속인에게 각기 교부하였다면, 납세고지서에 납부할 총세액을 기재한 것은 상속세법 제18조 제1항에 따라 공동상속인이 연대하여 납부할 의무가 있는 총세액을 징수고지액으로 표시한 것이고, 공동상속인 각자가 납부하여야 할 세액은 납세고지서에 첨부되어 교부된 연대납세의무자별 고지세액명세서에 의하여 개별적으로 부과고지되었다고 봄이 상당하므로, 위와 같은 방식에 따라서 공동상속인에 대하여 한 납세고지는 적법한 부과고지와 징수고지로서의 효력을 아울러 가진다고 보아야 할 것이다.

7) 상속으로 얻은 재산 한도

상속에 따른 납세의무 승계 관련 규정에서 상속으로 얻은 재산 한도로 하여 납부할 의무를 진다고 하고 있는데 이는 단지 징수를 상속으로 얻은 재산 한도로 한다는 것이 아니라 납세의무 승계 자체가 상속으로 얻은 재산 한도로 된다는 것이다(대법원 1991. 4. 23. 선고 90누7395 판결).

상속으로 얻은 재산 한도로 납세의무를 승계함(대법원 1991. 4. 23. 선고 90누7395 판결)

국세기본법 제24조 제1항은 상속인은 피상속인이 납부할 국세 등을 상속으로 인하여 얻은 재산을 한도로 하여 납부할 의무를 진다고 규정하고 있는바, 위 규정의 취지는 상속인이 피상속인의 국세 등 납세의무를 상속재산의 한도에서 승계한다는 뜻이고 소론과 같이 상속인은 피상속인의 국세 등 납세의무 전액을 승계하나 다만 과세관청이 상속재산을 한도로 하여 상속인으로부터 징수할 수 있음에 그친다는 뜻은 아니다.

3 납세지

가. 개요

납세지란 납세의무자가 세법에서 정한 의무를 이행하고 그 권리를 행사하는 기준이 되는 장소이다(대법원 2017. 11. 9. 선고 2016두55643 판결). 개인지방소득세 납세지는 납세의무 성립 당시(일반적으로 과세기간 종료일 당시)의 소득세법 제6조, 제7조에 따른 납세지이다(지법 제89조 제1항 제1호). 따라서 이하부터는 소득세법 제6조, 제7조에 따른 납세지를 살펴본다.

1) 거주자의 납세지

가) 개요

거주자의 납세지는 다음과 같다.

구분	납세지	관련 규정
원칙	주소지	소법 제6조 제1항
주소지가 없는 경우	거소지	소법 제6조 제1항
주소지가 둘 이상인 경우	주민등록등본상 주소지	소법 제6조 제3항, 소령 제5조 제1항 제1호
거소지가 둘 이상인 경우	생활관계가 보다 밀접한 곳	소법 제6조 제3항, 소령 제5조 제1항 제1호
법인 아닌 단체	대표자 또는 관리인의 주소지	소통 6-0…1

위 표에서 확인할 수 있는 바와 같이 법인 아닌 단체의 납세지는 대표자 또는 관리인의 주소지인바 종중은 법인격 없는 단체이므로 종중의 납세지는 대표자 또는 관리인의 주소지가 된다(행자부 세정-3082, 2005. 10. 6.).

종중의 납세지(행자부 세정-3082, 2005. 10. 6.)
종중의 경우, 법인격 없는 단체에 해당되므로 귀 종중에서 특별히 종중업무를 주관하는 장소를 소득세 납세지로 지정받지 아니한 이상, 양도소득세할 주민세 납세지는 종중 대표자의 주소지(귀문의 경우 "천안시")를 정당한 납세지로 봄이 타당하다 할 것임.

나) 주소 및 거소

(1) 주소

주소는 생활의 근거가 되는 곳으로 동시에 두 곳 이상 있을 수 있다(민법 제18조). 주소의 판단은 국내에 생계를 같이 하는 가족 및 국내 소재 자산 유무 등 생활 관계의 객관적 사실에 따른다(소령 제2조 제1항). 소득세법에서 주소의 판단 기준을 규정하고 있으나 실무적으로는 모든 납세자에 대해 해당 기준을 적용하여 주소를 판단하기에는 실질적으로 무리가 있어 주민등록등본상 주소지를 주소로 하는 경우가 대부분이다.

(2) 거소

거소는 주소지 외의 장소 중 상당기간에 걸쳐 거주하는 장소로서 주소와 같이 밀접한 생활관계가 형성되지 아니한 장소를 말한다(소령 제2조 제2항).

다) 특수한 경우의 납세지

(1) 주민등록이 말소된 경우

거주자의 주민등록이 말소된 경우 납세지는 원칙적으로 말소 당시의 주소지이다. 해당 경우 세무서에서는 소득세 납세지를 따로 지정할 수 있으나 지방소득세의 경우 납세지 지정 규정이 없으므로 말소 당시의 주소지를 납세지로 하여야 할 것이다(소득 46011-145, 2000. 1. 25.).

주민등록말소자에 대한 소득세법상 납세지(소득 46011-145, 2000. 1. 25.)

〈질의〉 법인의 대표자가 부도로 인하여 1997.11.21. 해외도피를 하여 국내에 거주하지 아니하는 상태에서 1998.2.7 주소지를 다른 곳으로 이전하여 98.9.30 허위 전입으로 말소되었을 경우 소득세법상의 납세지는 어느 곳으로 볼 것인지?

〈회신〉 거주자에 대한 소득세의 납세지는 소득세법 제6조 제1항의 규정에 의하여 그 주소지로 하는 것이며, 주민등록이 직권말소된 자의 납세지는 말소 당시의 주소지로 하는 것입니다. 주민등록상의 주소에 생활근거가 전혀 없거나 납세의무의 이행상 불편하다고 인정될 때에는 같은법 제9조 제1항 제2호의 규정에 의하여 국세청장 또는 관할 지방국세청장이 그 납세지를 따로 지정할 수 있는 것입니다.

(2) 구치소에 수감된 경우

거주자가 구치소에 수감돼 주소지가 없는 경우 거소지가 납세지가 된다(소득 46011-10411, 2001. 6. 16.).

구치소 수감자 소득세법상 납세지(소득 46011-10411, 2001. 6. 16.)

거주자에 대한 소득세의 납세지는 소득세법 제6조 제1항의 규정에 의하여 주소지로 하는 것이나 주소지가 없는 경우에는 그 거소지로 하는 것이며, 거소지란 "주소지 외의 장소 중 상당기간에 걸쳐 거주하는 장소"(같은 법 시행령 제2조 제2항)를 말하는 것이므로 귀 질의와 같이 주소지가 없는 거주자가 일정한 장소에서 상당한 기간에 걸쳐 거주하는 장소를 거소지로 보아 소득세의 납세지로 할 수 있는 것임.

(3) 국내에 주소가 없는 국외에서 근무하는 공무원 등

국내에 주소가 없으면서 거주자로 보는 국외에서 근무하는 공무원, 거주자나 내국법인의 국외사업장 또는 해외현지법인 등에 파견된 임원 또는 직원 납세지는 납세의무성립 당시 소속기관의 소재지이다(지령 제87조 제3항).

2) 비거주자의 납세지

비거주자의 소득세 납세지는 국내사업장 소재지이다. 다만, 국내사업장이 둘 이상인 경우 납세지는 주된 사업장의 소재지가 되며 국내사업장이 없는 경우 납세지는 국내원천소득이 발생하는 장소가 된다(소법 제6조 제2항). 그 외 납세지가 불분명한 경우 등에 대하여는 다음 표를 참고하도록 한다.

구분	납세지	관련 규정
원칙	국내사업장 소재지	소법 제6조 제2항
국내사업장이 둘 이상인 경우	주된 사업장 소재지(주된 사업장 판단 곤란한 경우 비거주자가 납세지로 신고한 장소, 신고하지 아니한 경우 국세청장 또는 지방국세청장이 지정하는 장소)	소법 제6조 제2항, 소령 제5조 제1항 제2호, 제4호
국내사업장이 없는 경우(원칙)	국내원천소득이 발생하는 장소	소법 제6조 제2항
국내사업장이 없는 비거주자에게 둘 이상의 장소에서 국내원천부동산 소득 또는 국내원천부동산 등 양도소득이 발생하는 경우	국내원천소득이 발생하는 장소 중 해당 비거주자가 납세지로 신고한 장소(신고가 없는 때에는 국세청장 또는 지방국세청장이 지정한 장소)	소법 제6조 제3항, 소령 제5조 제1항 제3~4호

3) 예정신고 시의 납세지

개인지방소득세 예정신고는 부동산 매매차익 예정신고와 양도소득 예정신고가 있는데 개인지방소득세 납세지는 납세의무 성립 당시의 소득세법 제6조, 제7조에 따른 납세지이고 예정신고 시 개인지방소득세 납세의무는 과세표준이 되는 금액이 발생한 달의 말일, 즉 양도일이 속하는 달의 말일에 성립하므로 납세지는 양도일이 속하는 달의 말일 기준 주소지 등이 된다(지법 제89조 제1항 제1호, 지기법 제34조 제1항 제7호, 국기법 제21조 제3항 제2호). 예정신고 시 개인지방소득세 납세지가 양도일이 속하는 달의 말일 기준 주소지 등이므로 납세자가 양도일~양도일이 속하는 달의 말일 전에, 즉 납세의무가 성립하기 전에 예정신고하는 경우도 존재하는바 해당 경우에는 신고 당시 납세지 관할 지방자치단체에서 신고 접수 및 처리하고 사후적으로 납세의무성립일 당시 납세지 지방자치단체에 세입이체 처리한다(2020년도 시행 지방세법령 개정내용 및 적용요령 56p).

납세의무성립 전에 예정신고하는 경우 과세관청 업무 처리 방법(2020년도 시행 지방세법령 개정내용 및 적용요령 56p)

(예정신고) 양도일이 속하는 달의 말일(납세의무성립일)을 기준으로 한 소득세법 §6~§7에 따른 주소지·거소지 등이 납세지

- 다만, 예외적으로 납세의무 성립 전에 납세자가 지방소득세를 신고하는 경우 신고 당시 납세지에서 신고·세입처리하고, 사후적으로 납세의무 성립 당시 납세지 세입으로 이관 행정처리

【참고】 납세의무성립 전 예정신고 세입이관 처리방법

① (개발원) 납세의무성립일 전 예정신고 자료 발췌, 주소지 이동내역 대사를 통해 납세지 변경자 자료 추출

※ (추출시기) 납부기한까지 세입이 들어오는 점을 감안, 신고납부기한 경과 시 자료 추출 ex) 1월 중순 양도시, 납부기한은 3월 말, 4월 초 자료 추출

② (지자체) 납세지 변경자 자료를 기초로 납부완료 건은 세입이체, 미납 건은 당초 납세지는 부과 취소 정당 납세지에서 직권고지(납세자 신고효력은 인정)

4) 수시부과 시의 납세지

수시부과 시 지방소득세 납세의무성립일은 수시부과할 사유가 발생하는 때이므로 수시부과 시의 납세지는 수시부과할 사유가 발생할 당시의 주소지 등이 된다(지기법 제34조 제2항 제2호).

나. 소득세법상 납세지를 준용하지 않는 경우

개인지방소득세 납세지는 과세기간 종료일 당시의 소득세법 제6조, 제7조에 따른 납세지이므로 소득세법 제6조, 제7조가 아닌 납세지 규정은 개인지방소득세에 적용되지 아니한다. 가령 소득세법 제8조 제1항에서 상속의 경우 피상속인·상속인 또는 납세관리인의 주소지나 거소지 중 상속인 또는 납세관리인이 납세지로 신고하는 장소를 납세지로 규정하고 있는데 이는 소득세법 제8조에서 규정하고 있으므로 개인지방소득세에 적용되지 아니하는 것이다. 이 외에도 비거주자가 납세관리인을 둔 경우 등의 경우 납세지 규정은 개인지방소득세에 적용하지 아니한다(소법 제8조).

다. 납세지의 지정

소득세법에서는 납세지 규정에 따른 납세지가 납세지로서 부적당하다고 인정되는 경우 등에 국세청장 등이 납세지를 지정할 수 있다고 규정하고 있으나 지방세관계법에서 따로 해당 규정을 준용한다는 규정이나 관련 독자 규정이 없으므로 개인지방소득세에는 적용하지 아니한다(소법 제9조 제1항, 2025년 행정안전부 지방소득세 실무해설집 77p).

> **지방세법에서 납세지 지정(2025년 행정안전부 지방소득세 실무해설집 77p)**
>
> 납세지의 지정(법법 §10) 규정은 법인지방소득세에 적용되지 아니하므로 법인세법 제10조*에 따라 납세지가 지정되었다 하더라도 법인지방소득세의 납세지로 인정되지 아니함.
>
> * 지방국세청장이나 국세청장이 제9조에 따른 납세지가 납세지로 적당하지 않다고 인정되는 경우(등기된 주소와 상이, 조세포탈 우려 등) 납세지를 지정

라. 개인지방소득세 특별징수세액 납세지

개인지방소득세 특별징수세액 납세지는 본편 15장 개인지방소득에 대한 특별징수를 참고한다.

마. 2019년 귀속 전 납세지

2019. 12. 31. 전에 납세의무가 성립한 분 관련 납세지에 대해서는 본편 17장 마. 납세지 및 18장 다. 납세지 부분을 참고한다.

4 과세표준 및 비과세

가. 과세표준

거주자의 종합소득, 퇴직소득에 대한 개인지방소득세 과세표준은 소득세의 과세표준과 동일한 금액으로 한다(지법 제91조). 소득세에서 과세표준 계산은 세액을 산출하는 데 있어 핵심적인 부분이나 개인지방소득세의 경우 소득세의 과세표준과 동일한 금액이 그 과세표준이 되는바 해당 내용은 학습의 필요성이 떨어지므로 생략한다.

나. 비과세

소득세가 비과세되는 소득에 대해서는 개인지방소득세도 비과세된다(지법 제90조). 소득세가 비과세되는 소득은 실업급여, 월 20만원 이하의 식사대 등 다양하지만 소득세의 과세표준을 그 과세표준으로 하는 개인지방소득세의 특성상 과세표준 산출 전 단계에 대해서는 학습의 필요성이 떨어지므로 해당 내용은 생략한다(소법 제12조 제3호 마목, 러목).

5 세율

가. 종합소득에 대한 개인지방소득세 표준세율

세액을 산출하기 위해 과세표준에 일정 비율을 곱하게 되는데 이때 그 비율을 세율이라 하고 지방세를 부과할 경우에 통상 적용하여야 할 세율로서 특별한 사유가 있는 경우 이에 따르지 아니할 수 있는 세율을 표준세율이라 한다(지기법 제2조 제1항 제6호). 지방소득세에서는 표준세율 개념을 사용하는데 지방소득세에서 표준세율 개념을 도입한 것은 지방세 특성상 지방자치의 의미를 강조하므로 지방자치단체별로 조례 등으로 세율을 가감 조정할 수 있도록 한 것이다.

거주자의 종합소득에 대한 개인지방소득세 표준세율은 소득세 기본세율의 10%로 규정하고 있으며 다음 표와 같다(지법 제92조 제1항).

과세표준 구간	세율
1,400만원 이하	과세표준의 1천분의 6
1,400만원 초과 5,000만원 이하	8만4천원 + (1천400만원을 초과하는 금액의 1천분의 15)
5천만원 초과 8천800만원 이하	62만4천원 + (5천만원을 초과하는 금액의 1천분의 24)
8천800만원 초과 1억5천만원 이하	153만6천원 + (8천8백만원을 초과하는 금액의 1천분의 35)
1억5천만원 초과 3억원 이하	370만6천원 + (1억5천만원을 초과하는 금액의 1천분의 38)
3억원 초과 5억원 이하	940만6천원 + (3억원을 초과하는 금액의 1천분의 40)
5억원 초과 10억원 이하	1천740만6천원 + (5억원을 초과하는 금액의 1천분의 42)
10억원 초과	3천840만6천원 + (10억원을 초과하는 금액의 1천분의 45)

법에서는 위 표처럼 전단계까지의 누진세액에 전단계를 초과하는 과세표준에 해당 단계의 세율을 곱한 금액을 합산하도록 규정하고 있으나 전체 과세표준에 세율을 곱하고 누진공제액을 차감하는 방식을 활용하면 더 편리하게 산출세액을 구할 수 있다. 가령, 과세표준이 1억일 경우 153만6천원+(1억－8천8백만원)×0.035로 산출세액을 구하도록 규정하고 있으나 1억에 해당 세율 3.5%를 곱한 뒤에 누진세액공제액 1,544,000원을 차감하면 더 간단하게 산출세액을 구할 수 있는 것이다. 이때 누진세액공제액을 구하는 방법을 알아보면 1억에 3.5%의 세율을 적용함에 따라 1,400만원의 과세표준의 세율이 2.9%(3.5%－0.6%)만큼 과다하게 계산됐고 3,600만원(1,400만원 초과 5,000만원 이하의 금액)의 과세표준의 세율이 2%(3.5%－1.5%)만큼 과다하게 계산됐고 3,800만원(5천만원 초과 8천8백만원 이하)의 과세표준의 세율이 1.1%(3.5%－2.4%)만큼 과다하게 계산됐으므로 406,000원(＝1,400만원×2.9%), 720,000원(＝3,600만원×2%), 418,000원(＝3,800만원×1.1%)을 합한 금액이 누진세액공제액인 1,544,000원이 된다.

다음은 과세표준 구간별 누진세액공제액과 세율을 정리한 표이다.

과세표준 구간	세율	누진공제액
1,400만원 이하	0.6%	0원
5,000만원 이하	1.5%	126,000원
8천800만원 이하	2.4%	576,000원
1억5천만원 이하	3.5%	1,544,000원

과세표준 구간	세율	누진공제액
3억원 이하	3.8%	1,994,000원
5억원 이하	4%	2,594,000원
10억원 이하	4.2%	3,594,000원
10억원 초과	4.5%	6,594,000원

나. 탄력세율

지방세법에서 종합소득에 대한 개인지방소득세 세율은 각 지방자치단체의 장이 조례로 표준세율의 50% 범위 내에서 가감할 수 있도록 규정하고 있는데 실제로 이를 규정한 지방자치단체는 아직까지 존재하지 않는다(지법 제92조 제2항).

다. 외국인근로자에 대한 과세특례

1) 소득세에서의 외국인근로자에 대한 과세특례

외국인인 임원 또는 사용인이 2026. 12. 31. 이전에 국내에서 최초로 근로를 제공하기 시작하는 경우 국내에서 근무함으로써 받는 근로소득으로서 국내에서 최초로 근로를 제공하는 날부터 20년 이내에 끝나는 과세기간까지 받는 근로소득에 대한 소득세는 기본세율을 적용하지 아니하고 해당 근로소득에 19%(단일세율)를 곱한 금액을 그 세액으로 할 수 있다. 해당 특례를 적용한 경우 관련 소득은 분리과세한다(조특법 제18조의2 제2~3항). 해당 단일세율을 적용받으려는 외국인근로자는 근로소득의 연말정산 또는 종합소득과세표준 확정신고를 하는 때 납세지 관할 세무서장에게 신청하여야 한다(조특령 제16조의2 제4항).

2) 지방소득세에서의 외국인근로자에 대한 과세특례

소득세에서 외국인근로자에 대한 과세특례를 신청하여 적용받은 외국인근로자에 대해서는 개인지방소득세 과세 시 세율은 표준세율이 아니라 소득세 단일세율의 10%인 1.9%를 적용한다(지특법 제106조의2).

3) 특별징수 및 기납부세액 공제

원천징수의무자는 외국인근로자의 신청에 따라 외국인근로자에게 매월분의 근로소득을 지급할 때 해당 근로소득에 19%를 곱한 금액을 원천징수할 수 있는데 해당 금액을 원천징수하는 경우 해당 소득에 대해 개인지방소득세도 1.9%의 세율을 적용하여 특별징수하게 된다(지법 제103조의13 제1항, 조특법 제18조의2 제4항). 그리고 해당 특별징수세액은 확정신고 시

기납부세액으로 공제하게 되는데 관련 소득세 원천징수세액이 국세청 통보자료상 외국인 단일원천징수 항목으로 통보되게 된다(지법 제103조의11 제1항, 지법 제95조 제3항 제4호). 따라서 해당 항목 통보 시 그 금액의 10%를 개인지방소득세 특별징수세액으로 하여 공제하면 될 것이다.

6 세액계산 구조

가. 종합소득 세액계산

구조	비고
총수입금액 등 (−) 필요경비 등	
종합소득금액[11] (−) 종합소득공제	○ 개인지방소득세 과세표준 산출 전 단계의 학습은 불필요하다.
개인지방소득세 과세표준 ×세율	○ 개인지방소득세 과세표준 = 소득세 과세표준 ○ 개인지방소득세 세율은 소득세 세율의 10%이다.
산출세액 (−) 세액공제 및 감면	○ 소득세 공제 감면세액의 10%. 단 전자신고세액 공제는 개인지방소득세 신고 여부에 따라 적용
개인지방소득세 결정세액 (+) 가산세 (+) 추가납부세액	○ 신고납부가산세는 지방세기본법에 따라 산출, 기타 가산세는 국세 10% 혹은 미과세 ○ 추가납부세액: 소득세 감면 후 감면 요건 미비 등의 사유로 추징되는 세액의 10%
총결정세액 (−) 기납부세액	○ 기납부세액: 토지 등 매매차익예정신고 산출세액, 수시부과세액, 특별징수세액, 납세조합 징수세액
납부(환급)할 세액	

11) 종합소득금액=이자, 배당, 사업, 근로, 연금, 기타소득금액의 합계액
이자소득금액=총수입금액, 배당소득금액=총수입금액+Gross up, 사업소득금액=총수입금액−필요경비, 근로소득금액=총급여액−근로소득공제, 연금소득금액=총연금액−연금소득공제, 기타소득금액=총수입금액−필요경비

나. 퇴직소득 세액계산

구조	비고
퇴직급여액	
(−) 비과세소득	
퇴직소득금액	○ 개인지방소득세 과세표준 산출 전 단계의 학습은 불필요하다.
(−) 퇴직소득공제	
퇴직소득과세표준	○ 개인지방소득세 과세표준 = 소득세 과세표준
×세율	○ 개인지방소득세 세율은 소득세 세율의 10%이다.
×근속연수	
÷12	
퇴직소득산출세액	
(−) 외국납부세액공제	○ 소득세 외국납부세액공제액의[12] 10%
퇴직소득에 대한 개인지방소득세 결정세액	
(+) 가산세	○ 가산세액: 지방세기본법에 따라 산출
(+) 추가납부세액	
총결정세액	
(−) 기납부세액	○ 기납부세액: 특별징수세액
납부(환급)할 세액	

다. 세액계산 특례

1) 개요

세액계산 특례는 일반적인 소득세 세액계산 구조와 다른 세액계산 구조를 갖는 특별한 예이다. 개인지방소득세 관련하여 다양한 세액계산 특례 규정이 존재하나 결국 해당 특례 규정들에서 세율을 국세 세율의 10%로 규정하고 있고 과세표준 등은 국세와 동일하게 규정하고 있으므로 결론적으로 해당 특례들에 따라 개인지방소득세 산출세액을 계산하면 소득세 산출세액의 10%가 된다. 실무상 해당 특례들이 적용된다고 하여도 개인지방소득세

12) 거주자의 종합소득금액 또는 퇴직소득금액에 국외원천소득이 합산되어 있는 경우로서 그 국외원천소득에 대하여 외국소득세액을 납부하였거나 납부할 것이 있을 때 일정 산식에 따라 계산한 금액(소법 제57조 제1항)

산출세액은 소득세 산출세액의 10%로 하면 되므로 상세한 계산 방법 등은 학습의 필요성이 떨어진다 할 것이다. 그러나 관련 개념 등은 숙지할 필요가 있으므로 이하에서 해당 내용에 대해 간략하게 수록하였다.

2) 금융소득에 대한 세액계산 특례

거주자의 종합소득에 이자소득과 배당소득[13](이하 "이자소득등"이라 함.)이 포함된 경우에는 다음과 같이 세액을 계산한다(지법 제93조 제2항).

가) 종합소득에 대한 개인지방소득세 과세표준에 포함된 이자소득등이 2,000만원을 초과하는 경우

이 경우 아래 산식에 따라 계산하는바 결국 종합과세방법과 분리과세방법 중 비교과세하는 것이다. 종합과세방법을 적용하지 않고 분리과세방법과 비교과세하는 것은 사업소득이 결손인 경우 등에 있어서 산출세액이 분리과세방법을 적용한 것보다 적어질 수 있어 해당 규정의 취지(부의 재분배 실현 등)에 반할 수 있기 때문이다.

Max(①, ②)

① 종합과세방법: (이자소득등의 금액 중 2,000만원 초과 금액 + 이자소득등을 제외한 다른 종합소득금액 − 종합소득공제) × 표준세율 + 2,000만원 × 1.4%

② 분리과세방법: (이자소득등을 제외한 다른 종합소득금액 − 종합소득공제) × 표준세율 + 이자소득등 × 원천징수세율[14]의 10%[15]

나) 종합소득에 대한 개인지방소득세 과세표준에 포함된 이자소득등이 2,000만원 이하인 경우

이 경우는 위 ②가 산출세액이 된다.

---

13) 소득세법 제43조에 따른 공동사업에서 발생한 소득금액 중 출자공동사업자의 손익분배비율에 해당하는 금액 제외(소법 제17조 제1항 제8호)

14) 비영업대금의 이익 25%(금융위원회에 등록한 온라인투자연계금융업자를 통하여 지급받는 이자소득 14%), 그 밖의 이자소득 14%(소법 제129조 제1호 나목, 라목, 제2호 나목)

15) 출자공동사업자의 배당소득이 있는 경우 ② = Max(③, ④)
③ (이자소득등 및 배당소득을 제외한 다른 종합소득금액 − 종합소득공제) × 표준세율 + 출자공동사업자의 배당소득 × 1.4% + 이자소득등 × 원천징수세율의 10%
④ (이자소득등을 제외한 다른 종합소득금액 − 종합소득공제) × 표준세율 + 이자소득등 × 원천징수세율의 10%

3) 부동산매매업자에 대한 과세

가) 개요

일반적으로 부동산의 양도차익은 양도소득으로 분류하여 양도소득에 대한 소득세 및 개인지방소득세로 과세하나 부동산매매업자의 사업목적 계속·반복적 매매차익은 사업소득으로 분류하여 종합소득에 대한 소득세 및 개인지방소득세로 과세한다.

나) 부동산매매업자에 대한 세액계산 특례

매매차익이 사업소득으로 분류되는 경우 중 부동산매매업자의 종합소득금액에 분양권 등[16]의 매매차익이 포함돼 있는 경우 개인지방소득세 산출세액은 다음과 같이 계산한다(지법 제93조 제4항). 결국 아래 산식은 종합소득세 계산방식과 양도소득세 계산방식을 비교과세하는 것인바 비사업용토지 등 양도소득세 중과세율이 적용되는 경우는 종합소득세 계산방식으로 계산한 산출세액이 양도소득세 계산방식으로 계산한 산출세액보다 적어지게 되는 바 부동산매매업자가 아닌 납세의무자는 종합소득세 계산방식을 적용받기 위해 부동산매매업자로 등록 후 토지 등을 양도할 수 있으므로 이를 방지하기 위해 해당 비교과세 방식을 도입한 것이다.

Max(①, ②)

① 종합소득세 계산방식: 종합소득에 대한 개인지방소득세 산출세액

② 양도소득세 계산방식: (종합소득에 대한 개인지방소득세 과세표준 – 주택등매매차익[17]) × 표준세율 + 주택등매매차익 × 양도소득에 대한 개인지방소득세 세율

다) 토지등 매매차익 예정신고

(1) 신고기한, 제출서류 등

부동산매매업자는 토지 또는 건물(이하 "토지등"이라 함) 매매차익에 대해 소득세 예정신고의무가 있다(소법 제69조 제1항). 이에 따라 부동산매매업자는 토지등 매매차익과 그 소득세액을 매매일이 속하는 달의 말일부터 2개월이 되는 날까지 신고하여야 하는데 이 경우 개인지방소득세도 관련 매매차익과 세액을 매매일이 속하는 달의 말일부터 2개월이 되는 날까지 납세지 관할 지방자치단체장에게 신고하여야 한다. 신고 시 납세지 관할 지방자치단체의 장 외의 지방자치단체의 장에게 신고한 경우에도 그 신고의 효력에는 영향이 없다.

---

16) 분양권, 비사업용토지, 미등기양도자산, 2주택자 또는 3주택자가 양도하는 조정대상지역 내 주택

17) 매매가액 – 양도자산의 필요경비 – 양도소득 기본공제 금액 – 장기보유 특별공제액(지령 제89조 제1항)

또한 토지등의 매매차익이 없거나 매매차손이 없는 경우에도 신고하여야 하고 제출하여야 하는 서류는 다음과 같다(지법 제93조 제5항, 제15항, 지령 제90조 제1항, 지칙 제40조 제1항).

- 토지등 매매차익예정신고 및 납부계산서(지칙 별지 제39호의5 서식)
- 토지등 매매차익 계산명세서(소칙 별지 제16호 서식 부표)
- 매매계약서
- 필요경비 증명 서류

한편, 납부 시 납부서(지칙 별지 제14호 서식 또는 별지 제40호 서식)를 제출하여 납부하고 예정신고 시 납부할 세액이 100만원이 초과하는 경우 분납이 가능하며 분납의 적용 등은 일반신고와 동일하므로 신고납부와 고지(수정신고, 결정경정, 수시부과결정) 편 분납 부분 참고하도록 한다(지법 제93조 제7항, 지령 제90조 제2항, 지칙 제40조 제2항).

(2) 예정신고 세액

예정신고 시 부동산매매업자의 토지등의 매매차익에 대한 산출세액은 그 매매가액에서 필요경비를 공제한 금액에 양도소득에 대한 개인지방소득세 세율을 곱하여 계산한 금액으로 한다. 다만 토지등의 보유기간이 2년 미만인 경우에는 2년 미만의 세율이 아니라 표준세율(분양권의 경우 6%)을 적용한다(지법 제93조 제6항).

(3) 토지등 매매차익에 대한 산출세액 등

토지등 매매차익에 대한 산출세액의 계산, 결정·경정 및 환산취득가액 적용에 따른 가산세에 관해서는 양도소득에 대한 개인지방소득세 규정을 준용하므로 본편 13장 양도소득에 대한 지방소득세를 참고한다. 그 외의 내용은 소득세법 시행령 제128조 및 제129조를 따른다(지법 제93조 제8~9항, 지령 제91조).

4) 주택임대소득에 대한 세액계산 특례

가) 결정세액 계산

분리과세 임대주택 소득이 있는 거주자[18]의 종합소득에 대한 개인지방소득세 결정세액은 다음 중 어느 하나를 선택하여 적용한다(지법 제93조 제10항).

- 종합과세방법: 주택임대소득에 대한 분리과세를 적용하기 전 종합소득에 대한 개인지방소득세 결정세액
- 분리과세방법: (분리과세 주택임대소득에 대한 사업소득금액 × 1.4%)[19] + 그 외의

18) 해당 과세기간에 주거용 건물 임대업에서 발생한 수입금액의 합계액이 2,000만원 이하인 자(소법 제14조 제3항 제7호)

19) 다만, 소득세에서 소형주택 임대사업자에 대한 세액감면을 적용받는 경우 분리과세 주택임대소득에 대한 사업소득금액 × 1.4% − 해당 감면세액의 10%

종합소득에 대한 개인지방소득세 결정세액

나) 사업소득금액 계산

분리과세주택 임대소득에 대한 사업소득금액은 다음과 같이 계산한다(지법 제93조 제11항).

(1) 공공지원민간임대주택 등 등록임대주택인 경우

주택임대 사업소득금액 = 총수입금액 - (총수입금액 × 60%)[20]

(2) 그 외

주택임대 사업소득금액 = 총수입금액 - (총수입금액 × 50%)[21]

(3) 등록임대주택 범위

(1)에서 등록임대주택이란 다음 각 호의 모든 요건을 갖춘 임대주택을 의미한다(지령 제91조의2 제1항)[22].

- 1. 다음 각 목의 어느 하나에 해당하는 주택일 것
  - 가. 임대사업자등록을 한 자가 임대 중인 공공지원민간임대주택
  - 나. 임대사업자등록을 한 자가 임대 중인 장기일반민간임대주택[아파트를 임대하는 민간매입임대주택의 경우에는 2020년 7월 10일 이전에 등록을 신청(임대할 주택을 추가하기 위해 등록사항의 변경 신고를 한 경우를 포함한다. 이하 다.에서 같다)한 것으로 한정한다]
  - 다. 임대사업자등록을 한 자가 임대 중인 단기민간임대주택(2020년 7월 10일 이전에 등록을 신청한 것으로 한정한다)
- 2. 소득세법에 따라 사업자 등록이 된 사업자의 임대주택일 것
- 3. 임대보증금 또는 임대료(이하 이 호에서 "임대료등"이라 한다)의 증가율이 5%를 초과하지 않을 것. 이 경우 임대료등의 증액 청구는 임대차계약의 체결 또는 약정한 임대료등의 증액이 있은 후 1년 이내에는 하지 못하고, 임대사업자가 임대료등의 증액을 청구하면서 임대보증금과 월임대료를 상호 간에 전환하는 경우에는 민간임대주택에 관한 특별법 제44조 제4항의 전환 규정을 준용한다.

---

20) 분리과세 주택임대소득을 제외한 해당 과세기간 종합소득이 2,000만원 이하인 경우 주택임대 사업소득금액 = 총수입금액 - (총수입금액 × 60%) - 400만원

21) 분리과세 주택임대소득을 제외한 해당 과세기간 종합소득이 2,000만원 이하인 경우 주택임대 사업소득금액 = 총수입금액 - (총수입금액 × 50%) - 200만원

22) 종전의 「민간임대주택에 관한 특별법」 제5조에 따라 등록한 같은 법 제2조 제6호에 따른 단기민간임대주택을 같은 법 제5조 제3항에 따라 2020년 7월 11일 이후 「민간임대주택에 관한 특별법」 제2조 제4호 또는 제5호에 따른 공공지원민간임대주택 또는 장기일반민간임대주택으로 변경 신고한 주택은 등록임대주택에서 제외(지령 제91조의2 제2항)

다) 임대주택 유형별 사업소득금액의 산출방법

(1) 과세기간 중 일부 기간 동안 등록임대주택을 임대한 경우

과세기간 중 일부 기간 동안 등록임대주택을 임대한 경우 등록임대주택의 임대사업에서 발생하는 수입금액은 월수로 계산한다. 이 경우 해당 임대기간의 개시일 또는 종료일이 속하는 달의 등록임대주택을 임대한 기간이 15일 이상인 경우에는 1개월로 본다(지법 제93조 제14항, 지령 제91조의2 제8항 제1호).

(2) 해당 과세기간 중에 임대주택을 등록한 경우

이 경우 다음의 산식에 따라 사업소득금액을 계산한다(지법 제93조 제14항, 지령 제91조의2 제8항 제2호).

> {등록한 기간에 발생한 수입금액 × (1 − 0.6)} + {등록하지 않은 기간에 발생한 수입금액 × (1 − 0.5)}

(3) 해당 과세기간 동안 등록임대주택과 등록임대주택이 아닌 주택에서 수입금액이 발생한 경우 해당 과세기간의 종합소득금액이 2천만원 이하인 경우에 추가로 차감하는 금액

해당 금액은 다음 산식에 따라 계산한다(지법 제93조 제14항, 지령 제91조의2 제8항 제3호).

$$\left(\frac{\text{등록 임대주택에서 발생한 수입금액}}{\text{총주택 임대수입금액}} \times 400\text{만원}\right) +$$

$$\left(\frac{\text{등록 임대주택이 아닌 주택에서 발생한 수입금액}}{\text{총주택 임대수입금액}} \times 200\text{만원}\right)$$

라) 공제 · 감면 추징

(1) 추징 사유 및 세액

주택임대소득에 대한 세액계산 특례 관련 공제 · 감면 추징 규정은 다음과 같다(지법 제93조 제12항).

- 소형주택 임대사업자에 대한 세액감면을 받은 사업자가 4년(공공지원민간임대주택 또는 장기일반민간임대주택의 경우 10년) 이상 임대하지 아니하는 경우 그 감면받은 세액을 추징한다.
- 등록임대주택 소득공제를 받은 사업자가 해당 임대주택을 10년 이상 임대하지 아니하

는 경우 등록임대주택 관련 규정(지법 제93조 제11항 단서)을 적용하지 아니하고 계산한 세액과 당초 신고한 세액과의 차액을 추징한다.

(2) 이자상당액 및 추징 배제 사유

해당 소득세 추징 시 관련 이자상당 가산액이 가산되면 그 가산액의 10%를 개인지방소득세로 추가로 납부하여야 한다. 다만, 파산, 강제집행, 법령상 의무를 이행하기 위해 임대주택을 처분하거나 임대할 수 없는 경우, 회생절차에 따라 법원의 허가를 받아 임대주택을 처분한 경우에는 소득세에서 이자상당액을 가산하지 아니하고 개인지방소득에서도 이자상당액을 가산하지 아니한다(지법 제93조 제13항, 지령 제91조의2 제7항, 소법 제64조의2 제4항).

한편, 임대사업자 등록이 말소된 경우 등[23]에는 위 (1) 추징 규정을 적용하지 아니한다(지법 제93조 제12항, 지령 제91조의2 제3항).

마) 확정신고 의무

분리과세의 경우 대부분 특별징수만으로 과세가 종결되나 분리과세 주택임대소득이 있는 경우에는 분리과세를 적용받아도 확정신고를 하여야 한다(소법 제70조 제2항, 지법 제95조 제1항).

5) 직장공제회 초과반환금에 대한 세액계산 특례

가) 개요

직장공제회 초과반환금은 근로자가 퇴직하거나 탈퇴하여 직장공제회로부터 받는 반환금에서 납입공제료를 뺀 금액(이하 "납입금 초과이익"이라 함.)과 반환금을 분할하여 지급받는 경우 그 지급기간 동안 추가로 발생하는 이익(이하 "반환금 추가이익"이라 함.)이다(소령 제26조 제2항).

직장공제회 초과반환금은 당연분리과세이자소득으로 개인지방소득세를 분리과세하여 특별징수로 과세가 종결되며 산출세액은 다음과 같이 계산한다(지법 제93조 제3항, 소법 제14조 제3항 제3호, 지령 제88조의2).

23) 임대사업자의 등록이 말소되는 경우, 재개발사업 · 재건축사업, 규모주택정비사업으로 임대 중이던 당초의 임대주택이 멸실되어 새로 취득하거나 리모델링으로 새로 취득한 주택이 아파트인 경우. 다만, 새로 취득한 주택의 준공일부터 6개월이 되는 날이 2020년 7월 10일 이전인 경우는 제외한다(소법 제122조의2 제3항).

나) 납입금 초과이익에 대한 산출세액

$$\left(\frac{과세표준}{납입연수} \times 표준세율\right) \times 납입연수^{24)}$$

※ 과세표준 = 초과반환금 - (초과반환금 × 40% + 불입연수공제액)

다) 반환금 추가이익에 대한 산출세액

분할하여 지급받을 때마다 그 기간 동안 발생하는 반환금 추가이익 × 납입금 초과이익 산출세액을 납입금 초과이익으로 나눈 비율

6) 분리과세기타소득에 대한 세액계산 특례

소득세법에서는 위약금·배상금 등의 기타소득금액이 300만원 이하이면 분리과세를 선택할 수 있도록 규정하고 있다(소법 제14조 제3항 제8호 가목). 분리과세를 선택하면 지방소득세는 일반적인 위약금·배상금의 경우 2% 세율을 적용하여 특별징수되나 계약금이 위약금·배상금으로 대체되는 경우 그 위약금·배상금은 분리과세를 하더라도 특별징수가 배제되고 확정신고 의무가 있으며 확정신고 시 종합소득 과세표준을 계산할 때 해당 소득을 합산하지 아니하고 기타소득금액에 2% 세율을 적용하여 계산한 금액을 분리과세하게 되는데 이것이 분리과세기타소득에 대한 세액계산 특례이다(지법 제93조 제16항, 소법 제127조, 지법 제95조 제1항, 소법 제70조 제2항).

7) 연금소득에 대한 세액계산 특례

사적연금소득 중 분리과세연금소득[25] 외의 연금소득이 있는 거주자에 대한 종합소득에 대한 개인지방소득세 결정세액은 다음 중 어느 하나를 선택하여 적용한 금액으로 한다(지법 제93조 제17항).

- 종합과세방법: 종합소득에 대한 개인지방소득세 결정세액

---

24) 납입연수가 1년 미만인 경우 1년으로 함. 총소득을 연분(발생기간으로 나눠)해 1년의 소득으로 세율을 적용해 세금을 계산한 뒤, 그 세금에 연승(발생연수를 곱)해 총세금을 계산하는 방식으로 이를 연분연승법이라 함.

25) 소법 제14조 제3항 제9호

가. 원천징수되지 아니한 퇴직소득을 연금수령하는 연금소득{원천징수 되지 아니한 퇴직소득(과세이연된 퇴직소득): 퇴직일 현재 연금계좌에 있거나 연금계좌로 지급되는 경우, 퇴직하여 지급받은 날부터 60일 이내에 연금계좌에 입금되는 경우, 소법 제146조 제2항}

나. 연금계좌세액공제를 받은 연금계좌 납입액, 연금계좌의 운용실적에 따라 증가된 금액을 의료목적, 천재지변이나 그 밖에 부득이한 사유 등으로 인출하는 연금소득

다. 가목 및 나목 외 연금소득의 합계액이 연 1천500만원 이하인 경우 그 연금소득

• 분리과세방법: 사적연금소득 중 분리과세연금소득 외의 연금소득 × 1.5% + 그 외의 종합소득에 대한 개인지방소득세 결정세액

8) 고배당기업 주식 배당소득에 대한 개인지방소득세 과세 특례

조세특례제한법에 따라 고배당기업의 주식을 보유한 거주자가 고배당기업으로부터 2028년 12월 31일이 속하는 사업연도까지 발생하는 배당소득을 받는 경우 그 배당소득 중 일정 금액에 대해서는 소득세 계산 시 종합소득과세표준에 합산하지 아니하고 배당소득 구간에 따라 14%, 20%, 35%의 3단계 누진세율을 적용하는데 이 경우 해당 소득세 세율의 10%를 개인지방소득세 세율로 하여 과세한다(지특법 제167조의6).

7 세액공제 및 감면

가. 세액공제 및 감면

1) 개요

개인지방소득세 세액공제 및 감면에 대한 사항은 지방세특례제한법에서 규정하도록 하고 있다(지법 제94조). 지방세특례제한법에는 개인지방소득세 관련하여 다양한 공제 · 감면 조항이 존재하나 해당 법 제167조의2에서 개인지방소득세 공제 · 감면 조항에도 불구하고 소득세가 세액공제 · 감면되는 경우 그 공제 · 감면액의 10%를 개인지방소득세에서 공제 · 감면하도록(전자신고 세액공제 제외) 규정하고 있어 결국 소득세 공제 · 감면액의 10%가 개인지방소득세 공제 · 감면액이 된다. 또한 소득세 이월과세가 적용되는 경우에는 개인지방소득세도 이월과세를 적용하고 소득세 공제 · 감면 후 추징 사유가 발생하여 소득세액이 추징되는 경우 그 공제 · 감면 사유로 공제 · 감면 받은 개인지방소득세도 추징하도록 규정하고 있으며 추징에 따라 소득세에 이자상당액이 가산되면 그 금액의 10%를 개인지방소득세에 가산하도록 규정하고 있다(지특법 제167조의2 제1~3항). 한편, 공제세액 및 감면세액이 산출세액이 초과하는 경우 그 초과하는 금액은 없는 것으로 한다(지법 제94조).

2) 전자신고, 모두채움 납부서 납부에 따른 세액공제

가) 전자신고세액 공제

납세자가 전자신고의 방법으로 개인지방소득세를 신고한 경우 납부세액에서 2천원(확정

신고의 예외에 해당하는 자가 확정신고를 한 경우 추가로 납부하거나 환급받은 결정세액과 1천원 중 작은 금액)을 공제한다. 이 경우 납부할 세액이 음수인 경우에는 이를 없는 것으로 한다(지특법 제167조의3 제1항, 지특령 제116조의2 제2항). 전자세액공제 대상인 개인지방소득세는 과세표준 및 세액을 확정신고하는 종합소득에 대한 개인지방소득세 및 과세표준 및 세액을 예정신고하는 양도소득에 대한 개인지방소득세이다(지특령 제116조의2 제1항). 따라서 양도소득에 대한 개인지방소득세를 확정신고, 기한후신고, 수정신고하는 경우는 전자신고세액공제 대상에서 제외되고 종합소득에 대한 개인지방소득세를 기한후신고, 수정신고하는 경우에도 세액공제 대상에서 제외된다. 또한 토지등 매매차익예정신고도 세액공제 대상에서 제외된다. 참고로 해당 전자세액공제 대상에서 제외되는 부분은 소득세 관련 규정에서도 동일하게 규정하고 있다.

한편, 소득세에서 전자세액공제를 제외한 세액공제·감면이 되는 경우 위 1)에 따라 개인지방소득세에서도 해당 세액공제·감면이 되나 전자신고 세액공제의 경우 국세의 전자신고 세액공제 여부에 관계없이 지방소득세를 전자신고한 경우에만 세액공제가 적용된다(지특법 제167조의2 제1항). 개인지방소득세 전자세액 공제 관련 규정은 지방세특례제한법이 법률 제18656호로 일부개정되면서 신설된 조항으로 종전에는 위 1)에 따라 개인지방소득세를 전자신고하지 아니하여도 국세만 전자신고하면 개인지방소득세에서도 전자신고 세액공제를 받을 수 있었으나 지방소득세 독자신고 제도의 취지를 고려하여 개인지방소득세를 전자신고한 경우에 한하여 개인지방소득세에서 전자신고 세액공제를 받을 수 있도록 해당 규정을 신설한 것이다. 해당 규정은 2022. 1. 1. 이후 전자신고하는 분부터 적용하므로 지방소득세를 2022. 1. 1. 전에 전자신고한 분에 대해서는 위 1)에 따라 지방소득세 전자신고 여부에 관계 없이 국세 전자신고 여부에 따라 공제 여부를 판단하여야 할 것이다. 이에 따라 극히 드문 경우겠으나 2022. 1. 1. 전에 지방소득세를 전자신고하였으나 국세를 전자신고하지 아니한 경우에는 개인지방소득세 전자신고 세액공제를 받을 수 없게 된다.

나) 모두채움 납부서 세액공제

과세관청이 종합소득에 대한 개인지방소득세 모두채움 납부서를 발송하여 납세자가 신고기한까지 해당 금액을 납부하는 경우 위 가)의 세액공제 금액과 같은 금액을 세액공제한다(지특법 제167조의3 제2항). 해당 세액공제는 2022. 1. 1. 이후 납세의무가 성립하는 분부터 적용한다(지특법 부칙 제1~2조, 2021. 12. 28. 법률 제18656호로 일부개정된 것).

8 신고납부와 고지

가. 확정신고

1) 개요

거주자가 소득세법에 따라 종합소득 또는 퇴직소득에 대한 소득세 과세표준확정신고를 하는 경우에는 해당 신고기한까지 종합소득 또는 퇴직소득에 대한 개인지방소득세 과세표준 및 세액을 납세지 관할 지방자치단체의 장에게 세액을 신고하여야 한다. 확정신고 시 납세지 외의 지방자치단체의 장에게 해당 과세표준 및 세액을 신고(이하 "무관할신고"라 한다.)하여도 그 신고의 효력에는 영향이 없다(지법 제95조 제1항).

소득세법에 따른 종합소득 또는 퇴직소득에 대한 소득세 확정신고기한은 다음과 같다.

<table>
<tr><th colspan="2">구분</th><th>신고기한(국세, 지방소득세)</th><th>관련 규정</th></tr>
<tr><td colspan="2">원칙</td><td>다음 연도 5월 1일부터 5월 31일까지</td><td>소법 제70조 제1항</td></tr>
<tr><td colspan="2">성실신고확인대상사업자가 성실신고확인서를 제출하는 경우[26]</td><td>다음 연도 5월 1일부터 6월 30일까지</td><td>소법 제70조의2 제2항</td></tr>
<tr><td rowspan="3">거주자가 사망한 경우</td><td>사망일이 속하는 과세기간 관련 신고</td><td rowspan="2">사망일이 속하는 달의 말일부터 6개월이 되는 날까지</td><td rowspan="3">소법 제74조 제1~3항</td></tr>
<tr><td>1월 1일~5월 31일 사이에 사망한 경우 사망일이 속하는 과세기간의 직전 과세기간 관련 신고</td></tr>
<tr><td>해당 상속인이 확정신고를 정해진 기간에 하지 않고 사망한 경우</td><td>사망한 상속인(1차 상속인)의 사망일이 속하는 달의 말일부터 6개월이 되는 날까지</td></tr>
<tr><td rowspan="2">출국하는 경우</td><td>출국일이 속하는 과세기간 관련 신고</td><td rowspan="2">출국인 전날까지</td><td rowspan="2">소법 제74조 제4~5항</td></tr>
<tr><td>1월 1일~5월 31일 사이에 출국하는 경우 출국일이 속하는</td></tr>
</table>

구분		신고기한(국세, 지방소득세)	관련 규정
	과세기간의 직전 과세기간 관련 신고		

한편, 해당 과세기간 동안 종합소득 또는 퇴직소득에 대한 개인지방소득세 과세표준이 없거나 결손금이 있는 경우에도 확정신고하여야 한다. 다만, 퇴직소득에 대한 개인지방소득세를 특별징수 방식으로 이미 납부한 자는 퇴직소득 과세표준 및 세액에 대한 확정신고 의무가 없다(지법 제95조 제2항).

2) 분리과세하나 확정신고 의무가 있는 경우

해당 과세기간에 분리과세 주택임대소득 및 기타소득으로서 계약금이 위약금 · 배상금으로 대체되는 경우의 그 위약금 · 배상금이 있는 경우 해당 소득은 분리과세하더라도 특별징수하지 아니하고 확정신고하여야 한다(지법 제95조 제1항, 소법 제70조 제2항),

3) 신고서류

확정신고 시 제출하여야 하는 서류는 다음과 같다(지령 제92조 제1항).

- 종합소득에 대한 개인지방소득세: 종합소득에 대한 개인지방소득세 과세표준확정신고 및 납부계산서(지칙 별지 제40호의2 서식)[27]
- 퇴직소득에 대한 개인지방소득세: 퇴직소득에 대한 개인지방소득세 과세표준확정신고 및 정산계산서(지칙 별지 제40호의6 서식)

4) 분납

가) 개요

납세자는 확정신고기한까지 납부할 세액을 납부하여야 하는바 이때 납부할 세액이 100만원을 초과하는 경우 납세자는 납부할 세액의 일부를 납부기한이 지난 후 2개월 이내에 분납할 수 있다. 이때 납부할 세액의 일부(분할납부할 수 있는 세액)는 다음과 같다(지법 제95조 제4항, 지령 제92조 제3항).

---

26) 수입금액이 업종별로 대통령령으로 정하는 일정 규모 이상의 사업자(성실신고확인대상사업자)는 세무사 등이 사업소득금액의 적정성을 확인하고 작성한 성실신고확인서를 제출하여야 함(소법 제70조의2 제1항).

27) 소규모사업자 등 대통령령으로 정하는 거주자는 별지 제40호의3 서식, 분리과세주택임대소득만 있는 사람은 별지 제40호의4 서식, 종교인소득만 있는 사람은 별지 제40호의5 서식으로 갈음 가능

구분	분할납부할 수 있는 세액
납부할 세액이 100만원 초과 200만원 이하인 경우	100만원을 초과하는 금액
납부할 세액이 200만원을 초과하는 경우	해당 세액의 50% 이하의 금액

나) 분납신청 후 기한 내 납부하지 못한 경우

분납신청 후 납부기한 내에 납부하지 못한 경우 분납의 취소 규정이 따로 존재하지 아니하므로 분납은 취소되지 않는다고 할 수 있다. 따라서 납세자가 분납신청 후 세액을 전혀 납부하지 아니하여 과세관청이 수시분 부과(무납부고지)하는 경우 분납이 취소된 것으로 보아 전체 세액에 최초 신고기한~수시분 부과일까지를 납부지연일수로 하여 납부지연가산세를 계산하는 것이 아니라 분납금액과 그 외 금액에 각각의 납기~수시분 부과일까지를 각각의 납부지연일수로 하여 납부지연가산세를 계산한다(소득세과 22601-2251, 1986. 7. 14.).

분납 관련 가산세(소득세과 22601-2251, 1986. 7. 14.)

〈질의〉 소득세법 제100조 및 동법 시행령 제147조의 규정에 의한 종합소득세 확정신고시 제107조 제2항 및 동법 시행령 제153조 제2항에 의거 분납신청을 하여 신고를 하였으나, 납부기한인 5월 31일까지 분납을 제외한 금액을 납부하지 못하였음. 이 경우 가산세는

(갑설) 종합소득세 확정신고시 분납신청금액을 제외한 차감 자진납부할 금액과 분납신청한 금액 전액에 대하여 가산세가 적용된다.

(을설) 종합소득세 확정신고시 분납신청금액을 제외한 차감 자진납부할 금액은 가산세가 적용되고 분납신청한 금액에 대해서는 가산세가 적용 안 된다.

〈회신〉 소득세법 제107조의 2의 규정에 의한 분납의 경우에 있어 동법 제100조의 규정에 의한 신고기한 내에 납부할 세액을 납부하지 아니하거나 일부만을 납부한 경우에 납부기한이 도래하지 아니한 분납세액에 대하여는 동법 제121조 제3항의 규정에 의한 가산세를 적용하지 아니하는 것임.

분납 일차분 미납 시(직세 1234-2162, 1980. 7. 16.)

법인세법 제30조 제5항 및 제31조 제3항의 규정에 의하여 법인세를 분납할 수 있는 법인이 일차분납세액을 납부하지 아니하거나 미달하게 납부한 경우에도 법인세를 분납할 의사가 신고서에 의하여 확인되는 경우에는 법인세 분납규정이 적용되는 것임. 따라서 미납한 일차분 납세액은 동법 제38조의 규정에 의하여 징수하는 것임.

5) 확정신고의무 면제

가) 확정신고의무 면제 대상

개인지방소득세 확정신고 대상은 소득세 확정신고 대상인바 소득세 확정신고의무면제 대상은 개인지방소득세 확정신고 면제 대상이 된다(지법 제95조 제1항). 소득세에서 확정신고 의무가 면제되는 자는 다음과 같다(소법 제73조 제1항).

<table>
<tr><th>호</th><th>구분</th><th>비고</th></tr>
<tr><td>1호</td><td>근로소득만 있는 자</td><td>연말정산의무가 있어 확정신고의무를 면제하는 것이다.</td></tr>
<tr><td>2호</td><td>퇴직소득만 있는 자</td><td>퇴직소득 세액정산의무가 있어 확정신고의무를 면제하는 것이다.</td></tr>
<tr><td>3호</td><td>공적연금소득만 있는 자</td><td rowspan="3">연말정산의무가 있어 확정신고의무를 면제하는 것이다.</td></tr>
<tr><td>4호</td><td>연말정산대상 사업소득만 있는 자</td></tr>
<tr><td>4호의2</td><td>원천징수되는 기타소득으로서 종교인소득만 있는 자</td></tr>
<tr><td>5호</td><td>근로소득 및 퇴직소득만 있는 자</td><td rowspan="4">퇴직소득은 분류과세하므로 1, 3, 4, 4호의2의 소득과 조합 가능</td></tr>
<tr><td>6호</td><td>퇴직소득 및 공적연금소득만 있는 자</td></tr>
<tr><td>7호</td><td>퇴직소득 및 연말정산대상 사업소득만 있는 자</td></tr>
<tr><td>7호의2</td><td>퇴직소득 및 원천징수되는 기타소득으로서 종교인소득만 있는 자</td></tr>
<tr><td>8호</td><td>분리과세이자소득, 분리과세배당소득, 분리과세연금소득 및 분리과세기타소득(원천징수되지 아니하는 소득은 제외)만 있는 자</td><td>완납적 원천징수에 해당하여 확정신고의무를 면제하는 것이다(분리과세는 원천징수로 인해 납세의무 종결).</td></tr>
<tr><td>9호</td><td>1~4호, 4호의2, 5~7호, 7호의2에 해당하는 사람으로서 분리과세이자소득, 분리과세배당소득, 분리과세연금소득 및 분리과세기타소득이 있는 자</td><td>8호 전 호와 8호 조합 가능</td></tr>
<tr><td>-</td><td>수시부과 후 추가로 발생한 소득이 없는 자</td><td>소법 제73조 제5항</td></tr>
</table>

나) 확정신고의무 면제 제외

(1) 2명 이상으로부터 소득을 받은 경우

2명 이상으로부터 받는 근로소득, 공적연금소득, 퇴직소득, 종교인소득, 연말정산대상 사업소득만 있는 자는 확정신고의무 면제 대상 규정에도 불구하고 확정신고하여야 한다. 다만, 연말정산을 통해 소득세를 납부함에 따라 확정신고납부 세액이 없는 자는 그러하지 아니하다(소법 제73조 제2항).

(2) 국외 근로소득 또는 퇴직소득

국외 근로소득 또는 퇴직소득이 있는 자는 확정신고를 하여야 한다. 다만, 납세조합에 가입하여 연말정산의 예에 따른 원천징수에 의하여 소득세를 납부한 자는 그러하지 아니하다(소법 제73조 제3항).

(3) 연말정산 등을 하지 아니한 경우

근로소득(일용직 근로소득 제외), 공적연금소득, 퇴직소득, 종교인소득, 연말정산대상 사업소득이 있는 자에 대해서 원천징수의무자가 연말정산(퇴직소득은 세액정산)하지 아니한 때에는 확정신고를 하여야 한다(소법 제73조 제4항).

6) 모두채움 납부서를 통한 신고 · 납부

세무서는 매년 소규모사업자 등에게 종합소득세 과세표준, 세액 등이 임시 산정된 과세표준확정신고 및 납부계산서를 납세자에게 발송하는데 지방자치단체장도 개인지방소득세 납부서(지칙 별지 제40호의7 서식, 이를 모두채움 납부서라 한다.)를 해당 납세자에게 발송할 수 있다. 이 경우 해당 납세자가 해당 모두채움 납부서에 기재된 세액을 신고기한까지 납부만 하면 과세표준 및 세액을 신고하지 아니하여도 신고한 것으로 본다(지법 제95조 제5~6항).

나. 수정신고

수정신고란 세액과 과세표준을 신고하였으나 세액을 과소신고한 경우 혹은 환급세액을 초과신고한 경우 과세관청이 이를 결정·경정하여 통지하기 전까지 수정할 수 있는 제도이다. 납세자가 소득세 수정신고를 한 경우 개인지방소득세도 수정신고하여야 한다. 이 경우 확정신고와 마찬가지로 납세지 외의 지방자치단체의 장에게 수정신고하여도 그 수정신고의 효력에는 영향이 없다. 즉, 무관할신고가 가능하다(지법 제96조 제1항). 이때 수정신고와 함께 소득세 수정신고 내용을 증명하는 서류를 납세지 관할 지방자치단체장에게 제출하여야 한다. 그리고 납부는 지칙 별지 제14호 서식 또는 별지 제40호 서식에 따른 납부서로 한다(지령 제93조 제1~2항).

한편, 과세표준 신고서를 법정신고기한까지 제출한 자의 수정신고는 당초 신고에 따라 확정된 과세표준과 세액을 증액하여 확정하는 효력을 갖는다. 즉, 확정력이 있다(지기법 제35조의2 제1항). 이때 납세의무확정이란 지방세의 납부 또는 징수를 위하여 법이 정하는 바에 따라 납부할 지방세액을 납세의무자 또는 지방자치단체의 일정한 행위나 절차를 거쳐서 구체적으로 확정하는 것을 말한다(지방세관계법 운영예규 35-1). 지방세기본법에서 법정신고기한까지 과세표준 신고서를 제출한 자의 수정신고에 한하여 확정력이 있다고 규정하고 있으므로 기한 내 신고 후 수정신고와 달리 기한 후 신고 후 수정신고는 확정력이 없다. 따라서 기한 후 신고 후 수정신고는 그 수정신고에 관해 과세관청이 세액 혹은 과세표준을 경정할 때 비로소 그 납세의무가 확정된다.

구분	확정력 여부	비고
경정청구	×	결정·경정에 의해 확정
확정신고	○	
기한 내 신고 후 수정신고	○	
기한 후 신고 후 수정신고	×	경정에 의해 확정
기한 후 신고	×	결정에 의해 확정

기한 후 신고에 따른 납세의무 확정 여부(대법원 2014. 10. 27. 선고 2013두6633 판결)

양도소득세 납세의무자가 기한후과세표준신고서를 제출하더라도 그 납세의무는 관할 세무서장이 양도소득 과세표준과 세액을 결정하는 때에 비로소 확정되는데, 과세관청이 납세의무자에 대하여 양도소득 과세표준과 세액이 기한후과세표준신고서를 제출할 당시 이미 자진납부한 금액과 동일하므로 별도로 고지할 세액이 없다는 내용의 신고시인결정 통지를 하였다면, 신고시인결정 통지는 구 국세기본법(2010. 1. 1. 법률 제9911호로 개정되기 전의 것) 제45조의3 제3항이 정한 과세관청의 결정으로서 항고소송의 대상이 되는 행정처분에 해당한다.

다. 실무 Check

1) 무납부고지와 불복청구

납세자가 개인지방소득세를 신고한 후에 세액을 납부하지 아니하면 과세관청은 그 세액을 고지하게 되는데 이를 무납부고지라 한다. 확정신고의 경우 납세자가 개인지방소득세 세액 및 과세표준을 확정신고할 때 그 세액 및 과세표준이 확정되는바 납세자가 확정신고 후 신고한 세액을 납부하지 아니하여 무납부고지하는 경우 그것은 이미 확정된 세액 및 과세표준을 단순히 징수하는 절차에 불과하므로 불복청구의 대상이 되는 처분이라 할 수 없다. 바꿔 말하면 신고납세제도를 채택하고 있는 세목의 경우 무납부고지는 단순한 징수절차로 부과처분이 아니라 조세납부를 촉구하는 이행청구로 행하는 절차에 불과하므로 불복청구의 대상이 되는 처분으로 볼 수 없다(조심 2012지0485, 2012. 9. 25.). 따라서 이 경우 납세자는 먼저 경정청구 절차를 거친 뒤 과세관청이 경정거부처분을 하면 그 이후에 불복청구가 가능하다 할 것이다.

다만, 기한 후 신고의 경우 납세자가 기한 후 신고할 때 세액 및 과세표준이 확정되는 것이 아니라 과세관청이 그 기한 후 신고를 검토한 이후 세액을 결정·경정할 때 세액 및 과세표준이 확정되는바 확정신고와 달리 기한 후 신고 후 미납에 따라 고지하는 것은 단순한 징수절차가 아니라 결정·경정에 따른 고지이므로 불복청구의 대상이 되는 처분으로 볼 수 있다(조심 2011중0844, 2011. 5. 19.). 이는 납세고지서의 형태가 아니라 자진납부한 세액이 정당하므로 더 이상 고지할 세액이 없다는 내용을 통지하는 신고시인통지서의 경우도 마찬가지이다(대법원 2020. 2. 27. 선고 2016두60898 판결). 한편, 과세관청은 기한 후 신고가 있으면 3개월 이내에 결정·경정 등을 하여야 하는데 과세관청이 이를 하지 아니한 경우는 부작위처분에 해당하여 이는 불복청구 대상이 되는 처분으로 본다(조심 2017지0440, 2018. 4. 26.).

무납부고지가 불복대상이 되는 처분인지 여부(조심 2012지0485, 2012. 9. 25.)

신고납세제도를 채택하고 있는 세목의 경우 납세의무자의 과세표준 신고에 대한 무납부고지 행위는 단순한 징수절차로서 부과처분이 아니라 신고 무납부세액에 대하여 조세납부를 촉구하는 이행청구로 행하는 절차에 불과한 것으로서 불복청구의 대상이 되는 처분으로 볼 수 없다 할 것으로 OOO, 처분청이 청구인에게 한 무납부고지에 대하여 청구인이 제기한 심판청구는 「지방세기본법」 제117조에서 규정하는 권리 또는 이익의 침해를 당한 자의 청구로 볼 수 없으므로 부적법한 청구에 해당한다고 판단된다.

기한 후 신고에 따른 결정통지가 불복대상이 되는 처분인지 여부(조심 2011중0844, 2011. 5. 19.)

「국세기본법」 제45조의3 제3항에서는 '기한후 신고·납부를 받은 관할 세무서장이 당해 국세의 과세표준과 세액을 결정하여야 한다'고 규정하고 있을 뿐, 그 결정기한을 정하여 결정된 내용을 납세자에게 통지하도록 하는 규정을 두고 있지는 않지만 과세관청에게는 기한 후 신고·납부에 대한 결정권한이 있으므로 그 결정결과를 통지할 의무도 있는 것으로 보아야 할 것이고 동 결정결과통지는 처분의 효력을 발생시키는 것으로 판단된다. 따라서, 청구인의 기한 후 신고에 대하여 결정을 하고, 그 결정결과를 통지한 것이 「국세기본법」 제55조 제1항의 규정에 의한 불복대상이 되는 처분으로 판단된다.

기한 후 신고에 따른 신고시인결정 통지가 불복대상이 되는 처분인지 여부(대법원 2020. 2. 27. 선고 2016두60898 판결)

양도소득세 납세의무자가 기한후과세표준신고서를 제출하더라도 그 납세의무는 관할 세무서장이 양도소득세 과세표준과 세액을 결정하는 때에 비로소 확정되고, 과세관청이 납세의무자에 대하여 양도소득세 과세표준과 세액이 기한후과세표준신고서를 제출할 당시 이미 자진납부한 금액과 동일하므로 별도로 고지할 세액이 없다는 신고시인결정 통지를 하였다면, 그 신고시인결정 통지는 구 국세기본법 제45조의3 제3항이 정한 과세관청의 결정으로서 항고소송의 대상이 되는 행정청의 처분에 해당한다(대법원 2014. 10. 27. 선고 2013두6633 판결 참조).

기한 후 신고 관련 결정을 하지 아니한 경우(조심 2017지0440, 2018. 4. 26.)

처분청은 청구인의 기한 후 신고납부에 대하여 그 신고일부터 3개월 이내에 그 취득세 등의 과세표준과 세액을 결정통지하였어야 함에도 신고일부터 3개월이 경과한 심리일 현재까지 청구인에게 결정통지하지 아니한 점 등에 비추어 이는 부작위 처분에 해당하며, 청구인은 처분청의 부작위로 인하여 권리 또는 이익의 침해를 당하고 있다고 볼 수 있으므로 이 건 심판청구는 적법한 청구에 해당된다고 판단된다.

2) 소득세 신고 시 종합소득을 양도소득으로 착오신고한 경우

일반적으로 세목을 착오신고한 경우는 신고납부하지 아니한 것으로 보아 신고납부가산세를 가산하여 과세한다. 가령 법인지방소득세를 개인지방소득세(양도소득)로 착오신고한 경우는 법인지방소득세를 신고하지 아니한 것으로 보아 과세 시 신고납부가산세를 가산하는 것이다(조심 2020중8060, 2020. 12. 29.). 그러나 종합소득분 개인지방소득세를 양도소득분 개인지방소득세로 착오신고한 경우는 단순히 소득 분류를 착오 신고한 것으로 보아 그 착오신고에 조세부담을 경감할 목적의 고의성이 없다면 신고납부가산세를 부과하지 아니한다(징세과-197, 2009. 1. 9., 국심 2003중572, 2003. 6. 18.).

종합소득을 양도소득으로 착오신고한 경우(징세과-197, 2009. 1. 9.)

거주자가 「소득세법」 제70조의 규정에 의한 과세표준확정신고를 함에 있어 소득분류를 잘못하여 종합소득을 양도소득으로 신고한 경우에는 「국세기본법」 제47조의3 규정에 의한 과소신고가산세를 적용하지 아니하나, 다만 조세부담을 경감할 목적으로 고의로 사실과 다르게 소득분류를 하여 신고한 경우에는 과소신고가산세를 적용하는 것입니다.

법인지방소득세를 양도소득세로 착오신고한 경우(조심 2020중8060, 2020 12. 29.)

양도소득세와 법인세는 별개의 세목으로 청구법인이 양도소득세를 신고·납부한 것으로써 법인세 신고납부의무를 이행한 것으로 보기는 어려운 점, 청구법인은 2000. 4. 28. 법인으로 보는 단체로 승인되었고, 부동산임대업을 영위하면서 법인세를 신고·납부해오고 있었던 바, 쟁점토지의 처분이익을 법인세로 신고할 수 있었으나, 그러지 아니한 것은 청구주장과 같이 단순히 법령의 무지 또는 착오에 해당한다고 보이고, 법령의 부지 또는 착오 등은 가산세를 면제할 정당한 사유에 해당한다고 보기 어려운 점 등에 비추어 청구주장을 받아들이기 어려운 것으로 판단된다.

라. 소액징수 면제

지방소득세로 징수할 세액이 고지서 1장당 2,000원 미만인 경우는 그 지방소득세를 징수하지 아니한다(지법 제103조의60). 이는 수시분 부과로 고지서를 발급하는 경우에만 해당하고 납세자의 신고에 따라 납부서를 발급하는 경우에는 해당하지 아니한다.

한편, 원천징수하여야 할 소득세가 1,000원 미만인 때에는 해당 소득세를 징수하지 아니하는데[28] 특별징수의무가 원천징수하는 경우에 있으므로 이에 해당하는 경우 원천징수하지 않아 특별징수의무가 없으므로 특별징수 지방소득세도 징수하지 아니한다. 즉, 원천징수세액의 10%가 특별징수세액이 되므로 100원 미만인 특별징수세액은 국세의 소액부징수가 간접적으로 적용돼 징수하지 아니하는 것이다. 이를 국세 관련 규정에서 소액부징수라 하는데 소액부징수는 지방소득세의 소액징수면제와 달리 자진 납부하는 경우(신고분)에도 적용된다(소법 제86조),

마. 지방소득세 관련 세액 등의 통보

1) 개요

세무서장 등은 소득세 과세 자료를 다음 각 호의 구분에 따른 기한까지 소득세 납세지 관할 지방자치단체장에게 통보하여야 하고 통보는 전자문서로 할 수 있다(지법 제103조의59 제1항, 지령 제100조의33 제2항).

- 1.「국세기본법」 또는 「소득세법」에 따라 소득세 과세표준과 세액을 신고(기한 후 신고는 제외한다) 받은 경우: 신고를 받은 날이 속하는 달의 다음 달 15일(지칙 별지 제46호 서식부터 별지 제48호 서식까지 및 별표 5에서 정하는 자료에 따라 통보). 다만, 다음 각 목의 어느 하나에 해당하는 경우에는 해당 목에서 정하는 기한 내로 한다.
  - 가.「소득세법」 제14조 제2항에 따른 종합소득과세표준, 같은 조 제6항에 따른 퇴직소득과세표준, 같은 법 제69조에 따른 토지등의 매매차익 또는 같은 법 제92조에 따른 양도소득과세표준을 「국세기본법」 제2조 제19호에 따른 전자신고 방식으로 신고받은 경우: 신고를 받은 즉시
  - 나.「소득세법」 제70조, 제71조, 제74조 및 제110조에 따른 과세표준 확정신고와 같은 법 제69조에 따른 토지등 매매차익예정신고 및 같은 법 제105조에 따른 양도소

28) 납세조합의 징수세액이 1,000원 미만인 경우는 소액부징수 대상에 포함하고 아래 소득은 소득세 소액부징수 대상에서 제외한다.
- 이자소득 및 저술가 · 작곡가나 그 밖의 자가 직업상 제공하는 인적(人的) 용역으로서 대통령령으로 정하는 인적 용역을 계속적 · 반복적으로 공급하고 그 대가로 받은 소득(소법 제86조 제1호)

득과세표준 예정신고의 경우: 신고를 받은 날이 속하는 달의 다음 달 1일부터 2개월이 되는 날

- 다. 「국세기본법」 제45조에 따른 수정신고를 받은 경우: 신고를 받은 날이 속하는 달의 다음 달 1일부터 3개월이 되는 날

• 2. 「국세기본법」 또는 「소득세법」에 따라 소득세 과세표준과 세액을 결정 또는 경정한 경우: 결정 또는 경정한 날이 속하는 달의 다음 달 15일(지칙 별지 제46호 서식부터 별지 제48호 서식까지 및 별표 5에서 정하는 자료에 따라 통보)

• 3. 「소득세법」에 따라 원천징수한 소득세를 납부받은 경우: 납부한 날이 속하는 달의 다음 달 15일(지칙 별지 제49호 서식에 따라 통보). 다만, 제4호에 따른 납세고지에 따라 납부받은 원천징수세액에 관하여는 그 통보를 생략할 수 있다.

• 4. 「소득세법」에 따른 원천징수의무자가 원천징수하였거나 원천징수하여야 할 소득세를 그 기한까지 납부하지 아니하였거나 미달하여 납부한 경우로서 세무서장 등이 원천징수의무자로부터 그 금액을 징수하기 위하여 납세고지를 한 경우: 고지한 날이 속하는 달의 다음 달 15일(지칙 별지 제49호 서식에 따라 통보)

• 5. 「국세기본법」 또는 「소득세법」에 따라 소득세를 환급한 경우: 환급한 날이 속하는 달의 다음 달 15일(지칙 별지 제50호 서식부터 별지 제53호 서식까지에 따라 통보). 다만 「소득세법」 제70조, 제71조, 제74조 및 제110조에 따른 과세표준 확정신고에 따라 소득세를 환급하는 경우에는 신고를 받은 날이 속하는 달의 다음 달 1일부터 2개월

2) 통보자료 관련 제척기간 및 환급금 청구권 소멸시효

국세청이 지방자치단체에 과세자료를 통보한 경우 지방소득세 제척기간 규정에도 불구하고 그 자료를 통보한 날로부터 2개월 이내에 경정결정이나 그 밖에 필요한 처분을 할 수 있다(지기법 제38조 제2항 제4호). 또한, 국세청 국세 환급자료를 통보받은 경우 지방자치단체장은 소득세와 동일한 과세표준에 근거하여 산출한 지방소득세를 다시 계산하여 환급세액이 발생하는 경우 이를 환급하여야 하며 해당 자료 관련 지방세환급금 소멸시효는 지방세환급금 소멸시효 규정에도 불구하고 통보를 받은 날부터 기산한다(지법 제103조의59 제3~4항).

9 기납부세액

개인지방소득세 산출세액에서 공제하는 기납부세액은 토지등 매매차익예정신고 산출세액, 수시부과세액, 특별징수세액, 납세조합의 징수세액이 있다(지법 제95조 제3항). 한편, 중간예납세액은 국세와 달리 지방세는 중간예납제도가 없으므로 기납부세액으로 공제하지 아니한다(공제하지도 아니할뿐더러 공제할 중간예납한 세액 자체가 없다.).

가. 토지등 매매차익예정신고 산출세액

부동산매매업자는 토지 또는 건물(이하 "토지등"이라 함) 매매차익에 대해 소득세 예정신고의무가 있는데 이때 예정신고한 산출세액은 기납부세액으로 공제한다(자세한 내용은 본편 6장 다. 세액계산 특례 중 3) 부동산매매업자에 대한 과세 중 다) 토지등 매매차익 예정신고 부분 참고).

나. 수시부과세액

1) 개요

지방자치단체의 장은 수시부과사유[29]로 거주자가 개인지방소득세를 포탈할 우려가 있다고 인정되는 경우 수시로 그 거주자에 대한 개인지방소득세를 부과할 수 있는데 이때 부과하는 세액이 수시부과세액이다. 이때 납부한 수시부과세액은 확정신고 시 기납부세액으로 공제된다(지법 제98조 제1항).

2) 세액

수시부과세액은 다음과 같이 계산한다(지령 제96조).

가) 일반적인 경우

수시부과세액 =(종합소득금액 - 거주자 본인에 대한 기본공제) × 표준세율

나) 주한국제연합군 또는 외국기관으로부터 수입금액을 외국환은행을 통하여 외환증서 또는 원화로 영수하는 자

수시부과세액 = 총수입금액 × (1 - 단순경비율) × 표준세율

---

29) 수시부과 사유
1. 사업부진이나 그 밖의 사유로 장기간 휴업 또는 폐업 상태에 있는 때로서 개인지방소득세를 포탈(逋脫)할 우려가 있다고 인정되는 경우
2. 그 밖에 조세를 포탈할 우려가 있다고 인정되는 상당한 이유가 있는 경우

3) 수시부과기간

수시부과기간은 해당 과세기간 개시일부터 수시부과사유가 발생한 날까지이다. 이 경우 신고기한 이전에 수시부과사유가 발생한 경우로 직전 과세기간에 대한 과세표준확정신고를 하지 아니한 경우에는 직전 과세기간을 수시부과기간에 포함한다(지법 제98조 제2항).

4) 가산세 특례

수시부과하는 경우 무신고, 과소신고(초과환급신고)가산세를 부과하지 아니한다(지법 제98조 제3항).

다. 특별징수세액

거주자에게 근로소득, 이자소득 등 특별징수대상 소득이 발생할 때 그 거주자는 소득의 지급자인 특별징수의무자에게 특별징수세액을 징수당하게 되는데 이때 부담한 특별징수세액은 기납부세액으로 공제한다(자세한 내용은 본편 15장 개인지방소득에 대한 특별징수 참고).

라. 납세조합 징수세액

외국기관으로부터 받는 근로소득, 국외에 있는 비거주자 또는 외국법인으로부터 받는 근로소득이 있는 자는 납세조합을 조직할 수 있는데 납세조합은 매월 그 조합원의 근로소득 또는 사업소득에 대한 소득세를 징수하고 납부하게 된다. 이때 납부한 납세조합 징수세액은 기납부세액으로 공제한다(자세한 내용은 본편 15장 타. 납세조합의 특별징수 부분 참고).

마. 실무 Check

1) 명의대여 관련 실질귀속자 납부분 기납부세액 공제 여부

국세기본법 기본통칙 51-0…1에서는 국세환급금은 납세자에게 환급함이 원칙이라고 규정하면서도 세법 또는 다른 법령에 특별한 규정이 있을 때에는 그에 따르도록 규정하고 있고 국세기본법 제51조 제11항에서 명의대여가 확인됨에 따라 명의대여자에 대한 과세를 취소하고 실질귀속자를 납세의무자로 하여 과세하는 경우 실질귀속자가 납부한 것으로 확인된 금액은 실질귀속자의 기납부세액으로 공제하고 남은 금액은 실질귀속자에게 환급하도록 규정하고 있다. 해당 규정에 따라 기납부된 소득세를 실질귀속자의 기납부세액으로 공제할 때 기납부된 지방소득세도 실질귀속자의 기납부세액으로 공제할 수 있는지에 대해서 행정안전부는 지방세기본법 기본통칙 147-1에서는 지방세의 부과와 징수에 관해서 해당 기본통칙에서 규정한 것을 제외하고는 국세기본법 기본통칙과 국세징수법 기본통칙을 준용한다고 규정하고 있으나 준용은 준용규정을 둔 법령이 규율하고자 하는 사항의 성질에 반하지 않는 한도 내에서만 가능하다 할 것인데 지방세의 경우 국세와 달리 명의대여자에 대한 과세분의 과세권자와 실질귀속자에 대한 과세분의 과세권자가 다를 수 있고 이 경우 해당 지방세를 기납부세액으로 공제하면 명의대여자에 대한 과세분 과세권자의 과세권을 침해할 우려가 있으므로 이를 공제하지 않도록 유권해석하였으므로 해당 경우 국세에서 명의대여자에 대한 과세분을 기납부세액으로 공제하였다고 하여도 지방소득세에서는 해당 과세분을 기납부세액으로 공제하지 아니한다(지방소득소비세제과-4506, 2020. 12. 15.).

명의대여 따른 지방소득세 공제 관련 지방세기본법 기본통칙 준용 규정 해석(지방소득소비세제과-4506, 2020. 12. 15., 2025년 행정안전부 지방소득세 실무해설집 419p)

□ 질의 요지

명의대여행위에 따른 명의자가 납부한 세액을 취소하고 실질소득자에게 지방소득세를 다시 부과하는 경우, 명의자가 납부한 세액을 국세통칙을 준용하여 실질소득자가 납부한 세액에서 공제(기납부세액) 처리가 가능한지 여부?

〈사실관계〉

○ 2007~2013년 실질소득자인 A(용인시 거주)가 B(고양시 거주)의 명의를 빌려 사업을 영위하였고, 이에 따라 B는 2007~2013년 개인지방소득세를 신고·납부하였음.

○ 2015년 국세청 세무조사 실시 결과 A를 실질소득자로 보아 A에 대해 종합소득세를 추징하였으며, B에 대해서는 기존 납부한 세액에 대해 결정취소하고 A의 납부세액 산정 시 기존 B의 납부세액을 공제(기납부세액)하였음.

□ 검토 결과

명의대여자와 실질귀속자에 대한 과세권자가 다른 경우 국세기본법 기본통칙이 준용된다고 보기는 어려움.

⇒ 납세의무자의 납세지별 과세권자가 명확히 규정되어 있는 지방세법 상 명의대여자가 납부한 지방소득세를 다른 지자체에 거주하는 실질 소득자의 기납부세액으로 처리할 수 없음.

○ 지방세기본법 기본통칙 147-1에서 지방세의 부과·징수에 관하여 이 법 기본통칙에서 규정한 것을 제외하고는 국세기본법 기본통칙과 국세징수법 기본통칙을 준용한다고 규정하고 있는데,

- '지방세의 부과·징수'란 지방자치단체의 장이 지방세기본법 또는 지방세 관계법에 따라 납세의무자에게 지방세를 부담하게 하고, 납세자로부터 지방자치단체의 징수금을 거두어들이는 것(지방세기본법 제2조 제1항 제17호·제18호)으로,
- 명의대여자 대신 실질귀속자가 납부한 것으로 확인된 금액이 있는 경우, 명의대여자에 대한 과세를 취소하고 실질귀속자에게 과세하면서 실질 귀속자가 납부한 금액을

실질귀속자의 기납부세액으로 먼저 공제하는 것은 명의대여자에 대한 부과 취소 및 실질귀속자에 대한 부과 · 징수에 해당하며, 이후 남은 금액이 있는 경우 이를 실질귀속자에게 환급하는 것 또한 잘못 납부된 세액을 반환하는 것으로 지방세의 부과 · 징수에 부수되는 절차의 일환이라 할 것이므로(대법원 2008. 1. 17. 선고 2007다59295 판결례 참조),

- 명의대여자에 대한 과세 취소 후 실질귀속자에 대한 부과 및 공제 · 환급에 관한 사항을 규율하는 국세기본법 기본통칙 51-0…1은 이에 관한 규정에 해당하며,
- 지방세기본법 및 지방세기본법 기본통칙에는 이에 상응하는 별도의 규정을 두고 있지 않는바, 국세기본법 기본통칙 51-0…1이 지방세의 경우에도 원칙적으로 준용될 수 있는 여지는 있어 보임(대법원 2011. 4. 14. 선고 2008두22280 판결례 참조).

○ 다만, "준용"은 준용규정을 둔 법령이 규율하려는 사항의 성질에 반하지 않는 한도 내에서만 다른 법령의 그 특정 사항에 관한 규정이 준용된다고 해석함이 타당한데(대법원 2015. 8. 27. 선고 2015두41371 판결례 참조),

- 지방자치단체는 지방세기본법 제4조에 따라 같은 법 또는 지방세 관계법에 정하는 바에 따라 지방세의 과세권을 가지는 것으로, 명의 대여자와 실질귀속자가 서로 다른 시 · 군에 거주하는 등 납세지가 달라 과세권자가 일치하지 않게 되면,
- 명의대여자에 대한 과세를 취소하는 과세권자와 실질귀속자에게 지방세를 부과 · 징수하는 과세권자가 다르게 되고, 이 경우 명의대여자 대신 실질귀속자가 납부한 것으로 확인된 금액을 실질귀속자에 대한 과세권자가 실질귀속자의 기납부세액으로 공제하고 남은 금액을 실질 귀속자에게 환급하는 것은 명의대여자에 대한 과세권자의 과세권 침해 문제가 발생할 소지가 있고,
- 국세기본법 기본통칙 51-0…1은 과세권자가 같은 경우를 전제로 그 부과 · 징수 처리 절차를 규정한 것으로 보이는바,
- 명의대여자와 실질귀속자의 과세권자가 다른 경우에는 해당 지방소득세의 부과 · 징수 업무 성질상 국세기본법 기본통칙 51-0…1이 준용된다고 보기는 어려움.

10 가산세

가. 신고납부와 관련된 가산세

1) 개요

신고납부와 관련된 가산세는 무신고가산세, 부정무신고가산세, 과소신고가산세, 초과환급신고가산세, 부정과소신고가산세, 납부지연가산세가 있다(이하 위 5개 가산세를 합쳐 "신고납부가산세"라 한다.). 이하부터 상세히 살펴보기로 한다.

2) 무신고가산세

가) 개요

납세의무자가 법정신고기한까지 과세표준을 신고하지 아니한 경우 그 신고로 납부하여야 할 세액(가산세와 이자상당액 제외, 이하 "무신고납부세액"이라 함.)의 20%을 가산세로 부과한다(지기법 제53조 제1항).

나) 복식부기의무자 재무제표 미제출 무신고가산세

(1) 개요

소득세법에 따른 복식부기의무자가 소득세를 신고할 때 재무제표 등[30]을 제출하지 아니하면 신고하지 아니한 것으로 보아 소득세에서 무신고가산세가 과세되는데 이 경우 해당 소득에 대한 개인지방소득세도 신고하지 아니한 것으로 보아 무신고가산세를 부과한다(소법 제70조 제4항, 지법 제99조 제2항). 개인지방소득세 신고납부가산세는 일반적으로 소득세의 신고납부가산세의 과세 여부와 관계없이 개인지방소득세 신고납부 여부에 따라 독립적으로 적용하나 이 경우는 소득세의 신고납부가산세 과세 여부에 따라 개인지방소득세 신고납부가산세 적용 여부가 달라짐에 유의한다. 결국 이 경우는 해당 소득에 대해 개인지방소득세를 기한 내에 확정신고한 경우라도 무신고가산세가 부과될 수 있다 할 것이다. 개인지방소득세를 소득세와 독립적으로 과세하겠다는 개인지방소득세 독자신고 제도 시행 취지를 고려하면 지방소득세 신고 시 재무제표 등을 제출할 수 있도록 하고 소득세에서 해당 가산세가 가산됐어도 확정신고 시 재무제표 등을 지방자치단체장에게 제출한 경우는 개인지방소득세에서는 무신고가산세가 가산되지 않도록 관련 규정에 단서 조항을 "단, 종합소득 과세표준확정신고를 할 때 복식부기의무자가 관할 지방자치단체장에게 재무제표 등을 제출한 경우는 제외한다." 등으로 추가하는 식으로 개정이 필요한 부분이라 판단된다.

다) 부정무신고가산세

다음 각 호의 어느 하나에 해당하는 행위(이하 '부정행위'라 한다.)로 법정신고기한까지 지방소득세를 신고하지 아니한 경우는 무신고납부세액의 40%를 가산세로 부과한다(지기법 제53조 제2항, 제38조 제5항).

- 1. 이중장부의 작성 등 장부에 거짓으로 기록하는 행위
- 2. 거짓 증빙 또는 거짓으로 문서를 작성하거나 받는 행위
- 3. 장부 또는 기록의 파기

---

30) 재무상태표, 손익계산서와 그 부속서류, 합계잔액시산표, 조정계산서(소칙 별지 제46호 서식) 및 첨부서류

- 4. 재산의 은닉, 소득 · 수익 · 행위 · 거래의 조작 또는 은폐
- 5. 고의적으로 장부를 작성하지 아니하거나 갖추어 두지 아니하는 행위
- 6. 그 밖에 위계(僞計)에 의한 행위

3) 과소신고가산세

납세의무자가 법정신고기한까지 과세표준을 신고하였으나 신고하여야 할 납부세액보다 납부세액을 적게 신고한 경우에는 과소신고한 납부세액(가산세와 이자상당액 제외, 이하 "과소신고납부세액"이라고 함.)의 10%를 가산세로 부과한다(지기법 제54조 제1항).

가) 실무 Check

기한 후 신고 후 수정신고하는 경우 과소신고가산세가 아니라 무신고가산세를 과세한다. 이는 과소신고가산세 규정에서 그 적용을 법정신고기한까지 과세표준을 신고한 경우를 전제로 하였기 때문이다. 마찬가지 논리로 최초 무신고하고 과세관청이 직권경정한 후에 수정신고하는 경우도 과소신고가산세가 아니라 무신고가산세를 과세한다(이 경우 납세자가 수정신고서를 제출하는 경우가 종종 있으나 원칙적으로 이 경우는 기한 후 신고조차 없었으므로 수정신고로 보지 아니한다.).

4) 부정과소신고분가산세

가) 개요

부정행위로 과소신고한 경우 부정과소신고납부세액의 40%를 부정과소신고분가산세로 부과한다(지기법 제54조 제2항).

나) 부정과소신고가산세 금액 구분 명확하지 않을 때

부정과소신고가산세와 일반과소신고가산세가 혼재할 때 그 금액들을 구분하기 어려운 경우 다음의 계산식에 따라 계산한 금액을 부정과소신고납부세액등(부정과소신고가산세 기준금액)으로 한다(지기령 제33조).

$$\text{과소신고분 세액} \times \frac{\text{부정과소신고납부세액 등 과세표준}}{\text{과소신고납부세액 등 과세표준}}$$

해당 규정 관련하여 국세기본법에도 동일한 구조의 규정이 존재한다(국기령 제27조의2 제3

항). 여기서 부정과소신고가산세와 일반과소신고가산세가 혼재할 때 그 금액들을 구분하기 어려운 경우는 일반과소신고분과 부정과소신고분 과세표준 적용 순서에 따라 가산세액이 변동되는 경우[31] 등을 말하는바 이에 해당하는 경우에는 소득세에서도 해당 국세기본법 규정이 적용될 것이다.

5) 초과환급신고가산세

가) 개요

지방소득세 과세표준을 신고하면서 환급받을 세액을 신고하여야 할 금액보다 많이 신고한 경우 초과환급신고한 환급세액(이자상당액 제외)의 10%의 금액을 가산세로 부과하는데 이를 초과환급신고가산세라 한다(지기법 제54조 제1항).

나) 부정초과환급신고가산세

부정초과환급신고가산세는 위 4) 과소신고가산세와 계산 등의 구조가 동일하므로 생략한다.

6) 과세기간 종료일이 2016. 1. 1. 전인 경우의 무신고, 과소신고가산세

2016. 1. 1. 구지방세기본법이 법률 제13635호로 개정되어 무신고, 과소신고가산세의 기준금액이 산출세액에서 납부하여야 할 세액으로 변경됐고 해당 개정 규정은 2016. 1. 1. 이후 납세의무가 성립하는 경우부터 적용하는바{지기법 부칙(2015. 12. 29. 법률 제13635호로 개정된 것)}, 과세기간 종료일이 2016. 1. 1. 전인 경우(2015년 귀속 이전)는 무신고, 과소신고가산세의 기준금액을 산출세액으로 하여 무신고, 과소신고가산세를 계산하여야 한다.

7) 증여의제이익 변경 시 과소신고가산세 제외

가) 개요

법인이 법인의 사업연도 매출액 중에서 지배주주와 특수관계에 있는 법인의 매출액이 차지하는 비율이 일정비율을 초과하는 경우(특수관계법인 간 일감 몰아주는 경우) 그 지배주주와 친족이 이익을 증여받은 것으로 보는 등의 증여 의제 규정들이 존재하는데 이때 증여받은 것으로 보는 금액을 증여의제이익이라 한다(상증세법 제45조의3~5). 증여의제이익 규정

---

31) 예를 들어 과세표준이 1억3천이고 부정과소신고과세표준이 1천만원, 일반과소신고과세표준이 3천만원이라고 치면 세액 계산 시 부정과소신고과세표준을 먼저 적용하면 부정과소신고가산세는 1천만원×3.5%×40%가 되나 일반과소신고과세표준을 먼저 적용하면 부정과소신고한 세액을 구할 때 적용 세율 구간이 달라지므로 부정과소신고가산세는 1천만원×3.8%×40%가 된다. 이러한 경우 등이 금액 구분이 명확하지 아니할 때이다.

에 따라 증여세를 과세받은 경우에는 증여의제이익 또는 그 증・감액을 취득가액[32]에 더하거나 뺀다(소령 제163조 제10항 제1호).

법인세 과세표준 및 세액의 경정・결정(부정행위로 인한 것 제외)으로 증여의제이익이 변경되는 경우에 해당하여 주식등의 취득가액이 감소됨에 따라 양도소득에 대한 지방소득세 과세표준을 과소신고한 경우 과소신고가산세 및 납부지연가산세(고지 후 부과되는 체납분 납부지연가산세 제외)를 과세하지 아니한다(지기법 제54조 제3항 제2호, 제55조 제2항). 이는 국세도 마찬가지이다(국기법 제47조의3 제4항 제1호 라목).

나) 실무 Check(공무원 실무자 전용)

국세청이 소득세 자료를 통보할 때 증여의제이익 변경 시 과소신고가산세 제외하는 경우에 해당하는지 여부는 통보되지 아니하는바 실무적으로 양도소득세에 가산세가 가산돼야 하는 경우이나 가산되지 아니한 경우 이에 해당할 수 있으므로 해당하는 경우 관할 세무서에 해당 원인에 대해 조회한 뒤 그 원인이 증여의제이익 변경 시 과소신고가산세 제외되는 경우에 대한 것이라면 위 가)에 따라 과세하여야 할 것이다.

8) 납부지연가산세

가) 개요

개인지방소득세를 신고기한까지 납부하지 아니하거나 과소납부 혹은 초과환급받은 경우에는 다음 계산식에 따라 산출된 금액을 납부지연가산세로 부과한다(지기법 제55조 제1항).

나) 계산식

납부지연가산세는 크게 고지서 발급 이전 가산되는 일반분 납부지연가산세[33]와 고지서 발급 후에 가산되는 체납분 납부지연가산세[34], 그리고 초과환급받은 경우에 가산되는 초과환급분 납부지연가산세[35]로 나눌 수 있으며 이들의 합이 최종적인 납부지연가산세로 과세되는 금액이다. 한편, 여기서 일반분 및 초과환급분 납부지연가산세 한도는 납부하지 아니한 세액 혹은 과소납부분 세액 또는 초과환급분 세액의 75%이다(지기법 제55조 제1항).

---

32) 양도소득의 필요경비 중 하나(소법 제97조 제1항 제1호)

33) 정식 용어는 아니나 편의상 고지서 발급 이전 가산되는 납부지연가산세를 일반분 납부지연가산세라 하였다.

34) 정식 용어는 아니나 편의상 고지서 발급 후 가산되는 납부지연가산세를 체납분 납부지연가산세라 하였다.

35) 정식 용어는 아니나 편의상 초과환급받은 경우에 가산되는 납부지연가산세를 초과환급분 납부지연가산세라 하였다.

(1) 일반분 납부지연가산세

(가) 수시분 부과한 경우

신고기한까지 납세자가 신고하지 아니하여 과세관청이 수시분 부과한 경우 아래 산식에 따라 계산한 금액을 일반분 납부지연가산세로 한다(지기법 제55조 제1항 제1호, 지기령 제34조 제1항).

> 납부하지 아니한 세액 또는 과소납부분 세액(이자상당액 포함) × 법정신고기한의 다음날부터 부과일까지의 기간(=지연일수) × 대통령령으로 정한 이자율(10만분의 22)

(나) 자진 신고한 경우

납세자가 신고기한이 지난 후에 자진 신고하고 납부한 경우 아래 산식에 따라 계산한 금액을 일반분 납부지연가산세로 한다(지기법 제55조 제1항 제1호, 지기령 제34조 제1항).

> 납부하지 아니한 세액 또는 과소납부분 세액(이자상당액 포함) × 법정신고기한의 다음날부터 자진 납부일까지의 기간(=지연일수) × 대통령령으로 정한 이자율(10만분의 22)

(2) 체납분 납부지연가산세

(가) 개요

아래 (나)와 (다)의 합계액이 체납분 납부지연가산세가 된다.

(나) 최초 체납에 따른 납부지연가산세(종전 가산금)

고지 후 납세고지서에 따른 납부기한까지 납부하지 아니한 경우 아래의 산식에 따라 계산한 금액을 납부지연가산세로 과세한다(지기법 제55조 제1항 제3호).

> 납부하지 아니한 세액 또는 과소납부분 세액(이자상당액 포함, 가산세 제외) × 3%

(다) 고지서 납기 1개월 경과 시마다 가산되는 납부지연가산세(종전 중가산금)

고지 후 납세고지서 납기가 지난 날부터 1개월이 지날 때마다 아래 산식에 따라 계산한 금액을 납부지연가산세로 과세한다. 이때 가산세를 부과하는 기간은 60개월(1개월 미만은 없는 것으로 봄)을 초과할 수 없다(지기법 제55조 제1항 제4호, 지기령 제34조 제2항).

> 납부하지 아니한 세액 또는 과소납부분 세액(이자상당액 포함, 가산세 제외) × 대통령령으로 정한 이자율(1만분의 66)

(3) 초과환급분 납부지연가산세

납세의무자가 환급받아야 할 세액보다 많이 환급받은 경우에는 다음의 계산식에 따른 금액을 납부지연가산세로 과세한다(지기법 제55조 제1항 제2호, 지기령 제34조 제1항).

> 초과환급분 세액(이자상당액 포함) × 환급받은 날의 다음 날부터 자진납부일 또는 납세고지일까지의 일수 × 대통령령으로 정하는 이자율(10만분의 22)

9) 소득세의 신고납부가산세

가) 개요

개인지방소득세는 독립세이므로 원칙적으로 소득세 신고납부가산세 과세 여부, 과세금액 등이 개인지방소득세 신고납부가산세에 영향을 주지 아니한다 할 것이므로 소득세의 신고납부가산세는 학습의 필요성이 떨어지나 소득세의 무신고, 과소신고 가산세의 경우 수입금액에 일정 비율을 곱한 금액이 그 가산세액이 되는 경우가 있어 관련 자료가 통보될 경우를 대비하여 개념 정도는 알아야 할 필요성이 있으므로 이하에서 해당 부분만 살펴본다(국기법 제47조의2 제1항, 제2항 제1호, 제47조의3 제1항, 제2항 제1호).

나) 소득세 무신고납부세액

(1) 복식부기의무자가 아닌 자

$$무신고납부세액 \times \frac{20}{100}$$

(2) 복식부기의무자

$$\mathrm{Max}(무신고납부세액 \times \frac{20}{100},\ 총수입금액 \times \frac{7}{10000})$$

다) 소득세 부정무신고납부세액

(1) 복식부기의무자가 아닌 자

$$무신고납부세액 \times \frac{40}{100}(역외\ 거래\ 관련은 \times \frac{60}{100})$$

(2) 복식부기의무자

$$\mathrm{Max}(무신고납부세액 \times \frac{40}{100}(역외\ 거래\ 관련은 \times \frac{60}{100}),\ 총수입금액 \times \frac{14}{10000})$$

라) 소득세 일반과소신고가산세

일반과소신고납부세액$\times \frac{10}{100}$

마) 소득세 부정과소신고가산세

(1) 복식부기의무자가 아닌 자

부정과소신고납부세액$\times \frac{40}{100}$(역외 거래 관련은 $\times \frac{60}{100}$)

(2) 복식부기의무자

Max(부정과소신고납부세액$\times \frac{40}{100}$(역외 거래 관련은 $\times \frac{60}{100}$), 부정과소신고수입금액 $\times \frac{14}{10000}$)

10) 가산세 감면

가) 수정신고에 따른 가산세 감면

과세표준 신고서를 법정신고기한까지 제출한 자가 법정신고기한이 지난 후 2년 이내에 수정신고한 경우 가산세를 감면하는데 이때 수정신고에 따른 가산세 감면액은 다음과 같다(지기법 제57조 제2항 제1호).

구분	감면액
법정신고기한이 지난 후 1개월 이내에 수정신고한 경우	가산세액의 90%
법정신고기한이 지난 후 1개월 초과 3개월 이내에 수정신고한 경우	가산세액의 75%
법정신고기한이 지난 후 3개월 초과 6개월 이내에 수정신고한 경우	가산세액의 50%
법정신고기한이 지난 후 6개월 초과 1년 이내에 수정신고한 경우	가산세액의 30%
법정신고기한이 지난 후 1년 초과 1년 6개월 이내에 수정신고한 경우	가산세액의 20%
법정신고기한이 지난 후 1년 6개월 초과 2년 이내에 수정신고한 경우	가산세액의 10%

한편, 수정신고는 기한 내 신고 후 수정신고와 기한 후 신고 후 수정신고가 있는바 수정신고에 따른 가산세 감면은 기한 내 신고 후 수정신고한 경우만 해당한다. 또한 해당 가산세 감면은 납부지연가산세 등에는 적용하지 아니하고 과소신고가산세, 초과환급신고가산세에만 적용한다.

또한, 지방자치단체의 장이 과세표준과 세액을 경정할 것을 미리 알고 수정신고하는 경우는 가산세를 감면하지 않는다. 이때 지방자치단체의 장이 과세표준과 세액을 경정할 것을 미리 알고 수정신고하는 경우란 세무공무원(국세 공무원 포함)이 조사를 시작한 것을 알고 과세표준 수정신고서를 제출한 경우이다(지기령 제36조).

나) 기한 후 신고에 따른 가산세 감면

과세표준 신고서를 법정신고기한까지 제출하지 아니한 자가 법정신고기한이 지난 후 6개월 이내에 기한 후 신고하는 경우 가산세를 감면하는데 기한 후 신고에 따른 가산세 감면액은 다음과 같다(지기법 제57조 제2항 제2호).

구분	감면액
법정신고기한이 지난 후 1개월 이내에 기한 후 신고한 경우	가산세액의 50%
법정신고기한이 지난 후 1개월 초과 3개월 이내에 기한 후 신고한 경우	가산세액의 30%
법정신고기한이 지난 후 3개월 초과 6개월 이내에 기한 후 신고한 경우	가산세액의 20%

한편, 기한 후 신고에 따른 가산세 감면은 납부지연가산세 등에는 적용하지 아니하고 무신고가산세에만 적용된다. 또한, 수정신고 가산세 감면과 마찬가지로 지방자치단체의 장이 과세표준과 세액을 경정할 것을 미리 알고 기한 후 신고하는 경우는 가산세를 감면하지 않는다.

다) 1개월 이내 수정, 기한 후 신고 시 가산세 면제

2019~2024년 귀속 종합소득 또는 퇴직소득에 대한 개인지방소득세는 관련 소득세를 기한 내 확정신고한 경우[36] 신고의무를 이행하지 아니하여도 신고기한이 지난 후 1개월 이내에 수정신고 또는 기한 후 신고하면 무신고, 과소신고가산세를 부과하지 아니한다(지법 제103조의61 제2항). 이는 2020. 1. 1. 이후 수정신고 또는 기한 후 신고한 경우에 적용된다{지법 부칙 제13조(2020. 1. 1. 법률 제16855호로 개정된 것)}. 그런데 이는 가산세 면제 대상 등이 11)에서 후술할 행정안전부 지침에 따른 개인지방소득세 무신고가산세 면제 대상 등에 포함되므로 따로 기억할 필요는 없다 할 것이다.

라) 예정신고 관련 가산세 감면

양도소득에 대한 개인지방소득세 예정신고를 하지 아니하거나 과소신고, 초과환급신고한 경우로서 기한 내 확정신고한 경우 해당 예정신고 관련 무신고, 과소신고, 초과환급신고 가산세액의 50%를 감면한다. 이때 납부지연가산세는 감면 대상에 해당하지 아니하며 지방자치단체의 장이 과세표준과 세액을 경정할 것을 미리 알고 과세표준 신고를 하는 경우는 감면 대상에서 제외한다. 한편, 국세에도 동일한 가산세 감면 적용 규정이 존재한다(지기법

36) 성실신고확인대상사업자가 신고하는 경우, 거주자 사망에 따라 신고하는 경우, 출국하는 경우 제외(소법 제70조 제1항에 따른 신고만 해당)

제57조 제2항 제4호, 국기법 제48조 제2항 제3호 다~라목).

마) 기한 연장에 따른 가산세 감면

3편 1장 징수유예, 납기연장 참고

바) 정당한 사유에 따른 가산세 감면

납세자에게 신고납부의무를 이행하지 아니한 정당한 사유가 있을 때에는 가산세를 부과하지 아니한다(지기법 제57조 제1항). 지방세관계법 운영예규에서 규정하고 있는 정당한 사유에 따라 감면되는 경우 다음과 같다(지방세관계법 운영예규 57-2).

- 납부지연가산세를 가산하여 납세의 고지를 하였으나 기재사항 누락으로 위법한 부과처분이 되어 당초의 고지를 취소하고 다시 고지를 하는 경우에는 추가로 늘어나는 기간에 대한 납부지연가산세는 가산하지 아니한다.
- 처분청이 경정청구를 받아들여 환급하였다가 다시 추징하거나, 이후에도 동일하게 신고한 경우 납세자에게 귀책사유를 지우기 어려운 정당한 사유가 있는 것으로 보아 가산세를 부과하지 아니한다.

위 규정 외 정당한 사유에 해당하는지 판단은 신고·납부기한을 기준으로 납세자가 신고납부의무 이행을 알지 못한 것이 무리가 아니었다거나 그 의무의 이행을 기대하기 어려운 사정이 존재하여 그 의무이행을 다하지 못한 것을 탓할 수 없는 경우에 해당하는지에 따라 하여야 할 것이다(대법원 2020. 10. 15. 선고 2020두41832 판결, 행정안전부 지방세정책과-4664, 2016. 12. 15.).

가산세 감면 정당한 사유(대법원 2020. 10. 15. 선고 2020두41832 판결)

이에 따라 가산세를 면할 정당한 사유가 있는지가 문제될 때에는 가산세 부과의 근거가 되는 개별 법령의 규정 취지를 충분히 고려하면서, 납세자가 그 의무를 알지 못한 것이 무리가 아니었거나 의무의 이행을 기대하는 것이 무리라고 할 만한 사정이 있어 납세자가 의무이행을 다하지 못한 것을 탓할 수 없는 경우에 해당하는지 여부에 따라 판단하여야 한다.

가산세 감면 정당한 사유2(행정안전부 지방세정책과-4664, 2016. 12. 15.)

가산세가 면제되는 경우의 "정당한 사유"의 판단은 "납세의무자의 고의, 과실은 고려되지 않으나, 납세의무자가 그 의무를 알지 못한 것이 무리가 아니었다거나 그 의무의 이행을 당사자에게 기대하는 것이 무리라고 하는 사정이 있을 때 등 그 의무 해태를 탓할 수 없는 사정이 있는 경우"로서 처분청이 경정청구를 받아들여 환급하였다가 다시 추징하거나 이후 사업연도분에 대하여도 동일하게 신고한 경우에는 납세자에게 귀책사유를 지우기 어려운 정당한 사유가 있는 것으로 보여지나(유사사례 조심 2013서4611, 2014. 2. 26., 조심 2011서2460, 2012. 4. 20., 조심 2014서0937, 2014. 5. 19. 등 참조) 이에 해당하는지 여부는 과세권자가 판단할 사항입니다.

11) 행정안전부 지침에 따른 개인지방소득세 무신고 · 과소신고 가산세 면제

※ 이하의 가산세 면제 관련 내용은 2024년 귀속분까지는 유효하나 2025년 귀속의 경우 지방세법 제103조의61 제2항 일몰기한이 도래함에 따라 행정안전부에서 유권해석, 지침 등을 변경할 수 있으므로[37] 최신 유권해석, 지침 등을 확인하고 과세하도록 한다.

가) 신고 간소화 대상자 무신고 · 과소신고 가산세 면제

지방세법 제95조 제5~6항 등에서는 신고 간소화 대상자(모두채움 안내문 발송 대상자)의 경우 발송된 납부서로 납부하면 신고 · 납부한 것으로 보아 따로 신고하지 아니하여도 무신고 · 과소신고 가산세가 부과되지 아니한다고 규정하고 있다(양도소득, 종합소득, 퇴직소득에 대한 개인지방소득세 확정신고 및 예정신고의 경우). 그런데 신고 간소화 대상자가 납부서의 금액을 납부하지 아니한 경우에도 행정안전부는 신고 간소화 대상자 과세의 경우 확정신고 기한 내에 정확한 과세자료가 구축돼 과세권 행사에 제약이 따르지 않는 점, 납부서 발송이 사회통념상 가산세 없는 정기고지서로 인식될 수 있다는 점 등을 고려하여 가산세 감면의 정당한 사유가 있는 것으로 보아 납부하지 아니하여도 무신고, 과소신고가산세를 감면하도록 각 지방자치단체에 지침을 하달한 바 있다(행정안전부 지방소득소비세제과-528, 2020. 2. 25.). 따라서 신고 간소화 대상자의 경우 어떠한 경우에도 무신고, 과소신고가산세가 과세되지 아니한다 할 수 있을 것이다. 다만, 납부지연가산세는 해당 지침에서 면제하라고 하지 아니하였으므로 이와 별개로 지방세기본법 규정에 따라 적용하여야 할 것이다.

나) 납부서로 납부 시 무신고 · 과소신고 가산세 면제

신고 간소화 대상자 외 일반납세자에 대해서는 개인지방소득세 독자신고 시행 초기 지원이 필요하다는 점 등을 고려하여 납부서로 납부만 한 경우라도 정상적인 신고를 한 것으로 보아 무신고가산세를 과세하지 아니하도록 행정안전부가 각 지방자치단체에 지침을 하달하였다(행정안전부 지방소득소비세제과-528, 2020. 2. 25.). 따라서 해당 납세자는 납부서로 납부만

37) 해당 법의 내용은 1개월 이내 수정신고 시 등에 가산세를 감면한다는 것으로 이하에서 설명할 지침과는 완전히 동일한 내용이라고 볼 수 없으나 해당 법의 취지와 지침의 취지가 비슷한 부분이 있으므로 해당 법 일몰 경과 시 행안부에서 이하의 지침을 변경할 가능성이 있다.

한 경우에도 해당 납부한 금액만큼 신고한 것으로 보아 과소신고, 무신고가산세를 판단하고 과세하면 될 것이다. 또한, 해당 납세자가 세액을 신고하지 아니하고 납부서로 납부하였으나 과소납부한 경우에는 그 납부한 금액만큼 신고한 것으로 보아 납부하지 아니한 세액부분에 대해 과소신고가산세를 과세하면 될 것이다. 다만, 납부지연가산세는 위 신고 간소화 대상자의 경우와 마찬가지로 지방세기본법 규정에 따라 적용하여야 할 것이다.

납부만 한 경우에도 신고한 것으로 보아 가산세 면제(행정안전부 지방소득소비세제과-528, 2020. 2. 25.)

□ 무신고 · 과소신고 가산세 면제

○ 신고 간소화 대상에 대해서는 신고 · 납부 여부 관계없이 무(과소)신고가산세를 적용하지 아니하며, 그 외 일반 납세자에 대해서는 납부만 한 경우에도 신고를 한 것으로 인정

※ 신고납부기한까지 납부하지 아니한 경우 납부불성실가산세는 부과

구분			신고 간소화 대상		그 외 일반 납세자	
사례	신고	납부	신고가산세	납부가산세	신고가산세	납부가산세
①	○	○	×	×	×	×
②	○	×	×	○	×	○
③	과소	×	×	○	○(과소)	○
④	×	○	×	×	×	×
⑤	×	과소	×	○	○(과소)	○
⑥	×	×	×	○	○	○

다) 소득세 기한 내 신고 시 무신고가산세 면제

지방소득세가 독립세로 전환됐으므로 원칙적으로 그 신고납부가산세 과세는 소득세의 신고납부가산세 과세 여부 등에 영향을 받지 아니하는 것이다. 그런데 행정안전부에서 납세자가 독자신고 제도에 적응할 시간이 필요한 점을 고려하여 소득세를 기한 내 신고한 자에 대해서 지방소득세를 신고하지 아니하여도 가산세 감면의 정당한 사유가 있는 것으로 보아 무신고가산세를 면제하도록 각 지방자치단체에 지침을 하달하였다(행정안전부 지방소득소비세제과-1885, 2020. 6. 2.). 그리고 해당 지침은 2024년까지 개인지방소득세 확정신고 운영기본계획에 포함됐다(행정안전부 지방소득소비세제과-189, 2024. 1. 22.). 소득세를 무신고하고 지방소득세도 무신고한 경우는 무신고 사유가 독자신고 제도와 관계가 없으므로 면제 대상에서 배제됐다. 따라서 소득세를 기한 내에 신고한 경우는 개인지방소득세를 신고하지 아니하였어도 무신고가산세를 과세하지 아니하여야 할 것이다. 이에 따라 여러 가지 경우의 수를 따져보면 결국 개인지방소득세 무신고가산세가 과세되는 경우는 소득세를 무신고하고

개인지방소득세를 무신고한 경우가 유일하다(단, 복식부기의무자 재무제표 미제출 무신고가산세의 경우 지방세를 신고하였어도 국세에서 해당 가산세가 부과된 경우 무신고가산세 부과됨, 이 장의 복식부기의무자 재무제표 미제출 무신고가산세 부분 참고).

무신고가산세 면제 관련 구체적 적용요령(행정안전부 지방소득소비세제과-1885, 2020. 6. 2.)

◇ 신고간소화 대상: (종합소득분) 단일소득 단순경비율·종교인 모두채움대상자, (양도소득분) 양도소득세를 해당 신고기한 내 신고한 자

○ 개인지방소득세를 신고 또는 납부하지 아니한 경우에도 무신고가산세 면제

사례	개인지방소득세 신고 또는 납부	가산세 적용			
		종합소득분		양도소득분	
		신고가산세	납부가산세	신고가산세	납부가산세
①	○	×	×	×	×
②	과소	×	○(과소분)	×	○(과소분)
③	×	×	○	×	○

◇ 그 외 납세자 : 개인지방소득세를 신고 또는 납부하지 아니하였더라도 소득세만 신고한 경우라면 무신고가산세 면제

사례	소득세 신고	개인지방소득세 신고 또는 납부		가산세 적용	
		신고	납부	신고가산세	납부가산세
①	○	○	○	×	×
②		○	×	×	○
③		×	○	×	×
④		×	×	×	○
⑤	×	○	○	×	×
⑥		○	×	×	○
⑦		×	○	×	×
⑧		×	×	○	○

※ 국세를 과소신고하여 사후적으로 수정신고하거나 경정결정하는 경우에는 개인지방소득세도 국세와 동일하게 과소신고가산세를 적용

12) 예정신고 시 신고납부가산세

가) 개요

예정신고 시에도 법정신고기한까지 신고하지 아니하거나 과소신고한 경우 신고납부가산세를 과세한다. 국세기본법에서는 무신고가산세 등을 규정하면서 그 적용에 있어 예정신고를 포함한다고 명시하고 있으나 지방세기본법에서는 이를 명시하고 있지 아니한바 예정신

고 시 신고납부가산세 적용 대상임을 명확화 하기 위해 관련 규정을 국세와 같이 개정이 필요한 부분이라 판단된다(국기법 제47조의2 제1항). 관련하여 이하부터는 예정신고 및 확정신고 여부에 따른 신고납부가산세 과세방법을 살펴보고자 한다(2025년 행정안전부 지방소득세 실무해설집 85p).

(1) 예정신고 및 확정신고 모두 무신고한 경우

(가) 확정신고 대상자

거주자가 누진세율 적용 자산에 대한 예정신고를 2회 이상 하는 경우로서 이미 신고한 양도소득금액과 합산하여 신고하지 아니한 경우 등에 해당하면 그 거주자는 확정신고를 해야 한다(지법 제103조의7 제3항, 지령 제100조의3 제2항). 이때 그 거주자가 예정신고 및 확정신고를 모두 무신고한 경우에는 예정무신고 건별로 각각 예정신고 관련 신고납부가산세를 과세하고 소득금액 합산으로 산출세액이 증가되는 경우에는 그 증가된 산출세액에 신고납부가산세를 과세한다. 소득금액 합산으로 산출세액이 증가되지 아니하면 확정신고에 대한 가산세 기준금액이 0이 되므로 확정신고 관련 신고납부가산세는 0이 된다.

(나) 그 외(단일세율 적용 대상 or 자산 1건 양도: 확정신고 미대상자)

확정신고 대상자가 아닌 경우 확정신고 의무가 없으므로 예정신고 건별로 각각 관련 신고납부가산세만을 과세한다.

(2) 예정신고 무신고하였으나 확정신고 신고한 경우

이 경우 예정신고 건별로 각각 관련 신고납부가산세를 과세한다.

(3) 예정신고 신고하였으나 확정신고 무신고한 경우

이 경우 누진세율 적용대상 자산의 소득금액 합산으로 납부세액이 증가되는 경우 증가된 납부세액에 확정신고 관련 신고납부가산세를 과세한다. 소득금액 합산으로 납부세액이 증가되지 아니하면 확정신고에 대한 가산세 기준금액이 0이 되므로 확정신고 관련 신고납부가산세는 0이 된다.

(4) 예정신고 신고하고 확정신고도 신고한 경우

예정신고도 신고하고 확정신고도 신고한 경우 신고납부가산세가 없으나 납세자가 신고납부가산세를 올바르지 아니하게 신고하는 경우, 과세 담당 공무원이 신고납부가산세를 올바르지 아니하게 과세하는 경우가 있으므로 이때에도 신고납부가산세가 올바르게 과세됐는지 확인하여야 한다. 이는 이상의 경우들에도 마찬가지이다.

(5) 정리

이상에서 다양한 경우로 나누어 설명하였으나 결론적으로 원칙은 예정신고의 경우 예정신고 건별로 가산세 기준금액, 납부지연일수 등을 판단하여 신고납부가산세를 과세하고 확정신고의 경우는 확정신고 시 예정신고세액을 기납부세액으로 차감하므로 그 기납부세액이 차감된 납부하여야 할 세액을 가산세 기준금액으로 하고 확정신고 기한을 기준으로 지연일수 계산하는 등 확정신고를 기준으로 가산세 기준금액, 납부지연일수 등을 판단하여 신고납부가산세를 과세하면 되는 것이다. 구체적으로 납부지연가산세의 경우를 보면 그 가산세 과세는 예정신고 건별로 구분하고 확정신고도 구분하여 계산 및 과세하므로 예정신고 관련 납부지연에 따라 납부지연가산세가 과세되는 경우 납부지연가산세 지연일수 산정 시 그 예정신고기한의 다음 날부터 자진신고일 또는 부과일까지를 납부지연일수로 하고 확정신고 관련 납부지연에 따라 납부지연가산세가 과세되는 경우 그 확정신고기한의 다음 날부터 자진신고일 또는 부과일까지를 납부지연일수로 하여 각각의 신고납부가산세를 계산하면 되는 것이다. 즉, 예정신고 납부지연가산세를 확정신고 기준으로 지연일수, 가산세 기준금액 등을 통산하여 계산하지 아니하고 확정신고건 및 예정신고건별로 각각 구분하여 각각의 기준에 따라 신고납부가산세를 계산하고 과세하여야 한다는 것이다.

나. 기타가산세

1) 개요

개인지방소득세에 가산되는 기타가산세[38]에는 무기장가산세(장부의 기록 · 보관 불성실 가산세)와 무기장 외 가산세가 있다. 이러한 가산세들은 소득세 가산세액의 10%가 그 가산세액이 되는데 실무상 무기장가산세와 무기장 외 가산세로 구분하는 이유는 무기장가산세는 무신고 혹은 과소신고가산세와 동시에 적용되는 경우에는 그 중의 큰 금액만 적용하고 그 금액이 동일할 경우에는 무신고 혹은 과소신고가산세만 적용하여 무기장 외 가산세와는 그 적용에 있어 차이가 있기 때문이다(지법 제99조 제1항). 한편, 지방세법에서 규정하고 있는 과세대상인 기타가산세는 소득세법 제81조, 제81조의2~14까지의 기타가산세이므로 그 외 소득세의 기타가산세는 개인지방소득세에 가산하지 않는다(행정안전부 지방소득소비세제과-158, 2021. 1. 14.).

한편, 지방세법이 2020. 1. 1. 법률 제16855호로 개정되기 전에는 성실신고확인서 제출 불성실 가산세도 무기장가산세와 마찬가지로 과소신고가산세, 무신고가산세가 동시에 적용되는 경우 그 중 큰 가산세액만 적용하고 그 금액이 같은 경우는 과소신고가산세, 무신고가산세만 적용하도록 규정하고 있었으나 지방세법에서 해당 개정에 따라 그 규정이 삭제된바

---

38) 정식 용어는 아니나 편의상 이하부터 신고납부가산세 외 가산세를 기타가산세라고 한다.

해당 개정 규정은 2020. 1. 1. 이후 종합소득과세표준 확정신고 기간이 도래하는 분부터 적용하므로 2020년 귀속 전 개인지방소득세의 경우 성실신고확인서 제출 불성실가산세도 현행 무기장외가산세와 같은 방법으로 과세하여야 할 것이다.

2) 소득세 기타가산세별 개인지방소득세 과세 방법

다음은 소득세 기타가산세별 개인지방소득세의 과세방법을 정리한 것이다.

구분	국세 규정	지방세 과세 방법
영수증 수취명세서 제출 · 작성 불성실가산세	소법 제81조	소득세 가산세의 10%
성실신고확인서 제출 불성실가산세	소법 제81조의2	소득세 가산세의 10%, 단 2020년 전 귀속의 경우 무신고, 과소신고가산세 존재 시 둘 중 큰 금액(금액이 같을 경우 무신고, 과소신고가산세만 적용)
사업장 현황신고 불성실가산세	소법 제81조의3	소득세 가산세의 10%
공동사업장 등록 · 신고 불성실가산세	소법 제81조의4	소득세 가산세의 10%
장부의 기록 · 보관 불성실가산세	소법 제81조의5	소득세 가산세의 10%, 무신고, 과소신고가산세 존재 시 둘 중 큰 금액(금액이 같을 경우 무신고, 과소신고가산세만 적용)
증명서류 수취 불성실가산세	소법 제81조의6	소득세 가산세의 10%
기부금영수증 발급 · 작성 · 보관 불성실가산세	소법 제81조의7	소득세 가산세의 10%
사업용계좌 신고 · 사용 불성실가산세	소법 제81조의8	소득세 가산세의 10%
신용카드 및 현금영수증 발급 불성실가산세	소법 제81조의9	소득세 가산세의 10%
계산서 등 제출 불성실가산세	소법 제81조의10	소득세 가산세의 10%
지급명세서 등 제출 불성실가산세	소법 제81조의11	소득세 가산세의 10%
주택임대사업자 미등록가산세	소법 제81조의12	소득세 가산세의 10%
특정외국법인의 유보소득 계산 명세서 제출 불성실가산세	소법 제81조의13	소득세 가산세의 10%
업무용승용차 관련 비용 명세서 제출 불성실가산세	소법 제81조의14	소득세 가산세의 10%

상증세법에 따른 가산세가 지방소득세 가산세로 부과되는지 여부(행정안전부 지방소득소비세제과－158, 2021. 1. 14., 2025년 행정안전부 지방소득세 실무해설집 91p)

(질의요지) 상속세 및 증여세법 제82조 제6항에 따른 지급명세서를 제출하지 아니하여 국세의 가산세 납부 시(상속세 및 증여세법 제78조 제12항), 지방소득세 가산세 부과 여부

(회신내용) 지방세법 제103조의30에 따르면 '납세지 관할 지방자치단체의 장은 납세지 관할 세무서장이 법인세법 제75조, 제75조의2부터 제75조의9까지의 규정에 따라 법인세 가산세를 징수하는 경우에는 그 징수하는 금액의 100분의 10에 해당하는 금액을 법인지방소득세 가산세로 징수한다'고 규정되어 있음. 따라서 상속세 및 증여세법 제78조 제12항에 따른 가산세는 해당없음.

3) 기타가산세와 납부지연가산세

기타가산세의 납부불이행을 이유로 그 기타가산세에 납부지연가산세를 가산하지 않는다(지방세정책과－3555, 2016. 9. 29.).

기타가산세에 납부지연가산세 가산 여부(지방세정책과－3555, 2016. 9. 29., 2025년 행정안전부 지방소득세 실무해설집 91p)

(질의요지) 지방세법 제103조의30에 따른 협력의무 불이행 가산세(지급명세서 미제출 등)를 미납 또는 지연 납부하는 경우, 지방세기본법 제53조의4에 따른 납부불성실가산세를 징수할 수 있는지 여부

(회신내용) 지방세법 제103조의30에 따른 지급명세서 제출불성실가산세를 징수함에 있어, 동 가산세의 미납부를 이유로 지방세기본법 제53조의4에 따른 납부불성실가산세를 추가로 징수할 수 없다고 판단됨.

다. 가산세 특례

지방소득세 과세기간을 잘못 적용하여 신고납부한 경우 납부지연가산세를 적용할 때 실제 신고납부한 날에 실제 신고납부한 금액의 범위에서 당초 신고납부하였어야 할 과세기간에 대한 지방소득세를 신고납부한 것으로 본다. 다만 부정행위로 인하여 무신고·과소신고·초과환급신고한 경우는 그러하지 아니하다(지기법 제55조 제3항).

라. 실무 Check

1) 종전 과세에서 가산세 착오 과세한 경우

일반적으로 개인지방소득세 계산 구조상 개인지방소득세의 무신고, 과소신고가산세 금액은 소득세의 무신고, 과소신고가산세액의 10%가 된다. 그런데 종전 과세에서 가산세 등이 올바르지 않게 과세된 경우는 그러하지 아니하므로 과세 시 주의를 요한다. 실무적으로 납세자의 착오 신고, 담당자의 착오 과세가 빈번한바 신고납부가산세액을 계산할 때는 항상 개인지방소득세 종전 과세자료를 검토하고 계산하여야 할 것이다. 다음 예제를 통해 해당 내용을 살펴본다.

가) 예제

국세청 소득세 통보자료 상 내역은 다음과 같다.

구분	과세표준	산출세액 (세율 6%)	과소신고가산세 기준금액	과소신고가산세액
종전	5,000,000	300,000	100,000	10,000
최종 경정	10,000,000	600,000	400,000	40,000
차감[39]	5,000,000	300,000	300,000	30,000

※ 기납부세액 등이 없어 산출세액이 본세가 된다고 가정, 지방소득세 표준세율 0.6% 적용된다고 가정

종전 과세자료는 다음과 같다고 할 때 최종 경정 시 차감 본세(A)와 과소신고가산세(B)를 구하라.

구분	정당 본세 20,000 (최초 신고)	정당 본세 30,000 (1차 경정)	정당 본세 60,000 (최종 경정)
차감 산출세액	20,000	5,000(정당은 10,000이나 착오로 5,000으로 과세)	A
차감 과소신고가산세	–	500	B

답 : A=35,000, B=3,500

39) 최종 경정 – 종전 = 차감

국세청 통보자료 상 소득세 차감 과세표준 5,000,000원에 표준세율 0.6%를 곱하면 30,000원이 되는데 1차 경정 시에 5,000원을 과소하게 과세하였으므로 최종 경정 차감 본세(A)는 30,000원이 아니라 그 과소 과세 금액인 5,000원을 더한 금액인 35,000원이 된다. 이는 최종 경정 과세표준 10,000,000원에 표준세율 0.6%를 곱한 뒤 그 금액(60,000원)에서 종전에 납부한 본세 25,000원(20,000+5,000)을 차감하여 구할 수도 있다. 한편 최종 경정 시 차감 과소신고가산세(B)는 통보자료 상 차감 과소신고가산세액의 10%인 3,000이 아니라 최종 경정 차감 본세 35,000원(60,000－5,000－20,000)의 과소신고가산세율 10%를 곱한 3,500원이 된다.

이처럼 국세 차감 산출세액 및 과소신고, 무신고가산세의 10%가 각각 지방세 차감 산출세액 및 과소신고, 무신고가산세가 되지 아니할 수 있으므로 과세 시에 항상 종전 과세자료를 검토하여야 할 것이다.

2) 국세 가산세 감면 사유 및 지방세 가산세 감면 사유 비교

국세 가산세 감면 사유	지방세관계법상 존재 여부	비고
정당한 사유에 따른 가산세 감면	○	일반적으로 국세, 지방세 공통적으로 적용됨. ex) 유권해석 변경, 동일항목 추징
수정신고, 기한후 신고에 따른 가산세 감면	○	
징수유예, 납기연장	○	지방소득세 징수유예 등을 따로 신청해야 하고 승인 여부도 국세와 별개임.

가산세 감면 정당한 사유 여부(조심 2021중2919, 2021. 9. 14.)

처분청이 이를 적법한 경정청구로 받아들여 양도소득세를 환급하였다가 감독기관의 처분지시에 따라 당초 검토의 착오 또는 오류 등을 원인으로 환급세액을 추징하였으므로 청구인에게는 해당 미납행위에 대한 귀책사유를 지우기 어려운 정당한 사유가 있다고 봄이 타당하다 할 것이다.

국세청 해석 변경에 따른 가산세 감면(서면－2017－법령해석기본－3174, 2018. 1. 4.)

〈질의요지〉 국세청 해석변경이 가산세 감면의 정당한 사유에 해당하는지 여부

〈회신〉 납세의무자가 국세청 질의회신에 따라 재활용공제사업분담금이 「법인세법」 제3조 제2항의 수익사업에 해당하지 아니하는 것으로 신고하였으나, 추후 국세청이 기존 질의회신과 다르게 해석하여 결과적으로 위 신고가 소급하여 부적법하게 된 경우에는 납세의무자에게 과소신고를 탓할 수 없는 정당한 사유가 있어 「국세기본법」 제48조 제1항에 따라 가산세를 감면할 수 있는 것임.

국세 징수유예 신청하였으나 지방세 징수유예는 신청하지 아니한 경우(조심 2012지0447, 2012. 8. 31.)

살피건대, 청구법인이 주장하는 납부기한의 연장에 관한 규정은 부과고지분이 아닌 신고납부분에 대해 적용하는 규정이고, 비록, 청구법인이 OOO으로부터 법인세에 대해 징수유예 승인을 받았다 하더라도, 지방세인 지방소득세 징수유예 승인권자는 지방자치단체장이므로 별도에 신청절차를 거쳐 징수유예에 대한 승인을 받았어야 하고, 징수유예신청을 하지 못한 사유가 청구법인의 사업규모에 비해 거액의 법인세 결정세액에 대응하느라 정신이 혼미한 상황에서 징수유예신청이 불가하였다는 사정은 정당한 사유로 볼 수 없다 할 것이다.

3) 증액경정 후 다시 감액경정이 되는 경우 가산세

증액경정 후 다시 감액경정이 되는 경우 기 납부한 신고납부가산세가 있다면 그 가산세 중 일부를 감액 및 환급해야 하는바 다음 예제를 통해 살펴본다(징세과－399, 2009. 12. 9.).

(가) 예제

다음 A를 구하라.

※ 단, 3차 감액경정은 2차 신고 항목과 동일한 항목에 대한 경정임.

구분	1차 당초신고	2차 수정신고	3차 감액경정
산출세액	160만원	170만원	167만원
과소신고가산세		1만원{(170만원－160만원)×0.1}	
환급액			(3만원)
가산세 환급액			A

답 : 0.3만원

최종 정당 가산세에서 기 납부한 가산세를 차감하여 환급액을 구할 수 있다. 먼저 최종

정당 가산세를 구해보면 최종 경정에 따라 원래 2차 수정신고 시 납부하여야 할 과소신고가산세는 최종 경정에 따르면 2차 수정신고 시 본세를 7만원(167만원－160만원)만 추가로 납부하면 됐는데 10만원을 추가로 납부한바 10만원에 대한 과소신고가산세가 아닌 7만원에 대한 과소신고가산세가 그 금액(최종 정당 가산세)이 되므로 7만원에 0.1을 곱한 0.7만원이 최종 정당 가산세가 된다. 최종 정당 가산세에서 2차 수정신고 시 납부한 가산세를 차감하면 0.7만원－1만원＝－0.3만원이 되고 이 금액이 가산세 환급액이 된다.

증액경정 후 다시 감액경정이 되는 경우 가산세(징세과－399, 2009. 12. 9.)

법인이 법정신고기한 내에 세법에 따른 과세표준신고서를 제출한 경우로서 신고한 과세표준이 세법에 따라 신고하여야 할 과세표준에 미달한 경우에 국세기본법 제47조의3에 따라 과소신고가산세가 적용되는 것으로 수정신고 이후 경정청구에 의해 과세관청이 경정한 과세표준이 납세자가 당초 신고한 과세표준에 미달하는 경우에는 수정신고 시 납부한 과소신고가산세는 환급되는 것임.

4) 소득세와 개인지방소득세 납부지연가산세 지연일수 차이

지방소득세의 경우 국세청 통보자료에 따라 과세하게 되는데 그 통보자료에는 과세표준, 세액, 납부지연가산세 지연일수 등이 포함되지만 인정상여 추가납부, 납기연장 등의 내용은 포함되지 아니한다. 인정상여 추가납부, 납기연장 등의 여부에 따라 납부지연가산세 기산일이 달라지는바 이러한 내용도 통보자료에 포함되는 것이 이상적이겠으나 현재 이러한 내용이 포함되지 아니하고 소득세 자료가 통보되고 있으므로 간접적인 방법으로 국세의 납부지연가산세 지연일수가 지방세의 그것과 현저히 차이가 나는 경우 관할 세무서에 해당 차이에 대한 원인을 조회하고 확인하여 그에 따라 과세하여야 할 것이다. 다음은 국세 신고·납부기한과 지방세 신고·납부기한을 정리한 표이다. 아래 표에서 알 수 있듯이 인정상여 등 소득처분에 따라 추가신고하는 경우, 국세가 납기연장되거나 징수유예되는 경우 납부지연가산세 지연일수가 지방세시스템 전산상 자동으로 계산되는 납부지연가산세 지연일수와 현저히 차이날 수 있으므로 과세 시 유의한다.

구분	국세 신고·납부기한	지방세 신고·납부기한	비고
종합소득 또는 퇴직소득에 대한 과세표준 확정신고	과세기간의 다음 연도 5월 1일부터 5월 31일까지 등	과세기간의 다음 연도 5월 1일부터 5월 31일까지 등	지방세 납기: 국세와 동일
종합소득 또는 퇴직소득에 대한 과세표준 확정신고 중 성실신고 확인서를 제출하는 경우	과세기간의 다음 연도 5월 1일부터 6월 30일까지	과세기간의 다음 연도 5월 1일부터 6월 30일까지	지방세 납기: 국세와 동일
토지 등 매매차익 예정신고	매매일이 속하는 달의 말일부터 2개월이 되는 날까지	매매일이 속하는 달의 말일부터 2개월이 되는 날까지	지방세 납기: 국세와 동일
인정상여 등 소득처분에 따라 추가신고하는 경우	소득금액변동통지서를 받은 날(법인이 신고함으로써 소득금액이 변동된 경우에는 그 법인의 법인세 신고기일)이 속하는 다음다음 달 말일	소득금액변동통지서를 받은 날(법인이 신고함으로써 소득금액이 변동된 경우에는 그 법인의 법인세 신고기일)이 속하는 다음다음 달 말일	지방세 납기: 국세와 동일, 지방세시스템 전산상으로는 자동으로 5월 31일이 신고·납부기한이 되므로 해당 경우 신고·납부기한 수기 수정
양도소득에 대한 개인지방소득세 예정신고	양도일이 속하는 달의 말일부터 2개월 등	양도일이 속하는 달의 말일부터 4개월 등	지방세 납기: 국세+2개월
양도소득에 대한 개인지방소득세 확정신고	과세기간의 다음 연도 5월 1일부터 5월 31일까지 등	과세기간의 다음 연도 7월 1일부터 7월 30일까지 등	지방세 납기: 국세+2개월
징수유예, 납기연장	국세 연장된 납기	지방세 연장된 납기	지방세 납기: 지방세 연장된 납기, 국세 연장 여부와는 관계 없이 지방세 연장 여부에 따라 판단함이 원칙, 단 행안부 지침에 따라 국세 납기와 같이 지방세 납기를 연장하는 경우 혹은 정당한 사유에 의한 연장 등의 경우는 국세 납기와 동일
수시부과 시	신고납부가산세 부과 안함	신고납부가산세 부과 안함	지방세 신고납부가산세: 없음(국세와 동일), 본편 9장 기납부세액 나. 수시부과세액 부분 참고

11 결손금소급공제

가. 개요

사업소득금액은 해당 과세기간의 총수입금액에서 필요경비를 차감한 금액으로 하는데 이때 필요경비가 총수입금액을 초과하는 경우 그 초과하는 금액을 결손금이라 한다(소법 제19조 제2항). 결손금은 근로소득금액, 연금소득금액, 기타소득금액, 이자소득금액, 배당소득금액에서 순서대로 공제하는데 일반적으로 다른 소득금액에서 공제하고 남은 결손금(이월결손금)은 다음 과세기간에 이월하여 공제하게 된다(소법 제45조 제1항, 제3항). 그런데 소득세법 및 지방세법에서 일정 요건을 충족하는 거주자에 대하여 결손금을 이월하지 않고 소급하여 직전 과세기간의 소득에서 공제하여 직전 과세기간[40]에 이미 납부한 소득세 및 개인지방소득세를 환급할 수 있도록 하고 있는데 이를 결손금 소급공제라 한다(지법 제101조, 소법 제85조의2).

나. 요건

1) 개인지방소득세 결손금 소급공제 요건

개인지방소득세 결손금 소급공제는 다음의 요건을 모두 충족하는 경우에 적용한다.

- 소득세법 또는 조세특례제한법에 따라 소득세 결손금 소급공제 환급 신청을 하였을 것(지법 제101조 제1항)
- 조세특례제한법 제6조 제1항에 따라 중소기업을 경영하는 거주자일 것(소법 제85조의2 제1항)
- 이월결손금이 사업소득(부동산임대업에서 발생한 이월결손금 제외) 관련 일 것(소법 제85조의2 제1항)
- 결손금이 발생한 과세기간의 개인지방소득세 과세표준 신고기한까지 결손금 소급공제 환급신청을 하였을 것. 단 소득세에서 결손금소급공제 환급신청 시 개인지방소득세도 신청한 것으로 봄(지법 제101조 제2항)
- 결손금이 발생한 과세기간에 대한 개인지방소득세를 신고하였을 것(기한 내 신고 여부 무관)(지법 제101조 제4항)
- 직전 과세기간의 소득에 대한 개인지방소득세가 과세됐을 것(신고 혹은 부과)(지법 제101조 제4항)

40) 2021. 12. 31.이 속하는 과세연도에 결손금이 발생한 경우는 직전 2개 과세연도(조특법 제8조의4), 이하 같음.

2) 소득세와 요건 비교

구분	소득세[41]	개인지방소득세	비고
1	-	소득세법에 따라 소득세 결손금 소급공제 환급 신청을 하였을 것	
2	중소기업을 경영하는 거주자	중소기업을 경영하는 거주자	지방세법 규정은 없으나 1에 따라 해당 요건 적용되는 효과 있음.
3	해당 중소기업 사업소득에서 발생한 이월결손금(부동산임대업에서 발생한 것 제외)	해당 중소기업 사업소득에서 발생한 이월결손금(부동산임대업에서 발생한 것 제외)	지방세법 규정은 없으나 1에 따라 해당 요건 적용되는 효과 있음.
4	결손금이 발생한 과세기간의 소득세 과세표준 신고기한까지 결손금 소급공제 환급신청	결손금이 발생한 과세기간의 개인지방소득세 과세표준 신고기한까지 결손금 소급공제 환급신청	소득세에서 결손금 소급공제 신청 시 개인지방소득세도 신청한 것으로 보므로 개인지방소득세의 경우 1을 만족하면 해당 요건은 자동으로 만족하게 됨.
5	결손금이 발생한 과세기간에 대한 소득세를 확정신고기한 내 신고하였을 것	결손금이 발생한 과세기간에 대한 개인지방소득세를 신고하였을 것	개인지방소득세는 기한 내 신고 여부 무관, 기한 후 신고 후 환급 적용 가능
6	직전 과세기간의 소득에 대한 소득세를 확정신고기한 내 신고하였을 것	직전 과세기간의 소득에 대한 개인지방소득세가 과세됐을 것	개인지방소득세는 신고 여부 무관, 수시분 부과 및 고지 후 환급 적용 가능

다. 환급세액

결손금 소급공제 환급 세액은 다음 식에 따라 계산한 금액으로 한다(지법 제101조 제1항, 지령 제98조 제1항). 이때 계산은 사업장별로 한다(지칙 별지 제40호의8 서식).

Min(환급액, 한도액)
환급액=직전 과세기간의 해당 중소기업의 종합소득에 대한 개인지방소득세산출세액(A)－(직전 과세기간의 종합소득에 대한 개인지방소득세과세표준－소득세법에 따라 소급공제를 받은 금액)×직전 과세기간 세율(B)
한도액=직전 과세기간 사업소득에 부과된 개인지방소득세액(C)
A= 직전 과세기간의 종합소득에 대한 개인지방소득세 산출세액

41) 종합소득세 집행기준 85의2－149의2－1

$$\times \frac{\text{직전 과세기간의 사업장별 소득금액}}{\text{직전 과세기간의 종합소득금액}}$$

B= (직전 과세기간의 종합소득에 대한 개인지방소득세 과세표준-소급공제받을 결손금)

× 직전 과세기간세율

$$\times \left(\frac{\text{직전 과세기간의 사업장별 소득금액}-\text{소급공제받을 사업장별 결손금}}{\text{직전 과세기간의 종합소득금액}-\text{소급공제받을 결손금}} \right)$$

C=직전 과세기간의 종합소득에 대한 개인지방소득세 결정세액

$$\times \left(\frac{\text{직전 과세기간의 사업장별 소득금액}}{\text{직전 과세기간의 종합소득금액}} \right)$$

라. 환급 신청

결손금 소급공제 환급 신청을 하고자 하는 자는 과세표준확정신고기한까지 결손금 소급공제세액 환급신청서(지칙 별지 제40호의8 서식)[42]를 제출하여야 한다. 다만, 소득세 결손금 소급공제 환급 신청을 한 경우 개인지방소득세도 함께 신청한 것으로 본다(지법 제101조 제2항, 지령 제98조 제3항).

마. 결손금 소급공제 추징

1) 개요

결손금 소급공제 환급을 받았으나 다음 중 어느 하나에 해당하는 경우 그 환급액을 이월결손금이 발생한 과세기간의 개인지방소득세로 추징한다(지법 제101조 제5항). 이때 초과환급신고가산세나 초과환급분 납부지연가산세는 적용하지 아니하고 이자상당액[43]은 가산한다(지령 제98조 제6항, 국세청 징세과-481, 2013. 4. 5.). 초과환급신고가산세, 초과환급분 납부지연가산세는 "지방소득세 과세표준 신고"를 하면서 환급받을 세액을 신고하여야 할 금액보다 많이 신고한 경우에 대한 것(지기법 제54조 제1항)이기 때문에 이 경우 적용하지 않는 것이다.

- 결손금이 발생한 과세기간에 대한 개인지방소득세가 경정돼 이월결손금이 감소된 경우
- 직전 과세기간의 개인지방소득세가 경정돼 환급세액이 감소된 경우
- 중소기업에 해당하지 아니하였던 경우

42) 직전 2개 과세연도에 대해 적용하는 경우는 환급특례신청서 제출(지칙 별지 제40호의9 서식)

43) 환급세액×당초 환급세액의 통지일의 다음 날~고지일까지의 일수×대통령령으로 정한 이자율(지령 제98조 제6항)

결손금 소급공제 후 결손금 감소로 추가 납부 시 가산세 적용 여부(국세청 징세과-481, 2013. 4. 5.)

〈질의〉 법인세법 제72조에 따라 결손금소급공제를 적용하여 환급받은 이후 결손금이 발생한 사업연도에 대한 법인세의 과세표준을 경정함에 따라 결손금이 감소된 경우 초과환급신고가산세 및 환급불성실가산세 대상인지 여부

〈회신〉 귀 질의의 경우, 기획재정부 해석(기획재정부 조세정책과-270, 2013. 3. 21.)을 참고하시기 바랍니다.

○ 기획재정부 조세정책과-270, 2013. 3. 21.

「법인세법」 제72조에 따른 결손금 소급공제에 의한 환급을 적용받은 후 해당 결손금이 발생한 사업연도에 대한 법인세의 과세표준과 세액을 경정함으로써 결손금이 감소된 경우에는 같은 법 시행령 제110조 제4항에 따라 계산한 법인세액에 같은 조 제5항에 따른 이자상당액을 가산한 금액을 해당 결손금이 발생한 사업연도의 법인세로 징수하는 것입니다.

2) 추징세액

결손금이 발생한 과세기간에 대한 개인지방소득세가 경정돼 이월결손금이 감소된 경우 징수하는 개인지방소득세 환급세액은 다음 계산식에 따른 금액으로 한다. 이 경우 이월결손금 중 일부 금액만을 소급공제받은 경우에는 소급공제받지 않은 결손금이 먼저 감소된 것으로 본다(지령 제98조 제5항).

$$당초환급세액 \times \frac{감소된\ 결손금으로서\ 소급공제받지\ 않은\ 결손금을\ 초과하는\ 금액}{소급공제\ 결손금액}$$

3) 이자상당액

결손금 소급공제 추징 시 다음 계산식에 따라 계산한 금액을 이자상당액으로 가산하여 징수한다. 다만, 납세자가 개인지방소득세액을 과다하게 환급받은 데 정당한 사유가 있는 경우 대통령령으로 정하는 이자율은 연 1천분의 31을 적용한다(지령 제98조 제6항, 국기칙 제19조의3).

환급세액 × 일수(당초 환급세액 통지일의 다음 날 추징세액 고지일) × 대통령령으로 정하는 이자율(10만분의 22)

4) 현년도분으로 환급 및 추징

결손금 소급공제에 따른 환급은 직전 과세기간의 개인지방소득세를 환급하는 것이 아니라 결손금이 발생한 사업연도의 개인지방소득세로 환급한다(2025년 행정안전부 지방소득세 실무해설집 99p). 이에 따라 직전 사업연도 과세자료에 체납가산세가 포함돼 있더라도 결손금 소급공제에 따라 그 체납가산세가 영향받지 아니한다.

> **현년도분으로 환급(2025년 행정안전부 지방소득세 실무해설집 99p)**
> 결손금 소급공제로 인한 환급시 직전연도 납부세액을 직접 감액하는 것이 아니라 현년도분을 환급하는 것임('타시군환급'으로 처리)
> ※ 직전연도 납부세액을 감액하는 경우 가산금 및 중가산금이 제외되는 것을 방지하기 위해 현년도분을 환급 처리하는 것임.

5) 통보자료에 따른 환급(공무원 실무자 전용)

결손금 소급공제 관련 국세청 통보자료는 현년도 과세기간의 환급자료(추징의 경우 부과자료)의 형태로 통보된다. 이때 소득세 결손금 소급공제 환급액은 통보자료 상 수정신고 항목에 기재돼 통보되며 참고로 수정신고 항목은 국세기본법에 따른 수정신고 금액이 기재되는 것이 아니라 결손금 소급공제액 등 통보자료 항목이 존재하지 아니하는 모든 금액이 기재되므로 통보자료에 따른 과세 시 참고하도록 한다. 또한, 과세 시 개인지방소득세 결손금 소급공제에 따른 환급세액(추징세액)은 소득세 환급(고지)세액의 10%를 적용한다.

6) 환급지

결손금 소급공제 시 환급지는 직전 과세기간에 대한 납세지가 아니라 현년도분에 대한 납세지이다. 즉, 결손금 소급공제 환급금은 현년도 과세기간 종료일(12월 말) 기준 납세지에서 환급한다(2025년 행정안전부 지방소득세 실무해설집 99p).

> **사업장 소재지가 변경된 경우의 환급지(2025년 행정안전부 지방소득세 실무해설집 99p)**
> 사업장 소재지가 변경된 경우 직전 사업연도의 사업장 소재지 관할 지자체가 아니라 당해 사업연도의 사업장 소재지 관할 지자체에서 환급(안분대상 법인인 경우 당해 사업연도의 안분율에 따라 안분계산)

7) 신청한 소급공제 결손금이 국세와 다를 때

실무상 납세자가 지방자치단체에 따로 결손금 환급신청을 할 때 소급공제 결손금을 국세와 다르게 신청하는 경우가 있다. 그러나 지방세법 시행령 제98조에서 지방소득세 결손금 소급공제 환급액 계산 시 직전과세기간의 과세표준에서 차감하는 소급공제 결손금은 소득세법에 따라 소급공제를 받은 금액으로 명시하고 있기 때문에 지방세의 소급공제 결손금을 국세와 다르게 신청할 수는 없다고 할 것이다.

> 환급액 = 직전 과세기간의 해당 중소기업의 종합소득에 대한 개인지방소득세 산출세액(A) - (직전 과세기간의 종합소득에 대한 개인지방소득세 과세표준 - 소득세법에 따라 소급공제를 받은 금액) × 직전 과세기간 세율(B)

또한, 지방세법이 2019. 12. 31. 법률 제16855호로 개정되면서 개인지방소득세의 과세표준을 종전 소득세법에 따라 계산한 금액에서 소득세의 과세표준과 동일한 금액으로 개정한 바 이 개정은 2019. 12. 31. 이후에 납세의무가 성립하는 분부터 적용하므로 2020년 이후 귀속의 개인지방소득세의 소급공제 결손금은 소득세 소급공제 결손금과 동일하게 신청해야 하는 것이 더욱 명확하다 할 수 있다. 왜냐하면 개인지방소득세의 소급공제 결손금을 국세와 달리 신청한 경우 그 결손금이 속하는 과세기간의 다음 과세기간 과세표준이 소득세의 과세표준과 동일한 과세표준이 되지 아니하기 때문이다.

따라서 납세자가 개인지방소득세 소급공제 결손금을 소득세의 소급공제 결손금과 다르게 신청하였을 때 과세관청은 위 근거에 따라 동일한 금액으로 신청하도록 안내하면 될 것이다. 그리고 세무대리인의 경우는 이에 따라 지방세의 소급공제 결손금을 국세와 동일하게 하여 결손금 소급공제를 신청하여야 할 것이다.

12 공동사업장에 대한 과세특례

가. 개요

사업소득이 발생하는 사업을 공동으로 경영하고 그 손익을 분배하는 공동사업의 경우에는 공동사업장을 1거주자로 보아 공동사업장별로 그 소득금액을 계산하게 되는데 그 소득금액은 각 거주자 간에 약정된 손익분배비율에 의하여 분배됐거나 분배될 소득금액에 따라 각 공동사업자별로 분배하게 된다(소법 제43조 제1~2항). 그리고 각 공동사업자는 분배된 소득을 다른 소득과 합산하여 과세표준을 계산하고 그 과세표준에 세율을 곱한 금액을 소득세로 납부하게 된다(소법 제2조의2 제1항, 제14조 제2항).

그리고 공동사업장과 관련된 소득세 기타가산세, 원천징수세액, 원천징수 납부지연가산세는 각 공동사업자의 손익분배비율에 따라 배분되게 되는데 이때 개인지방소득세 기타가산세, 특별징수세액, 특별징수 납부지연가산세도 각 공동사업자의 손익분배비율에 따라 배분된다(지법 제102조 제1항, 소법 제87조 제1~2항).

나. 공동사업자별 분배명세서 제출

공동사업자가 과세표준확정신고를 하는 경우 대표공동사업자는 공동사업장에서 발생한 소득금액과 가산세액 및 특별징수된 세액을 적은 공동사업자별 분배명세서(지칙 별지 제40호의10 서식)를 납세지 관할 지방자치단체장에게 제출하여야 한다. 다만, 소득세 규정에 따라 납세지 관할 세무서장에게 공동사업자별 분배명세서를 제출한 경우는 납세지 관할 지방자치단체장에게 공동사업자별 분배명세서를 제출하지 아니할 수 있다(지령 제99조).

그 외 공동사업장에 대한 과세에 필요한 사항은 소득세법 제87조에서 정하는 바에 따른다(지법 제102조 제2항).

13 양도소득에 대한 지방소득세

가. 과세표준

분류과세란 소득을 종류별로 구분하여 각 소득별로 합산하여 각각 별도로 과세하는 것을 말하는데 양도소득은 분류과세한다. 즉, 양도소득에 대한 개인지방소득세 과세표준은 종합소득 및 퇴직소득에 대한 개인지방소득세 과세표준과 구분하여 계산한다(지법 제103조 제1항). 이때 양도소득에 대한 개인지방소득세 과세표준은 양도소득세의 과세표준과 동일한 금액으로 한다(지법 제103조 제2항).

나. 계산구조

양도소득에 대한 개인지방소득세 계산 구조는 다음과 같다(지법 제103조의2).

구조	비고
양도가액	
(−) 취득가액	
(−) 자본적 지출액 등 필요경비	
양도차익	
(−) 장기보유특별공제액	
양도소득금액	○ 과세표준 산출 이전 단계의 학습은 불필요하다. ○ 개인지방소득세 과세표준 = 소득세 과세표준
(−) 양도소득기본공제액	
양도소득분 개인지방소득세과세표준 ×세율	○ 세율은 양도소득세 세율의 10%이다.
산출세액	
(−) 감면세액	○ 양도소득세 감면세액의 10%
양도소득에 대한 개인지방소득세 결정세액	○ 신고납부가산세는 지방세기본법에 따라 산출, 기장불성실가산세 등은 국세 10%(국외전출자의 주식 보유현황 미신고가산세는 과세 ×)
(+) 가산세	
총결정세액	○ 기 예정신고납부세액, 기 결정·경정세액, 수시부과세액이 기납부세액에 해당한다.
(−) 기납부세액	
납부(환급)할 세액	

다. 세율

1) 개요

양도소득에 대한 개인지방소득세 세율은 양도소득세 세율의 10%로 규정하고 있다. 양도소득에 대한 개인지방소득세의 과세표준은 양도소득세의 과세표준과 동일하고 세율은 양도소득세의 10%인바 결국 양도소득에 대한 개인지방소득세 산출세액은 양도소득세의 10%가 된다. 결론적으로 양도소득에 대한 개인지방소득세 과세 시 양도소득세 산출세액의 10%를 적용하여 산출세액을 계산하고 과세하므로 세부적인 세율 적용 등은 학습의 필요성이 떨어진다. 따라서 이하부터의 세율 등은 대략적인 내용만을 다루었으니 실제 세율 적용 등 세부 내용은 관련 규정을 참고하길 바란다.

양도소득에 대한 개인지방소득세 세율은 다음과 같고 하나의 자산이 다음 세율 구분 중 둘 이상에 해당할 때에는 해당 세율을 적용하여 계산한 양도소득에 대한 개인지방소득세 산출세액 중 큰 것을 그 세액으로 한다(지법 제103조의3 제1항).

구분	세율	관련 규정
토지, 건물, 부동산에 관한 권리, 기타자산	표준세율(분양권 6%)	지법 제103조의3 제1항 제1호
토지, 건물, 부동산에 관한 권리 중 보유기간 1년 이상 2년 미만	4%(주택, 조합원입주권, 분양권 6%)	지법 제103조의3 제1항 제2호
토지, 건물, 부동산에 관한 권리 중 보유기간 1년 미만	5%(주택, 조합입주권, 분양권 7%)	지법 제103조의3 제1항 제3호
비사업용 토지	표준세율+1%	지법 제103조의3 제1항 제8호
지정지역에 있는 비사업용 토지	표준세율+2%[44]	지법 제103조의3 제5항 제3호
비사업용 토지 과다소유법인 주식	표준세율+1%	지법 제103조의3 제1항 제9호
미등기양도자산	7%	지법 제103조의3 제1항 제10호
1년 미만 보유한 주식 등으로서 대주주가 양도하는 중소기업 외의 법인 주식등	3%	지법 제103조의3 제1항 제11호 가목 1)
대주주가 양도하는 주식등으로서 지법 제103조의3 제1항 제11호 가목 1)에 해당하지 않는 주식등	3억 이하 2%, 3억 초과 구간 2.5%	지법 제103조의3 제1항 제11호 가목 2)
대주주가 아닌 자가 양도하는 중소기업의 주식등	1%	지법 제103조의3 제1항 제11호 나목 1)
대주주가 아닌 자가 양도하는 주식등으로서 지법 제103조의3 제1항 제11호 나목 1)에 해당하지 않는 주식등	2%	지법 제103조의3 제1항 제11호 나목 2)
외국법인이 발행한 주식등 혹은 내국법인이 발행한 주식등으로서 해외 증권시장에 상장된 것 중 중소기업의 주식등	1%	지법 제103조의3 제1항 제12호 가목
외국법인이 발행한 주식등 혹은 내국법인이 발행한 주식등으로서 해외 증권시장에 상장된 것 중 지법 제103조의3 제1항 제12호 가목에 해당하지 않는 주식등	2%	지법 제103조의3 제1항 제12호 나목

44) 보유기간이 2년 미만인 경우 지법 제103조의3 제1항 제2호 또는 3호 세율을 적용하여 산출한 산출세액과 비교과세

구분	세율	관련 규정
파생상품 등	1%	지법 제103조의3 제1항 제13호, 제7항, 지령 제100조 제12항
신탁 수익권	3억 이하 2%, 3억 초과 구간 2.5%	지법 제103조의3 제1항 제14호
국외자산 중 토지, 건물, 부동산에 관한 권리, 기타자산	표준세율	지법 제103조의3 제3항
국외전출자 양도소득으로 보는 국내주식 등의 평가이익	3억 이하 2%, 3억 초과 구간 2.5%	지법 제103조의3 제8항
조정대상지역 1세대 2주택(주택 수에 조합원입주권, 분양권 포함, 장기임대주택 등 제외)	표준세율+2%[45)	지법 제103조의3 제10항 제1~2호
조정대상지역 1세대 3주택 이상(주택 수에 조합원입주권, 분양권 포함, 장기임대주택 등 제외)	표준세율+3%[46)	지법 제103조의3 제10항 제3~4호

2) 양도소득에 대한 개인지방소득세 세액 계산 특례

해당 과세기간에 토지, 건물, 부동산에 관한 권리, 기타자산을 둘 이상 양도하는 경우 양도소득에 대한 개인지방소득세 산출세액은 다음의 산식에 따른 금액으로 한다(지법 제103조의3 제6항).

산출세액 = Max(①, ②)[47)

① 해당 과세기간 양도소득과세표준 합계액에 표준세율을 적용하여 계산한 양도소득에 대한 개인지방소득세 산출세액

② 자산별 양도소득에 대한 개인지방소득세 산출세액 합계액[48), 다만 다만, 둘 이상의 자산에 대하여 지방세법 제103조의3 제1항 각 호, 제5항 각 호 및 제10항 각 호에 따른 세율 중 동일한 호의 세율이 적용되고, 그 적용세율이 둘 이상인 경우 해당 자산에 대해서는 각 자산의 양도소득과세표준을 합산한 것에 대하여 제1항, 제5항 또는 제10항의 각 해당 호별 세율을 적용하여 산출한 세액 중에서 큰 산출세액의 합계액으로 한다.

---

45) 보유기간이 2년 미만인 경우 지법 제103조의3 제1항 제2호 또는 3호 세율을 적용하여 산출한 산출세액과 비교과세

46) 보유기간이 2년 미만인 경우 지법 제103조의3 제1항 제2호 또는 3호 세율을 적용하여 산출한 산출세액과 비교과세

47) 양도소득에 대한 개인지방소득세 감면세액이 있는 경우 해당 감면세액을 차감한 금액이 더 큰 경우의

3) 2014. 1. 1.~ 2014. 3. 23. 양도분

양도소득세와 양도소득에 대한 개인지방소득세 세율은 수많은 개정연혁이 존재하나 양도소득세 세율이 개정될 때마다 양도소득에 대한 개인지방소득세 세율도 양도소득세 세율의 10%로 개정하고 개정 적용일을 양도소득세 세율 개정 적용일과 동일하게 하였으므로 결론적으로 양도소득에 대한 개인지방소득세 세율은 양도소득세 세율의 10%라 할 수 있다. 그런데 2014. 1. 1.~2024. 3. 23. 양도분의 경우 개인지방소득세 세율이 소득세 세율의 10%가 되지 아니하므로 과세 시 주의를 요한다. 2014. 1. 1. 지방소득세를 독립세로 전환하면서 지방세법을 법률 제12153호로 일부 개정하였는데 이때 개인지방소득세 세율을 소득세 세율의 10%로 규정하고자 하였으나 2014. 1. 1. 소득세법이 법률 제12169호로 일부개정되면서 소득세율이 개정된바 개인지방소득세 세율을 해당 소득세법 개정 후의 소득세 세율의 10%가 아니라 개정 전의 소득세 세율의 10%로 규정하였기 때문에 이러한 차이가 발생한 것이다. 아래 표에서 과세표준 구간이 1.5억원 초과~3억원 이하의 구간을 보면 2014. 1. 1. 일부개정에 따른 소득세율은 38%인데 2014. 1. 1.~2014. 3. 23. 양도분의 개인지방소득세 세율은 그 소득세율의 10%인 3.8%가 아니라 3.5%인 것을 확인할 수 있다.

과세표준 구간	소득세 세율		지방소득세 세율	
	2014. 1. 1. 전	2014. 1. 1. 일부개정	2014. 1. 1.~ 3. 23.	2014. 3. 24. 일부개정
1,200만원 이하	6%	6%	0.6%	0.6%
1,200만원 초과~4,600만원 이하	15%	15%	1.5%	1.5%
4,600만원 초과~8,800만원 이하	24%	24%	2.4%	2.4%
8,800만원 초과~1.5억원 이하	35%	35%	3.5%	3.5%
1.5억원 초과~3억원 이하	35%	38%	3.5%	3.8%
3억원 초과	38%	38%	3.8%	3.8%

이후 지방세법을 법률 제12505호로 일부개정하면서 2014. 4. 24. 이후 양도분에 대해서는

산출세액(지법 제103조의3 제6항)

48) 지정지역 외 비사업용 토지와 비사업용 토지 과다소유법인 주식은 동일한 자산으로 보고, 한 필지의 토지가 비사업용 토지와 그 외의 토지로 구분되는 경우 각각을 별개의 자산으로 보아 계산한다(지법 제103조의3 제6항).

소득세 세율의 10%가 개인지방소득세 세율이 되도록 하였다. 조세법령의 개정은 그 개정이 납세자에게 유리한 경우를 제외하면 소급과세금지원칙을 따라야 하므로 해당 개정 시 개정된 세율을 2014. 1. 1.~2024. 3. 23. 양도분에 대해 소급적용하지 아니하고 일부개정일인 2014. 3. 24. 이후부터 적용하도록 한 것이다(헌법재판소 1995. 12. 28. 선고 95헌마196 판결, 지기법 제20조).

결론적으로 2014. 1. 1.~2014. 3. 23.까지의 양도분에 대해서는 양도소득에 대한 개인지방소득세 세율이 소득세 세율의 10%가 아닐 수 있으므로 이에 유의하여 과세하여야 할 것이다.

소급과세금지원칙(헌법재판소 1995. 12. 28. 선고 95헌마196 판결)

헌법상으로는 "모든 국민은 행위시의 법률에 의하여 범죄를 구성하지 아니하는 행위로 소추되지 아니하며"(헌법 제13조 제1항 전단), "모든 국민은 소급입법에 의하여 참정권의 제한을 받거나 재산권을 박탈당하지 아니한다"(헌법 제13조 제2항)라고 규정하고 있을 뿐이고, 법률이 변경된 경우 피적용자에 대하여 유리한 신법을 적용할 것인가에 관하여 일반적인 규정은 두고 있지 않으며, 헌법상의 기본원칙인 법치주의로부터 도출되는 법적 안정성과 신뢰보호의 원칙상 모든 법규범은 현재와 장래에 한하여 효력을 가지는 것이기 때문에 소급입법은 금지 내지 제한된다.

다만, 신법이 피적용자에게 유리한 경우에는 이른바 시혜적인 소급입법이 가능하지만 이를 입법자의 의무라고는 할 수 없고, 그러한 소급입법을 할 것인지의 여부는 입법재량의 문제로서 그 판단은 일차적으로 입법기관에 맡겨져 있으며, 이와 같은 시혜적 조치를 할 것인가 하는 문제는 국민의 권리를 제한하거나 새로운 의무를 부과하는 경우와는 달리 입법자에게 보다 광범위한 입법형성의 자유가 인정된다고 할 것이다.

4) 탄력세율

양도소득에 대한 개인지방소득세 세율은 각 지방자치단체의 장이 조례로 표준세율의 50% 범위 내에서 가감할 수 있도록 규정하고 있는데 실제로 이를 규정한 지방자치단체는 아직까지 존재하지 않는다(지법 제103조의3 제4항).

라. 세액공제 및 감면

양도소득에 대한 개인지방소득세 세액공제 및 감면에 대한 사항은 지방세특례제한법에서 정한다(지법 제103조의4). 세부 내용은 사실상 종합소득 및 퇴직소득에 대한 개인지방소득세 공제 및 감면과 거의 동일하다 할 수 있으므로 본편 7장 세액공제 및 감면을 참고하길 바란다.

마. 예정신고

1) 개요 및 신고기한

거주자가 소득세법에 따라 양도소득과세표준 예정신고를 하는 경우 그 예정신고기한에 2개월을 더한 날까지 개인지방소득세 양도소득과세표준도 납세지 관할 지방자치단체장에게 예정신고하여야 한다(지법 제103조의5 제1항). 결론적으로 양도소득에 대한 개인지방소득세 예정신고기한은 다음과 같다.

구분	소득세 예정신고기한	지방소득세 예정신고기한	관련 규정
부동산・부동산에 관한 권리, 기타자산 및 신탁수익권	양도일이 속하는 달의 말일부터 2개월	양도일이 속하는 달의 말일부터 4개월	소법 제105조 제1항 제1호
주식 등	양도일이 속하는 반기의 말일부터 2개월[49]	양도일이 속하는 반기의 말일부터 2개월 + 2개월	소법 제105조 제1항 제2호
부담부증여의 채무액에 해당하는 부분으로서 양도로 보는 경우	양도일이 속하는 달의 말일부터 3개월	양도일이 속하는 달의 말일부터 5개월	소법 제105조 제1항 제3호
토지거래계약에 관한 허가구역에 있는 토지를 양도할 때 토지거래계약허가를 받기 전에 대금을 청산한 경우	허가일(토지거래계약허가를 받기 전에 허가구역의 지정이 해제된 경우에는 그 해제일을 말한다)이 속하는 달의 말일부터 2개월	허가일(토지거래계약허가를 받기 전에 허가구역의 지정이 해제된 경우에는 그 해제일을 말한다)이 속하는 달의 말일부터 4개월	소법 제105조 제1항 제1호

예정신고 시 무관할신고가 가능하며 양도차익(손)이 없는 경우에도 예정신고하여야 한다. 또한, 예정신고 시 양도소득에 대한 개인지방소득세 과세표준예정신고 및 납부계산서(지칙 별지 제40호의11 서식)를 제출하여야 한다(지법 제103조의5 제1~2항). 납부 시 개인지방소득세 납부서(지칙 별지 제14호 서식 또는 별지 제40호 서식)를 제출하여 납부한다(지령 제100조의2 제1~2항).

2) 모두채움 납부서

지방자치단체장은 거주자에게 예정신고 과세표준과 세액을 기재한 납부서(지칙 별지 제40

49) 2018. 1. 1. 전 양도분은 양도일이 속하는 분기의 말일부터 2개월{구소법 제105조 제1항 제2호(2016. 12. 20. 법률 제14389호로 일부개정 되기 전의 것)}

호의12 서식) 발송이 가능하며 해당 납부서로 예정신고기한까지 납부한 경우 예정신고를 한 것으로 본다(지법 제103조의5 제4~5항).

3) 예정신고 산출세액 계산

가) 일반적인 경우

예정신고 산출세액은 양도소득에 대한 과세표준에 양도소득에 대한 개인지방소득세 세율을 곱한 금액이 된다(지법 제103조의6 제1항).

나) 누진세율 적용 자산에 대한 예정신고를 2회 이상 하는 경우

누진세율 적용 자산에 대한 예정신고를 2회 이상 하는 경우로서 거주자가 이미 신고한 양도소득금액과 합산하여 신고하려는 경우 다음 계산 방법에 따라 산출세액을 계산한다(지법 제103조의6 제2항).

예정신고 산출세액 = [(A + B − C) × D] − E

A: 이미 신고한 자산의 양도소득 금액
B: 2회 이후 신고하는 자산의 양도소득금액
C: 양도소득 기본공제
D: 세율
E: 이미 신고한 예정신고 산출세액

이때 세율(D)은 각 물건에 따라 이하와 같이 적용한다.

- 2년 이상 보유한 토지, 건물, 부동산, 기타자산에 관한 권리: 표준세율(분양권은 6%, 지법 제103조의3 제1항 제1호)
- 비사업용 토지, 비사업용 토지 과다소유 법인 주식: 표준세율 + 1%(지법 제103조의3 제1항 제8호 또는 제9호)
- 대기업의 대주주가 양도하는 주식 등(1년 미만 보유한 주식등으로서 중소기업 외의 법인의 주식등 제외): 3억 이하 2%, 3억 초과 구간 2.5%(지법 제103조의3 제1항 제11호 가목)
- 신탁 수익권: 3억 이하 2%, 3억 초과 구간 2.5%(지법 제103조의3 제1항 제14호)

4) 예정신고 납부하여야 할 세액

예정신고 시 납부하여야 할 세액은 예정신고 산출세액에서 감면세액과 수시부과세액을 공제한 금액이다(지법 제103조의5 제3항).

바. 과세표준 확정신고

1) 개요 및 신고기한

소득세법에 따라 양도소득과세표준 확정신고를 한 납세자는 해당 신고기한에 2개월을 더한 날까지 양도소득에 대한 개인지방소득세 과세표준과 세액을 납세지 관할 지방자치단체장에게 확정신고 및 납부하여야 한다(지법 제103조의7 제1항). 결론적으로 지방소득세 양도소득과세표준 신고기한은 다음과 같다.

구분	소득세 신고기한	지방소득세 신고기한	관련 규정
일반적인 경우	과세기간의 다음 연도 5월 1일부터 5월 31일까지	과세기간의 다음 연도 7월 1일부터 7월 30일까지	소법 제110조 제1항
토지거래계약에 관한 허가구역에 있는 토지를 양도할 때 토지거래계약허가를 받기 전에 대금을 청산한 경우	토지거래계약에 관한 허가일(토지거래계약허가를 받기 전에 허가구역의 지정이 해제된 경우에는 그 해제일을 말한다)이 속하는 과세기간의 다음 연도 5월 1일부터 5월 31일까지	토지거래계약에 관한 허가일(토지거래계약허가를 받기 전에 허가구역의 지정이 해제된 경우에는 그 해제일을 말한다)이 속하는 과세기간의 다음 연도 7월 1일부터 7월 30일까지	소법 제110조 제1항

이때 무관할신고가 가능하며 과세표준이 없거나 결손금액이 있는 경우에도 신고하여야 한다. 신고 시 양도소득에 대한 개인지방소득세 과세표준확정신고 및 납부계산서(지칙 별지 제40호의11 서식)를 제출해야 하고 납부 시 개인지방소득세 납부서(지칙 별지 제14호 서식 또는 별지 제40호 서식)를 제출한다(지법 제103조의7 제1~2항, 지령 제100조의3 제1, 3항).

2) 양도소득에 대한 개인지방소득세 확정신고 대상자

예정신고를 한 경우 해당 소득에 대한 확정신고를 하지 아니할 수 있으나 해당 과세기간에 누진세율 적용 자산에 대한 예정신고를 2회 이상 하는 경우 등으로서 다음 중 어느 하나에 해당하는 경우는 예정신고를 하였어도 확정신고를 하여야 한다(지법 제103조의7 제3항, 지령 제100조의3 제2항).

- 1. 해당 연도에 누진세율의 적용대상 자산에 대한 예정신고를 2회 이상 한 자가 이미 신고한 양도소득금액과 합산하여 신고하지 아니한 경우
- 2. 토지, 건물, 부동산에 관한 권리, 기타자산 및 신탁 수익권을 2회 이상 양도한 경우로서 양도소득 기본공제를 적용할 경우 당초 신고한 양도소득에 대한 개인지방소득세 산

출세액이 달라지는 경우

- 3. 토지, 건물, 부동산에 관한 권리 및 기타자산을 둘 이상 양도한 경우로서 법 제103조의3 제6항(자산을 둘 이상 양도 시 세액 계산 특례)을 적용할 경우 당초 신고한 양도소득에 대한 개인지방소득세 산출세액이 달라지는 경우
- 4. 주식 등을 2회 이상 양도한 경우로서 양도소득 기본공제를 적용할 경우 당초 신고한 양도소득에 대한 개인지방소득세 산출세액이 달라지는 경우

3) 분할납부

종합소득 및 퇴직소득에 대한 개인지방소득세는 분할납부가 가능하나 양도소득에 대한 개인지방소득세는 분할납부 규정이 없으므로 분할납부가 불가하다(행자부 세제과-1539, 2015. 1. 29.). 종합소득 및 퇴직소득에 대한 개인지방소득세 확정신고기한이 소득세 신고기한과 동일한 것과 달리 양도소득에 대한 개인지방소득세 확정신고기한은 양도소득세 신고기한에 2개월을 더한 날이 되므로 이미 납기연장의 효과가 있으므로 따로 분할납부 규정을 두지 않은 것이다.

양도소득에 대한 개인지방소득세 분납 가능 여부(세제과-1539, 2015. 1. 29., 2025년 행정안전부 지방소득세 실무해설집 297p)

〈질의〉 공익사업 시행으로 인해 공장을 이전할 경우 양도소득분 개인지방소득세 분할납부 여부

〈답변〉 법인의 경우 법인세가 이연되면 법인지방소득세도 따라서 이연되나 개인지방소득세의 경우 조세특례제한법 및 지방세 관계 법령에 별도의 과세특례 규정이 없으므로, 양도소득세가 분할납부된다 하더라도 개인지방소득세는 분할납부 대상이 아님.

4) 모두채움 납부서

지방자치단체장은 거주자에게 양도소득에 대한 개인지방소득세 과세표준과 세액을 기재한 납부서(지칙 별지 제40호의12 서식) 발송이 가능하며 해당 납부서로 납부한 경우 확정신고를 한 것으로 본다(지법 제103조의7 제9~10항).

사. 국외전출세

1) 개요

국외전출세 제도는 대주주인 거주자가 주소 또는 거소의 국외 이전을 위해 출국함으로써

비거주자가 되는 경우 출국일에 소유한 주식 등을 양도한 것으로 보아 양도소득세로 과세하는 제도이다(조심 2020중8299, 2001. 8. 8.). 소득세법에 따라 국외전출세를 신고하는 경우 출국일이 속하는 달의 말일부터 3개월 이내(납세관리인을 신고한 경우에는 양도소득과세표준 확정신고 기간 이내)[50]에 양도소득에 대한 개인지방소득세 과세표준과 세액을 납세지 관할 지방자치단체장에게 신고하여야 한다(지법 제103조의7 제6항, 소법 제118조의9 제1항). 이때 개인지방소득세 과세표준확정신고 및 납부계산서(지칙 별지 제40호의11 서식)를 제출하여야 한다(지령 제100조의3 제1항).

2) 납부 유예

소득세법에서는 국외전출자가 납세담보를 제공하고 납세관리인을 두는 등 일정 요건을 충족하는 경우 양도소득세 납부유예를 받을 수 있도록 규정하고 있다. 이때 소득세법에 따라 양도소득세 납부 유예를 받은 경우로서 납세지 관할 지방자치단체장에게 납세담보를 제공한 경우 양도소득에 대한 개인지방소득세도 납부 유예를 받을 수 있다. 납부 유예를 받은 경우에는 다음 산식에 따라 계산된 이자상당액을 가산하여 개인지방소득세를 납부하여야 한다(지법 제103조의7 제7항, 지령 제100조의3 제4항).

> 이자상당액 = 납부유예 받은 금액 × 신고기한의 다음 날부터 납부일까지의 일수 × 납부유예 신청일 현재 지방세기본법 시행령 제43조에 따른 이자율(연 1천분의 31)

3) 재전입 등에 따른 환급 등

소득세법에 따라 국외전출자가 출국일로부터 5년 이내에 주식등을 양도하지 아니하고 다시 거주자가 되는 등의 사유로 납부한 세액이 환급되거나 납부유예 중인 세액이 취소되는 경우 국외전출자가 납부한 개인지방소득세를 환급하거나 취소하여야 한다. 이 경우 환급가산금은 가산하지 아니한다(지법 제103조의7 제8항).

아. 기장불성실 등 가산세

1) 기장 불성실가산세

법인의 대주주가 양도하는 주식등에 대하여 거래명세 등을 기장하지 아니하거나 누락한 경우 소득세법 제115조에 따라 주식등에 대한 장부의 비치 · 기록의무 및 기장 불성실가산

50) 양도소득세 신고기한도 이와 동일하다.

세가 과세되는데 이때 그 금액의 10%를 양도소득에 대한 개인지방소득세 가산세로 과세한다. 다만, 해당 가산세와 무신고가산세 또는 과소신고가산세(초과환급가산세 포함)가 동시에 적용되는 경우에는 그 중 큰 가산세액만 적용하고, 가산세액이 같은 경우에는 무신고가산세 또는 과소신고가산세(초과환급가산세 포함)만 적용한다(지법 제103조의8).

2) 감정가액 또는 환산취득가액 적용에 따른 가산세

양도가액에서 공제하는 취득가액은 실지거래가액을 원칙으로 하고 그 가액을 확인할 수 없을 때 감정가액 또는 환산취득가액을 취득가액으로 하는바(소법 제97조 제1항 제1호) 거주자가 건물을 신축 또는 증축하고 그 건물의 취득일로부터 5년 이내에 양도하는 경우로 실지거래가액이 아니라 감정가액 또는 환산취득가액을 그 취득가액으로 하는 경우에는 해당 건물분(증축의 경우 증축한 부분으로 한정) 감정가액 또는 환산취득가액의 0.5%에 해당하는 금액을 가산세로 하여 양도소득에 대한 개인지방소득세 결정세액에 가산한다. 이는 양도소득에 대한 개인지방소득세 산출세액이 없는 경우에도 마찬가지이다(지법 제103조의9 제2항, 제3항). 양도소득세에서는 해당 경우에 감정가액 또는 환산취득가액의 5%에 해당하는 금액을 가산세로 과세하는바 결국 양도소득세 해당 가산세액의 10%가 양도소득에 대한 개인지방소득세 가산세액이 된다(소법 제114조의2).

3) 국외전출자의 주식 보유현황 미신고가산세

소득세에서 국외전출자가 국내주식등의 보유현황을 신고하지 아니하거나 누락하여 신고한 경우 주식등의 액면가액 등에 2%를 곱한 금액을 가산세로 부과하는데 개인지방소득세에서는 관련 규정이 존재하지 아니하므로 가산세를 부과하지 아니한다(소법 제118조의15 제4항).

4) 실무 Check(공무원 실무자 전용)

현재 국세청 통보자료상 기장불성실가산세, 감정가액 또는 환산취득가액 적용에 따른 가산세, 국외전출자의 주식 보유현황 미신고 가산세(이하부터 셋을 합쳐 "양도소득 관련 가산세"라 한다.)의 합계 금액이 기장불성실 가산세로 통보되고 있어 과세 시 유의를 요한다. 이는 국세 양도소득 과세표준 신고 및 납부계산서상(소칙 별지 제84호 서식) 양도소득 관련 가산세의 합계액을 기장불성실 등 가산세로 표기하도록 하고 있어 해당 금액이 그대로 통보되기 때문으로 보인다. 그런데 국외전출자의 주식보유 현황 미신고 가산세의 경우 개인지방소득세에서는 부과하지 아니하므로 개인지방소득세 과세 시 가산세별 금액 구분이 필수적임에도 해당 합계액만 통보되므로 결국 통보자료상 기장불성실 등 가산세가 존재하면 관할 세무서에 각각의 구분된 금액을 조회한 뒤 과세하여야 할 것이다. 한편, 양도소득 관련 가산세를 부과할 때 각 가산세별 금액 구분이 필수적인데도 그 구분된 금액이 통보되지 아니하고 합계금액만 통보되고 있어 각 지방자치단체가 관할 세무서에 일일이 조회하고 세무서에서는 일일이 회신하는 등 불필요한 행정력 낭비가 초래되므로 그 구분된 금액이 통보되도록 개선이 필요한 부분이라 할 것이다.

14 비거주자에 대한 개인지방소득세

가. 개요

소득세에서 비거주자에 대한 과세는 분류과세, 분리과세, 종합과세로 나누어지는데 비거주자에 대한 지방소득세도 이와 같으며 비거주자의 국내사업장 및 국내원천소득 종류에 따른 지방소득세의 구체적인 과세 방법은 소득세법 제120조, 제121조 제2항부터 제6항까지에서 규정하고 있는 바에 따른다(지법 제103조의10 제1~2항).

나. 비거주자에 대한 종합과세, 분류과세

1) 과세표준, 세액의 계산, 신고납부

지방세법에서는 소득세법에서 종합과세되거나 분류과세되는 국내원천소득에 대한 비거주자의 개인지방소득세 과세표준과 세액의 계산은 거주자에 대한 개인지방소득세 과세표준과 세액 계산 규정을 준용하도록 하고 있고 과세표준과 세액 계산 시 국세와 동일하게 비거주자 본인 외의 자에 대한 공제, 특별소득공제, 자녀세액공제, 특별세액공제는 반영하지 아니하도록 규정하고 있다(지법 제103조의11 제1항). 한편, 신고납부에 대해서는 지방세법에서 거주자에 대한 개인지방소득세 규정을 준용하되 과세표준에 특별징수된 소득의 금액이 포함된 경우 그 특별징수세액도 공제되는 세액으로 본다고 규정하고 있다(지법 제103조의11 제2항). 그 외의 관련 내용은 소득세법을 준용한다(지법 제103조의11 제5항).

비거주자에 대한 소득세 과세표준이 개인지방소득세 과세표준이 되고 특별소득공제 등 미반영 규정은 소득세법에도 존재하므로 결론적으로 비거주자에 대한 개인지방소득세 세액은 소득세 세액의 10%가 된다.

2) 비거주자 구성원에 대한 거주자 1인의 일괄신고

소득세법에서는 법인으로 보는 단체 외의 법인 아닌 단체 중 단체의 구성원별로 납세의무를 부담하는 단체의 비거주자 구성원이 국내원천소득[51] 종합소득 과세표준확정신고를 하는 경우로서 비거주자구성원 전부 또는 일부가 대표신고자가 종합소득과세표준을 대신 신고하는 것에 동의하고 비거주자구성원이 자신이 거주자인 국가에서 부여한 납세자번호를 대표신고자에게 제출한 경우 해당 단체 거주자 구성원 1명(대표신고자)이 비거주자구성원 대신 비거주자구성원의 종합소득 과세표준을 일괄하여 신고할 수 있도록 규정하고 있는데 해당 일괄신고하는 경우 그 대표신고자가 비거주자구성원의 지방소득세 과세표준도 일괄하여 신고할 수 있다(지법 제103조의11 제3항). 일괄신고 시 대표신고자는 자신의 납세지 관할 지방자치단체의 장에게 다음과 같은 서류를 제출하여야 한다(지령 제100조의4 제1항).

- 일괄신고 시 비거주자구성원이 자신의 종합소득과세표준을 대신 신고하는 것에 동의한다는 뜻을 표시한 대표신고자 일괄신고 동의서
- 비거주자 개인지방소득세 신고 시 제출해야 하는 서류

다만, 대표신고자가 단체의 구성원별로 소득세 납세의무를 지는 구성원이 아닌 경우에는 그 소속 단체의 납세지 관할 지방자치단체장에게 해당 서류들을 제출해야 한다.

다. 비거주자에 대한 분리과세

1) 과세표준, 세액의 계산, 신고납부

소득세법에서 분리과세되는 국내원천소득에 대한 개인지방소득세 과세표준은 소득세의 과세표준을 따르고 세액은 관련 소득세액의 10%이다. 한편, 비거주자의 국내원천소득 중 국내원천 근로소득, 국내원천 연금소득의 과세표준과 세액의 계산, 신고와 납부, 결정・경정 및 징수와 환급에 대해서는 거주자에 대한 개인지방소득세 규정을 준용하는데 인적공제 중 비거주자 본인 외의 자에 대한 공제, 특별소득공제, 자녀세액공제, 특별세액공제는 하지 아니한다(지법 제103조의12 제1~3항). 그 외의 관련 내용은 소득세법을 준용한다(지법 제103조의12 제5항). 소득세 과세표준이 개인지방소득세 과세표준이 되고 특별소득공제 등 미반영 규정은 소득세법에도 존재하므로 결론적으로 비거주자에 대한 개인지방소득세 세액은 소득세의 세액의 10%가 된다.

---

51) 비거주자구성원의 국내원천소득이 해당 단체의 구성원으로서 얻는 소득만 있는 경우로 한정

2) 비거주자의 유가증권 양도소득에 대한 신고·납부 등의 특례

가) 내국법인의 주식 등을 2회 이상 양도한 경우(조세조약상 유가증권 과세기준 충족)

국내사업장이 없는 비거주자가 동일한 내국법인의 주식 또는 출자지분을 같은 사업과세기간에 2회 이상 양도함으로써 조세조약에서 정한 과세기준을 충족하게 된 경우 양도 당시 원천징수되지 아니한 소득에 대한 원천징수상당액을 양도일이 속하는 사업연도의 종료일로부터 3개월 이내에 당해 유가증권을 발행한 내국법인의 소재지를 관할하는 세무서장에게 소득세로 신고·납부하여야 하는데 이때 그 납부하는 금액의 10%를 개인지방소득세로 하여 양도일이 속하는 사업연도의 종료일로부터 3개월 이내에 당해 유가증권을 발행한 내국법인의 소재지를 관할하는 지방자치단체의 장에게 신고·납부하여야 한다. 국내사업장이 있는 비거주자의 양도 당시 원천징수되지 아니한 소득으로서 그 국내사업장과 실질적으로 관련되지 아니하거나 그 국내사업장에 귀속되지 아니한 소득에 대해서도 이를 준용한다. 신고 시 무관할신고가 가능하며 비거주자유가증권양도소득정산신고서(지칙 별지 제40호의13 서식)를 제출한다(소법 제126조의2 제1~2항, 지법 제103조의12 제4항, 지령 제100조의4 제2항). 결국 이 경우 신고기한과 납세지는 국세와 동일하고 세액은 국세의 10%이다.

나) 국내사업장이 없는 자에게 주식 등을 양도한 경우

국내사업장이 없는 비거주자가 국내사업장이 없는 비거주자나 외국법인에 외국에서 거래되는 원화표시 유가증권 등을 양도하는 경우 그 양도로 발생하는 소득에 대해서 일정비율을 곱하여 산출한 금액을 그 소득을 지급받은 날이 속하는 다음다음 달 10일까지 해당 주식등 유가증권을 발행한 내국법인의 소재지 관할 세무서장에게 소득세로 신고납부하여야 한다(소법 제126조의2 제3항). 이때 개인지방소득세는 소득세 신고 납부할 금액의 10%를 소득을 지급받은 날이 속하는 달의 다음다음 달 10일까지 유가증권을 발행한 내국법인의 소재지 관할 지방자치단체장에게 신고·납부하여야 한다(지법 제103조의51). 신고 시 무관할신고가 가능하며 비거주자유가증권양도소득신고서(지칙 별지 제40호의14 서식)를 제출한다(지법 제103조의12 제4~5항, 지령 제100조의4 제3항). 결국 이 경우 신고기한과 납세지는 국세와 동일하고 세액은 국세의 10%이다.

15 개인지방소득에 대한 특별징수

가. 개요

지방세관계법에서의 특별징수란 국세의 원천징수와 같은 의미인데 지방세에서 원천징수의 용어만 바꾸어 차용한 것으로 지방세를 편의상 징수할 여건이 좋은 자로 하여금 징수 및 납부하게 하는 것을 말한다. 이때의 징수 및 납부의무가 있는 자를 특별징수의무자라 하며 특별징수의무자는 지방세법에 따른 납부의무가 있는 납세의무자와는 구분된다. 즉, 납세의무자의 지방세법상 납부의무에 대해 관련 세금을 납세의무자로부터 징수하여 대신 납부하는 것이 특별징수의무자인 것이다. 한편, 특별징수의무자와 납세의무자를 합쳐 납세자라 한다(지기법 제2조 제1항 제11호, 제12호, 제20호, 제21호).

나. 특별징수의무

소득세를 원천징수하는 경우 그 원천징수하는 금액의 10%를 원천징수와 동시에 개인지방소득세로 특별징수하여야 한다(지법 제103조의13 제1항). 이때 원천징수 대상 소득은 다음과 같다(소법 제127조 제1항).

소득구분	비고
이자소득	
배당소득	
사업소득	의료보건 용역, 저술가・작곡가나 그 밖의 자가 직업상 제공하는 인적용역으로서 대통령령으로 정하는 것만 해당[52]하고 그 중에서도 지급자가 사업자 등인 경우만 해당(소령 제184조 제3항)
근로소득	외국기관 또는 우리나라 주둔 국제연합군으로부터 받는 근로소득 및 국외에 있는 비거주자 또는 외국법인으로부터 받는 근로소득 제외[53](지급자에게 원천징수의무를 지우기 어려운 경우이므로 제외하는 것임)
연금소득	
기타소득	계약금이 위약금・배상금으로 대체되는 경우의 그 위약금・배상금, 뇌물・알선수재 및 배임수재에 의하여 받는 금품 소득 제외
퇴직소득	원천징수 대상이 아닌 근로소득이 있는 사람(우리나라 주둔 국제연합군으로부터 받는 근로소득이 있는 사람 등)이 퇴직함으로써 받는 소득 제외
봉사료	사업자가 음식・숙박용역, 안마시술소・이용원・스포츠마사지업소 용역 등을 제공하고 그 공급가액과 함께 용역을 제공하는 자의 봉사료를 계산서・세금계산서・영수증 또는 신용카드 매출전표 등에 그 공급가액과 구분하여 적는 경우(봉사료를 자기의 수입

소득구분	비고
	금액으로 계상하지 아니한 경우만 해당한다)로서 그 구분하여 적은 봉사료금액이 공급가액의 100분의 20을 초과하는 경우의 봉사료(고객이 직접 봉사료를 직원에게 지급한 경우는 해당 ×)

다. 납부 및 명세서 제출 의무

특별징수의무자가 개인지방소득세를 특별징수하여 납부할 때 납부서(지칙 별지 제42호 서식)에 계산서와 명세서(지칙 별지 제42호의2 서식)를 첨부하여야 하나 근로소득, 이자소득, 공적연금소득 및 연금계좌에서 연금형태로 인출하는 연금소득, 국민건강보험공단이 지급하는 사업소득에 대해서는 그 명세서를 첨부하지 아니할 수 있다. 다만, 과세권자가 비거주자 납부 내역 증명서 발급 등 민원처리를 위해 개인별 납세실적 파악이 필요하여 해당 명세서 제출을 요구하는 경우에는 이를 제출하여야 한다(지령 제100조의5 제1~2항).

한편, 원천징수세액은 원천징수이행상황신고서 제출의무가 있으나 특별징수세액은 그 신고서 제출 의무가 없고 납부서 등을 제출하여 납부만 하면 되는바 납부세액이 없는 경우는 제출하는 과세자료가 없게 된다.

라. 특별징수시기

소득세를 원천징수하는 때 그와 동시에 지방소득세를 특별징수하여야 하는바 특별징수시기는 원천징수 시기와 같다(지법 제103조의13 제1항). 따라서 이하에서는 소득세법상 원천징수 시기를 살펴본다.

1) 일반적인 경우

일반적인 경우 원천징수시기는 그 소득을 지급하는 때이다(소법 제134조 제1항 등).

---

52) 다만 다음 소득은 원천징수 대상에서 제외
   1. 다음 각 목의 조제용역의 공급으로 발생하는 사업소득 중 기획재정부령으로 정하는 바에 따라 계산한 의약품가격이 차지하는 비율에 상당하는 소득
      가. 「부가가치세법 시행령」 제35조 제1호에 따른 용역 중 「약사법」 제23조 제4항에 따라 의사 또는 치과의사가 직접 제공하는 조제용역
      나. 「부가가치세법 시행령」 제35조 제4호에 따른 조제용역
   2. 접대부 · 댄서 또는 이와 유사한 용역의 공급으로 발생하는 소득

53) 다만 다음 소득은 원천징수 대상에 포함
   1) 비거주자의 국내사업장과 외국법인의 국내사업장의 국내원천소득금액을 계산할 때 필요경비 또는 손금으로 계상되는 소득
   2) 국외에 있는 외국법인(국내지점 또는 국내영업소는 제외한다)으로부터 받는 근로소득 중 소득세가 원천징수되는 파견근로자의 소득

2) 원천징수 시기에 대한 특례

일반적인 원천징수시기는 그 소득을 지급하는 때이나 특정 경우에는 소득을 실제로 지급하지 아니하여도 특정 시기에 지급한 것으로 보아 그 특정 시기를 원천징수시기로 보는 경우가 있는데 이는 다음과 같다(소법 제131조 등).

구분	원천징수 시기	관련 규정
법인이 이익 또는 잉여금의 처분에 따른 배당 또는 분배금을 그 처분을 결정한 날부터 3개월이 되는 날까지 지급하지 아니한 경우	그 3개월이 되는 날(다만, 11월 1일부터 12월 31일까지의 사이에 결정된 처분에 따라 다음 연도 2월 말일까지 배당소득을 지급하지 아니한 경우에는 그 처분을 결정한 날이 속하는 과세기간의 다음 연도 2월 말일)	소법 제131조 제1항
근로소득을 지급하여야 할 원천징수의무자가 1월부터 11월까지의 근로소득을 해당 과세기간의 12월 31일까지 지급하지 아니한 경우	그 12월 31일	소법 제135조 제1항
근로소득을 지급하여야 할 원천징수의무자가 12월분의 근로소득을 다음 사업연도 2월 말까지 지급하지 아니한 경우	그 다음 연도 2월 말일	소법 제135조 제2항
연말정산 사업소득을 지급하여야 할 원천징수의무자가 1월부터 11월까지의 사업소득을 해당 과세기간의 12월 31일까지 지급하지 아니한 경우	그 12월 31일	소법 제144조의5 제1항
연말정산 사업소득을 지급하여야 할 원천징수의무자가 12월분의 사업소득을 다음 사업연도 2월 말까지 지급하지 아니한 경우	그 다음 연도 2월 말일	소법 제144조의5 제2항
법인세 세무조정에 따라 처분되는 배당소득, 근로소득, 기타소득	법인세 과세표준을 신고하는 경우: 그 신고일 또는 수정 신고일 법인세 과세표준을 결정·경정하는 경우: 소득금액변동통지서 받은 날	소법 제131조 제2항, 제135조 제4항, 제145조의2
퇴직소득을 지급하여야 할 원천징수의무자가 1월부터 11월까지의 사이에 퇴직한 사람의 퇴직소득을 해당 과세기간의 12월 31일까지 지급하지 아니한 경우	그 12월 31일	소법 제147조 제1항

구분	원천징수 시기	관련 규정
퇴직소득을 지급하여야 할 원천징수의무자가 12월분의 퇴직소득을 다음 사업연도 2월 말까지 지급하지 아니한 경우	그 다음 연도 2월 말일	소법 제147조 제2항

마. 납부기한

1) 원칙

특별징수의무자가 개인지방소득세를 특별징수한 경우 징수한 특별징수세액을 그 징수일이 속하는 달의 다음 달 10일까지 납세지를 관할하는 지방자치단체에 납부하여야 한다(지법 제103조의13 제2항).

2) 반기별 납부

소득세법에서는 상시고용인원수가 일정 이하인 경우 등에 해당하여[54] 반기별 납부 대상자로 승인되거나 지정받은 원천징수의무자의 경우 원천징수세액을 그 징수일이 속하는 반기의 마지막 달의 다음 달 10일까지 납부할 수 있도록 규정하고 있는데 원천징수한 소득세를 반기별로 납부하는 경우에는 개인지방소득세 특별징수세액도 징수일이 속하는 반기의 마지막 달의 다음 달 10일까지 납부할 수 있다. 이때 납부는 반기의 마지막 달 말일 현재의 납세지 관할 지방자치단체에 한다(지법 제103조의13 제2항). 다만, 반기별 납부 시 지방소득세 특별징수세액 납세지는 종전에 따로 규정하지 아니하다가 2020. 12. 29. 지방세법이 법률 제17669호로 일부개정 되면서 반기의 마지막 달 말일 현재의 납세지로 규정한바 해당 개정의 적용은 2021. 1. 1. 이후 납부하는 경우부터 적용하므로 그 전에 납부한 분의 납세지는 납세의무 성립 당시 납세지를 적용한다.

바. 특별징수 납세지

1) 개요

특별징수세액은 개인지방소득세 특별징수세액과 법인지방소득세 특별징수세액으로 구분된다. 이때 개인지방소득세 특별징수세액은 납세의무자가 개인인 경우로 특별징수 대상

54) 다음 각 호의 어느 하나에 해당하는 경우(소령 제186조 제1항)
1. 직전연도(신규로 사업을 개시한 사업자의 경우 신청일이 속하는 반기를 말함)의 상시고용인원이 20명 이하인 원천징수의무자(금융 및 보험업을 경영하는 자는 제외한다)
2. 종교단체

소득은 이자소득, 배당소득, 사업소득, 근로소득, 연금소득, 기타소득이 있다. 특별징수의무자가 개인지방소득세 특별징수세액을 납부할 때 특별징수 납부서상 소득 구분은 이자소득, 배당소득 등이 된다. 이와 달리 법인지방소득세 특별징수세액은 납세의무자가 법인인 경우로 일반적으로는 이자소득과 배당소득 중 집합투자기구로부터의 이익 중 투자신탁의 이익만이 대상소득이 된다[55]. 참고로 특별징수의무자가 법인지방소득세 특별징수세액을 납부할 때 특별징수 납부서상 소득 구분은 이자소득, 배당소득이 아니라 내국법인소득[56]이 된다.

개인지방소득세 특별징수세액 납세지는 소득세법에 따른 원천징수세액 납세지이고 법인지방소득세 특별징수세액 납세지는 법인세법에 따른 원천징수세액 납세지로 규정하고 있는바 이 둘이 외견상 차이가 있어 보이나 원천징수세액을 신고납부하는 주체는 원천징수의무자이기 때문에 원천징수 납세지는 원천징수의무자를 기준으로 규정하고 있어 그 둘의 실질 내용은 거의 같으므로 이하에서 개인지방소득세와 법인지방소득세 구분 없이 특별징수의무자를 기준으로 납세지를 살펴보고자 한다.

2) 납세지

가) 특별징수의무자별 납세지

지방소득세 특별징수세액의 특별징수의무자는 개인과 법인 모두가 될 수 있는바 특별징수의무자가 개인인 경우의 특별징수세액 납세지는 그 개인인 특별징수의무자가 거주자인 경우는 주된 사업장 소재지[57]가 되며 비거주자인 경우는 주된 국내사업장 소재지[58]가 된다. 이와 달리 특별징수의무자가 법인인 경우의 납세지는 원천징수의무자의 본점, 주사무소 소재지이다[59](지법 제89조 제1항, 소법 제7조 제1항, 법법 제9조 제4항). 한편, 소득세 및 법인세의 원천징수사무를 본점 또는 주사무소에서 일괄처리하는 경우[60](근로소득, 퇴직소득, 연금소득, 국민보험공단이 지급하는 사업소득에 대한 지방소득세 제외, 이하 같음)는 그 소득

55) 단, 납세의무자가 외국법인인 경우에는 국내사업장과 관련되지 않거나 국내사업장에 귀속되지 않는 국내원천 배당소득, 이자소득, 선박등임대소득, 사업소득 등이 특별징수 대상 소득이다(법법 제93조, 제98조 제1항).

56) 납세의무자가 외국법인인 소득에 대해서 특별징수한 경우 외국법인소득, 다만 착오로 납세자가 이자소득, 배당소득으로 기재하는 경우 다수 존재

57) 주된 사업장 외의 사업장에서 원천징수를 하는 경우에는 그 사업장 소재지, 사업장이 없는 경우는 그 거주자의 주소지 또는 거소지

58) 주된 국내사업장 외의 사업장에서 원천징수 하는 경우는 그 국내사업장의 소재지, 국내사업장이 없는 경우는 그 비거주자의 거류지 또는 체류지

59) 법인지방소득세 특별징수세액의 경우 본점이나 주사무소가 소재하지 않는 경우에는 사업의 실질적 관리장소, 법인으로 보는 단체의 경우 사업장 소재지 등 확정신고 납세지와 동일

60) "원천징수사무를 본점 등에서 일괄처리하는 경우"라 함은 법인세법 시행령 제7조 제1항에 따라 각 지점 등이 독립채산제에 의한 독자적 회계처리를 하고 그 지점 등이 지급하는 소득에 대한 원천징수세액을 본점·주사무소에서 일괄계산하여 본점·주사무소의 소재지 관할 세무서장에게 신고·납부하는 경우라 할 수 있다(행정자치부 지방세정책과-98, 2014. 12. 1.).

의 지급지가 납세지가 된다(지법 제89조 제3항 제4호). 특별징수의무자가 금융기관의 경우 일반적으로 원천징수사무를 단일프로그램에 의하여 본점에서 일괄처리하므로 대부분의 경우 법인지방소득세 특별징수세액의 납세지는 그 소득의 지급지가 된다. 반면, 금융업을 업으로 하지 않는 특별징수의무자가 이자를 지급하는 경우(비영업대금의 이익의 경우) 일반적으로 일괄적으로 원천징수사무를 처리할 것이 없으므로 대부분의 경우 특별징수납세지는 주된 사업장 소재지, 본점, 주사무소가 된다.

나) 특별징수 납세지 특례

지방세법에서는 위 가)에도 불구하고 적용하는 특별징수 납세지 특례를 다음과 같이 규정하고 있다(지법 제89조 제3항).

- 근로소득 및 퇴직소득에 대한 지방소득세 특별징수 납세지: 납세의무자의 근무지(퇴직 후 연금계좌에서 연금외수령의 방식으로 인출하는 퇴직소득의 경우의 납세지는 그 소득을 지급받는 사람의 주소지)
- 공적연금소득 및 연금계좌에서 연금형태로 인출하는 연금소득에 대한 지방소득세 특별징수 납세지: 그 소득을 지급받는 사람의 주소지
- 국민보험공단이 지급하는 사업소득에 대한 지방소득세 특별징수 납세지: 그 소득을 지급받는 사람의 사업장 소재지
- 「복권 및 복권기금법」에 따른 당첨금 중 일정 등위별 당첨금을 본점 또는 주사무소에서 한꺼번에 지급하는 경우 그 당첨금에 대한 지방소득세 특별징수 납세지: 해당 복권의 판매지
- 「국민체육진흥법」 제27조에 따른 체육진흥투표권의 환급금 중 일정 등위별 환급금을 본점 또는 주사무소에서 한꺼번에 지급하는 경우 그 환급금에 대한 지방소득세 특별징수 납세지: 해당 체육진흥투표권의 판매지

이상의 지방소득세 특별징수세액 납세지를 정리하면 다음과 같다.

특별징수의무자 / 구분		납세지	비고
개인	거주자	• 거주자의 주된 사업장 소재지. 다만, 주된 사업장 외의 사업장에서 원천징수를 하는 경우에는 그 사업장의 소재지 • 사업장이 없는 경우: 그 거주자의 주소지 또는 거소지	
	비거주자	• 그 비거주자의 주된 국내사업장 소재지. 다만, 주된 국내사업장 외의 국내사업장에서 원천징수를	

<table>
<tr><th colspan="2">특별징수의무자 / 구분</th><th>납세지</th><th>비고</th></tr>
<tr><td></td><td></td><td>하는 경우에는 그 국내사업장의 소재지
• 국내사업장이 없는 경우: 그 비거주자의 거류지 또는 체류지</td><td></td></tr>
<tr><td colspan="2">법인</td><td>• 해당 법인의 본점·주사무소의 소재지. 다만, 법인지방소득세 특별징수세액의 경우 국내에 본점이나 주사무소가 소재하지 않는 경우에는 사업의 실질적 관리장소의 소재지(법인으로 보는 단체의 경우 사업장 소재지 등 법인세 확정신고 납세지와 동일)</td><td></td></tr>
<tr><td rowspan="2">개인</td><td>근로소득 및 퇴직소득</td><td>납세의무자의 근무지. 다만, 퇴직 후 연금계좌에서 연금외수령 방식으로 인출하는 퇴직소득의 경우는 그 소득을 지급받는 사람의 주소지</td><td rowspan="7">납세지 특례</td></tr>
<tr><td>공적연금소득 및 연금계좌에서 연금형태로 인출하는 연금소득</td><td>그 소득을 지급받는 사람의 주소지</td></tr>
<tr><td rowspan="5">개인, 법인</td><td>국민건강보험공단이 지급하는 사업소득</td><td>그 소득을 지급받는 사람의 사업장 소재지</td></tr>
<tr><td>「복권 및 복권기금법」에 따른 당첨금 중 일정 등위별 당첨금을 본점 또는 주사무소에서 한꺼번에 지급하는 경우 그 당첨금</td><td>해당 복권의 판매지</td></tr>
<tr><td>체육진흥투표권의 환급금 중 일정 등위별 환급금을 본점 또는 주사무소에서 한꺼번에 지급하는 경우 그 환급금</td><td>해당 체육진흥투표권의 판매지</td></tr>
<tr><td>소득세 및 법인세의 원천징수사무를 본점 또는 주사무소에서 일괄처리하는 경우</td><td>그 소득의 지급지</td></tr>
</table>

법인인 특별징수의무자의 특별징수 시 납세지(행정안전부 지방세운영-52, 2011. 1. 6.)

법인세의 납세지는 국내사업장이 없는 외국법인인 A사에 소득금액을 지급하는 원천징수의무자인 국내법인 B사가 법인세법 제98조에 따라 법인세를 원천징수한 때의 원천징수의무자인 국내법인 B사의 본점·주사무소의 소재지이므로 지방세법 제176조의11 제1항 제2호에 의거 지방소득세 법인세분의 납세지 또한, 법인세의 납세지인 원천징수의무자의 본점·주사무소의 소재지라 할 것입니다.

3) 근로소득에 대한 특별징수세액 납세지

가) 사업자 단위 과세 사업자로 등록한 경우 혹은 본점에서 일괄계산하는 경우

소득세법에서는 원천징수의무자인 법인이 사업자 단위 과세 사업자로 등록한 경우 혹은 본점에서 전자적 방법등을 통해 원천징수세액을 일괄계산하는 경우 그 법인의 본점 또는 주사무소 소재지를 납세지로 할 수 있다고 규정하고 있다(소법 제7조 제1항 제4호, 소령 제5조 제3항). 그러나 근로소득의 경우 지방세법에서 따로 납세지(근무지)를 규정하고 있어 특별법 우선의 원칙에 따라 지방세법에 따른 납세지가 우선하여 적용되므로 이에 유의하도록 한다. 가령, 법인이 사업자 단위 과세 사업자로 등록하고 근로소득에 대한 원천징수세액 납세지를 본점 소재지로 하고 있다 하더라도 그 근로소득에 대한 특별징수세액 납세지는 지방세법에서 따로 규정하고 있으므로 이에 따른 납세지인 근무지가 되는 것이다.

나) 근무지가 유동적인 자의 근로소득에 대한 특별징수세액 납세지

근무지가 유동적인 근로자(운전원, 안내원, 보조원)의 근로소득에 대한 특별징수세액 납세지는 업무를 시작 또는 마감하는 장소이다(지방세정팀-2676, 2006. 6. 28., 2025년 행정안전부 지방소득세 실무해설집 81p).

시내버스 운전사 근로소득 관련 납세지(지방세정팀-2676, 2006. 6. 28.)

이 경우 인적설비(종업원)에 대한 납세지(근무지) 귀속은 종업원이 주로 업무를 처리하거나 근로를 제공하는 곳이라 할 것이므로

귀문의 경우, 비록 본사에서 급여를 일괄지급하고 있다고 하더라도 납세의무자가 실제 영업소에서 근무하고 있다면 당해 영업소를 근무지(납세지)로 보아 근로소득세할 주민세 및 종업원할 사업소세를 납부하는 것이 타당하다 할 것이고, 시내버스 운전업무에 종사하는 운전사와 같이 근무지가 유동적인 종업원에 대한 근무지 귀속은 운전업무의 시작 또는 마감을 하는 장소인 차고지를 근무지로 보아 납세지를 판단하는 것이 타당하다 할 것입니다.

다만, 담당노선이 불확정적인 운전자에 대한 근무지 판단에 있어 소득세할 주민세 및 종업원

할 사업소세 신고납부 주기가 1개월이라는 점을 고려할 때, 당해 월에 주로 승무배치된 곳으로 확인되는 버스의 차고지를 당해 운전자의 근무지로 보아 소득세할 주민세 및 종업원할 사업소세를 납부하는 것이 타당하다고 사료되며, 운전자의 주된 승무배정지에 대한 판단은 처분청에서 사실조사 후 판단하여야 할 사항이라 할 것입니다.

근무지가 유동적인 근로자의 근로소득 관련 납세지(2025년 행정안전부 지방소득세 실무해설집 81p)

근무지가 유동적인 승객, 화물 등의 운송사업에 종사하는 근로자(운전원, 안내원, 보조원)의 근무지는 동 업무를 시작 또는 마감하는 장소(차고지, 기숙사, 현장사무실 등)가 위치한 곳을 근무지로 보고 근로소득에 대한 지방소득세 납세지를 결정하여야 함

다) 파견근무 중인 종업원의 근로소득에 대한 특별징수세액 납세지

근무지라 함은 본래의 소속된 근무지를 말하나 파견근무의 경우 급여 등을 본래의 소속된 근무지에서 지급하더라도 파견지가 특별징수세액 납세지가 된다(지방세관계법 운영예규 89-1, 지방세정팀-991, 2006. 3. 14.).

파견근무 중인 교수의 근로소득 관련 납세지(지방세정팀-991, 2006. 3. 14.)

가. 지방세법 제175조 제4항 제1호에서 특별징수하는 소득세할 중 근로소득에 대한 소득세할은 납세의무자의 근무지를 관할하는 시·군·구라고 규정하고 있고, 세칙 175-2에서는 법 제175조 제4항에서 규정하고 있는 『근무지』라 함은 본래의 소속된 근무지를 말하나 파견근무의 경우에는 급여 등을 본래의 소속된 근무지에서 지급하더라도 그 파견지를 근무지로 본다고 규정하고 있으므로

나. 귀문의 경우, 납세의무자(대학교수)가 파견근무 되어 본래의 소속된 근무지(대학)가 아닌 파견지(협력병원)에서만 근무하는 경우라면 사실상의 근무지인 파견지를 납세지로 보아 근로소득세할 주민세를 납부하는 것이 타당하다고 사료되나, 사실상의 근무지에 대한 판단은 처분청에서 파견근무명령, 근무일수 등을 종합적으로 고려하여 판단할 사항이라 할 것입니다.

라) 선박의 선원의 근로소득에 대한 특별징수세액 납세지

선박의 선원의 근무지는 선적항이 된다. 다만, 국내에 선적항을 등록할 수 없는 국적취득 조건부 나용선[61]의 선원의 경우 그 선원을 관리하고 급여를 지급하는 사무소 소재지 관할

61) 국적취득조건부 용선계약이라 함은 용선계약의 형식을 취하고는 있으나 실질적으로는 선박의 매매로서 그 매선대금을 일정기간 동안 분할하여 지급하되 그 기간 동안 매수인이 선박을 사용할 수 있는 것으로

지방자치단체가 그 근무지가 된다(행자부 세정 13407-775, 2002. 8. 17.).

선박의 선원 납세지(세정 13407-775, 2002. 8. 17., 2025년 행정안전부 지방소득세 실무해설집 83p)

선박의 선적항을 근무지로 보아야 할 것인바, 국적취득조건부 나용선의 경우에는 나용선계약의 종료에 의한 국적취득 전까지 국내에 선적항을 등록할 수 없는 것이므로 당해 외국국적 선박에 근무하는 내국적 선원의 관리 및 급여를 지급하는 사무소 소재지 관할 시군이 납세지가 되는 것임.

마) 단일사업장 법인의 사업장이 둘 이상의 지방자치단체에 걸쳐 있는 경우 근로소득에 대한 특별징수세액 납세지

이 경우 행정자치부의 유권해석에 따라 법인의 본점 소재지가 납세지가 된다(지방세운영과-2460, 2013. 10. 1.). 해당 유권해석 내용을 보면 소득세법 제7조에서 원천징수하는 자가 법인인 경우 납세지는 본점 소재지로 규정하고 있으므로 본점 소재지가 납세지가 된다라는 취지로 관련 질의에 회신한 것으로 보이나 지방세법에서 근로소득에 대한 특별징수세액 납세지를 근무지로 따로 규정해두었다는 점을 고려하면 해당 유권해석에 대해 일부 수긍이 가지 아니하는 부분이 있다. 그러나 유권해석은 지방세 운영지침으로 지방자치단체가 이에 따르지 아니할 수 없으므로 결론적으로 해당 유권해석에 따라 운영하여야 할 것이다.

단일사업장이 둘 이상의 지방자치단체에 걸쳐 있는 경우 납세지(지방세운영과-2460, 2013. 10. 1.)

〈질의〉

국내사업자의 하나뿐인 사업장이 A시(市)와 B시(市)에 걸쳐 있고 근로자의 작업구역이 A시(市) 구역과 B시(市) 구역으로 구분되는 경우, 특별징수분(근로소득 및 퇴직소득) 지방소득세의 납세지는 "법인의 본점 또는 주사무소 소재지 관할 자치단체(A시)인지", 아니면 "근로자의 작업구역별(건축물 연면적)로 안분한 A시와 B시인지" 여부

〈회신〉

○ 지방세기본법 제34조 제2항 제1호에서 특별징수하는 지방소득세의 납세의무는 과세표준이 되는 소득세·법인세를 원천징수하는 때에 성립한다고 규정하고 있고, 지방세법 제87조 제1항에서 소득세분 지방소득세의 납세지는 소득세의 납세지로 규정하고, 동조 제3항에서는 제1항에도 불구하고 특별징수하는 소득분 중 다음 각 호의 소득세분은 해당 각 호에서 정하는 납세지를 관할하는 지방자치단체에서 부과한다고 규정하고 있습니다.
  - 소득세법 제7조에서는 원천징수하는 자가 법인인 경우의 납세지는 그 법인의 본점 또는 주사무소의 소재지로 규정하고 있습니다.

○ 따라서, 하나의 사업장이 둘 이상의 자치단체에 걸쳐 있는 경우, 특별징수하는 근로소득

서 선박수입의 특수한 형태(대법원 1983. 10. 11. 선고 82누328 판결)

및 퇴직소득분 지방소득세 납세지는 원천징수의무자의 본점 또는 주사무소 소재지 관할 자치단체(그 법인의 등기부상 소재지 관할 자치단체)라 할 것입니다.

4) 법인세의 원천징수사무를 본점 또는 주사무소에서 일괄처리하는 경우 특별징수세액 납세지

소득세 및 법인세의 원천징수사무를 본점 또는 주사무소에서 일괄처리하는 경우의 특별징수세액의 납세지는 그 소득의 지급지이다(지법 제89조 제3항 제4호). 이때 원천징수사무를 본점 또는 주사무소에서 일괄처리하는 경우란 소득세법 및 법인세법에 따라 원천징수의무자인 법인의 지점·영업소 등이 독립채산제에 의해 독자적으로 회계처리하는 경우로서 그 지점·영업소 등에서 지급하는 소득에 대한 원천징수세액을 본점에서 전자계산조직 등에서 일괄계산하여 본점 소재지 관할 세무서장에게 신고·납부하는 경우이다(법령 제7조 제6항 제2호 나목, 소법 제7조 제1항 제4호, 행정자치부 지방세정책과-98, 2014. 12. 1.). 해당 경우에 납세지를 그 소득의 지급지로 하도록 규정한 것은 원천징수사무의 일괄처리에도 불구하고 사실상의 소득의 지급지가 따로 있는 경우에는 그 사실상의 지급지를 납세지로 보겠다는 취지이다(행자부 지방세운영과-614, 2010. 2. 9.). 이 경우에 해당하는지 여부는 독립채산제에 따른 독자적 회계사무 처리 여부, 사실상의 지급 업무가 수행되는 장소가 어디인지 등을 종합적으로 고려하여 판단하여야 할 것이다.

이자·배당소득 특별징수세액 관련 법인세의 원천징수사무를 본점 또는 주사무소에서 일괄처리하는 경우로 보지 않은 유권해석(지방세정책과-98, 2025 행정안전부 지방소득세 실무해설집 82p)

【질 의】

법인으로서 지점, 영업소, 기타 사업장 등이 독립채산제에 의하여 독자적으로 회계 사무처리를 하지 않는 경우 특별징수 세액의 납세지

【회 신】

가. 지방세법 제89조 제3항 제2호에서 말하는 "원천징수사무를 본점 등에서 일괄처리 하는 경우"라 함은, 법인세법 시행령 제7조 제1항에 따라 각 지점 등이 독립채산제에 의한 독자적 회계처리를 하고 그 지점 등이 지급하는 소득에 대한 원천징수세액을 본점·주사무소에서 일괄계산하여 본점·주사무소의 소재지 관할 세무서장에게 신고·납부하는 경우라고 할 수 있는 바,

나. 한국예탁결제원의 경우 ① 부사무소(대전·광주, 법인등기부상 지점)나 서울사무소(미등기)에서는 독립채산제에 의한 독자적 회계사무 처리를 하지 아니하는 점, ② 주사무소에

서만 예탁된 채권의 원리금을 청구 및 수령한 후 예탁자에게 그 원리금을 지급하는 점 등을 종합적으로 고려하여 보면,

다. 한국예탁결제원은 법인세법 시행령 제7조 제1항 제3호에 따른 본점 등에서 원천징수세액을 일괄계산하여 신고·납부하는 경우에 해당되지 아니하므로 지방세법 제89조 제3항 제2호에 따른 이자·배당소득에 대한 원천징수 사무를 주사무소에서 일괄처리하는 경우에 해당된다고 볼 수 없음.

라. 따라서 한국예탁결제원이 특별징수하는 이자·배당소득에 대한 법인지방소득세 납세지는 지방세법 제89조 제1항 제2호, 법인세법 제9조 제4항 및 같은 법 시행령 제7조 제1항 제2호에 따라 법인의 본점 또는 주사무소 소재지로 보는 것이 타당함.

이자·배당소득 특별징수세액 관련 법인세의 원천징수사무를 본점 또는 주사무소에서 일괄처리하는 경우로 본 유권해석(지방세운영과-614, 2010. 2. 9.)

가. 특별징수하는 지방소득세의 납세지는 소득세법 또는 법인세법상 원천징수하는 경우의 납세지와 동일하며, 법인으로서 지점 또는 영업소에서 독립채산제에 의하여 독자적으로 회계사무처리를 하는 경우 그 사업장 소재지가 됨.

나. 귀사가 그간 각 사업장에서 이루어지던 원천세 신고·납부업무가 사업자단위과세제도 도입으로 기존과 달리 본사의 회계시스템에 따라 일괄로 원천징수한 이자소득세를 본사에서 신고·납부하고 있다면 "원천징수사무를 본점에서 일괄처리하는 경우"에 해당하므로 소득의 지급지를 관할하는 시군이 지방소득세(소득분)의 귀속지로 볼 수 있음.

다. 지방세법 제176조의11(납세지 등) 제2항 제2호에서 이자소득, 배당소득 등에 대한 소득세의 원천징수사무를 본점 또는 주사무소에서 일괄처리하는 경우 그 소득에 대한 소득세분의 납세지를 그 소득의 지급지라고 규정한 것은 원천징수사무의 일괄처리에도 불구하고 사실상의 소득의 지급지가 따로 있는 경우에는 그 사실상의 지급지를 납세지로 보겠다는 취지이며, 사실상의 소득의 지급지에 대한 판단은 개인의 이자소득의 발생 및 지급과정 등 제반 업무를 고려할 때, 예치대상자 선정, 예치한 금액의 관리, 이자소득 지급 대상자 선정, 이자소득 지급을 위한 전반적인 업무를 주도적으로 처리하는 곳을 사실상 소득의 지급지로 판단됨.

5) 복권 및 복권기금법에 따른 당첨금 중 일정 등위별 당첨금을 본점 또는 주사무소에서 한꺼번에 지급하는 경우 그 당첨금

복권 당첨금 중 일정 등위별 당첨금을 본점 또는 주사무소에서 한꺼번에 지급하는 경우 그 당첨금의 납세지는 판매지이다(지법 제89조 제3항 제4호 가목). 이때 판매지는 사실상 판매업무를 직접 수행하는 장소를 의미한다. 그런데 전자복권 사업을 복권사업자가 위탁받아 재위탁을 하고 재위탁받은 사업자 또한 인터넷 업체와 판매제휴를 하고 판매를 대행시키고

있다면 이때의 판매지는 판매업무와 관련된 판매인터넷 사이트를 관리하는 사업자의 IP주소지로 보아 그 IP주소지 관할 시・군・구를 납세지로 본다(지방세정팀-2043, 2006. 5. 22.).

전자복권 사업 납세지(지방세정팀-2043, 2006. 5. 22.)

가. 지방세법 제175조 제4항 제2호 단서에서 「복권 및 복권기금법」 제2조 규정에 의한 복권의 당첨금 중 일정등위별 당첨금을 본점 또는 주사무소에서 일괄 지급하는 경우의 당첨금 소득에 대한 소득세할은 해당 당첨복권의 판매지를 납세지로 보도록 규정하고 있고, 여기에서 판매지는 사실상 판매업무를 직접 수행하는 장소를 말한다고 할 것입니다.

나. 귀문의 경우, 전자복권 사업을 복권위원회로부터 복권사업자가 위탁받아 직접 또는 재위탁을 통하여 수행하고 있고 재수탁 사업자 또한 일부 인터넷 업체와 판매제휴를 하고 판매를 대행시키고 있다면, 사실상 전자당첨복권 판매지는 당해 전자복권의 판매업무와 관련된 판매인터넷 사이트를 관리하는 사업자의 IP주소지로 보는 것이 합리적이라 할 것이므로, 동 IP주소지 관할 시・군・구를 전자 당첨복권 당첨금 소득에 대한 소득세할의 납세지로 보는 것이 타당하다고 사료됩니다.

6) 연말정산분 납세지

가) 근로소득 연말정산분 납세지

(1) 일반적인 근로소득 연말정산분 납세지

연말정산분 환급지 관련하여 납세지 규정을 살펴보면 지방세법에서 근로소득에 대한 특별징수 납세지는 납세의무자의 근무지라고 규정하고 있으나 그 기준이 납세의무성립 당시인지 과세기간 종료일 당시인지 명시하고 있지 아니하고 있는데 행정안전부는 2020년 시행 지방세법령 개정내용 및 적용요령에서 구체적 환급지를 설명하면서 연말정산에 따른 환급 발생시 과세기간 종료일(12.31.) 현재 근무지에서 환급한다고 한 바가 있다(2020년 시행 지방세법령 개정내용 및 적용요령 137p). 또한 지방세법 시행령 제87조 제2항에서 근무지를 변경하거나 둘 이상의 사용자로부터 근로소득을 받는 근로소득에 대한 연말정산에 따른 납세지(환급지 포함)는 각각 연말정산 대상 과세기간 종료일 현재 근무지와 주된 근무지로 규정하고 있다. 이러한 점을 종합하면 일반적인 근로소득 연말정산분 납세지는 과세기간 종료일 현재 주된근무지라 할 수 있을 것이다. 한편, 사무실 이전 시 근로소득에 대한 특별징수 지방소득세 납세지 관련하여 그 납세지는 원천징수하는 시점(=납세의무성립일=연말정산 시기)을 기준일로 하여 근무지를 관할하는 지방자치단체라고 해석한 유권해석이 존재하고 이에 따라 특별징수세액 납세의무성립[62] 당시 근무지가 연말정산 납세지라고 보는 견해도

62) 연말정산 시기{원칙: 과세기간의 다음 연도 2월분의 근로소득을 지급할 때(소법 제137조 제1항)}

존재하나 연말정산 납세지의 경우 근무지가 변경되거나 둘 이상의 사용자로부터 근로소득을 받는 경우에는 지방세법 시행령 제87조 제2항이 적용돼 과세기간 종료일 현재 근무지가 납세지라는 것이 명확하고 근무지가 변경되지 아니하거나 둘 이상의 사용자로부터 근로소득을 받지 아니하는 경우에는 특별징수세액 납세의무성립 당시 납세지로 볼 수 있는 여지가 있으나 이 경우 결국 근무지 변경 등이 없으므로 그 납세의무성립 당시 납세지가 과세기간 종료일 현재 납세지가 되는바, 즉 납세의무성립 당시 납세지와 과세기간 종료일 현재 납세지가 동일한바 결론적으로 일반적인 근로소득 연말정산분 납세지는 과세기간 종료일 당시 주된 근무지라고 해도 무리가 없다 할 것이다(세정 13407-201, 1995. 3. 23.).

(2) 중도퇴사자 근로소득 연말정산분 등 납세지

근로소득의 연말정산은 매년 2월에 하는 일반적인 근로소득에 대한 연말정산 외에도 중도퇴사자 연말정산, 근로소득 추가지급 시 연말정산 등 다양한 경우가 존재한다. 해당 경우들에 있어 위 (1)과 같은 논리에 따라 납세지를 과세기간 종료일 현재 주된근무지로 볼 수도 있다. 그런데 중도퇴사 연말정산 등의 경우 과세기간 중에 환급금 혹은 추징금이 발생할 수 있는데 이 경우 환급 혹은 추징 결정 당시에는 과세기간이 종료되지 않았으므로 과세기간 종료일 당시 납세지가 도출되지 아니하는바 납세의무성립 당시(중도퇴사의 경우 퇴직하는 달의 근로소득을 지급할 당시) 근무지를 납세지로 보아야 한다는 의견도 존재한다. 필자의 견해는 다음과 같다.

지방세법 시행령 제87조 제2항은 근무지를 변경하거나 둘 이상의 사용자로부터 근로소득을 받는 근로자에 대한 연말정산 관련 규정으로 중도퇴사자 연말정산분 등의 경우 연말정산에 따른 환급·결정 당시에는 확정신고 당시 납세지가 도출되지 아니하는 점을 고려하면 해당 규정은 중도퇴사자 연말정산분 등을 상정하고 입법한 것으로 보이지 않아 중도퇴사자 연말정산분에 적용하기는 어려워 보이고 연말정산에 따른 추징 시 납세자는 추징 당시에는 연말정산분 추징세액을 근무지에 납부하였으나 사업장을 이전함에 따라 과세기간 종료 당시 근무지가 달라져 기한 내에 납부하였음에도 특별징수불이행 가산세가 가산되는 문제가 발생할 수 있고 국세청 원천징수세액 환급 자료 통보 시 지급일 기준(납세의무성립일 기준) 지방자치단체에게 통보하므로 그 통보받은 지방자치단체에서 과세하는 것이 자연스럽다 할 것이어서 이 경우 종전 유권해석(세정 13407-201, 1995. 3. 23.)에 따라 연말정산 당시의 근무지를 납세지로 보는 것이 합리적이라고 판단된다. 그러나 이와 관련하여 명확한 규정이나 해석이 존재하지 아니하므로 행정안전부의 명확한 해석이 필요한 부분이라 할 것이다.

나) 근로소득 외 연말정산분 납세지

연말정산에는 근로소득 연말정산 외에도 공적연금소득, 간편장부대상자가 받는 사업소득의 연말정산이 있다. 연말정산 납세지가 과세기간 종료일 현재 근무지 등이라고 규정한 지방세법 시행령 제87조 제2항은 근로소득에 관한 것으로 한정하고 있으므로 이 경우 적용되지 아니한다 할 것이다. 또한, 2020년 시행 지방세법령 개정내용 및 적용요령에서 연말정산 납세지를 과세기간 종료일 당시 근무지 등으로 하고 있으나 해당되는 소득이 근로소득(납세지: 근무지)임을 상정하고 있는바 해당 적용요령은 이 경우에 적용되지 아니한다 할 것이다. 따라서 이 경우는 종전의 유권해석에 따라 납세의무성립 당시(납세의무성립시기 관련은 이하의 연말정산환급 연말정산의 시기 부분 참고) 납세지로 보는 것이 타당하다고 판단된다(세정 13407-201, 1995. 3. 23.). 그러나 이 또한 행정안전부의 명확한 해석이 필요한 부분이라 할 것이다.

구체적 환급지(2020년 시행 지방세법령 개정내용 및 적용요령 137p)

□ 구체적 적용례

- ○ 확정신고 전 예정신고분에 대한 환급 발생시, 환급사유가 발생한 예정신고 납세지 관할 지자체에서 환급
- ○ 확정신고에 따른 환급 발생시, 과세기간 종료일(12.31.) 현재 주소 지 등 확정신고 납세지 관할 지자체에서 환급

  ※ 연말정산에 따른 환급 발생시 과세기간 종료일(12.31.) 현재 근무지에서 환급

환급지에 납부한 세액이 환급신청액보다 적은 경우 환급 가능 여부(지방세운영과-1914, 2010. 5. 7.)

〈질의〉 연말정산 당시 납세자가 조정·환부를 원하지 아니하여 특별징수의무자가 지방자치단체에 환부 신청시, 현 사업장 소재지 관할 지방자치단체에 납입한 금액이 환부 신청한 금액보다 적은 경우 당해 사업장 변경 전의 지방자치단체를 포함하여 지방소득세를 환부해야 하는지 여부

〈회신〉 지방세법 시행령 제130조의 15 제2항에서 사업연도가 종료되기 전에 둘 이상의 사용자로부터 근로소득을 받은 근로소득자의 경우 소득분을 연말정산 하여 소득분을 환부 또는 추징하여야 하는 경우 소득분의 납세지는 연말정산일 현재 해당 근로자의 새로운 근무지를 관할하는 시·군으로 규정하고 있고 지방세법 시행령 제130조의 24의 과오납금의 환부와 충당 규정과 동법 시행규칙 제67조의 2에서의 특별징수액의 환부규정에서는 일반적인 사항을 말하는 것이며, 사업장 근무지 변경에 따른 연말정산시의 환부 또는 추징에 관하여는 지방세법 시행령 제130조의 15 제2항에서 별도 규정하고 있으므로 동 건의 경우 지방자치단체에 환부 신청한 금액이 납입한 금액보다 많다 하더라도 근로자의 새로운 근무지를 관할하는 시·군에서 환부해야 할 것임.

사무실 이전 시 근로소득에 대한 특별징수 지방소득세 납세지(세정 13407-201, 1995. 3. 23., 2025년 행정안전부 지방소득세 실무해설집 455p)

지방세법 제175조 제4항 규정에 의거 특별징수하는 근로소득에 대한 소득세할 주민세는 그 과세표준이 되는 소득세를 원천징수하는 시점을 기준일로 하여 납세의무자와 근무지를 관할하는 시·군이 납세지이며, 동법 제246조에 의한 사업소세 종업원할은 매월 말일 현재의 사업소 소재지를 관할하는 시·군이 납세지가 되는 것입니다.

2017년도 시행 지방세법령 적용요령 95p

〈개정내용〉

○ (종전) 용어에 대한 해석이 자치단체 간 상이하여 혼선 발생

○ (개정) "연말정산일"은 "과세기간 종료일"로 하고, 납세편의를 위해 납세의무자 주소지에서 환급하는 결정·경정 범위를 명확화

〈적용요령〉

○ 개정 사항은 종전 운영사항을 명확화 한 것으로 종전 운영사항 유지

사. 가감

1) 개요

원천징수세액은 원천징수이행상황 신고서 제출의무가 있으며 이를 통해 수정신고할 수 있으나 특별징수세액은 따로 신고서 제출의무가 없으므로 수정신고 절차가 존재하지 않는다(소령 제185조 제1항).

특별징수의무자는 특별징수세액 중 과오납된 세액이 있는 경우에는 그 특별징수의무자가 특별징수하여 납부할 지방소득세에서 조정하여 환급한다. 조정·환급할 지방소득세가 그 달에 특별징수하여 납부할 지방소득세를 초과하는 경우에는 다음 달 이후에 특별징수하여 납부할 지방소득세에서 조정하여 환급한다. 다만, 다음 달 이후에도 특별징수하여 납부할 지방소득세가 없거나 납세의무자가 특별징수의무자를 경유하여 지방자치단체장에게 직접 환급신청하거나 특별징수의무자가 지방자치단체장에게 환급신청하는 경우는 해당 지방소득세가 과오납된 지방자치단체에서 환급한다(지칙 제48조 제2~3항).

2) 가감 특례

특별징수의무자가 기 납부한 다음 특별징수세액에 오류가 있음을 발견하였을 때에는 그

과부족분을 오류를 발견한 날의 다음 달 10일까지 관할 지방자치단체에 납부하여야 할 특별징수세액에서 가감하여야 한다. 이 경우 남는 부분이 관할 지방자치단체에 납부하여야 할 다음 달의 특별징수세액을 초과하는 경우에는 그 다음 달의 특별징수세액에서 조정할 수 있고 가감으로 인하여 추가로 납부하는 특별징수세액에 대해서는 특별징수 납부지연가산세를 과세하지 아니하고 환급하는 세액에 대해서는 환급가산금을 지급하지 아니한다(지법 제103조의13 제3항, 지령 제100조의5 제3항).

- 공적연금소득 및 연금계좌에서 연금형태로 인출하는 연금소득에 대한 지방소득세
- 국민건강보험공단이 지급하는 사업소득에 대한 지방소득세
- 당첨금 중 일정 등위별 당첨금을 본점 또는 주사무소에서 한꺼번에 지급하는 경우 그 당첨금에 대한 지방소득세
- 체육진흥투표권의 환급금 중 일정 등위별 환급금을 본점 또는 주사무소에서 한꺼번에 지급하는 경우 그 환급금에 대한 지방소득세

아. 특별징수 의무불이행 가산세

1) 일반적인 경우

특별징수의무자가 징수하여야 할 세액을 법정납부기한까지 납부하지 아니하거나 과소납부한 경우 납부하지 아니한 세액 또는 과소납부분 세액의 50%(체납분 외 일반분의 금액은 10%)를 한도로 하여 아래 계산식에 따라 산출한 금액을 가산세로 부과한다(지기법 제56조 제1항). 참고로 특별징수 의무불이행 가산세는 일반분과 체납분[63]으로 나누어지는데 일반분과 체납분의 합이 그 가산세액이 된다.

가) 일반분 특별징수 의무불이행 가산세

일반분 특별징수 의무불이행 가산세는 수시분 부과한 경우와 자진신고한 경우 계산식이 달라지며 각각의 계산식은 다음과 같다.

(1) 수시분 부과한 경우

> 납부하지 아니한 세액 또는 과소납부분 세액 × 3% + 납부하지 아니한 세액 또는 과소납부분 세액 × 법정납부기한의 다음 날부터 납세고지일까지의 일수 × 대통령령으로 정하는 이자율(1일 10만분의 22)

63) 정식 용어는 아니나 편의상 고지서 발급 이전 가산되는 특별징수 의무불이행 가산세를 일반분 특별징수 의무불이행 가산세라 하고 고지서 발급 후 가산되는 특별징수 의무불이행 가산세를 체납분 특별징수 의무불이행 가산세라 하였다.

(2) 자진신고한 경우

> 납부하지 아니한 세액 또는 과소납부분 세액 × 3% + 납부하지 아니한 세액 또는 과소납부분 세액 × 법정납부기한의 다음 날부터 자진납부일까지의 일수 × 대통령령으로 정하는 이자율(1일 10만분의 22)

(3) 가감세액(조정액) 가산세 기준금액 포함 여부

연말정산 등으로 가감세액(조정액)이 있는 경우 해당 금액을 가감한 후의 납부할 세액을 기준으로 가산세를 계산한다(지칙 별지 제42호 서식 작성방법).

나) 체납분 특별징수 불이행 가산세

과세관청이 특별징수세액을 수시분 부과 및 고지하였는데 특별징수의무자가 납세고지서에 따른 납부기한까지 납부하지 아니한 경우 아래 (1)과 (2)의 합을 특별징수 불이행 가산세로 과세한다.

(1) 최초 체납에 따른 납부지연가산세(최초 체납 1달분 가산세, 종전 가산금)

> 납세고지서에 따른 납부기한까지 납부하지 아니한 세액 또는 과소납부분 세액(가산세는 제외한다) × 1만분의 66(=10만분의 22 × 30)

(2) 고지서 납기 1개월 경과 시마다 가산되는 납부지연가산세(종전 중가산금)

1개월이 지날 때마다 아래 산식에 따라 계산한 금액

> 납세고지서에 따른 납부기한까지 납부하지 아니한 세액 또는 과소납부분 세액(가산세는 제외한다) × 대통령령으로 정하는 이자율(월 1만분의 66)

고지서 납기 1개월 경과 시마다 가산되는 납부지연가산세는 납세고지서별 · 세목별 세액이 45만원 미만인 경우는 과세하지 아니하고 해당 납부지연가산세는 60개월을 초과하여 부과할 수 없다(지기법 제56조 제1~2항).

2) 적용배제

국가, 지방자치단체, 주한미국군이 특별징수의무자인 경우 특별징수 의무불이행 가산세를 부과하지 아니한다(지법 제103조의14).

3) 가산세액만을 부과하는 경우

특별징수 의무불이행 가산세가 가산되는 경우 중 다음 각 호의 어느 하나에 해당하는 경우 그 가산세액만을 부과한다(지법 제103조의14).

- 1. 납세의무자가 신고납부한 과세표준금액에 특별징수하지 아니한 특별징수대상 개인지방소득금액이 이미 산입된 경우
- 2. 특별징수하지 아니한 특별징수대상 개인지방소득금액에 대하여 납세의무자의 관할 지방자치단체의 장이 직권으로 경정 혹은 결정하여 납세의무자에게 직접 개인지방소득세를 부과 · 징수하는 경우

자. 원천징수세액은 과세되나 특별징수세액은 과세되지 않는 경우

지방세법에서 소득세법 또는 조특법에 따른 원천징수세액(조특법 및 다른 법률에 따라 조세특례가 적용되는 경우에는 이를 적용한 세액)의 10%를 특별징수하도록 규정하고 있어 대부분의 경우 원천징수세액의 10%가 특별징수세액이 되나 이하의 경우에 있어 조세특례제한법에서 개인지방소득세를 부과하지 아니한다고 명시하고 있어 해당 경우에 원천징수세액은 과세되나 특별징수세액은 과세되지 아니하므로 과세 시 주의를 요한다. 이하에서 이를 자세히 살펴본다.

1) 세금우대종합저축 이자소득 및 배당소득

은행 등[64]이 취급하는 적립식 저축, 계약기간 1년 이상 등의 조건을 만족하는 세금우대종합저축에 2014년 12월 31일까지 가입하는 경우 해당 저축에서 발생하는 이자소득 및 배당소득에 대해서 9% 세율을 적용하여 소득세를 원천징수하나 개인지방소득세는 부과하지 아니한다(조특법 제89조 제1항).

2) 조합등예탁금에 대한 저율과세 등

농업협동조합 등[65]에 대한 예탁금으로서 가입 당시 19세 이상인 거주자가 가입한 조합등예탁금(1명당 3천만원 이하의 예탁금)에서 2007년 1월 1일부터 2025년 12월 31일까지 발생하는 이자소득에 대해서는 비과세하고, 2026년 1월 1일 이후 가입하여 발생하는 이자소득에 대해서 5% 등의 세율을 적용하여 원천징수하나 개인지방소득세를 부과하지 아니한

64) 은행, 중소기업은행, 한국산업은행, 한국수출입은행, 한국은행, 상호저축은행 및 상호저축은행중앙회, 농업협동조합, 농협중앙회, 농협은행, 수산업협동조합, 수산업중앙회, 수협은행, 신용협동조합, 신용협동조합중앙회, 새마을금고, 새마을중앙회, 보험회사, 체신관서(우체국 등) 등

65) 농업협동조합, 수산업협동조합, 산림조합, 신용협동조합, 새마을금고

다(조특법 제89조의3 제1항).

차. 연말정산 환급

1) 개요

연말정산이란 소득에서 원천징수한 세액의 과부족을 연말에 정산하는 것을 말한다. 가령 근로소득 관련하여 기중에 납세의무자는 급여를 지급받는 때 소득세가 원천징수돼 근로소득에 대한 소득세를 부담하였으나 이는 정확한 세액이 아니어서 정산이 필요하므로 해당 연도의 1월 1일부터 12월 31일까지의 근로소득에 대해 과세표준과 세액을 새로 계산하고 그 새로 계산된 결정세액에서 이미 원천징수돼 납부한 세액을 차감한 금액을 추가로 납부 또는 환급하게 되는데 이것이 근로소득의 연말정산인 것이다. 이러한 소득세 연말정산에는 근로소득, 방문판매원 등 간편장부대상자가 받는 사업소득, 공적연금소득, 기타소득으로 분류되는 종교인소득[66]의 연말정산이 있다(소법 제137조, 제144조의2, 제143조의4, 제145조의3).

2) 연말정산의 시기

지방세법에서 따로 특별징수세액 연말정산 시기를 규정하고 있지 아니하나 특별징수에 대해서 지방세법에 특별한 규정이 있는 것을 제외하고는 소득세법의 원천징수 규정을 준용하도록 하고 있으므로 원천징수세액 연말정산 시기가 특별징수세액 연말정산 시기가 된다(지법 제103조의13 제4항). 따라서 이하에서는 원천징수세액 연말정산 시기를 살펴본다.

가) 근로소득의 연말정산

- 원칙: 해당 과세기간의 다음 연도 2월분의 근로소득을 지급할 때(소법 제137조 제1항, 제134조 제2항)
- 2월분의 근로소득을 2월 말일까지 지급하지 아니하거나 2월분의 근로소득이 없는 경우: 그 2월 말일(소법 제137조 제1항, 제134조 제2항)
- 연도 중 퇴직하는 경우: 퇴직자의 퇴직하는 달의 근로소득을 지급할 때(소법 제137조 제1항, 제134조 제2항)
- 연도 중 퇴직하는 경우 급여를 분할하여 지급하는 경우: 그 급여를 처음 지급하는 때(종합소득세 집행기준 137-0-2)
- 연말정산 후 해당 과세기간 근로소득을 추가로 지급하는 경우[67]: 추가로 지급하는 때

---

66) 종교인소득은 원칙적으로 기타소득이나 근로소득으로 원천징수하거나 확정신고 시 근로소득으로 봄(소법 제21조 제4항).

67) 연말정산 후 근로소득을 추가로 지급하는 경우 추가로 지급하는 때 연말정산을 다시하여야 함(법인

(종합소득세 집행기준 137-0-2)

• 법원의 판결・화해 등에 의하여 부당해고기간의 급여를 일시에 지급하는 경우 중 법원의 판결이 해당 과세기간 경과 후에 있는 경우: 그 판결이 있는 날의 다음 달 말일(종합소득세 집행기준 20-38-3)[68)]

• 소득처분에 따른 인정상여의 경우[69)](소법 제131조 제2항, 제135조 제4항)
  - 법인세 과세표준을 결정 또는 경정하는 경우: 소득금액변동통지서를 받은 날
  - 법인세 과세표준을 신고하는 경우: 그 신고일 또는 수정신고일

연말정산 후 급여를 추가로 지급하는 경우(법인 46013-3740, 1998. 12. 2.)

〈질의〉 퇴직공로금을 97. 12. 31. 지급하고 연말정산을 한 후 재차 1998. 11. 4 퇴직공로금을 추가 지급시 연말정산하는 방법은?

(회신) 원천징수의무자가 근로소득에 대한 연말정산을 한 후 당해 과세기간의 근로소득을 추가로 지급하는 때에는 추가로 지급하는 때에 근로소득세액의 연말정산을 다시 하여야 하는 것입니다.

나) 간편장부대상자가 받는 사업소득의 연말정산

• 원칙: 해당 과세기간의 다음 연도 2월분의 사업소득을 지급할 때

• 2월분의 사업소득을 2월 말일까지 지급하지 아니하거나 2월분의 사업소득이 없는 경우: 그 2월 말일

• 연도 중 계약을 해지하는 경우: 해당 사업자와의 거래계약을 해지하는 달의 사업소득을 지급할 때(소법 제144조의2 제1항)

다) 공적연금소득의 연말정산

• 해당 과세기간의 다음 연도 1월분 공적연금소득을 지급할 때(소법 제143조의2 제3항)

라) 기타소득으로 분류되는 종교인소득[70)]의 연말정산

• 원칙: 해당 과세기간의 다음 연도 2월분의 종교인소득을 지급할 때

• 2월분의 종교인소득을 2월 말일까지 지급하지 아니하거나 2월분의 종교인소득이 없는 경우: 그 2월 말일(소법 제145조의3).

46013-3740, 1998. 12. 2.)

68) 이 경우 연말정산 의무가 있으며 법원의 판결이 해당 과세기간 경과 전에 있는 경우이면 일반적인 연말정산 규정에 따라 연말정산하면 된다.

69) 인정상여에 대한 원천징수소득세는 연말정산을 다시 하여야 한다(소통 135-192…3).

70) 종교인소득은 원칙적으로 기타소득에 해당하나 근로소득으로 원천징수하거나 확정신고한 경우 근로소득으로 본다(소법 제21조 제4항).

3) 연말정산 납부 또는 환급세액의 계산

연말정산 세액의 계산 구조는 확정신고 세액 계산 구조와 비슷하다. 연말정산 시 특별징수세액 납부세액과 환급세액은 각각 원천징수세액 납부세액과 환급세액의 10%가 되므로 대략적인 계산 구조만 숙지하고 있으면 되는바 근로소득 연말정산 납부세액 계산 구조만 살펴보고자 한다. 근로소득 연말정산 납부세액 계산 구조는 다음과 같다(소법 제137조 제1항).

구조	비고
근로소득	
(−) 비과세급여	
총급여액(근로소득 수입금액)	
(−) 근로소득공제	
근로소득금액	
(−) 소득공제	
과세표준	
×기본세율	
산출세액	
(−) 공제감면세액	
결정세액	
(−) 이미 원천징수하여 납부한 근로소득세액	
납부(환급)세액	

4) 특별징수 및 환급

특별징수의무자가 소득세법에 따라 연말정산을 하는 경우 그 결정세액의 10%를 개인지방소득세로 하여 해당 과세기간에 이미 특별징수하여 납부한 지방소득세를 차감하고 그 차액을 특별징수하거나 소득자에게 환급한다(지법 제103조의15 제1항).

세액을 소득자에게 환급하는 경우에는 특별징수의무자가 특별징수하여 납부할 지방소득세에서 그 차액을 조정하여 환급한다(지령 제100조의7 제1항). 이때 환급할 개인지방소득세가 연말정산하는 달에 특별징수하여 납부할 개인지방소득세를 초과 경우 다음 달 이후 특별징수하여 납부할 개인지방소득세에서 조정하여 환급한다. 다만, 특별징수의무자가 연말정산 환급신청하는 경우에는 특별징수 관할 지방자치단체장이 그 초과액을 환급한다(지칙 제48조의2 제1항).

특별징수의무자가 환급신청하려는 경우 지방소득세(특별징수분, 신고·고지분) 환급청구서(지기칙 별지 제23호 서식)를 특별징수 관할 지방자치단체장에게 제출하여야 한다(지칙 제48조의2 제2항). 이때의 첨부서류는 다음과 같다(지기칙 별지 제23호 서식 환급청구서 2쪽 첨부서류).

- 1. 원천징수세액 환급신청서
- 2. 소득자별 환급신청명세서
- 3. 연말정산분 원천징수 이행상황신고서(부표 포함)
- 4. 지방소득세 특별징수계산서 및 명세서
- 5. 국세환급금 통지서(또는 통장입금분) 사본
- 6. 그 밖에 필요한 서류

한편, 원천징수의무자가 원천징수 관할 세무서장에게 환급신청을 한 후 폐업 등으로 행방불명이 되거나 부도상태인 경우 해당 근로소득이 있는 사람은 원천징수 관할 세무서장에게 그 환급액의 지급을 신청할 수 있는데 해당 신청에 따라 소득세 환급액을 지급받은 자는 개인지방소득세도 환급액의 지급을 직접 신청할 수 있다. 이 경우 폐업·부도기업 특별징수세액환급금 지급 신청서(지칙 별지 제41호의2 서식)을 제출하여야 한다(지칙 제48조의2 제3항, 소칙 제93조 제2항).

이상의 납부할 지방세에서 그 차액 조정환급부터 특별징수세액 환급금 지급신청서까지의 내용은 일반적인 특별징수세액 과오납의 경우에도 적용한다(지령 제100조의7 제2항, 지칙 제48조의2 제4항).

5) 실무 Check

가) 연말정산 환급금 조정 중 사업장을 이전한 경우

위에서 살펴본 바와 같이 지방세법에서는 연말정산 환급에 따른 환급할 개인지방소득세가 연말정산하는 달에 특별징수하여 납부할 개인지방소득세를 초과하는 경우 특별징수의무자는 다음 달 이후 특별징수하여 납부할 개인지방소득세에서 조정해서 환급하도록 규정하고 있는데 연말정산하는 달의 다음 달 이후에 사업장을 다른 지방자치단체로 이전한 경우 그 다른 지방자치단체에 납부할 개인지방소득세(특별징수분)에서 조정할 수 있는지 여부에 대해서 이하에서 살펴본다.

지방세환급금에는 오납액, 초과납부액, 환급세액(적법히 납부 또는 징수되었으나 그 후 국가가 보유할 정당한 이유가 없게 되어 각 개별 세법에서 환부하기로 정한 세액)이 있으며 지방세환급금 중 환급세액은 각 개별세법에서 규정한 환급 요건 충족 시 환급금이 확정된다. 근로소득세액의 연말정산에 따른 환급금은 환급세액에 해당하는바(대법원 2009. 3. 26. 선고 2008다31768 판결, 3편 3장 라. 제척기간과 환급 부분 참고) 연말정산을 하는 때[71](각 개별 세법에서 규정한 환급 요건 충족 시) 환급금이 확정된다. 연말정산을 하는 때 확정된 해당 환급금에 대한 과세권자는 연말정산 납세지(일반적인 경우 12월 말, 이 장의 바. 특별징수 납세지 중 6) 연말정산분 납세지 부분 참고) 관할 지방자치단체장이며 이전한 사업장 관련 납세지 관할 지방자치단체장은 해당 환급금과는 관계가 없다 할 것인바 해당 경우 연말정산하는 달의 다음 달 이후 납부하여야 할 개인지방소득세(특별징수분)에서 해당 환급 잔액을 차감하는 등 조정할 수는 없다 할 것이다. 따라서 해당 경우 특별징수의무자는 연말정산 납세지 관할 지방자치단체장으로부터 해당 환급금 잔액을 환급받고 연말정산하는 달의 다음 달 이후 납부하여야 할 개인지방소득세(특별징수분)가 존재하면 이전한 사업장 관련 납세지 관할 지방자치단체장에 조정 없이 개인지방소득세(특별징수분)를 납부하여야 할 것이다. 이는 행정안전부가 일관되게 과세권자가 상이한 경우에 과세권 침해 우려 등의 이유로 기납부세액 공제 등을 하지 아니한다고 해석하고 있는 점을 고려하면 더욱 그러하다 할 것이다(지방소득소비세제과－4506, 2020. 12. 15., 2025년 행정안전부 지방소득세 실무해설집 419p, 지방세정책과－1403, 2019. 4. 10.).

카. 퇴직소득에 대한 지방소득세 특별징수의 환급

1) 개요

퇴직소득이 다음 어느 하나에 해당하는 경우 해당 퇴직소득에 대한 소득세 및 지방소득세는 연금외수령[72]하기 전까지 원천징수 및 특별징수하지 아니한다(지법 제103조의16 제1항, 소법 제146조 제2항).

- 1. 퇴직일 현재 연금계좌에 있거나 연금계좌로 지급되는 경우
- 2. 퇴직하여 지급받은 날부터 60일 이내에 연금계좌에 입금되는 경우

이 경우 관련 소득세가 이미 원천징수된 경우 거주자는 해당 세액에 대해 환급을 신청할 수 있는데 관련 지방소득세가 이미 특별징수된 경우에도 거주자는 해당 세액에 대해 환급을 신청할 수 있다(지법 제103조의16 제1항).

2) 조정 및 환급

위 퇴직소득에 대한 지방소득세 환급신청을 받은 특별징수의무자는 소득세 환급액의

71) 일반적인 경우 해당 과세기간 다음 연도 2월분의 근로소득을 지급할 때
72) 연금형태 등으로 인출 외의 인출(소법 제20조의3 제1항 제2호)

10%를 환급할 세액으로 하되 환급할 개인지방소득세가 환급하는 달에 특별징수하여 납부할 개인지방소득세를 초과하는 경우 다음 달 이후에 특별징수하여 납부할 개인지방소득세에서 조정하여 환급한다. 다만, 특별징수의무자가 환급신청하는 경우 특별징수 관할 지방자치단체장이 그 초과액을 환급한다(지령 제100조의7 제3항).

타. 납세조합의 특별징수

1) 개요

외국기관으로부터 받는 근로소득, 국외에 있는 비거주자 또는 외국법인으로부터 받는 근로소득이 있는 자 등은 납세조합을 조직할 수 있는데 납세조합은 그 조합원의 근로소득 또는 사업소득에 대한 소득세를 매월 징수·납부하여야 한다(소법 제149~151조). 이 경우 소득세 징수·납부하는 금액의 10%에 해당하는 금액을 그 조합원으로부터 개인지방소득세로 특별징수하여 그 징수일이 속하는 달의 다음 달 10일까지 납세지를 관할하는 지방자치단체에 납부하여야 한다. 이때 납세조합이 해당 세액을 납부기한까지 납부하지 아니하거나 과소납부한 경우에는 특별징수 납부지연가산세를 과세한다(지법 제103조의17 제1~2항). 참고로 이 경우 국세의 납기도 지방세의 납기와 동일하다.

2) 징수교부금

납세조합이 세액을 특별징수하여 납부하는 경우 납세지 관할 지방자치단체장은 납세조합에 대하여 교부금을 교부할 수 있는데 그 교부금은 납세조합이 납부한 세액의 1%[73]이다(지법 제103조의17 제3항, 지령 제100조의8 제1항).

납세조합이 징수교부금을 받으려면 매월 청구서를 그 다음 달 20일까지 납세지 관할 지방자치단체장에게 제출하여야 한다. 다만, 해당 과세기간 동안 발생한 징수교부금을 청구하려는 경우 한꺼번에 다음 연도 2월 말일까지 제출할 수 있다(지령 제100조의8 제2항).

징수교부금을 교부한 후 그 납세조합이 납부한 세액 중에서 환급금이 발생한 경우에는 그 교부한 징수교부금에서 환급금을 제외하고 새로 계산한 징수교부금을 차감한 금액을 그 환급금이 발생한 날 이후에 청구하는 징수교부금에서 조정하여 교부한다(지령 제100조의8 제3항).

73) 종전 2%이었다가 2025. 12. 31. 지방세법 시행령이 대통령령 제36043호로 일부개정되면서 1%로 변경된 것으로 2026. 1. 1. 전에 발생한 소득에 대하여 개인지방소득세를 징수하여 납부한 자에게 지급하는 교부금에 관하여는 종전 2%를 적용한다{지령 부칙 제16조(2025. 12. 31.) 대통령령 제36043호로 일부개정된 것}.

파. 비거주자의 국내원천소득에 대한 특별징수 특례

원천징수의무자가 비거주자의 국내원천소득에 대해서 소득세를 원천징수하는 경우 원천징수세액의 10%를 개인지방소득세로 특별징수한다. 또한 비거주자의 국내원천소득에 대한 개인지방소득세 특별징수에 대한 사항은 거주자의 특별징수에 관한 사항을 준용한다(지법 제103조의18 제1~2항).

하. 비거주자 또는 외국법인인 동업자에 대한 특별징수

동업기업에 대한 과세특례는 국세의 경우 조세특례제한법에서 규정하고 있으며 동업기업을 도관으로 보아 발생한 소득에 대해 동업기업 단계에서는 과세하지 않고, 동업자에게 귀속시켜 동업자 단계에서만 과세하는 제도이다(조심 2022서8274, 2023. 11. 30.). 이때 동업기업이란 2명 이상이 금전이나 그 밖의 재산 또는 노무 등을 출자하여 공동사업의 경영에서 발생하는 이익 또는 손실을 배분하기 위해 설립한 단체를 말하고 동업자란 동업기업의 출자자를 말한다(조특법 제100조의14 제1~2호).

동업기업에 대한 과세 구조를 간단히 살펴보면 동업기업은 소득금액, 결손금액 등을 계산하고 그 소득금액, 결손금액 등을 모든 동업자들에게 손익분배비율에 따라 배분하고 동업자는 배분받은 동업기업의 소득금액, 결손금액 등에 대해 법인세(동업자가 개인인 경우 소득세)를 납부하여야 할 의무를 지는 구조이다(지법 제103조의53 제1항).

비거주자 또는 외국법인이 동업자인 경우 동업기업이 그 동업자에게 소득을 배분할 때 소득세 혹은 법인세를 원천징수하여야 한다(조특법 제100조의24 제1항). 이 경우 그 원천징수세액의 10%를 지방소득세 특별징수세액으로 징수하여 결산일이 속하는 달의 말일부터 3개월이 되는 날이 속하는 달의 15일까지 납세지 관할 지방자치단체의 장에게 납부하여야 한다(지법 제103조의56). 참고로 이 경우 국세도 납부기한이 동일하다.

거. 특별징수의무자가 국내에 주소 등이 없는 경우

특별징수의무자가 국내에 주소, 거소, 본점, 주사무소 또는 국내사업장이 없는 경우에는 납세관리인을 정하여 관할 지방자치단체장에게 신고하여야 한다. 다만, 관련 소득세 규정에 따라 납세관리인을 관할 세무서장에게 신고한 경우는 이를 관할 지방자치단체장에게 신고한 것으로 본다(지령 제100조의9).

너. 소득세법 준용

지방세법에서 규정하고 있지 아니한 특별징수에 관한 내용은 소득세법에 따른 원천징수에 관한 규정을 준용한다(지법 제103조의13 제4항).

16 소득처분에 따른 지방소득세(인정상여 등)

가. 개요

소득처분이란 결산서상 당기순손익과 법인세 신고서상의 소득금액의 차이인 세무조정금액에 대해서 소득 귀속을 확정하는 것을 말한다. 소득처분에 따라 그 소득의 귀속자가 임원 또는 직원이면 인정상여, 주주 등이면 인정배당, 그 외의 자이면 기타소득 관련 소득세로 과세하게 된다. 가령, 대표이사의 배우자와 자녀가 법인에 근무하지 않고 법인의 차량을 사용하는 경우 그 차량 렌트비용은 법인의 업무와 관련 없는 비용에 해당하므로 결산서상 비용처리돼 있어도 세법상 손금불산입 하게 되고 세법상 손금불산입함에 따라 결산서상 당기순손익보다 세법상 소득금액이 커지게 되는데 그 초과하는 소득금액(세무조정금액)은 곧바로 사외로 유출된 것으로 보게 되고 이 경우 그 소득의 귀속자는 배우자와 자녀가 되므로 배우자와 자녀에게 기타소득 소득세를 징수하게 된다.

나. 납세의무성립 및 확정 시기

1) 소득처분에 따른 특별징수 지방소득세 납세의무 성립 및 확정 시기

지방소득세 특별징수세액의 납세의무는 소득을 원천징수 하는 때(지급하는 때) 성립하고 확정된다(지기법 제34조 제2항 제1호, 제35조 제2항 제1호). 그 중 소득처분에 따른 원천징수세액은 그 통지서를 받은 날(법인세 과세표준을 신고하는 경우는 그 신고일 또는 수정신고일, 이하 이 장에서 같음.)에 소득금액을 지급한 것으로 의제되어 납세의무가 성립함과 동시에 확정되므로 관련 지방소득세 특별징수세액도 그 통지서를 받은 날에 납세의무가 성립함과 동시에 확정된다(소법 제131조 제2항, 제135조 제4항, 제145조의2, 대법원 2006. 4. 20. 선고 2002두1878, 판결).

소득금액변동통지서를 받은 경우 원천징수 시기(대법원 2006. 4. 20. 선고 2002두1878, 판결)

과세관청의 소득처분과 그에 따른 소득금액변동통지가 있는 경우 원천징수의무자인 법인은 소득금액변동통지서를 받은 날에 그 통지서에 기재된 소득의 귀속자에게 당해 소득금액을 지급한 것으로 의제되어 그 때 원천징수하는 소득세의 납세의무가 성립함과 동시에 확정되고, 원천징수의무자인 법인으로서는 소득금액변동통지서에 기재된 소득처분의 내용에 따라 원천징수세액을 그 다음 달 10일까지 관할 세무서장 등에게 납부하여야 할 의무를 부담한다.

2) 소득처분에 따른 소득 귀속자의 종합소득세 납세의무 성립 및 확정 시기

소득처분에 따른 소득 귀속자의 종합소득에 대한 개인지방소득세의 경우에는 개인지방소득세 납세의무가 소득세의 납세의무가 성립하는 때(과세기간이 종료하는 때) 성립하고 당해 사업연도 중에 근로를 제공한 날이 소득처분에 따른 소득의 수입시기(당해 수입금액 또는 필요경비의 귀속시기)가 되는바 그 소득이 귀속된 과세기간이 종료하는 때 납세의무가 성립한다(지기법 제34조 제1항 제7호, 대법원 2006. 4. 20. 선고 2002두1878 판결).

소득처분에 따른 소득 귀속자의 종합소득세 납세의무성립 시기(대법원 2006. 4. 20. 선고 2002두1878 판결)

과세관청이 사외유출된 익금가산액이 임원 또는 사용인에게 귀속된 것으로 보고 상여로 소득처분을 한 경우 당해 소득금액의 지급자로서 원천징수의무자인 법인에 대하여는 소득금액변동통지서가 당해 법인에게 송달된 날에 그 원천징수의무가 성립하는 것(소득세법 제135조 제4항, 같은 법 시행령 제192조 제2항, 국세기본법 제21조 제2항 제1호)과는 달리, 그 소득의 귀속자에 대하여는 법인에 대한 소득금액변동통지가 송달되었는지 여부와 상관없이 소득처분이 있게 되면 소득세법 제20조 제1항 제1호 (다)목 소정의 '법인세법에 의하여 상여로 처분된 금액'에 해당하여 근로소득세의 과세대상이 되고, 당해 소득금액은 부과처분의 대상이 되는 당해 사업연도 중에 근로를 제공한 날이 수입시기가 되므로(소득세법 제39조 제1항, 같은 법 시행령 제49조 제1항 제3호), 소득의 귀속자의 종합소득세(근로소득세) 납세의무는 국세기본법 제21조 제1항 제1호가 정하는 바에 따라 당해 소득이 귀속된 과세기간이 종료하는 때에 성립한다.

다. 신고 · 납부

1) 특별징수세액 납부

가) 개요

특별징수의무자가 개인지방소득세를 특별징수한 경우 징수한 특별징수세액을 그 징수일이 속하는 달의 다음 달 10일까지 납세지를 관할하는 지방자치단체에 납부하여야 하는바 소득처분에 따른 소득 관련 특별징수일은 그 통지서를 받은 날이므로 소득처분에 따른 특별징수세액 납부기한은 그 통지서를 받은 날이 속하는 달의 다음 달 10일이 된다(지법 제103조의13 제2항). 이때 연말정산을 다시 하여 납부할 세액을 산출한다(소통 135－192…3).

> **인정상여 시 연말정산 여부(소통 135－192…3)**
> 「법인세법 시행령」 제106조의 규정에 의하여 처분되는 상여에 대하여 원천징수할 소득세는 당해 과세기간에 귀속한 동 상여 외의 근로소득과 합산하여 법 제137조, 제137조의2 또는 제138조에 따라 연말정산을 다시 하여야 한다. 〈개정 2019. 12. 23.〉

나) 반기납하는 경우

원천징수세액 반기납 적용 대상자는 특별징수세액도 징수일이 속하는 반기의 마지막 달의 다음 달 10일까지 납부할 수 있으나 소득처분된 소득에 대한 원천징수세액은 반기납 적용이 불가하므로 특별징수세액 반기납도 불가하다(소법 제128조 제2항 제1호).

다) 상여처분을 받은 대표자가 퇴직한 경우

상여처분을 받은 대표자가 퇴직한 경우에도 관련 특별징수세액 납부의무는 소멸하지 아니한다(국세청 법인 22601－422, 1989. 2. 3.).

> **상여처분을 받은 대표자가 퇴직한 경우 원천징수세액 납부의무(국세청 법인 22601－422, 1989. 2. 3.)**
> 〈질의〉 법인세 경정조사를 받고 전대표이사에 대한 상여처분의 소득금액변동통지를 받았으나 상여처분을 받은 대표이사가 퇴직하고 없으며 원천징수를 거부할 경우 원천징수 여부
> 〈회신〉 법인세법에 의하여 처분된 인정상여의 지급일로 보는 소득금액변동 통지일 현재 그 상여처분을 받은 대표자가 퇴직한 경우에도 동 인정상여에 대한 원천징수세액의 납부의무가 있는 것임.

라) 특별징수의무자에게 특별징수가 어려울 경우

특별징수의무자에게 징수가 어려울 경우 특별징수하지 않은 금액에 대하여 특별징수의무자가 아니라 납세의무자에게 직접 부과 및 고지하여 징수가 가능하다(대법원 1981. 9. 22. 선고 79누347 전원합의체판결). 이 경우 특별징수불이행 가산세가 있는 경우 특별징수의무자에게는 가산세액만을 징수하면 될 것이다(지법 제103조의14).

원천징수가 누락된 경우 납세의무자에게 부과가 가능한지 여부(대법원 1981. 9. 22. 선고 79누347 전원합의체판결)

원고의 위 소득이 원천세를 징수할 소득이라 하더라도 그 소득이 위 소득세법 소정의 종합소득금액으로 합산하여 신고하여야 하고 그 종합소득세의 부과대상이 되는 소득으로서 그 원천징수가 누락되었다면 그 소득자인 원고에 대하여도 위와 같이 종합소득세로서 이를 부과할 수 있다할 것이다.

2) 추가신고 · 납부

가) 개요

인정상여, 인정배당, 소득처분된 기타소득에 따라 소득금액 변동이 발생하여 종합소득과세표준확정신고 의무가 없었던 자, 세법에 따라 과세표준확정신고를 하지 아니하여도 되는 자 및 과세표준확정신고를 한 자가 소득세를 추가 납부하여야 하는 경우 해당 법인이 소득금액변동통지서를 받은 날(법인이 신고함으로써 소득금액이 변동된 경우에는 그 법인의 법인세 신고기일)이 속하는 다음다음 달 말일까지 추가신고한 때에는 확정신고기한까지 신고한 것으로 본다(소령 제134조 제1항). 해당 소득세 신고를 한 경우 지방소득세도 해당 신고기한까지 납세지 관할 지방자치단체장에게 신고하여야 한다(지법 제95조 제1항). 이때 확정신고와 달리 분납은 불가하다(종합소득세 집행기준 77-140-1). 근로소득만 있는 경우 등은 위 특별징수에 따라 납세의무가 종결되겠으나 금융소득 등 다른 소득이 있는 경우 추가 신고납부하여야 하는 것이다.

나) 기납부세액 공제

확정신고 시 특별징수세액을 기납부세액으로 공제하게 되는데 특별징수의무자가 소득처분에 따른 특별징수세액을 납부하지 아니한 경우에는 해당 세액은 기납부세액으로 공제하지 아니한다(심사소득 2012-164, 2012. 12. 28.).

원천징수세액 미납한 경우 확정신고 시 해당 세액 공제 여부(심사소득 2012-164, 2012. 12. 28.)

원천징수의무는 원천징수이행신고뿐만 아니라 원천징수세액의 납부까지 이루어져야 비로소 소멸되는 것이어서 법인이 실질적으로 인정상여 처분 금액에 대한 원천징수의무를 이행하지 아니한 경우에는 소득자의 납세지 관할 세무서장이 소득자의 종합소득세 납부세액 계산시 원천징수세액상당액을 기납부세액으로 공제할 수는 없는 것이다.

라. 납부지연가산세 기산

1) 소득처분에 따른 소득 귀속자의 종합소득세 납부지연가산세 기산일

확정신고 기한 후에 소득처분에 따른 추가신고하는 경우 납부지연가산세 기산일은 확정신고 기한의 다음 날이 아니라 추가신고기한의 다음 날(소득금액변동통지서를 받은 날이 속하는 다음다음 달 말일)을 적용한다(재소득-49, 2007. 1. 22., 대법원 2006. 7. 27. 선고 2004두9944 판결).

소득처분에 따른 소득 귀속자의 종합소득세 납부지연가산세 기산일(재소득-49, 2007. 1. 22.)

근로소득만 있는 거주자가 「법인세법」에 의하여 상여로 처분된 소득에 대하여 「소득세법 시행령」 제192조 제1항 단서에 따른 소득금액변동통지서를 받고 같은법 시행령 제134조에 따른 추가신고자진납부를 하지 아니한 경우 가산세는 추가신고자진납부기한의 다음 날부터 계산하는 것임.

소득처분에 따른 소득 귀속자의 종합소득세 납부지연가산세 기산일2(대법원 2006. 7. 27. 선고 2004두9944 판결)

구 소득세법 시행령(2005. 2. 19. 대통령령 제18705호로 개정되기 전의 것) 제134조 제1항이 종합소득 과세표준 확정신고기한 경과 후에 소득처분에 의하여 변동이 생긴 소득금액에 대한 과세표준 및 세액의 추가 신고·납부기한을 소득금액변동통지서를 받은 날이 속하는 달의 다음 달 말일까지로 유예하여 주고 있는 취지와 납부불성실가산세는 납세의무자가 법정 납부기한까지 그 납부를 게을리한 데 대한 행정상의 제재로서 부과되는 것인 점 등에 비추어 보면, 종합소득 과세표준 확정신고기한 경과 후에 소득처분에 의하여 변동이 생긴 소득금액에 대한 세액의 추가 납부불이행에 대한 제재로서 부과되는 납부불성실가산세는 그 법정 추가납부기한인 소득금액변동통지서를 받은 날이 속하는 달의 다음 달 말일의 다음 날부터 기산하여 산정하는 것이 타당하다.

2) 소득처분에 따른 특별징수 관련 납부지연가산세 기산일

소득처분에 따른 특별징수세액은 그 통지서를 받은 날에 소득금액을 지급(특별징수)한 것으로 의제되어 납세의무가 성립함과 동시에 확정되고 그 특별징수일이 속하는 달의 다음 달 10일까지가 납부기한인바 해당 기한의 다음 날(통지서를 받은 날이 속하는 달의 다음 달 10일의 다음 날, 법인세 과세표준을 신고하는 경우는 그 신고일 또는 수정신고일이 속하는 달의 다음 달 10일의 다음 날)이 납부지연가산세 기산일이 된다(지법 제103조의13 제2항).

17 독립세 전환 전 개인지방소득세

가. 개요

개인지방소득세는 소득세의 부가세였다가 지방세법이 2014. 1. 1. 법률 제12153호로 개정되면서 독립세가 됐다. 그리고 그 개정된 법은 2014. 1. 1. 이후[74]에 최초로 과세기간이 시작돼 납세의무가 성립되는 분(사업연도 개시일 2014. 1. 1. 이후)부터 적용되는바 2013년 이전 귀속은 부가세 때의 구지방세법이 적용된다고 할 수 있다. 2013년 이전 귀속분도 제척기간 특례가 존재함에 따라 종종 소득세가 경정되므로 과세관청이 해당 귀속 개인지방소득세를 과세해야 하는 경우가 발생한다.

나. 신고납부

독립세 전환 전 신고기한은 다음과 같다(구지방세법 제91조 제2항).

구분	신고기한
소득세 신고·납부 시	그 신고기간의 만료일
양도소득세 예정신고 시	그 신고기간의 만료일
수정신고 시	그 신고일

다. 과세표준 및 세율

1) 개요

독립세 전환 전 개인지방소득세의 과세표준은 소득세 납부하여야 할 세액 총액이며 세율은 10%이다(구지방세법 제89조 제1항, 제94조 제1항). 이때 소득세 납부하여야 할 총액에는 무신고가산세 및 과소신고가산세를 포함한다(지방세운영과-373, 2008. 7. 25.). 그러나 소득세 과세표준 예정신고자 또는 확정신고자로서 해당 신고세액의 전부 또는 일부를 납부하지 아니한데 대한 납부불성실가산세[75] 및 소득세 환급 시 환급금과 관련된 환급가산금은 소득세 납부하여야 할 세액 총액에서 제외한다(구지방세법 제85조 제3호, 지방세운영과-511, 2009. 2. 4., 조심

---

74) 원문은 이후가 아니라 후로 규정하고 있으나 실제 적용은 2014. 1. 1. 이후에 최초로 과세기간이 시작돼 납세의무가 성립하는 분부터 적용하였으므로 이후로 표현하였다. 과거 법령(주로 2014년 말 전)에서 이후와 후를 제대로 준별하지 아니한 경우가 많은데 대법원에서 입법 취지와 목적, 개정 연혁 등을 고려하면 이 법 시행 후 최초로 개시하는 과세기간부터 적용한다는 규정을 이 법 시행 이후 최초로 개시하는 과세기간부터 적용하는 것으로 해석이 가능하다고 판시한 바가 있다(대법원 2016. 2. 18. 선고 2015두1243 판결).

75) 납부불성실가산세는 현행 일반분 납부지연가산세와 동일한 개념

2013지0502, 2013. 9. 10.).

구지방세법 기본통칙 85-1

「지방세법」 제85조 제3호에서 규정하고 있는 「소득세법에 따라 납부하여야 하는 소득세액」은 소득세의 본세와 의무불이행에 따른 가산세를 포함한다.

신고불성실가산세[76] 지방소득세 과세표준에 포함 여부(지방세운영과-373, 2008. 7. 25.)

〈질의〉 소득세할 주민세과세표준 산출방법과 소득세를 법정 신고기한 내에 신고하지 않아 발생하는 신고불성실가산세를 소득세할 주민세과세표준에 포함하는지 여부

〈회신〉 귀 질의의 경우 소득세할 주민세의 과세표준은 「소득세법」의 규정에 의하여 신고하거나 결정·경정된 소득세액으로서 납세의무자가 납부하여야 할 세액의 총액이 되며, 소득세를 법정 신고기한 내에 신고하지 않아 발생하는 신고불성실가산세도 납세의무자가 납부하여야 할 소득세의 일부라고 하겠으므로 소득세할 주민세의 과세표준에 포함된다 할 것이며 이와 관련한 사례를 참고하시기 바랍니다.

※ [사례] 토지 및 건물의 양도에 따른 소득세할 주민세의 과세표준은 신고불성실가산세 및 납부불성실가산세가 포함된 양도소득 총결정세액이 된다고 판단한 것은 정당하고, 거기에 상고이유 주장과 같은 법리오해의 위법은 없다(대법원 98두12130, 1999. 7. 9.).

법인세할 주민세 과표에 소득세 환급가산금이 포함되는지(지방세운영과-511, 2009. 2. 4.)

〈질의〉 법인세할 주민세 과표가 국세청에서 환급 또는 추징에 의하여 최종 부과된 금액인지, 아니면 국세청에서 환급 또는 추징에 의하여 최종 부과된 금액과 환급가산금을 포함하는 금액인지

〈회신〉 지방세법 제178조 제2항의 규정에 의하여 법인세할 주민세 과표는 환급가산금은 포함되지 아니하며, 국세청에서 환급 또는 추징에 의하여 최종 결정된 세액만 과표에 해당됨.

법인세할 주민세 과표에 소득세 납부불성실가산세가 포함되는지(조심 2013지0502, 2013. 9. 10.)

위 사실관계 및 관련법령을 종합하여 보면, 지방세법 제93조 제2항에 소득세법에 따른 결정·경정 등에 따라 부과고지 방법으로 소득세를 징수하는 경우에는 국세기본법 등에 따른 납부불성실가산세가 포함되나 이 건 처분청의 과세처분의 근거는 청구인의 양도소득세 예정신고 후 이를 납부하지 아니한 데 대한 남양주세무서장의 무납부고지로 이는 소득세법에 따

76) 2012년까지 무신고가산세의 명칭이 신고불성실가산세였음.

른 결정·경정 절차에 해당되지 아니하는 점, 처분청은 청구인이 양도소득세를 예정신고한 후 이를 납부하지 아니하여 발생한 납부불성실가산세를 과세표준으로 하여 산출된 소득분 지방소득세를 청구인에게 부과고지 하였으나, 지방세법 제85조 제3호에 소득세분이란 소득세법에 따라 납부하여야 하는 소득세액으로서 이 경우 예정신고자의 납부불성실가산세는 제외한다고 규정되어 있는 점 등을 고려하여 볼 때 처분청이 양도소득세 납부불성실가산세를 과세표준으로 하여 청구인에게 소득분 지방소득세를 부과고지 한 처분은 잘못이 있는 것으로 판단된다.

라. 가산세

독립세 전환 전 개인지방소득세의 신고납부의무를 이행하지 아니하면 산출세액 또는 부족세액에 납부불성실가산세를 합한 금액을 세액으로 하여 보통징수 방법으로 징수한다(구지방세법 제91조 제4항). 이때 무신고, 과소신고, 초과환급신고 관련 가산세는 적용하지 아니한다.

마. 납세지

독립세 전환 전 개인지방소득세 납세지는 소득세 신고 당시의 소득세의 납세지로 한다(구지방세법 제87조 제1항 제1호). 본래 해당 규정에서는 소득세 신고 당시라고 명시하고 있지는 아니하나 2017. 12. 26. 지방세법을 법률 제15292호로 일부개정하면서 개인지방소득세 납세지를 종전 소득세법에 따른 납세지에서 소득세 신고 당시의 소득세법에 따른 납세지로 개정하였는데 이때 해당 개정 적용 요령에서 개정 이유를 납세지 기준 명확화라고 하고 현행 운영사항과 동일하다고 하였으므로 결국 독립세 전환 전 개인지방소득세 납세지는 소득세 신고 당시의 소득세 납세지가 된다(2018년 시행 지방세법령 개정내용 및 적용요령 14p). 소득세 신고 당시의 소득세법에 따른 납세지 관련 세부 사항은 이하의 18장 다. 납세지 부분을 참고하길 바란다.

지방소득세 납세지 기준 명확화(2018년 시행 지방세법령 개정내용 및 적용요령 14p)

〈개정내용〉

○ (종전) 지방소득세 납세지는 소득세법 및 법인세법상의 납세지 준용

○ (개정) 납세자 신고편의 및 지자체 세입귀속 명확화를 위해 지방세법상 지방소득세 납세지 규정에 시간적 개념을 포함

〈적용요령〉

○ (적용시기) 현행 운영사항과 동일하여 이 법 시행일 이후부터 적용

18 독자신고 시행 전 개인지방소득세

가. 개요

독립세 전환 전 개인지방소득세 편에서 살펴본 바와 같이 개인지방소득세는 지방세법이 2014. 1. 1. 법률 제12153호로 개정되면서 독립세가 됐다. 그런데 관련 부칙에서 2019. 12. 31.까지 신고 및 결정・경정 관련 업무는 관할 세무서장 또는 지방국세청장이 하고 지방자치단체장은 납부 관련 업무만 하도록 규정하여 독자신고를 유예하였다. 따라서 실질적으로 개인지방소득세 지방자치단체 독자신고 제도가 시행된 것은 2020. 1. 1. 이후이다{지법 부칙 제13조(2019. 12. 31.) 법률 제16855호로 개정된 것}. 2020. 1. 1. 이후 지방자치단체 독자신고 제도를 본격적으로 시행하면서 2019. 12. 31. 지방세법을 법률 제16855호로 일부개정하여 납세지 규정 등을 개정한바 관련 부칙에서 그 개정 적용은 공표일(2019. 12. 31.) 이후 납세의무가 성립하는 분부터 하는 것으로 규정하고 있어 2014년 이후 귀속(과세기간 개시일 2014년 1월 1일 이후)부터 2018년 귀속(2019. 12. 31. 전 납세의무 성립분)까지의 경우는 그 개정 전의 규정을 적용하여야 하므로 이하에서는 그 개정 전의 규정을 살펴보고자 한다. 다만, 현행과 동일한 부분은 중복하여 학습할 필요가 없으므로 생략하고 차이가 있는 부분만 살펴본다.

나. 과세표준

1) 개요

독자신고 시행 전 개인지방소득세 과세표준은 소득세법에 따라 계산한 금액으로 한다{구 지방세법(2020. 1. 1. 법률 제16855호로 일부개정되기 전의 것, 이하 같음.) 제91조 제2항}. 현행 규정은 개인지방소득세 과세표준은 소득세법과 과세표준과 동일한 금액으로 한다고 규정하고 있는데 일반적인 과세 시에는 구지방세법 과세표준 규정은 현행 규정과 동일하다고 보면 된다. 그런데 다음과 같은 특수한 경우에는 동일하게 적용되지 아니할 수도 있으므로 유의한다.

2) 실무 Check

세무서에서 소득세를 제척기간이 지나기 전에 과세하였고 그 과세자료가 지방자치단체에 통보됐다고 가정해보자. 이에 따라 해당 지방자치단체는 그 소득세 관련 개인지방소득세를 과세하였는데 세무서의 소득세 고지서가 납세자에게 송달되지 아니하여 결국 소득세 제척기간이 경과했고 그 소득세 과세처분은 취소됐다고 가정해보자. 이때 현행 규정상 납세자는 해당 소득세 관련 개인지방소득세 고지서가 송달돼 부과제척기간이 경과하지 아니하였어도 그 과세가 취소돼야 한다고 주장할 수 있다. 왜냐하면 부과제척기간을 경과하여 고지된 경우 그 고지는 당연무효에 해당하는데(조심 2008중3374, 2008. 12. 29.) 현행 규정이 개인지방소득세 과세표준을 소득세 과세표준과 동일하다고 규정하고 있으므로 소득세 고지서가 송달되지 아니하여 소득세 과세표준이 당연무효로 돼 확정(송달)된 적이 없으므로 소득세 과세표준이 없고 이에 따라 개인지방소득세 과세표준도 없는 것이 된다고 볼 수 있기 때문이다. 그런데 독자신고 시행 전 규정에서는 소득세법에 따라 계산한 금액이 개인지방소득세 과세표준이 되는데 이는 단지 소득세법을 통해 과세표준 계산을 준용하는 것이고 소득세 과세표준의 확정과 무관하다 할 것이므로 소득세 부과제척기간 경과에 따라 그 소득세 과세가 취소됐다 하더라도 개인지방소득세 과세표준에는 영향을 줄 수 없다 할 수 있다(대법원 2020. 4. 9. 선고 2020두30399 판결). 따라서 독자신고 시행 전 과세표준 규정이 적용되는 귀속연도의 경우는 이러한 주장이 불가하다 할 수 있는 것이다.

해당 과세표준 규정 개정은 법인지방소득세 외국법인세액 과세표준 차감 관련하여 대법원 소송에서 과세관청이 패소한 뒤에 행정안전부가 법인지방소득세 과세표준을 법인세의 과세표준과 동일한 금액으로 하면서 개인지방소득세 과세표준까지 개정한 것으로 이상과 같이 적법하게 계산된 과세표준에 대해 소득세 당연무효에 따라 지방소득세도 당연무효가 되는 문제가 발생할 수 있는바 이는 보완이 필요한 부분이라 판단된다.

부과제척기간을 경과하여 고지된 경우(조심 2008중3374, 2008. 12. 29.)

이 건 1997년 귀속 양도소득세의 부과제척기간을 보면, 「소득세법」 제110조 및 「국세기본법 시행령」 제12조의 3 제1항 제1호 그리고 「민법」 제157조 내지 제160조에 의하여 양도소득세를 부과할 수 있는 날은 그 신고납부기한인 1998. 5. 31.의 다음 날인 1998. 6. 1.이 되는 것이고 부과제척기간을 10년으로 적용할 경우 이 날로부터 10년이 되는 날인 2008. 6. 1.에 부과제척기간이 만료하는 것이다. 그런데 처분청은 이 건 1997년 귀속 양도소득세의 납세고지서를 납부기한을 2008. 6. 16.로 하여 2008. 5. 19. 공시송달방법에 따라 공고하였고 이 납세고지서는 「국세기본법」 제11조 제1항에 따라 그 공고일부터 14일이 지난 2008. 6. 3. 청구인에게 송달된 것으로 간주된다. 그렇다면 이 건 납세고지서는 국세부과제척기간이 만료된 후에 청구인에게 송달된 것이므로 이 건 양도소득세의 부과처분은 당연히 무효인 행정처분으로서 나머지 쟁점들은 살필 필요도 없이 그 무효임을 확인하는 뜻에서 취소하는 것이 적법하다고 판단된다.

소득세법에 따라 계산한 금액 의미(대법원 2020. 4. 9. 선고 2020두30399 판결)
지방세법이 2014. 1. 1. 법률 제12153호로 개정되면서 종전에 소득세나 법인세의 부가세 형태로 부과·징수하고 있었던 지방소득세가 독립세 방식으로 전환되었는데, 법인지방소득세의 경우 과세표준은 법인세법 제13조에 따라 계산한 금액인바, 그 의미는 법인세법상의 과세표준을 그대로 적용하라는 것이 아니라 그 산정방식을 준용한다는 것으로 해석하여야 한다.

다. 납세지

1) 개요

독자신고 시행 전 납세지는 소득세 신고 당시의 소득세법 제6조부터 제8조까지에 따른 납세지이다(구지방세법 제89조 제1항 제1호). 현행 규정은 납세의무성립 당시의 소득세법 제6조 및 제7조에 따른 납세지인데 결국 독자신고 시행 전 납세지는 납세의무성립 당시가 아니라 소득세 신고 당시라는 점 그리고 소득세법 제8조에 따른 납세지도 개인지방소득세 납세지가 된다는 점이 현행 납세지와 독자신고 시행 전 납세지의 다른 점이다. 둘의 차이 중 먼저 소득세법 제8조에 따른 납세지를 살펴보고자 한다.

2) 소득세법 제8조에 따른 납세지

소득세법 제8조에 따른 납세지는 현행 납세지에는 해당하지 아니하나 독자신고 시행 전 납세지에는 해당한다. 소득세법 제8조에 따른 납세지는 다음과 같다.

구분	납세지	관련 규정
거주자 또는 비거주자가 사망하여 상속인이 납세의무자가 된 경우	피상속인·상속인 또는 납세관리인의 주소지나 거소지 중 상속인 또는 납세관리인이 신고하는 장소(신고하지 않은 경우는 소득세법 제6조 및 제7조에 따른 납세지)	구소법(2019. 12. 31. 법률 제16834호로 일부개정되기 전의 것, 이하 같음.) 제8조 제1항, 제4항
비거주자가 납세관리인을 둔 경우	국내사업장의 소재지 또는 그 납세관리인의 주소지나 거소지 중 납세관리인이 신고하는 장소(신고하지 않은 경우는 소득세법 제6조 및 제7조에 따른 납세지)	소법 제8조 제2항, 제4항
공무원으로서 국내에 주소가 없는 사람의 경우	그 가족의 생활근거지 또는 그 소속기관의 소재지	구소법 제8조 제5항, 구소령 제5조 제6항

그 외 소득세법 제6조, 제7조에 따른 납세지는 본편 3장 납세지를 참고하길 바란다.

3) 소득세 신고 당시 납세지

독자신고 시행 전 납세지는 소득세 신고 당시의 납세지이다. 구지방세법에서 납세지를 소득세 신고 당시의 납세지로만 규정하고 있어 무신고 후 결정・경정 등의 경우 납세지가 불명확한 부분이 있는바 이와 관련하여 환급지를 먼저 살펴보고 납세지 규정 등을 종합적으로 살펴보고자 한다.

4) 환급지

독자신고 시행 전 지방소득세 환급지는 해당 지방소득세가 과오납된 지방자치단체이다. 다만, 종합소득에 대한 과세표준 확정신고 이후에 발생하는 개인지방소득세 환급결정으로 인한 지방세환급금의 환급지는 환급받을 자의 확정신고 당시(특별징수세액에 대한 결정 또는 경정의 경우에는 결정 또는 경정 당시)의 주소지이다(구지방세법 시행령 제100조의34, 2019. 12. 31. 대통령령 제30318호로 일부개정되기 전의 것). 이때 종합소득에 대한 과세표준 확정신고 이후에 발생하는 개인지방소득세 환급결정으로 인한 지방세환급금이란 기납부세액이 총결정세액을 초과하는 경우의 환급금을 말하는 것인바 해당 경우 환급지는 확정신고 당시 주소지가 된다. 그리고 특별징수세액이 결정되거나 경정돼 환급되는 경우의 환급지는 결정・경정 당시 주소지가 된다. 한편, 종합소득에 대한 개인지방소득세 결정・경정에 따른 환급 시 환급지는 결정・경정 당시 주소지가 된다(2020년 시행 지방세법령 개정내용 및 적용요령 137p).

5) 수정신고, 기한후 신고, 결정・경정 시의 납세지

수정신고, 기한후 신고 등의 경우에 독자신고 시행 전 납세지 규정이 다소 불명확한 부분이 있어 이하에서 그 부분을 살펴보고자 한다. 그 전에 2020년 시행 지방세법령 개정내용 및 적용요령(137p)에서 구체적 납세지 적용 방법 설명하고 있어 이를 먼저 살펴보고자 한다.

구체적 납세지 적용 방법(2020년 시행 지방세법령 개정내용 및 적용 요령 137p)

○ 공포일 전(~2019. 11.) 납세의무성립분에 대한 환급지는 종전 규정에 따라 과오납된 지방자치단체(확정신고 환급은 신고당시 주소지, 특별징수 분에 대한 결정·경정 환급은 결정·경정 당시 주소지)가 되며 공포일 이후(2019. 12.~) 납세의무성립분에 대해서는 개정규정에 따라 납세의무성립 당시의 주소지가 환급지

<table>
<tr><th rowspan="2">납세의무성립일</th><th rowspan="2" colspan="2">소득 종류</th><th colspan="2">납세지</th><th rowspan="2">환급지</th></tr>
<tr><th>신고</th><th>결정·경정</th></tr>
<tr><td rowspan="4">~2019. 11.</td><td rowspan="2">종합</td><td>매매차익예정</td><td rowspan="4">신고 당시 주소지</td><td rowspan="4">결정·경정 당시 주소지</td><td>과오납 지자체</td></tr>
<tr><td>확정</td><td>신고 당시 주소지 등</td></tr>
<tr><td rowspan="2">양도</td><td>예정</td><td rowspan="2">과오납 지자체</td></tr>
<tr><td>확정</td></tr>
<tr><td rowspan="4">~2019. 12.</td><td rowspan="2">종합</td><td>매매차익예정</td><td rowspan="4">납세의무 성립당시 주소지</td><td rowspan="4">납세의무 성립당시 주소지</td><td rowspan="4">납세의무 성립당시 주소지</td></tr>
<tr><td>확정</td></tr>
<tr><td rowspan="2">양도</td><td>예정</td></tr>
<tr><td>확정</td></tr>
</table>

* (종합소득 확정신고분 환급지) 확정신고 당시 주소지, 결정·경정에 따른 환급은 과오납된 지자체에서 하되, 특별징수는 결정·경정 당시 주소지

기 언급한 바와 같이 독자신고 시행 전 개인지방소득세 납세지는 소득세 신고 당시 소득세법에 따른 납세지이다. 이때 소득세 수정신고 시의 납세지 등을 규정하고 있지 아니한 점이 납세지 규정에서 불명확한 부분이다. 그러나 독립세 전환 전 개인지방소득세 편에서 언급한 바와 같이 종전에 개인지방소득세 납세지를 소득세법에 따른 납세지로 규정하고 있다가 2017. 12. 26. 지방세법을 법률 제15292호로 일부개정하면서 소득세 신고 당시의 소득세의 납세지로 변경하고 2018년 시행 지방세법령 개정내용 및 적용요령(11p)에서 해당 개정은 납세지 기준 명확화를 위한 것이고 현행과 동일하게 운영하라고 명시한 것을 보았을 때 독자신고 시행 전 개인지방소득세 납세지는 소득세법에 따른 납세지라고도 할 수 있을 것인데 국세기본법에서 규정하고 있는 소득세법에 따른 소득세 납세지는 확정신고와 수정신고 시에는 그 신고 당시 주소지등이고 기한 후 신고에 따른 결정, 그 외 결정·경정의 경우는 그 결정·경정 당시 주소지등이므로 결론적으로 독자신고 시행 전 개인지방소득세 확정신고와 수정신고 시 납세지는 소득세 신고 당시 주소지등으로 결정·경정 시 납세지는 소

득세 결정·경정 당시 주소지등으로 적용하는 것이 타당하다고 판단된다(국기법 제44조, 국기법 기본통칙 44-0…1, 소득 1264-1885, 1981. 5. 30.). 그리고 이는 위 2020년 시행 지방세법령 개정내용 및 적용요령의 내용과 일치하는 부분이 있는 점과 국세청이 자료를 통보할 때 소득세법에 따른 납세지 관할 지방자치단체에 통보하는 점을 고려하면 더욱 그러하다 할 것이다.

<table>
<tr><th rowspan="2">구분</th><th colspan="3">환급 외 과세</th><th colspan="3">환급</th></tr>
<tr><th>확정신고, 예정신고, 기한후신고</th><th>수정신고</th><th>경정·결정 (기한후신고 후 결정 포함)</th><th>확정신고</th><th>특별징수 결정 경정</th><th>결정·경정, 예정신고</th></tr>
<tr><td>납세지</td><td>소득세 확정신고, 예정신고, 기한후신고 당시 주소지 등</td><td>소득세 수정신고 당시 주소지 등</td><td>소득세 결정·경정 당시 주소지 등</td><td>확정신고 당시 주소지 등</td><td>결정·경정 당시 주소지 등</td><td>과오납된 지자체</td></tr>
<tr><td>근거1</td><td colspan="3">2018년 시행 지방세법령 개정내용 및 적용요령 11p에서 종전 소득세법에 따른 납세지에서 소득세 신고 당시 소득세법에 따른 납세지로 개정한 것은 소득세법에 따른 납세지 규정을 명확화하기 위함이고 그 전과 동일하게 운영하라고 설시 → 소득세법에 따른 소득세 납세지: 위 납세지와 동일</td><td colspan="3">구지방세법 시행령 제100조의34</td></tr>
<tr><td>근거2</td><td colspan="2">소득 1264-1885 → 신고 시 소득세 납세지: 신고 당시 주소지 등</td><td>국기법 기본통칙 44-0…1 → 소득세 결정·경정 시 납세지: 결정·경정 당시 주소지 등</td><td></td><td></td><td></td></tr>
<tr><td>근거3</td><td colspan="2">2020년 시행 지방세법령 개정내용 및 적용요령 → 신고 시 납세지: 신고 당시 주소지</td><td>2020년 시행 지방세법령 개정내용 및 적용요령 → 결정·경정 시 납세지: 결</td><td></td><td></td><td></td></tr>
</table>

구분	환급 외 과세			환급		
	확정신고, 예정신고, 기한후신고	수정신고	경정·결정 (기한후신고 후 결정 포함)	확정신고	특별징수 결정 경정	결정·경정, 예정신고
			정·경정 당시 주소지			
근거4	국세청 통보 자료 위 납세지 기준에 맞는 지방자치단체에 통보 → 통보받은 지방자치단체에서 과세하는 것이 자연스러움					

결론적으로 국세청 통보자료에 따른 과세 시 소득세 확정신고 및 수정신고 자료의 경우는 과세(신고 접수 처리, 수시분 부과) 시에 소득세 신고 당시 주소지등을 납세지로 적용하고 결정·경정 자료의 경우 그 결정·경정 당시 주소지 등을 납세지로 적용하는 것이 타당하다고 판단된다.

이상의 납세지(환급지 포함) 규정은 2019. 12. 31. 전에 납세의무가 성립하는 분에 대해서 적용하고 2019. 12. 31. 이후에 납세의무가 성립하는 분에 대해서는 현행 규정을 적용한다.

지방소득세 납세지 기준 명확화(2018년 시행 지방세법령 개정내용 및 적용 요령 14p)

개정 전: 「소득세법」 제6조부터 제8조까지에 따른 납세지

개정 후: 소득세 신고 당시의 「소득세법」 제6조부터 제8조까지에 따른 납세지

〈개정내용〉

○ (종전) 지방소득세 납세지는 소득세법 및 법인세법상의 납세지 준용

○ (개정) 납세자 신고편의 및 지자체 세입귀속 명확화를 위해 지방세법상 지방소득세 납세지 규정에 시간적 개념을 포함

〈적용요령〉

○ (적용시기) 현행 운영사항과 동일하여 이 법 시행일 이후부터 적용

소득세 신고 시 납세지 기준(소득 1264-1885, 1981. 5. 30.)

소득세의 과세표준신고는 그 신고 당시 당해 소득세의 납세지를 관할하는 세무서장에게 하는 것이며 이 경우 납세지라 함은 거주자의 주소지를 말하는 것임.

라. 신고 · 납부기한

신고기한의 경우 현행과 다른 점은 양도소득에 대한 개인지방소득세 예정신고, 확정신고 신고 · 납부기한이 각각 양도소득세 예정신고, 확정신고 신고 · 납부기한과 동일하다는 것이다{구지방세법(2019. 12. 31. 법률 제16855호로 일부개정되기 전의 것) 제103조의5 제1항, 제103조의7 제1항}. 현행 개정 규정이 2020. 1. 1. 이후부터 신고하는 분부터 적용되므로 2020. 1. 1. 전에 신고된 양도소득에 대한 개인지방소득세의 경우는 현행과 달리 납기를 국세와 동일한 납기로 하여 가산세 등을 계산하여야 할 것이다{지법 부칙 제6조(2019. 12. 31. 법률 제16855호로 개정된 것)}.

마. 기한 후 1개월 내 신고 시 가산세 감면 규정 미존재

2021년부터 2024년 귀속 개인지방소득세에 대해서는 개인지방소득세 지방자치단체 신고 제도 안착 시까지 납세자 혼란 및 불편 최소화를 위해 소득세를 기한 내 신고한 경우 개인지방소득세를 기한 후 1개월 내 신고하는 경우나 수정신고하는 경우 무신고, 과소신고, 초과환급신고가산세를 과세하지 아니하는데 2020. 1. 1. 전에 수정신고 또는 기한후신고하는 경우에는 해당 감면 규정이 존재하지 아니하므로 이를 적용하지 아니한다{지법 부칙 제13조(2019. 12. 31. 법률 제16855호로 개정된 것)}.

19 비거주자 등 납부내역 증명서 발급

가. 개요

외국인인 비거주자가 자국에서 세금을 납부할 때 국내에서 납부한 세액을 공제받고자 비거주자 등 납부내역 증명서 발급이 필요한 경우가 있는데 이때 지방소득세 납부내역을 제공받으려는 비거주자 또는 외국법인은 다음 각 호의 어느 하나에 해당하는 서류를 납세지 관할 지방자치단체장에게 제출하여야 한다(지기령 제57조 제3항).

- 지방소득세를 납부한 영수증
- 특별징수의무자가 발급한 특별징수영수증 또는 특별징수명세서
- 그 밖에 지방소득세를 납부한 사실을 확인할 수 있는 서류

해당 서류를 제출하지 아니하거나 지방소득세 납부내역을 확인할 수 없는 경우 지방자치단체장은 납부내역을 제공하지 아니할 수 있다(지기령 제57조 제4항).

지방소득세 납부내역을 확인한 지방자치단체장은 비거주자 과세사실 증명서(지기칙 별지

제50호 서식)를 발급한다. 증명서 발급 후에 해당 내역을 비거주자 등의 지방소득세 납부내역 증명서 발급대장(지기칙 별지 제51호 서식)에 기록하여 관리한다(지기칙 제33조 제2항, 지방세정책과 -141, 2016. 1. 18.).

비거주자 과세사실 증명서 발급 요령(지방세정책과-141, 2016. 1. 18.)

□ 발급 절차

○ 세무부서장은 증명서 신청을 접수한 후 신청인이 제출한 첨부서류를 검토하여 과세사실이 확인된 경우 신청인에게 발급

- 신청내용 중 확인된 내용을 표준지방세시스템에 입력하고 증명서 (붙임 1 서식)를 전산출력 발급

※ 전산장애로 출력이 불가능한 경우 수기발급 후 전산 관리

※ 서울시의 경우 별도 시스템 운용 예정

○ 증명서 발급 후 발급대장(붙임 2 서식)에 기록·관리

제2편

2026년 법인지방소득세 실무

1 법인지방소득세 기본 개념

가. 조세의 분류

1) 과세주체에 따른 분류

과세주체에 따라 조세를 분류하면 조세는 국세와 지방세로 나눌 수 있다. 국세는 국가가 국가재정수입에 충당하고자 징수하는 조세이고 지방세는 지방자치단체가 지방재정수입에 충당하고자 징수하는 조세이다. 법인지방소득세는 지방세에 속한다.

2) 지방세 종류에 따른 분류

지방세의 종류에 따라 지방세를 분류하면 지방세는 광역자치단체[1)]에 귀속되는 특별시세, 광역시세, 도세와 기초자치단체[2)]에 귀속되는 시군세, 구세(지방자치단체인 구의 구세, 특별시와 광역시의 구)로 나눌 수 있다(지기법 제2조 제1항 제3호). 법인지방소득세의 지방세 종류에 따른 분류는 다음과 같다(지기법 제8조).

구분	서울특별시	광역시 (인천, 대전, 대구, 광주, 부산, 울산)	특별자치도 (제주, 강원)	특별자치시 (세종)	도
지방세 분류	특별시세	구지역: 시세 군지역: 군세	특별자치도세 다만, 시・군이 있는 경우 시・군세	특별자치시세	시지역: 시세 군지역: 군세

나. 납세의무성립 시기

1) 개요

납세의무가 성립한다는 것은 지방세를 납부할 의무가 성립한다는 것이다. 납세의무가 성립하면 그에 대응하는 국가의 추상적인 조세채권이 성립하는데 납세의무가 성립하였어도 지방세를 납부・징수하기 위해서는 지방세액을 구체적으로 확정하는 절차(납세의무확정)가 필요하다.

---

1) 광역자치단체: 도, 특별시, 광역시, 특별자치시, 특별자치도
2) 기초자치단체: 시, 군, 구(특별시와 광역시의 구)

2) 법인지방소득세 납세의무성립 시기

법인지방소득세 납세의무는 법인세의 납세의무가 성립하는 때 성립한다(지기법 제34조 제1항 제7호). 이때 법인세 납세의무가 성립하는 때는 과세기간이 끝나는 때 즉, 사업연도가 종료하는 때이다. 다만, 청산소득에 대한 법인세는 법인이 해산하는 때 납세의무가 성립한다(국기법 제21조 제2항 제1호).

3) 지방소득세 특별징수세액 납세의무성립 시기

지방세법에서는 법인에 이자소득 또는 배당소득(집합투자기구로부터의 이익 중 투자신탁의 이익만 해당, 이하 같음)을 지급하는 경우 그 지급자가 그 이자소득 또는 배당소득에 대한 법인지방소득세를 해당 법인으로부터 특별징수(원천징수와 동일한 의미)하도록 규정하고 있는데 이때 징수하는 법인지방소득세 특별징수세액의 납세의무는 그 소득을 지급하는 때 성립한다(지기법 제34조 제2항, 대법원 2004. 12. 10. 선고 2003두8814 판결).

> **특별징수하는 지방소득세 납세의무 성립 시기(대법원 2004. 12. 10. 선고 2003두8814 판결)**
> 특별징수하는 주민세는 그 과세표준이 되는 소득세를 원천징수하는 때에 그 납세의무가 성립하고, 원천징수하는 소득세에 있어서는 소득금액 또는 수입금액을 지급하는 때에 그 납세의무가 성립함과 동시에 확정되며, 소득세법에 의하여 소득세를 원천징수할 경우에는 당해 원천징수의무자는 원천징수할 소득세액에 지방세법 제176조 제2항의 규정에 의한 세율을 적용하여 계산한 소득세할 주민세액을 소득세와 동시에 특별징수하여야 한다고 규정하고 있는바, 위 규정들을 종합하여 보면, 특별징수하는 주민세는 그 과세표준이 되는 소득세를 원천징수하여야 할 때, 즉 원천징수의무자가 소득금액 또는 수입금액을 지급하는 때에 그 납세의무가 성립한다고 보아야 할 것이다.

4) 수시부과하는 지방소득세

지방자치단체의 장은 수시부과 사유[3]로 거주자가 법인지방소득세를 포탈할 우려가 있다고 인정되는 경우 수시로 그 거주자에 대한 법인지방소득세를 부과할 수 있는데 이때 관련 지방소득세 납세의무성립일은 수시부과할 사유가 발생하는 때이다(지기법 제34조 제2항 제2호).

---

3) 수시부과 사유(법령 제108조 제1항)
   1. 신고를 하지 아니하고 본점등을 이전한 경우
   2. 사업부진 기타의 사유로 인하여 휴업 또는 폐업상태에 있는 경우
   3. 기타 조세를 포탈할 우려가 있다고 인정되는 상당한 이유가 있는 경우

다. 납세의무확정 시기

납세의무의 확정이란 납부할 지방세액을 구체적으로 확정하는 것을 말한다(지방세관계법 운영예규 35-1). 법인지방소득세 납세의무는 신고하는 때 확정된다. 다만, 납세의무자가 과세표준과 세액을 신고하지 않거나 신고한 과세표준 및 세액이 지방세관계법에 어긋나는 경우에는 지방자치단체가 세액을 결정·경정하는 때 확정된다. 한편, 법인지방소득세 특별징수세액은 소득을 지급하는 때 성립과 동시에 확정된다(지기법 제35조 제1항 제1호, 제2항 제1호).

라. 법인지방소득세 세목명 변경 연혁

법인지방소득세 세목명은 당초에 주민세(법인세할)이었는데 2010. 1. 1. 독립적 과세체계 기반을 마련하여 지방세 재원을 자주화하고자 행정안전부 주도로 지방세법을 개정하여 세목명을 지방소득세(법인세분)로 변경하였다. 그 후 2014. 1. 1. 지방세법을 개정하여 지방소득세를 국세의 부가세에서 독립세로 전환하면서 세목명을 다시 법인지방소득세로 변경하여 현재까지 이어져 오고 있다. 실무자들은 지방소득세 관련 업무 시 다양한 유권해석, 심판례 등을 검토해야 하는 경우가 많은데 이때 유권해석, 심판례 등에서 종전의 세목명이 사용되는 경우가 많은바 위와 같은 지방소득세 세목명 변경 연혁을 숙지하고 있으면 유권해석 등을 검토할 때 도움이 될 것이다.

구분	주민세(법인세할)	지방소득세(법인세분)	법인지방소득세
세목명 적용	2010. 1. 1. 이전 과세분(귀속연도 무관)	2010. 1. 1. 후 과세분(귀속연도 무관) & 2014. 1. 1. 전 과세기간 시작분	2014. 1. 1. 이후 과세기간 시작분
적용 규정	구지방세법(2010. 1. 1. 법률 제9924호로 일부개정되기 전의 것)	구지방세법(2014. 1. 1. 법률 제12153호로 일부개정되기 전의 것)	현행 지방세법
개정 이유		독립적 과세체계 기반 마련에 따른 재원 자주화	지방소득세 독립세 전환

2010년 시행 개정 지방세법령 적용 요령 66p(2010. 1. 행정안전부)

〈개정〉

주민세(소득할) → 지방소득세(소득분)

〈개정이유〉

○ 향후 미래지향적 지방소득세제 구축을 위한 기반 마련

- 유사성격의 세목 통합으로 세목체계를 단순화하고 소득관련 독립적 과세체계 기반을 마련하여, 궁극적으로 재원의 자주화 추구

〈운영방안〉

○ (기본전제) 지방소득세는 세목의 신설·폐지가 아닌 기존 세목의 분합(分合)이므로 귀속연도와 관련없이 신규발생분은 지방소득세로, 기존 부과분은 주민세·사업소세로 처리

2 납세의무자

가. 납세의무자 및 소득의 범위

법인지방소득세 납세의무자는 법인세법에 따른 법인세 납세의무가 있는 자이다(지법 제86조). 이때 법인세법에 따른 법인세 납세의무가 있는 자는 내국법인과 국내원천소득이 있는 외국법인이다(법법 제3조 제1항). 법인지방소득세에서 용어의 정의는 지방세법에서 규정하고 있는 것을 제외하고는 법인세법에서 정하는 것을 따르므로 이하부터는 지방세법에 규정돼 있지 아니한 용어는 법인세법상 용어의 정의를 사용하기로 하고 그에 따른 내국법인과 외국법인의 정의 및 법인지방소득세 과세대상이 되는 소득의 범위는 다음과 같다(지법 제85조 제2항).

1) 내국법인

내국법인이란 국내에 본점이나 주사무소 또는 사업의 실질적 관리장소를 둔 법인을 말한다(지법 제85조 제1항 제5호). 내국법인에 법인지방소득세가 과세되는 소득에는 각 사업연도의 소득, 청산소득, 토지 등 양도소득, 미환류소득이 있다. 다만, 비영리내국법인[4]의 경우는 각

4) 비영리내국법인이란 내국법인 중 다음 중 어느 하나에 해당하는 법인을 말한다(지법 제85조 제1항 제6호).
- 「민법」 제32조에 따라 설립된 법인
- 「사립학교법」이나 그 밖의 특별법에 따라 설립된 법인으로서 「민법」 제32조에 규정된 목적과 유사한 목적을 가진 법인(대통령령으로 정하는 조합법인 등이 아닌 법인으로서 그 주주(株主)·사원 또는 출자자(出資者)에게 이익을 배당할 수 있는 법인은 제외한다)
- 「국세기본법」 제13조 제4항에 따른 법인으로 보는 단체(이하 "법인으로 보는 단체"라 한다)

사업연도의 소득 중 과세되는 소득은 수익사업과 관련된 소득에 한정하고 청산소득과 미환류소득은 과세소득에서 제외한다(지법 제87조 제3항, 법법 제4조 제1, 3항, 조특법 제100조의32 제1항).

2) 외국법인

외국법인이란 외국에 본점 또는 주사무소를 둔 단체(국내에 사업의 실질적 관리장소가 소재하지 아니하는 경우만 해당한다)로서 대통령령으로 정하는 기준에 해당하는 법인[5]을 말한다(지법 제85조 제1항 제7호). 외국법인에 법인지방소득세가 과세되는 소득은 각 사업연도의 국내원천소득과 토지등 양도소득이다. 다만, 비영리외국법인의 경우 각 사업연도의 국내원천소득은 수익사업과 관련된 소득만 과세한다(법법 제4조 제4~5항).

가) 실무 Check(공무원 실무자 전용)

(1) 국세청 통보 자료 중 법인 구분 방법

공무원 실무자는 국세청 통보자료로 과세하게 되는데 해당 자료에는 납세자의 법인 구분(외국법인, 비영리법인 등의 구분)이 포함돼 있지 아니하다. 그러나 법인 구분을 간접적으로 확인할 수 있는 방법이 있는데 이는 사업자 번호 중간 2자리를 확인하는 것이다. 사업자 번호 중간 2자리는 사업자 구분을 나타내므로 그 2자리를 확인하면 해당 법인이 외국법인인지 내국법인인지 등을 확인할 수 있는 것이다. 다음 표에 사업자 번호 중간 2자리에 따른 사업자 구분을 정리해두었으니 과세 시 참고하도록 한다.

법인		개인	
구분	사업자 번호 중간 2자리	구분	사업자 번호 중간 2자리
국가・지자체	83	개인과세사업자	01~79
영리법인 본점	81, 86, 87, 88	개인면세사업자	90~99
영리법인 지점	85	비영리개인(종교단체 외)	80
비영리법인	82	비영리개인(종교단체)	89
외국법인	84		

5) "대통령령으로 정하는 기준에 해당하는 법인"이란 다음 어느 하나에 해당하는 단체를 말한다(법법 제2조 제2항).
- 설립된 국가의 법에 따라 법인격이 부여된 단체
- 구성원이 유한책임사원으로만 구성된 단체
- 그 밖에 해당 외국단체와 동종 또는 유사한 국내의 단체가 「상법」 등 국내의 법률에 따른 법인인 경우의 그 외국단체

3) 법인격 없는 법인

법인설립등기를 하지 아니하였으나 국세기본법 제13조에 따라 법인으로 보는 단체를 법인격 없는 법인이라 한다. 이러한 법인격 없는 법인은 국세기본법에 따라 법인으로 간주하므로 법인지방소득세 납세의무자가 될 수 있다.

4) 비영리내국법인으로 보는 정비사업조합

다음 각 호의 조합은 비영리내국법인으로 보아 법인지방소득세 과세표준과 세액을 계산한다. 이때 정비사업조합이 도시 및 주거환경정비법 또는 빈집 및 소규모주택 정비에 관한 특례법에 의거 해당 정비사업에 관한 관리처분계획에 따라 조합원에게 종전 토지 대신 토지 및 건축물 공급하는 사업은 수익사업이 아닌 것으로 본다(지법 제103조의31 제6항).

- 1. 전환정비사업조합[6]이 해당 사업연도의 소득 및 과세표준과 세액을 납세지 관할 세무서장에게 신고한 경우 해당 사업연도 이후부터 그 전환정비사업조합
- 2. 도시 및 주거환경정비법 제35조에 따른 조합
- 3. 빈집 및 소규모주택 정비에 관한 특례법 제23조에 따른 조합

5) 국가, 지방자치단체

내국법인 중 국가와 지방자치단체는 그 소득에 대한 법인세를 납부할 의무가 없다(법법 제3조 제2항). 다만, 외국정부나 외국지방자치단체는 비영리외국법인에 속하므로 법인세를 납부할 의무가 있다.

6) 법인지방소득세 납세자 및 과세대상 정리

구분		각 사업연도 소득	토지 등 양도소득	미환류소득	청산소득
내국법인	영리	○ (국내 및 국외 원천 모든 소득에 과세)	○	○	○
	비영리	△ (국내 및 국외 원천 수익사업 소득에 한함)	○	×	×

---

6) 2003년 6월 30일 이전에 주택건설촉진법(법률 제6852호로 개정되기 전의 것을 말한다) 제44조 제1항에 따라 조합설립의 인가를 받은 재건축조합으로서 도시 및 주거환경정비법 제38조에 따라 법인으로 등기한 조합

구분		각 사업연도 소득	토지 등 양도소득	미환류소득	청산소득
외국 법인	영리	△ (국내원천소득에 한함)	○	×	×
	비영리	△ (국내원천소득 중 수익사업 소득에 한함)	○	×	×
우리나라 국가, 지방자치단체		×			

나. 법인의 합병에 따른 납세의무자

지방세법상 법인의 합병은 두 개 이상의 법인이 상법의 규정에 의하여 하나의 법인으로 되어 청산절차를 거치지 않고 1개 이상 법인이 소멸되거나 권리의무를 포괄적으로 이전하는 일단의 행위를 말한다(지방세관계법 운영예규 41-1). 법인이 합병하여 소멸하는 경우 그 법인(이하 '소멸법인'이라 함)의 권리의무를 존속법인 혹은 신설법인에 포괄적으로 승계하므로 소멸법인의 법인지방소득세 납세의무는 존속법인 혹은 신설법인에 승계된다(지기법 제41조, 법령 제85조의2, 지법 제86조). 이때 합병의 시기는 합병등기를 마친 때이고 승계되는 징수금은 납세의무가 성립하였으나 아직 확정되지 아니하였거나 납세의무가 확정됐으나 아직 납부·징수가 이루어지지 않은 지방세 등이 된다(지방세관계법 운영예규 41-1~41-3). 한편, 소멸법인의 지방세 등에 납기연장 등의 처분[7]이 있는 경우에는 해당 납기연장된 지방세 등을 그대로 승계한다(지방세관계법 운영예규 41-4). 그리고 합병등기일 이후 납세고지서를 발급할 때는 그 고지서의 명의를 존속법인 혹은 신설법인으로 한다(지방세관계법 운영예규 41-5).

다. 법인 해산, 청산 등에 따른 납세의무

1) 개요

법인이 해산하는 경우 청산하기 전까지는 아직 법인격이 소멸하지 아니하였고 회사의 계속을 통해 영업을 계속할 수 있으므로 당연히 해당 법인에 지방세 과세가 가능하다 할 것이다. 법인이 해산한 후 청산 종결된 경우는 그 법인의 법인격이 소멸하지만 그 법인에 부과되거나 법인이 납부할 지방세에 대해서 법인의 청산사무가 존속하는 것으로 보므로 그 지

7) 납기연장의 신청, 징수유예의 신청 또는 물납의 신청, 납기연장, 징수 또는 체납처분에 관한 유예, 물납의 승인, 담보의 제공 등

방세에 대한 납부 의무가 소멸하지 아니하는바 마찬가지로 해당 지방세 과세가 가능하다 할 것이다(지방세관계법 운영예규 45-8, 세정과-13188, 2014. 11. 10.). 이때 부과되거나 납부할 지방세는 당해 법인이 결과적으로 납부하여야 할 지방자치단체의 모든 징수금을 말하고 잔여재산을 분배 또는 인도하는 때에 이미 부과하였거나 부과하여야 할 지방세를 포함한다(지방세관계법 운영예규 45-2). 한편, 법인이 해당 징수금을 납부하지 아니하고 남은 재산을 분배하거나 인도하여 해당 법인에 체납처분을 집행하여도 징수할 금액보다 적은 경우 청산인과 잔여재산의 분배 또는 인도를 받은 자는 그 부족액에 대해서 제2차납세의무를 지게 된다(지기법 제45조).

2) 해산간주 법인

법인의 해산간주에는 대표적으로는 휴면회사의 해산 의제가 있다. 휴면회사란 실제로 영업을 폐지하였으나 해산등기나 청산등기를 하지 아니하여 등기부상으로 계속 존속하는 회사를 말한다. 상법에서는 회사가 범죄로 이용되는 등의 폐해를 막기 위해 일정한 요건 하에 휴면회사의 해산을 의제하고 있다(상법 제520조의2). 해산이 의제된 경우에도 3년 이내에 주주총회 특별결의로 회사를 계속할 수 있으며 계속하지 않고 3년이 경과하면 청산이 종결된 것으로 본다(상법 제520조의2 제3, 4항). 해산간주는 법인을 해산한 것으로 보는 것으로 결국 해산의 효력과 동일하므로 세법상 위 해산과 같이 과세가 가능하다 할 것이다.

3) 파산 법인

채무자 회생 및 파산에 관한 법률 제349조에 따라 파산 선고 후에는 파산재단이 속하는 재산에 대하여 체납처분을 할 수 없으나 부과처분 자체를 금지하고 있지 아니하므로 과세가 가능하다(세정과-13188, 2014. 11. 10.).

법인 해산에 따른 지방세 과세(세정과-13188, 2014. 11. 10.)

채무자 회생 및 파산에 관한 법률 제349조에서 파산선고 후에는 파산재단에 속하는 재산에 대하여 「지방세기본법」에 의하여 징수할 수 있는 청구권에 기한 체납처분을 할 수 없다고 규정하고 있을 뿐 부과처분 자체를 금지하고 있지 않으므로 법인이 해산한 경우 해산된 법인에 지방세를 과세할 수 있는 것이며 체납처분을 집행하여도 징수할 금액보다 적은 경우에는 청산인과 잔여재산의 분배 또는 인도를 받은 자는 그 부족액에 대하여 제2차 납세의무를 지는 것이 타당하다 사료되나, 이에 해당 여부는 과세권자가 사실조사 등을 통하여 최종 판단할 사안이라 할 것입니다.

3 사업연도

가. 일반적인 사업연도

법인지방소득세의 사업연도는 법인세법에 따른 사업연도이다(지법 제88조 제2항). 이때 법인세법에 따른 사업연도는 원칙적으로 법령이나 법인의 정관[8]에서 정하는 1회계기간(최대 1년)이다. 다만, 법령이나 정관에서 정하는 사업연도가 없는 경우 관할 세무서장에게 신고한 사업연도를 법인세의 소득을 계산하는 사업연도로 한다. 법령이나 정관에서 정하는 사업연도가 없으면서 사업연도를 신고하지 아니한 경우는 매년 1월 1일부터 12월 31일까지를 사업연도로 한다(법법 제6조 제1, 2, 5항).

나. 사업연도 의제

사업연도 중 법인에 해산, 분할, 합병 등의 특정한 사유가 발생한 경우 본래의 사업연도에도 불구하고 그 사유가 발생한 날을 기준으로 사업연도를 정하는 것을 사업연도 의제라 한다. 법인세 관련 규정에서는 사업연도가 의제되는 총 8가지 사유를 규정하고 있으며 해당 사유별 의제 사업연도는 다음과 같다(법법 제8조, 법인세 집행기준 8-0-1).

구분	의제 사업연도
해산 시(합병 · 분할 제외)	사업연도 개시일~해산등기일(파산등기일) 해산등기일의 다음 날~사업연도 종료일
합병 · 분할에 의한 해산 시	사업연도 개시일~합병등기일 · 분할등기일
청산 중 잔여재산가액 확정 시	사업연도 개시일~잔여자산가액 확정일
청산 중 계속 사업 시	사업연도 개시일~계속등기일 계속등기일의 다음 날~사업연도 종료일
연결납세방식 적용 시	사업연도 개시일~연결사업연도 개시일의 전날
외국법인의 국내사업장 폐지 시	사업연도 개시일~국내사업장 폐지일
외국법인의 국내 부동산소득 등 미발생 신고 시	사업연도 개시일~신고일
설립무효 · 설립취소 판결 시	사업연도 개시일~확정판결일

이 중 실무적으로 가장 많이 접하게 되는 부분은 청산[9] 관련 사업연도 의제이므로 이하에서 관련 예제를 살펴본다.

8) 회사의 조직과 운영에 관한 근본 규범 혹은 그것을 기재한 것
9) 일반적으로 법인청산 절차는 해산결의에 따른 해산등기, 청산인이 회사의 자산 매각 및 채무 정리에 따른 잔여재산가액확정, 청산등기 순으로 이루어진다.

1) 예제1

사업연도가 매년 1월 1일부터 12월 31일까지인 법인이 있다. 해당 법인이 2024. 7. 30. 해산등기를 하고 2024. 11. 20.에 잔여재산가액을 확정한 경우 해당 법인의 각각의 사업연도는?

답 : 2024. 1. 1.~2024. 7. 30.(사업연도 개시일~해산등기일)
2024. 7. 31.~2024. 11. 20.(사업연도 개시일~잔여자산가액 확정일)

2) 예제2

사업연도가 매년 1월 1일부터 12월 31일까지인 법인이 있다. 해당 법인이 2024. 7. 30. 해산등기를 하고 2025. 5. 20.에 잔여재산가액을 확정한 경우 해당 법인의 각각의 사업연도는?

답 : 2024. 1. 1.~2024. 7. 30.(사업연도 개시일~해산등기일)
2024. 7. 31.~2024. 12. 31.(사업연도 개시일~사업연도 종료일)
2025. 1. 1.~2025. 5. 20.(사업연도 개시일~잔여자산가액 확정일)

4 납세지

가. 개요

납세지는 납세의무자가 세법에서 정한 의무를 이행하고 그 권리를 행사하는 기준이 되는 장소이다(대법원 2017. 11. 9. 선고 2016두55643 판결). 법인지방소득세의 납세지는 사업연도 종료일 현재의 법인세법 제9조에 따른 납세지이다. 다만, 법인이 둘 이상의 지방자치단체에 사업장이 있는 경우에는 각각의 그 사업장 소재지가 납세지가 된다(지법 제89조 제1항). 같은 특별시, 광역시 안의 둘 이상의 구에 사업장이 있는 법인은 해당 특별시, 광역시 안에 있는 본점 또는 주사무소 소재지(연결법인의 경우에는 모법인의 본점 또는 주사무소) 관할 지방자치단체에 일괄 신고하고 납부하여야 한다. 다만, 특별시, 광역시 안에 본점 또는 주사무소가 없는 경우 종업원이 많은 사업장 소재지(종업원 수가 가장 많은 사업장이 둘 이상인 경우 안분율이 가장 큰 사업장 소재지) 관할 지방자치단체장에게 신고하고 납부하여야 한다(지령 제88조 제4항, 지칙 제39조). 한편, 과세 시 특히 유의하여야 할 점은 법인지방소득세의 납세지는 법인세의 납세지와 달리 사업연도 종료일을 기준으로 판단해야 한다는 것이다.

1) 법인세법에 따른 납세지

가) 개요

이상에서 언급한 바와 같이 사업장이 둘 이상의 지방자치단체에 있는 법인 외의 법인의 법인지방소득세 납세지는 사업연도 종료일 당시 법인세법 제9조에 따른 납세지이다. 이때 법인세법 제9조에 따른 법인유형별 납세지는 다음과 같다(법인세 집행기준 9-0-1).

구분	법인유형	납세지
내국 법인	일반법인	• 법인의 등기부에 따른 본점 혹은 주사무소의 소재지(국내에 본점 또는 주사무소가 없는 경우 사업의 실질적 관리장소의 소재지)
	법인으로 보는 단체	• 사업장이 있는 경우: 사업장 소재지(사업장이 둘 이상인 경우 주된 사업장 소재지), 주된 소득이 부동산임대소득인 경우 그 부동산의 소재지(부동산이 둘 이상인 경우 주된 부동산의 소재지) • 사업장이 없는 경우: 정관 등에 기재된 주사무소의 소재지(정관 등에 주사무소에 대한 규정이 없는 경우 대표자 또는 관리인의 주소지)
	피합병법인 · 분할법인 · 소멸한 분할합병의 상대방 법인	• 합병 또는 분할 당시 피합병법인 등의 본래 납세지 다만, 합병법인 · 분할신설법인 · 분할합병의 상대방 법인의 납세지로 변경 가능
외국 법인	국내사업장이 있는 경우	• 국내사업장의 소재지(둘 이상의 국내사업장이 있는 경우에는 주된 사업장의 소재지)
	국내사업장이 없는 경우	• 부동산 · 양도소득 등이 있는 경우 그 소득발생 자산의 소재지(둘 이상의 자산이 있는 경우 납세지로 신고한 장소)

나) 납세지 지정

법인세법 제10조에서는 납세지 관할 지방국세청장 등이 납세지가 조세포탈의 우려 등으로 그 법인의 납세지로 적당하지 않다고 인정되는 경우 납세지를 지정할 수 있도록 규정하고 있는데 둘 이상의 지방자치단체에 사업장이 있는 법인 외의 법인의 법인지방소득세 납세지는 법인세법 제9조에 따른 납세지이므로 법인세법 제10조에 따른 납세지 지정 규정은 법인지방소득세에는 적용하지 아니한다. 즉, 법인세 관련 관할 지방국세청장 등이 납세지를 지정하였다고 하여도 법인지방소득세 납세지는 과세기간 종료일 당시 법인세법 제9조에 따른 납세지가 된다(2025년 행정안전부 지방소득세 실무해설집 77p).

법인지방소득세 납세지 지정(2025년 행정안전부 지방소득세 실무해설집 77p)
납세지의 지정(법법 §10) 규정은 법인지방소득세에 적용되지 아니하므로 법인세법 제10조에 따라 납세지가 지정되었다 하더라도 법인지방소득세의 납세지로 인정되지 아니함

나. 지방세법상 사업장

앞서 언급한 바와 같이 법인이 둘 이상의 지방자치단체에 사업장이 있는 경우에는 각각의 사업장 소재지가 납세지가 되는바 이때 사업장이란 물적 또는 인적설비를 갖추고 사업 또는 사무가 이루어지는 장소를 말한다(지법 제85조 제10호). 사업장 개념은 지방소득세 안분과 관련하여 매우 중요한 의미를 갖는바 법인지방소득세 지방자치단체별 안분 편 지방세법상 사업장 부분에서 해당 내용을 상세히 다루었으니 참고하도록 한다.

5 각 사업연도 소득에 대한 법인지방소득세 계산구조

각 사업연도 소득에 대한 법인지방소득세 계산 구조는 다음과 같다.

구조		비고
	결산서상 당기순손익	
(+)	익금산입·손금불산입	
(−)	손금산입·익금불산입	
	차가감소득금액	
(+)	기부금한도초과액	
(−)	기부금등한도초과이월액손금산입	
	각사업연도소득금액(또는 결손금)	
(−)	이월결손금	
(−)	비과세소득	○ 법인세 과세표준 산출 이전 단계의 학습은 불필요하다.
(−)	소득공제	
	법인세과세표준	○ 법인지방소득세 과세표준은 법인세 과세표준에서 외국법인세액을 차감하여 구함.
(−)	외국법인세액	
	법인지방소득세 과세표준	
	×세율	○ 법인지방소득세 세율은 법인세 세율의 10%임.
	산출세액	○ 지특법에 인구감소지역 주민의 고용에 대한 세액공제만 존재
(−)	공제·감면세액	
(+)	가산세	○ 신고납부가산세는 지방세기본법에 따라 산출, 기타가산세는 국세 10% 혹은 미과세함.
(+)	추가납부세액	○ 추가납부세액: 이월과세, 외국법인 신고기한 연장 등에 따른 추가납부세액
	총부담세액	
(−)	기납부세액	○ 기납부세액: 특별징수세액, 수시부과세액, 예정신고납부세액(중간예납세액 제외).
	차감납부할세액	
(±)	경정수정신고등가감액	○ 경정수정신고등 가감액: 사실과 다른 회계처리로 인한 경정, 재해손실에 대한 세액계산
	조정후납부할세액계	

6 과세표준

가. 개요

법인지방소득세 과세표준은 법인세법에 따라 계산한 법인세의 과세표준과 동일한 금액으로 한다(지법 제103조의19 제1항). 이때 법인세의 과세표준은 각 사업연도의 소득의 범위에서 이월결손금, 비과세소득, 소득공제를 차례로 공제한 금액이다(법법 제13조 제1항).

법인지방소득세는 법인세의 과세표준을 그 과세표준으로 하는바 법인세의 과세표준 산출 이전 단계인 각 사업연도 소득금액 산출 방법이나 과세표준에서 공제하는 이월결손금, 비과세소득 등의 세부내용을 학습하는 것은 불필요하다 할 것이다. 다만, 각각의 용어의 의미는 알아둘 필요가 있는바 이하에서 이를 간략하게 살펴본다.

나. 용어

1) 각 사업연도 소득금액

각 사업연도 소득금액은 그 사업연도에 속하는 익금의 총액에서 손금[10]의 총액을 뺀 금액이다(법법 제14조 제1항). 각 사업연도 소득금액은 익금총액과 손금총액을 계산하여 직접 가감하여 계산하지 않고 기업회계상 당기순손익에 익금산입·손금불산입액을 가산하거나 손금산입·익금불산입액을 차감하여 계산한다. 참고로 당기순손익에 익금산입·손금불산입액을 가산하거나 손금산입·익금불산입액을 차감하는 것을 세무조정이라 한다.

2) 이월결손금, 비과세소득, 소득공제

어떤 사업연도에 속하는 손금의 총액이 익금의 총액을 초과하는 경우 그 초과하는 금액을 각 사업연도의 결손금이라 하는데 이월결손금이란 해당 결손금이 다음 사업연도로 이월된 경우의 그 금액이다(법법 제14조 제2~3항). 비과세소득은 소득 중 과세하지 아니하는 특정 소득을 말하고 소득공제는 소득에서 일부 금액을 공제해주는 것을 말한다. 참고로 지방세법 제90조에서 법인세가 비과세되는 소득은 지방소득세도 비과세되는 소득으로 본다고 규정하고 있다.

3) 소득금액 추계

법인세법에서는 장부 또는 증명서류가 없는 경우 등에 대해서 기준경비율법[11] 등으로 소

10) 세법상 손금, 익금은 회계상 비용, 수익에 대응되는 개념이다.

득금액을 추정하여 계산할 수 있도록 규정하고 있는데 지방세법에서도 해당 경우 등에 대해서 국세와 동일한 방식으로 소득금액을 추계할 수 있다고 규정하고 있다(지법 제103조의25 제3항, 법법 제66조 제3항). 그런데 법인지방소득세 과세표준은 법인세 과세표준과 동일한 금액으로 하는바 실질적으로 법인지방소득세 독자적으로 추계할 수는 없다 할 것이므로 독자적으로 고려할 사항은 없다 할 것이어서 이 부분은 참고만 하도록 한다.

다. 외국법인세액[12] 과세표준 차감

법인세법에 따라 외국납부세액공제를 하는 경우 법인세 과세표준에서 당기 외국법인세액을 차감한 금액을 법인지방소득세 과세표준으로 한다(지법 제103조의19 제2항). 이때 과세표준에서 차감하는 당기 외국법인세액이 해당 사업연도의 과세표준을 초과하는 경우에는 그 초과하는 금액은 해당 사업연도의 다음 사업연도 개시일부터 15년 이내에 끝나는 각 사업연도로 이월하여 이월된 사업연도의 과세표준에서 차감할 수 있다(지법 제103조의19 제4항). 따라서 당기 차감하는 외국법인세액은 이월된 외국법인세액과 당기 외국법인세액 발생액의 합계가 된다. 한편, 법인세에서 당기 외국법인세액을 이월공제기간(10년) 내에 공제받지 못한 경우 그 외국법인세액은 이월공제기간의 종료일 다음 날이 속하는 사업연도의 소득금액 계산 시 손금에 산입할 수 있는데 이 경우 법인지방소득세 외국법인세액 과세표준 차감 시 그 손금 산입한 금액을 법인세 과세표준에 가산한 뒤에 차감한다(지법 제103조의19 제2항, 법법 제57조 제2항). 따라서 외국법인세액 과세표준 차감 한도금액은 법인세 과세표준과 해당 손금산입액의 합계가 된다.

차감한도	당기 차감 대상 외국법인세액	당기 실제 차감하는 외국법인세액	이월배제액	차기 이월대상금액
당기 법인세 과세표준 + 법인세 외국법인세액 이월공제기간(10년) 경과에 따른 손금산입액	이월된 외국법인세액 + 당기 외국법인세액 발생액	Min(차감한도, 당기 차감 대상 외국법인세액)	해당연도 미차감액 중 이월기간이 경과하여 이월되지 않는 금액	당기 차감 대상 외국법인세액 - 당기 실제 차감하는 외국법인세액 - 이월배제액

11) 기준경비율법에 따른 과세표준 = 사업수입금액(1 - 기준경비율) - 주요경비(법령 제104조 제2항 제1호)

12) 이하에서 마. 전까지 외국법인세액은 간접투자 외국법인세액을 제외한 나머지를 말한다. 간접투자 외국법인세액 과세표준 차감제도는 2025. 12. 31. 지방세법이 일부개정되면서 신설된 것으로 이하의 마.에서 상세히 살펴본다.

해당 규정은 2020. 12. 29. 지방세법이 법률 제17769호로 개정되면서 신설된 규정으로 산출세액에서 한도액 이내의 외국법인세액을 공제하는 법인세의 외국납부세액공제와는 전혀 다른 것인바 이를 제대로 이해하기 위해서는 관련 규정의 개정 연혁 및 법인세법상 외국납부세액공제 제도를 이해할 필요가 있으므로 이하에서 이를 살펴본다.

1) 법인세법상 외국납부세액공제

가) 개요

내국법인이 국외에서 영업활동을 통해 소득이 발생하면 그 소득에 대해 일차적으로 그 외국에서 과세하게 된다. 그리고 그 소득에 대해 국내에서도 과세하게 되는바 동일한 납세의무자의 동일한 소득에 대해 두 번 과세되는 이중과세 문제가 발생하게 된다. 법인세법에서는 이러한 이중과세 문제를 해결하고자 외국에서 납부한 세액을 산출세액에서 공제하도록 하고 있는데 이것이 외국납부세액공제 제도이다.

나) 요건

내국법인의 각 사업연도 소득에 대한 과세표준에 국외원천소득이 포함돼 있는 경우로서 그 국외원천소득에 대하여 외국법인세액을 납부하였거나 납부할 것이 있는 경우에 외국납부세액공제를 적용한다(법법 제57조 제1항).

다) 외국납부세액 구분

세액공제되는 외국납부세액에는 직접외국납부세액, 간접외국납부세액, 간주외국납부세액, 하이브리드 사업체 관련 외국납부세액이 있다. 법인세법에서는 각각의 외국납부세액에 대하여 상세한 정의 및 계산법 등을 규정하고 있으나 법인지방소득세는 실무상 법인세법의 당기 외국법인세액 전체 금액을 국세청으로부터 확인하여 과세하게 되므로 세부적인 구분의 필요성은 떨어진다. 따라서 이하에서 관련 용어나 개념정도만 살펴본다.

(1) 직접외국납부세액

직접외국납부세액은 내국법인이 외국정부에 직접 납부하였거나 납부할 것으로 확정된 금액이다(법법 제57조 제1항). 일반적인 의미의 외국납부세액이라 할 수 있다. 이때 직접외국납부세액은 기업회계상 비용 처리하나 법인세법상 외국납부세액공제를 받은 경우 손금불산입한다(법법 제21조 제1호).

(2) 간접외국납부세액

간접외국납부세액은 내국법인의 각 사업연도 소득금액에 그 내국법인이 일정 비율 출자

하고 있는 외국자회사[13]의 수입배당금액이 포함된 경우 그 외국자회사의 소득과 관련된 외국법인세액 중 그 수입배당금액과 대응하는 것으로서 법인세 규정에 따라 계산한 금액이다(법법 제57조 제4항). 즉, 내국법인이 외국법인을 출자하여 설립하는 등의 사유로 외국법인의 주식을 일정 지분 이상 보유하고 있는 경우 등에 그 외국법인이 외국소득을 내국법인에 배당할 수 있는데 그 배당금과 관련된 외국법인세액을 간접외국납부세액이라 하는 것이다. 간접외국납부세액 중 세액공제를 받은 금액은 익금에 산입한다(법법 제15조 제2항 제2호). 이는 외국에 납부한 세금이 세전소득을 기준으로 계산된 것이므로 외국납부세액 공제액도 그에 대응하게 하기 위함이다.

(3) 간주외국납부세액

간주외국납부세액은 국외원천소득이 있는 내국법인이 조세조약의 상대국에서 그 국외원천소득에 대하여 법인세를 감면받은 세액이다(법법 제57조 제3항). 간주외국납부세액 공제는 외국에서 실제로 납부하지 아니하고 감면받은 세금이더라도 조세조약과 거주지국 국내법의 요건에 따라 그러한 감면액을 실제로 납부한 세금과 같이 공제받을 수 있도록 취급하기 위한 것으로서 원천지국이 행한 조세감면혜택의 효과를 거주지국에서 인정해주어 그 감면혜택이 무의미해지지 아니하도록 하는 데 그 취지가 있다(수원지방법원 2017. 5. 30. 선고 2016구합118 판결).

(4) 하이브리드 사업체 관련 외국납부세액

내국법인이 각 사업연도의 소득금액에 외국법인으로부터 받는 수입배당금액이 포함돼 있는 경우로서 그 외국법인의 소득에 대하여 해당 외국법인이 아니라 출자자인 내국법인이 직접 납세의무를 부담하는 경우 등 일정 요건을 갖춘 경우 그 외국법인의 소득에 대해 내국법인에게 부과된 외국법인세액 중 해당 수입배당금액에 대응하는 것으로서 일정 산식에 따라 계산한 금액이 하이브리드 사업체 관련 외국납부세액이다(법법 제57조 제6항).

2) 법인지방소득세 외국법인세액 과표 차감 개정 연혁

구 지방세법(2020. 12. 29. 법률 제17769호로 개정되기 전의 것) 및 지방세특례제한법에는 법인세법과 달리 외국납부세액공제 관련 규정이 존재하지 아니하였던바 법인세 외국납부세액공제를 법인지방소득세에도 적용하여야 한다는 취지의 다수의 불복이 청구됐는데 결국 대법원이 간접외국납부세액은 익금불산입하고 직접외국납부세액은 손금에 산입하라고 판결(대

13) '외국자회사'란 내국법인이 의결권 있는 발행주식총수 또는 출자총액의 100분의 10(해외자원개발사업을 하는 외국법인의 경우에는 5%) 이상을 출자하고 있는 외국법인으로서 내국법인이 직접 외국자회사의 의결권 있는 발행주식총수 또는 출자총액의 100분의 10 이상(해외자원개발사업을 하는 외국법인의 경우에는 5%)을 해당 외국자회사의 배당기준일 현재 6개월 이상 계속하여 보유하고 있는 법인을 말한다(법법 제57조 제5항).

법원 2020. 4. 9. 선고, 2020두30399 판결)함에 따라 2020. 12. 29. 행정안전부 주도로 법인지방소득세 과세표준 계산 시 법인세 과세표준에서 외국법인세액을 차감하여 계산하도록 지방세법을 개정하면서 해당 사건들은 마무리됐다. 이때 대법원의 판단을 살펴보면, 법인지방소득세의 과세표준은 법인세의 과세표준을 그대로 적용하는 것이 아니라 그 산정방식을 준용하는 것으로 법인세법에서 직접외국납부세액을 손금에 산입하지 않는 것은 외국법인세액을 법인세액에서 공제하기 때문이므로 외국법인세액을 공제받지 않는 경우에는 손금에 산입[14]하여야 하고, 간접외국납부세액을 익금에 산입하는 것은 국가 간의 중복과세를 방지하고 내국법인의 조세부담을 감경하기 위한 것이므로 외국법인세액을 공제받지 않은 경우에는 해당 금액을 익금에 불산입[15]하여야 한다는 것이다. 한편, 재판 과정에서 각 과세관청은 법인지방소득세의 과세표준은 법인세의 과세표준과 동일한 과세표준이라고 주장해왔는데 이것이 1심에서 받아들여지지 않은바 법인지방소득세 과세표준을 법인세 과세표준과 동일한 과세표준으로 함을 명시화하기 위해 행정안전부 주도로 2019. 12. 31. 지방세법을 법률 제16855호로 일부개정하면서 지방세법 제103조의19를 개정하여 법인지방소득세 과세표준을 종전 법인세법에 따라 계산한 과세표준에서 법인세의 과세표준과 동일한 것으로 변경하였다. 그러나 최종적인 대법원 판결이 위와 같이 확정된 후 해당 판례의 취지를 수용하여 2020. 12. 29. 지방세법을 법률 제17769호로 일부개정하면서 지방세법 제103조의19 제2항을 신설하여 법인세에서 외국납부세액 공제를 받은 경우 법인지방소득세 과세표준 계산 시 법인세 과세표준에서 당기 외국법인세액을 차감하여 계산하도록 규정하여 현재까지 이어져 오고 있다. 이상의 관련 규정 개정 연혁을 정리하면 다음과 같다.

구분	종전	2019. 12. 31. 개정	2020. 12. 29. 개정
지방소득세 과세표준 규정	법인세법에 따라 계산한 과세표준	법인세의 과세표준과 동일한 금액	법인세의 과세표준과 동일한 금액, 단, 법인세에서 외국납부세액 공제 받은 경우 법인세 과세표준에서 당기 외국법인세액 차감한 금액

14) 손금불산입 항목인 외국납부세액 공제 받은 직접외국법인세액을 손금에 산입하면 최종적인 법인지방소득세 과세표준은 법인세 과세표준에서 외국법인세액을 차감한 금액이 된다.

15) 익금 산입 항목인 간접외국법인세액을 익금에 불산입하면 최종적인 법인지방소득세 과세표준은 법인세 과세표준에서 외국법인세액을 차감한 금액이 된다.

구분	종전	2019. 12. 31. 개정	2020. 12. 29. 개정
개정 원인		2023두30999 사건 관련 1심 패소에 따라 과세 관청 및 행안부 주장 법에 명시화	2023두30999 패소 후 판결 취지 수용

법인세에서 외국납부세액 공제를 받은 경우 법인지방소득세 과세표준(대법원 2020. 4. 9. 선고 2020두30399 판결)

법인지방소득세의 과세표준은 그 계산방법을 법인세법 제13조에 따르는 것이지 '법인세법 제13조에 따라 신고하거나 결정·경정된 법인세 과세표준'이라고 보기는 어렵다 할 것이고 직접외국납부세액을 손금에 산입하지 않는 취지는 앞서 본 바와 같이 직접외국납부세액을 법인세액에서 공제하거나 필요경비에 산입하기 때문이다. 또한 간접외국납부세액을 익금으로 보는 데에는 이에 대한 세액공제가 뒤따른다는 점이 당연히 전제되어 있다. 그러므로 내국법인이 이 사건 간접외국납부세액에 관하여 세액공제 방법을 선택하였으나 외국법인세액의 공제 규정 등이 없는 이상 이를 익금에 포함시킬 수 없다고 봄이 상당하다.

라. 적용 및 경정

1) 당기 외국법인세액

당기 외국법인세액 과세표준 차감과 관련된 규정의 시행일은 2021. 1. 1.이고 해당 규정은 그 시행일 이후 과세표준을 신고하는 경우부터 적용된다{지법 부칙 제1조, 제10조(2020. 12. 29. 법률 제17769호로 개정된 것)}. 다만, 2014. 1. 1.부터 2019. 12. 31. 이전까지 개시한 사업연도 관련하여 법인세에서 외국납부세액 공제를 받은 경우는 당기 외국법인세액 차감 규정을 소급하여 적용[16)]한다. 이때 지방세기본법상 법인지방소득세의 경정청구 기한이 경과한 경우라도 2021. 6. 30.까지 경정청구하여 경정될 수 있도록 부칙을 두었으나 현재는 해당 경우 그 기한이 경과하여 경정청구 및 경정이 불가하다{지법 부칙 제13조(2020. 12. 29. 법률 제17769호로 개정된 것)}.

16) 규정은 아래와 같이 돼 있으나 실질적으로 당기 외국법인세액 차감 규정 소급 적용과 같으므로 편의상 당기 외국법인세액 차감 규정 소급 적용으로 표현함. 이하 같음.
- 이미 납부한 해당 사업연도의 법인지방소득세액과 해당 사업연도의 법인지방소득세 과세표준에서 외국법인세액을 차감하여 계산한 해당 사업연도의 법인지방소득세액과의 차액을 「지방세기본법」 제60조에 따라 환급받을 수 있다.

2) 당기 외국법인세액 차감 적용

가) 사업연도 개시일이 2019. 12. 31. 이전인 경우

(1) 제척기간이 경과한 경우

외국법인세액 과세표준 차감 규정 관련 부칙에서 경정청구 기한 및 제척기간이 경과한 경우라도 2021. 6. 30.까지 경정청구 및 경정이 가능하도록 규정하였으나 이미 2021. 6. 30.이 경과하였으므로 법인지방소득세의 제척기간이 경과한 경우 외국법인세액 과세표준 차감 관련 경정청구 및 경정이 불가하다.

(2) 제척기간이 경과하지 아니한 경우

제척기간 특례 등에 따라 제척기간이 경과하지 아니한 경우 외국법인세액 과세표준 차감 규정을 소급적용하여 경정청구 및 경정이 가능하다. 이에 따른 환급은 법률을 소급하여 환급하는 경우에 해당하므로 이때의 환급가산금 기산일은 개정 법령 시행일(2021. 1. 1.)의 다음 날을 적용한다(지기령 제43조 제1항 제4호).

나) 사업연도 개시일이 2020. 1. 1. 이후이면서 신고기한이 2021. 1. 1. 이후인 경우

이 경우 현행 규정에 따라 경정청구 및 경정이 가능하며 이때의 환급가산금 기산일은 납부일의 다음 날을 적용한다(지기법 제43조 제1항 제1호).

다) 사업연도 개시일이 2020. 1. 1.~2020. 12. 30.이면서 신고기한이 2021. 1. 1. 전인 경우

이 경우 문언 해석상 경정 및 환급이 불가하다. 관련 부칙에서 사업연도 개시일이 2014. 1. 1.~2019. 12. 31.인 경우는 지방세법 제103조의19 제2~4항을 소급하여 적용하도록 규정하고 있고 신고기한이 2021. 1. 1. 이후인 경우는 현행 규정을 적용하도록 규정하고 있는바 사업연도 개시일이 2020. 1. 1.~2020. 12. 30.이고 신고기한이 2021. 1. 1. 전인 경우는 소급적용 대상, 현행 규정 적용 대상 어디에도 속하지 아니하기 때문이다. 이에 해당하는 경우는 2020. 1. 1. 사업을 개시하는 법인의 사업연도 종료일이 2020. 8. 31. 이전인 경우, 2020. 1. 1. 사업을 개시하였으나 정관으로 사업연도를 6개월로 정한 경우 등이 있다. 이 법을 입법할 때 정관에 따른 사업연도가 법인마다 다를 수 있다는 것과 사업연도가 1년 미만인 경우가 있을 수 있다는 것 등을 고려하지 아니하고 사업연도를 매년 1월 1일부터 12월 31일로 전제하여 입법한 것으로 보이고 이 경우에 해당하는 법인들에 대해서만 외국법인세액 과세표준 차감 관련 차별을 둘 이유가 없는 것을 고려하면 이는 입법의 오류로 보인다. 한편, 행정안전부에서 외국법인세액 과세표준 차감 규정을 신설하기 전에도 위 대법원 판례에 따라 종전 과세표준을 법인세 과세표준에서 외국법인세액을 차감한 금액으로 경정하여 환급해주었던바(행정안전부 지방소득소비세제과-3877, 2020. 10. 21.) 해당 판례에 따라 경정 및 환급이 가능하다는 주장이 있을 수 있다. 그러나 해당 판결은 법인지방소득세의 과세표준이 법인세의 과세표준과 동일하지 않다는 것을 전제로 한 판결인데 2019. 12. 31. 지방세법이 법률 제16855호로 일부개정되면서 법인지방소득세의 과세표준이 종전 법인세의 과세표준에 따라 계산한 금액에서 법인세와 동일한 금액으로 개정됐고 이는 2020. 1. 1. 이후에 납세의무가 성립하는 분부터 적용하는바 지금 논하고 있는 경우는 사업연도 개시일이 2020. 1. 1. 이후이므로 해당 판례의 전제(법인지방소득세 과세표준은 법인세의 과세표준과 동일한 금액이 아니라 계산 방식을 준용한 것일 뿐이라는 전제)를 충족하지 못한다는 점에서 해당 판례가 적용될 수 없다 할 것이므로 환급이 불가하다 할 것이다. 결국 이는 개정이 필요한 부분이라 판단되며 해당하는 법인은 이상의 이유들로 불복 제기가 가능한 부분이라 판단된다.

3) 외국법인세액 이월 차감

과세표준에서 차감하는 당기 외국법인세액이 해당 사업연도의 과세표준을 초과하는 경우에 그 초과하는 금액은 해당 사업연도의 다음 사업연도 개시일부터 15년 이내에 끝나는 각 사업연도로 이월하여 이월된 사업연도의 과세표준에서 차감할 수 있다(지법 제103조의19 제4항). 이때 먼저 발생한 이월금액부터 차감한다(지령 제100조의10 제6항). 해당 외국법인세액 과세표준 차감 이월과 관련된 규정의 시행일은 2021. 1. 1.이고 해당 규정은 그 시행일 이후 과세표준을 신고하는 경우부터 적용한다. 그리고 사업연도 개시일이 2019. 12. 31. 이전이고 당기 외국법인세액 과세표준 차감이 적용됐으나 당기 외국법인세액이 해당 사업연도의 과세표준을 초과하여 차감액이 이월되는 경우에는 해당 사업연도의 다음 사업연도 개시일부터 10년 이내에 끝나는 각 사업연도로 이월하여 이월된 사업연도의 과세표준에서 차감할 수 있다{지법 부칙 제1조, 10조, 13조(2020. 12. 29. 법률 제17769호로 개정된 것)}.

4) 외국법인세액 이월 차감 적용

(1) 당기 외국법인세액 관련 사업연도의 개시일이 2019. 12. 31. 이전인 경우

(가) 제척기간이 경과한 경우

제척기간이 경과한 경우 위 당기 외국법인세액 차감 적용 부분 (1)과 같은 이유로 이월이 불가하다.

(나) 제척기간이 경과하지 아니한 경우

외국법인세액 과세표준 차감 규정 소급 적용에 따라 법인세 과세표준에서 당기 외국법인세액이 차감되고 차감액이 이월되는 경우 그 이월되는 차감액은 해당 사업연도의 다음 사업연도의 개시일부터 10년 이내에 끝나는 각 사업연도로 이월하여 이월된 사업연도의 과세표준에서 차감한다.

(2) 당기 외국법인세액 관련 사업연도의 개시일이 2020. 1. 1. 이후이면서 신고기한이 2021. 1. 1. 이후인 경우

현행 규정을 적용하며 이때 발생하는 외국법인세액 이월금은 해당 사업연도의 다음 사업연도의 개시일부터 15년 이내에 끝나는 각 사업연도로 이월하여 이월된 사업연도의 과세표준에서 차감한다.

(3) 당기 외국법인세액 관련 사업연도의 개시일이 개시일이 2020. 1. 1.~2020. 12. 30.이면서 신고기한이 2021. 1. 1. 전인 경우

위 당기 외국법인세액 차감적용 다) 참고

5) 실무 Check

가) 과세표준에서 차감하는 외국법인세액

과세표준에서 차감하는 외국법인세액은 법인세 외국납부세액공제액이 아니라 당기 외국법인세액이다. 외국법인세액 중 한도액[17] 이내의 금액을 법인세 외국납부세액공제액으로 하므로 법인지방소득세에서 과세표준에서 차감하는 외국법인세액과 법인세 외국납부세액공제액이 다를 수 있는 것이다. 실무적으로 과세표준에서 차감하는 외국법인세액을 법인세 외국납부세액공제액과 혼동하여 착오로 신고 및 과세하는 경우가 종종 있으므로 유의하도록 한다.

한편, 법인세에서 외국납부세액공제 당기이월액은 외국법인세액 중 한도액을 초과하는 금액이 되는 반면에 법인지방소득세에서 외국법인세액 과세표준 차감 당기이월액은 외국법인세액 중 과세표준을 초과하는 금액이 되므로 법인지방소득세 과세표준 당기이월 차감액은 법인세 당기이월 공제액과는 전혀 다른 개념임에도 유의한다(법법 제57조 제2항).

또한, 2020. 12. 22. 법인세법이 법률 제17652호로 일부개정되기 전에는 외국법인세액에 대해 세액공제가 아니라 손금산입 형태의 공제를 선택할 수 있었던바 지방세법 제103조의19 제2항에서 외국법인세액 과세표준 차감은 법인세법에 따라 세액공제를 받는 경우에 한하여 적용한다고 규정하고 있으므로 법인세에서 세액공제가 아니라 해당 손금산입 방식을 선택한 경우는 외국법인세액 과세표준 차감은 불가하다 할 것이다. 해당 법인세법 개정의 시행일은 2021. 1. 1.이고 관련 부칙에서 그 전의 사업연도분에 대해서는 종전의 규정에 따

---

17) 해당사업연도의 산출세액 $\times \dfrac{\text{국외원천소득} - \text{세액감면 등}}{\text{해당 사업연도소득에 대한 과세표준}}$(법법 제57조 제1항)

른다고 규정하고 있으므로 결론적으로 2020년 이전 귀속의 경우 손금산입 방식 선택이 가능하고 해당 방식을 선택한 경우에는 외국법인세액 과세표준 차감을 적용하지 아니하여야 할 것이다{법법 부칙 제19조(2020. 12. 22. 법률 제17652호로 일부개정된 것)}.

나) 외국납부세액 과세표준 차감 적용 요령

(1) 개요

지방세법에 외국법인세액 과세표준 차감 규정이 신설되기 전 기 언급한 대법원 판결(대법원 2020. 4. 9. 선고 2020두30399 판결)에 따라 외국법인세액을 과세표준에서 차감하여 주고자 행정안전부에서 환급 검토 지침을 각 지방자치단체에 하달한 바 있는데 해당 지침에서 외국법인세액 과세표준 차감 경정 관련하여 실무적으로 검토하여야 할 부분을 잘 나열하고 있으므로 이하에서 이를 소개하고자 한다.

외국법인세액 과세표준 차감 검토사항 (지방소득소비세제과-3877, 2020. 10. 21.)

검토사항		적합 여부
환급 시 필요한 서류 제출 여부	• 환급 요청시 필요한 서류를 구비하였는지 여부 ㉠ 지방세 관련 서류 ① 경정청구서 ② 과세표준 재계산에 따른 법인지방소득세 신고서 및 첨부서류(외국법인세액 과세표준 차감 명세서, 지령 제100조의10 제1항) ㉡ 법인세 관련 서류 ① 공제감면세액계산서 ② 소득종류별 외국납부세액 명세서 ㉢ 법인세 외국납부세액 결정·경정 여부 확인서	
환급대상	• 법인세법 신고 시 세액공제를 선택하였는지 여부 ※ 손금산입 방식을 선택한 사업연도는 환급 불가	
금액의 적정성	• 환급 대상 외국납부세액이 법인세 신고 금액과 일치하는지 여부	
	• 환급 요청하는 외국납부세액에 대해 법인세법상 수정신고·경정 등 최초신고와 비교하여 변동이 있는지 여부 ※ 법인에게 외국납부세액 경정내역 있는지 확인	

■ 법인세법 시행규칙[별지 제8호서식 부표 5] <개정 2017. 3. 10.>

(3쪽 중 제1쪽)

사업연도	. . . ~ ㉡ . . .	**공제감면세액계산서(5)**	법인명	
			사업자등록번호	

1. **외국납부세액공제 적용방법** (선택한 방법의 [ ] 에 V표 합니다.)

[√] 세액공제 (「법인세법」 제57조제1항제1호) ⇦ ㉠

[ ] 손금산입 (「법인세법」 제57조제1항제2호)

2. **국가별 세액공제 총괄명세** ('1. 외국납부세액공제 적용방법'에서 세액공제를 선택한 경우만 작성)

(단위 : 원)

①연번	②국가명	③국가코드	당기 공제대상 세액 ④전기이월액	당기 공제대상 세액 ⑤당기 외국납부세액 발생액	⑥국가별 공제한도	⑦당기 실제 세액공제액	⑧이월배제액	⑨차기이월액
1								
2				㉢				
10								
합계								

■ 법인세법 시행규칙 [별지 제8호서식 부표 5의3] <개정 2020. 3. 13.>

(앞쪽)

사업연도	. . ~ . .	**소득종류별 외국납부세액 명세서**	법인명	
			사업자등록번호	

(단위 : 원)

①연번	소득발생처 ②국가명	소득발생처 ③코드	소득발생처 ④상호(성명)	⑤소득구분코드	⑥국외원천소득		외국납부세액 ⑦직접	외국납부세액 ⑧간주	외국납부세액 ⑨간접	외국납부세액 ⑩하이브리드(Hybrid)
1						세목				
						세액				
14						세액				
15						세목				
						세액				
합계						세액				

210mm×297mm[백상지 80g/m² 또는 중질지 80g/m²]

※ 법인에게 외국납부세액의 경정 내역이 있는지 반드시 확인(최종 외국납부세액)

(2) 실무 Check(공무원 실무자 전용)

(가) 당기 외국법인세액 세무서 조회

공무원 실무자는 당기 최종경정 외국법인세액과 법인이 신고서 등에 제출한 당기 외국법인세액의 금액이 일치하는지 확인할 필요가 있는바 관할 세무서에 다음과 같은 양식으로 당기외국납부세액을 조회하여 해당 일치 여부를 확인한 뒤 과세하면 될 것이다.

법인명	사업연도	당기 발생 외국납부세액 (법인제출)			
		직접	간접	간주	Hybrid 관련

금액일치 여부(O, X)	세액공제 선택여부(O, X)	금액 불일치 시 당기 발생 외국납부세액 (외국납부세액 결정·경정된 경우 최종 외국납부세액)			
		직접	간접	간주	Hybrid 관련

(나) 외국법인세액 과세표준 차감액 이월 관리

실무적으로 외국법인세액 과세표준 차감액이 이월되는 경우 그 이월액은 표준지방세정보시스템에서 다음 과세에 자동으로 반영해주지 아니하므로 과세 시 유의하여야 한다. 결국 과세할 때마다 전년도의 과세자료를 확인하여 이월액이 존재하는 경우 일일이 그 이월액을 반영해주어야 하는데 이는 수많은 법인 과세자료를 관리하는 공무원 실무자들에게는 사실상 무리가 있으므로 결국 외국법인세액 과세표준 차감액이 이월되는 경우에는 따로 대장 등을 만들어서 관리하고 그 대장을 바탕으로 과세하는 것이 현실적인 방법이라 할 수 있을 것이다.

마. 간접투자 외국법인세액 과세표준 차감

1) 법인세에서 간접투자 외국납부세액 공제

내국법인이 간접투자회사 등으로부터 금융상품을 취득하고 그 금융상품의 투자대상에서 발생한 소득에 대하여 간접회사 등이 외국법인세액을 납부한 경우 그 외국법인세액 중 일정 금액을 해당 내국법인의 해당 사업연도의 법인세 산출세액에서 공제할 수 있도록 규정하고 있는데 이것이 간접투자 외국납부세액 공제 특례이다(법법 제57조의2). 참고로 이는 간접투자라는 점에서 직접투자의 형태인 간접외국법인세액 공제와 구분된다.

2) 개요

법인세법에 따라 간접투자회사 등이 납부한 외국법인세액을 공제하는 경우 법인세 과세표준에서 간접투자 외국법인세액 공제금액을 차감한 금액을 법인지방소득세 과세표준으로 한다(지법 제103조의19 제2항). 이는 2025. 12. 31. 지방세법이 법률 제21308호로 일부개정되면서 신설된 규정으로 2026. 1. 1. 이후 법인지방소득세 과세표준을 신고하는 경우부터 적용한다{지법 부칙 제10조(2025. 12. 31. 법률 제21308호로 일부개정된 것)}.

종전에는 법인세에서 간접투자 외국납부세액 공제를 받았어도 법인지방소득세에서는 과세표준 차감 등을 하지 아니하였으나 2025. 12. 23. 법인세법이 법률 제21217호로 일부개정되면서 간접투자 외국납부세액 공제 시 외국법인세액을 간접외국납부세액과 마찬가지로 익금산입하도록 법인세법 제15조 제3호가 신설된바 법인지방소득세에서도 해당 외국법인세액을 과세표준에서 차감하도록 규정하게 된 것이다. 왜냐하면 간접투자 외국납부세액 공제 시 외국법인세액을 익금에 산입하도록 하는 데에는 이에 대한 세액공제가 뒤따른다는 점이 전제돼 있다고 볼 수 있고 그렇다면 해당 세액 공제를 해주지 아니하는 법인지방소득세에서는 익금에 산입하지 아니하여야(=과세표준 차감) 하는 것으로 볼 수 있기 때문이다(대법원 2020. 4. 9. 선고 2020두30399 판결 참조).

3) 간접투자 외국법인세액 과세표준 차감액 이월

간접투자 외국법인세액 과세표준 차감액 이월, 이월배제액 등은 그 외 외국법인세액 과세표준 차감액 이월 등과 동일하므로 위 다. 외국법인세액 과세표준 차감을 참고한다.

4) 차감 명세서 등 제출

간접투자 외국법인세액 공제금액을 과세표준에서 차감하고자 하는 내국법인은 확정신고 시 외국법인세액 등 과세표준 차감 명세서(별지 제43호의13 서식), 간접투자외국법인세액공제증명서류, 간접투자회사등 외국납부세액공제세액계산서(법칙 별지 제8호 서식 부표 5의6), 간접투자회사등 외국납부세액 명세서(부표 5의7)를 제출하여야 한다(지령 제100조의10 제5항).

7 세율

가. 일반적인 경우

세액을 산출하기 위하여 과세표준에 곱하는 비율을 세율이라 하고 지방세를 부과할 경우에 통상 적용하여야 할 세율로서 재정상의 사유 또는 특별한 사유가 있는 경우 이에 따르지 아니할 수 있는 세율을 표준세율이라 한다(지기법 제2조 제1항 제6호). 지방소득세에서는 표준세율 개념을 사용하는데 지방소득세에서 표준세율 개념을 도입한 것은 지방세 특성상 지방자치의 의미를 강조하므로 지방자치단체별로 조례 등으로 세율을 가감 조정할 수 있도록 하기 위한 것이다.

내국법인의 각 사업연도 소득에 대한 법인지방소득세 표준세율은 법인세 세율의 10%로 규정하고 있으며 다음 표와 같다(지법 제103조의20).

과세표준		세율
2억원 이하	사업연도 개시일 2026. 1. 1. 이후	과세표준의 1천분의 10
	사업연도 종료일 2023. 1. 1. 이후 & 사업연도 개시일 2026. 1. 1. 전	과세표준의 1천분의 9
	사업연도 종료일 2014. 1. 1.~2022. 12. 31.	과세표준의 1천분의 10
2억원 초과 200억원 이하	사업연도 개시일 2026. 1. 1. 이후	200만원+(2억원을 초과하는 금액의 1천분의 20)
	사업연도 종료일 2023. 1. 1. 이후 & 사업연도 개시일 2026. 1. 1. 전	180만원+(2억원을 초과하는 금액의 1천분의 19)
	사업연도 종료일 2014. 1. 1.~2022. 12. 31.	200만원+(2억원을 초과하는 금액의 1천분의 20)
200억원 초과 3천억원 이하	사업연도 개시일 2026. 1. 1. 이후	3억9천800만원+(200억원을 초과하는 금액의 1천분의 22)
	사업연도 종료일 2023. 1. 1. 이후 & 사업연도 개시일 2026. 1. 1. 전	3억7천800만원+(200억원을 초과하는 금액의 1천분의 21)
	사업연도 종료일 2018. 1. 1.~2022. 12. 31.	3억9천800만원+(200억원을 초과하는 금액의 1천분의 22)
3천억원 초과	사업연도 개시일 2026. 1. 1. 이후	65억5천8백만원+(3천억원을 초과하는 금액의 1천분의 25)
	사업연도 종료일 2023. 1. 1. 이후 & 사업연도 개시일 2026. 1. 1. 전	62억5천8백만원+(3천억원을 초과하는 금액의 1천분의 24)
	사업연도 종료일 2018. 1. 1.~2022. 12. 31.	65억5천8백만원+(3천억원을 초과하는 금액의 1천분의 25)
	사업연도 종료일 2014. 1. 1.~2017. 12. 31.	3억9천800만원+(200억원을 초과하는 금액의 1천분의 22)

지방세법에서는 위 표처럼 전단계까지의 누진세액에 전단계를 초과하는 과세표준에 해

당 단계의 세율을 곱한 금액을 합산하여 세액을 산출하도록 규정하고 있으나 과세표준에 해당 단계의 세율을 곱하고 누진공제액을 차감하는 방식을 활용하면 더 편리하게 산출세액을 구할 수 있어 실무적으로는 해당 방식이 더 많이 사용된다. 가령 사업연도 종료일이 2023. 12. 31.이고 과세표준이 300억일 경우 지방세법 해당 규정에 따라 산출세액을 계산하면 계산식은 3억7800만원+(300억－200억)×0.021이 되나 누진세액 공제액을 차감하는 방식으로 산출세액을 계산하면 계산식은 300억×0.021－4,200만원이 되므로 더 간단하게 산출세액을 계산할 수 있는 것이다.

한편, 누진세액공제액을 차감하는 방식에서 누진세액공제액이 어떻게 계산됐는지 살펴보면 해당 방식을 적용하여 300억에 2.1%의 세율을 적용함에 따라 2억원의 과세표준의 세율이 1.2%(2.1%－0.9%)만큼 과다하게 계산됐고 198억원(2억 초과 200억 이하까지의 금액)의 과세표준이 0.2%(2.1%－1.9%)만큼 과다하게 계산됐으므로 240만원(2억×1.2%)과 3천9백6십만원(198억원×0.2%)을 합한 금액이 누진세액공제액이 되는 것이다.

아래는 누진세액공제액과 세율을 정리한 표이다.

과세표준		세율	누진공제액
2억원 이하	사업연도 개시일 2026. 1. 1. 이후	과세표준의 1천분의 10	－
	사업연도 종료일 2023. 1. 1. 이후 & 사업연도 개시일 2026. 1. 1. 전	과세표준의 1천분의 9	－
	사업연도 종료일 2014. 1. 1.~2022. 12. 31.	과세표준의 1천분의 10	－
2억원 초과 200억원 이하	사업연도 개시일 2026. 1. 1. 이후	과세표준의 1천분의 20	200만원
	사업연도 종료일 2023. 1. 1. 이후 & 사업연도 개시일 2026. 1. 1. 전	과세표준의 1천분의 19	200만원
	사업연도 종료일 2014. 1. 1.~2022. 12. 31.	과세표준의 1천분의 20	200만원
200억원 초과 3천억원 이하	사업연도 개시일 2026. 1. 1. 이후	과세표준의 1천분의 22	4,200만원
	사업연도 종료일 2023. 1. 1. 이후 & 사업연도 개시일 2026. 1. 1. 전	과세표준의 1천분의 21	4,200만원
	사업연도 종료일 2018. 1. 1.~2022. 12. 31.	과세표준의 1천분의 22	4,200만원
3천억원 초과	사업연도 개시일 2026. 1. 1. 이후	과세표준의 1천분의 25	9억4200만원
	사업연도 종료일 2023. 1. 1. 이후 & 사업연도 개시일 2026. 1. 1. 전	과세표준의 1천분의 24	9억4200만원
	사업연도 종료일 2018. 1. 1.~2022. 12. 31.	과세표준의 1천분의 25	9억4200만원
	사업연도 종료일 2014. 1. 1.~2017. 12. 31.	과세표준의 1천분의 22	9억4200만원

나. 성실신고확인대상 소규모 법인

지방세법이 2024. 12. 31. 법률 제20630호로 일부개정되면서 지방세법 제103조의20 제2호가 신설돼 부동산 임대업을 주된 사업으로 하는 등 대통령령으로 정하는 요건에 해당하는 내국법인[18]에 대해서는 개인사업자와의 과세형평을 제고하기 위해서 과표 구간 및 세율을 조정하였는바 그에 따라 적용되는 표준세율은 다음 표와 같고 이는 2025. 1. 1. 이후 사업연도를 개시하는 경우부터 적용한다.

과세표준		세율
200억원 이하	사업연도 개시일 2026. 1. 1. 이후	과세표준의 1천분의 20
	사업연도 개시일 2025. 1. 1. 이후 & 2026. 1. 1. 전	과세표준의 1천분의 19
200억원 초과 3천억원 이하	사업연도 개시일 2026. 1. 1. 이후	4억원+(200억원을 초과하는 금액의 1천분의 22)
	사업연도 개시일 2025. 1. 1. 이후 & 2026. 1. 1. 전	3억8천만원+(200억원을 초과하는 금액의 1천분의 21)
3천억원 초과	사업연도 개시일 2026. 1. 1. 이후	65억6천만원+(3천억원을 초과하는 금액의 1천분의 25)
	사업연도 개시일 2025. 1. 1. 이후 & 2026. 1. 1. 전	62억5천만원+(3천억원을 초과하는 금액의 1천분의 24)

18) 부동산임대업을 주된 사업으로 하는 등 대통령령으로 정하는 요건에 해당하는 내국법인이란 다음 각 호의 요건을 모두 갖춘 내국법인(유동화전문회사 등, 프로젝트금융투자회사 제외)을 말한다(법령 제97조의4 제2항).

1. 해당 사업연도 종료일 현재 내국법인의 지배주주등이 보유한 주식등의 합계가 해당 내국법인의 발행주식총수 또는 출자총액의 100분의 50을 초과할 것
2. 해당 사업연도에 부동산 임대업을 주된 사업으로 하거나 다음 각 목의 금액 합계가 기업회계기준에 따라 계산한 매출액(가목부터 다목까지에서 정하는 금액이 포함되지 않은 경우에는 이를 포함하여 계산한다)의 100분의 50 이상일 것
   가. 부동산 또는 부동산상의 권리의 대여로 인하여 발생하는 수입금액(「조세특례제한법」 제138조 제1항에 따라 익금에 가산할 금액을 포함한다)
   나. 이자소득의 금액
   다. 배당소득의 금액
3. 해당 사업연도의 상시근로자 수가 5명 미만일 것

다. 사업연도가 1년 미만인 경우

사업연도가 1년 미만인 내국법인의 각 사업연도 소득에 대한 법인지방소득세 산출세액은 법인지방소득세 과세표준을 사업연도의 월수로 나누고 12를 곱한 금액을 과세표준으로 하여 표준세율을 적용한 금액을 다시 12로 나눈 뒤에 월수를 곱한 금액으로 한다. 즉, 다음과 같이 산출한다(지법 제103조의21 제2항). 이때 월수는 역에 따라 계산하되 1월 미만의 일수는 1월로 한다(지령 제100조의11).

$$\text{산출세액} = (\text{과세표준} \times \frac{12}{\text{사업연도의 월수}}) \times \text{세율(적용)} \times \frac{\text{사업연도의 월수}}{12}$$

결국 해당 규정은 사업연도가 1년 미만인 경우 사업연도가 1년인 것과 같이 과세표준을 환산하여 세율을 적용하도록 하여 해당 경우와 사업연도가 1년인 경우와의 과세형평을 제고하고자 하는 것이다.

1) 예제

1기 사업연도가 2024. 7. 2.~12. 31.인 법인의 과세표준이 1억5천만원일 때 1기 사업연도 산출세액은?

답 : 산출세액 = {1백8십만원 + (1억5천만원 × 12/6 − 2억원) × 1.9%} × 6/12
= 185만원

이를 일반적인 경우의 세율을 적용하여 산출하면 과세표준이 1억5천만원으로 0.9%의 세율 구간이 적용되는데 해당 법인이 6개월간 영업활동을 더하여 그 기간 동안 과세표준도 1억5천만원이 된다고 가정했을 때 사업연도가 1년이고 과세표준이 3억인 다른 법인은 1.9%의 세율 구간이 적용되는바 사업연도가 1년인 법인과 사업연도 1년 미만인 법인의 세율 구간이 달라지는 과세불형평의 문제가 발생하게 되는 것을 알 수 있다. 사업연도 1년 미만 관련 세율 규정은 이러한 문제를 완화하는 효과가 있다.

라. 조합법인 등에 대한 과세특례 세율

신용협동조합, 새마을금고 등[19] 조합법인 등은 2028년 12월 31일 이전에 끝나는 사업연

19) 신용협동조합, 새마을금고, 농협 및 조합공동사업법인, 수협(어촌계 포함) 및 조합공동사업법인, 중소기업협동조합·사업협동조합 및 협동조합연합회, 산림조합(산림계 포함) 및 조합공동사업법인, 엽연초생산협동조합, 소비자생활협동조합

도까지의 각 사업연도 소득에 대한 법인세 과세표준을 법인세 과세표준 규정에도 불구하고 당기순이익 등으로 하여 9%(20억 초과분[20]에 대해서는 12%) 세율을 적용받을 수 있는바 이를 조합법인 등에 대한 과세특례라 한다(조특법 제72조 제1항). 법인세에서 해당 과세특례를 적용받는 법인에 대해서는 법인지방소득세 과세 시 과세표준에 0.9%의 세율을 적용하여 과세한다. 단 20억 초과분에 대해서는 1.2%를 적용한다(지특법 제167조). 법인세는 해당 세율이 9%, 12%인바 결국 해당 경우 법인지방소득세 세율은 법인세의 세율의 10%가 된다.

마. 탄력세율

지방세법에서 법인지방소득세 세율은 각 지방자치단체의 장이 조례로 표준세율의 50% 범위 내에서 가감할 수 있도록 규정하고 있는데 실제로 이를 조례로 정한 지방자치단체는 아직까지 존재하지 않는다(지법 제103조의20 제2항). 따라서 현재는 해당 탄력세율 규정이 적용되지는 않는다고 하겠으나 가사 둘 이상의 지방자치단체에 사업장이 있는 법인에 탄력세율이 적용될 경우 납세의무자는 다음의 계산식에 따라 산출된 금액을 법인지방소득세에 가감하여 납부하여야 한다(지령 제88조 제3항).

$$\text{과세표준} \times \text{표준세율} \times \text{안분율} \times \left(\frac{\text{해당 지방자치단체의 법인지방소득세세율}}{\text{법인지방소득세 표준세율}} - 1\right)$$

8 세액공제 및 감면

가. 개요

각 사업연도 소득에 대한 법인지방소득세의 세액공제 및 감면은 법인세 세액공제 및 감면 관련 규정들을 따르지 아니하고 지방세특례제한법에서 규정하도록 하고 있어 법인세의 세액공제 및 감면과는 구별된다(지법 제103조의22 제1항). 법인세 관련하여서는 조세특례제한법 등에 다양한 세액 공제 및 감면 규정이 존재하나 법인지방소득세 관련하여서는 지방세특례제한법에 인구감소지역 주민의 고용에 대한 세액공제 규정만이 존재한다. 참고로 인구

20) 2016년 12월 31일 이전에 조합법인간 합병하는 경우로서 합병에 따라 설립되거나 합병 후 존속하는 조합법인의 합병등기일이 속하는 사업연도와 그 다음 사업연도에 대하여는 40억원, 이하 같음.

감소지역 주민의 고용에 대한 세액공제는 2025. 12. 31. 지방세특례제한법이 일부개정되면서 신설된 것으로 국세에는 없는 지방세 독자적인 세액공제 제도이다. 즉, 외국법인세액 공제를 제외하고는 법인세에서의 세액 공제 및 감면이 법인지방소득세 과세에 영향을 미치지 아니하는 것이다. 한편, 지방소득세 관련 사회적협동조합에 대한 감면 조례도 존재하는바 이하에서 인구감소지역 주민의 고용에 대한 세액공제 규정에 이어서 이를 자세히 살펴보도록 하겠다.

나. 인구감소지역 주민의 고용에 대한 세액공제

1) 개요

2025. 12. 31. 지방세특례제한법이 법률 제21309호로 일부개정되면서 인구감소지역 주민의 고용에 대한 세액공제가 신설됐는데 이는 법인이 2028. 12. 31.이 속하는 과세연도까지의 기간 중 인구감소지역의 주민을 해당 인구감소지역에서 상시근로자로 고용하고 고용일부터 1년 이상 고용을 유지한 경우에 해당 상시근로자 수에 45만원(중소기업 70만원)을 곱한 금액을 고용일로부터 1년이 되는 날이 속하는 과세연도의 해당 법인의 법인지방소득세에서 공제해주는 제도이다(지특법 제167조의5 제1항). 해당 세액공제는 2026. 1. 1. 이후 개시하는 과세연도에 상시근로자를 고용하는 경우부터 적용한다{지특법 부칙 제15조(2025. 12. 31. 법률 제21309호로 일부개정된 것)}.

2) 인구감소지역

가) 개요

인구감소지역이란 지방자치분권 및 지역균형발전에 관한 특별법 제2조 제12호에 따른 인구감소지역을 말하는데 이는 다음과 같다{지특법 제2조 제1항 제5호의2, 행정안전부고시 제2014-15호(2024. 2. 27., 일부개정)}.

구분	인구감소지역(89개)
부산	동구, 서구, 영도구
대구	남구, 서구, 군위군
인천	강화군, 옹진군
경기	가평군, 연천군
강원	고성군, 삼척시, 양구군, 양양군, 영월군, 정선군, 철원군, 태백시, 평창군, 홍천군, 화천군, 횡성군
충북	괴산군, 단양군, 보은군, 영동군, 옥천군, 제천시
충남	공주시, 금산군, 논산시, 보령시, 부여군, 서천군, 예산군, 청양군, 태안군

구분	인구감소지역(89개)
전북	고창군, 김제시, 남원시, 무주군, 부안군, 순창군, 임실군, 장수군, 정읍시, 진안군
전남	강진군, 고흥군, 곡성군, 구례군, 담양군, 보성군, 신안군, 영광군, 영암군, 완도군, 장성군, 장흥군, 진도군, 함평군, 해남군, 화순군
경북	고령군, 문경시, 봉화군, 상주시, 성주군, 안동시, 영덕군, 영양군, 영주시, 영천시, 울릉군, 울진군, 의성군, 청도군, 청송군
경남	거창군, 고성군, 남해군, 밀양시, 산청군, 의령군, 창녕군, 하동군, 함안군, 함양군, 합천군

나) 적용 특례

해당 지역이 고용 당시에는 인구감소지역이었으나 고용일로부터 1년이 지나기 전에 인구감소지역이 아니게 된 경우에도 인구감소지역의 주민을 해당 인구감소지역에서 상시근로자로 고용하고 고용일부터 1년 이상 고용을 유지하는 경우 해당 지역을 인구감소지역으로 본다(지특법 제186조 제3항).

3) 인구감소지역의 주민

인구감소지역의 주민은 고용일 직전 6개월 이상 계속하여 인구감소지역에 주소를 둔 자를 말한다(지특법 제167조의5 제1항).

4) 상시근로자

가) 개요

상시근로자란 근로기준법에 따라 근로계약을 체결한 내국인 근로자를 말한다(지특령 제116조의3 제1항).

나) 상시근로자에서 제외되는 자

다음 각 호의 어느 하나에 해당하는 사람은 상시근로자에서 제외한다(지특령 제116조의3 제1항).

- 1. 근로계약기간이 1년 미만인 근로자(근로계약의 연속된 갱신으로 인하여 그 근로계약의 총 기간이 1년 이상인 근로자는 제외한다)
- 2. 근로기준법에 따른 단시간근로자. 다만, 1개월간의 소정근로시간이 60시간 이상인 근로자는 상시근로자로 본다.
- 3. 법인세법 시행령 제40조 제1항 각 호의 어느 하나에 해당하는 임원[21]

21) 다음 각 호의 어느 하나에 해당하는 자를 말한다(법령 제40조 제1항).

- 4. 해당 기업의 최대주주 또는 최대출자자와 그 배우자
- 5. 제4호에 해당하는 자의 직계존비속(그 배우자를 포함한다) 및 국세기본법 시행령 제1조의2 제1항에 따른 친족관계인 사람
- 6. 소득세법 시행령 제196조에 따른 근로소득원천징수부(이하 이 조에서 "근로소득원천징수부"라 한다)에 의하여 근로소득세를 원천징수한 사실이 확인되지 않고, 다음 각 목의 어느 하나에 해당하는 금액의 납부사실도 확인되지 않은 자
  - 가. 국민연금법 제3조 제1항 제11호 및 제12호에 따른 부담금 및 기여금
  - 나. 국민건강보험법 제69조에 따른 직장가입자의 보험료

5) 세액공제 신청

해당 세액공제를 받으려는 법인은 세액공제신청을 하여야 하는데 이때 상시근로자의 고용일부터 1년이 되는 날이 속하는 과세연도에 과세표준신고와 함께 세액공제신청서 및 공제세액계산서(별지 제6호의5 서식)에 세액공제 대상 상시근로자별 근로계약서 및 근로소득원천징수부 등 세액공제를 받을 사유를 증명하는 서류를 첨부하여 납세지 관할 지방자치단체의 장에게 제출해야 한다(지특법 제167조의5 제2항, 지특령 제116조의3 제2항, 지특칙 제9조의2).

다. 지방소득세 감면 조례

1) 개요

지방세특례제한법에 인구감소지역 주민의 고용에 대한 세액공제를 제외하고는 법인지방소득세 관련 세액공제 및 감면 규정이 존재하지 아니하나 서울, 광주, 대전, 울산, 제주 등의 조례에 사회적협동조합에 대한 감면 규정이 존재하는바 이하에서 대표적으로 서울시 시세 감면 조례를 살펴본다.

2) 사회적협동조합에 대한 감면(서울시 시세 감면 조례)

사회적협동조합 및 사회적협동조합연합회(이하 "사회적협동조합 등"이라 함)에 대해서는 법인지방소득세 산출세액의 50%를 감면한다. 이는 일몰기한이 있는 규정으로 2027년 12월 31일까지 적용한다. 다만, 사회적협동조합 등이 설립인가를 받은 날부터 3년 이내에

---

1. 법인의 회장, 사장, 부사장, 이사장, 대표이사, 전무이사 및 상무이사 등 이사회의 구성원 전원과 청산인
2. 합명회사, 합자회사 및 유한회사의 업무집행사원 또는 이사
3. 유한책임회사의 업무집행자
4. 감사
5. 그 밖에 제1호부터 제4호까지의 규정에 준하는 직무에 종사하는 자

설립인가가 취소되거나 해산 사유(합병 · 분할 제외)가 발생한 경우는 감면받은 세액을 추징한다(서울특별시 시세 감면 조례 제11조 제2항).

라. 실무 Check(공무원 실무자 전용)

1) 당기 외국법인세액 통보 현황

현재 국세청이 법인세 자료 통보 시 당기 외국법인세액 내역을 통보하지 아니하고 있다. 법인지방소득세 세액공제 · 감면은 법인세의 세액공제 · 감면과는 독립적으로 지방세특례제한법에서 규정하고 있는 바에 따라 적용되는바 국세청 통보자료 통보 항목에서 법인세 세액공제 · 감면 내역이 제외돼 당기 외국법인세액 내역까지 제외된 것으로 보인다. 그러나 당기 외국법인세액 관련 내역은 외국법인세액 과세표준 차감에 따른 과세 시에 필수적인 자료라 할 것인데 통보되지 아니하고 있어 법인세에서 외국법인세액 결정 · 경정이 있는 경우 과세관청은 해당 내역을 확인하기 위해 관할 세무서에 일일이 과세자료 요청을 해야 하고 관할 세무서에서는 일일이 그 요청에 회신해야 하는 등 행정 낭비가 초래되는바 외국법인세액 결정 · 경정 관련 자료가 국세청 통보자료에 포함되도록 개선이 필요한 부분이라 판단된다. 이는 행정안전부와 국세청의 협의 및 국세청 법인세 통보자료 통보 항목을 규정하고 있는 지방세법 별지 제54호 서식의 수정 등을 통해 가능할 것이다.

2) 당기 외국법인세액 통보내역 없이 과세하는 방법

국세청 통보자료에 법인세 세액공제 및 감면 내역이 포함돼 있지 아니하여도 간접적으로 세액공제 및 감면에 대한 결정 · 경정이 존재하는지 확인할 수 있는 방법이 있다. 그것은 바로 국세청 자료 중 차감 내역[22] 부분을 확인하는 것이다. 차감 내역 중 가감계는 산출세액 + 가산세액 − 세액공제 및 감면액이 되는데 이에 따라 세액공제 및 감면액이 0원일 때 가감계는 산출세액 + 가산세액이 된다. 즉, 국세청 통보자료상 차감내역을 확인하였는데 산출세액 + 가산세액이 가감계일 때는 그 자료에서 해당 과세건의 새로이 결정 혹은 경정된 세액공제 및 감면액(외국납부세액공제 포함)이 0원이 되는 것[23]을 알 수 있는 것이다. 이를 활용하면 차감내역 중 산출세액 + 가산세액이 가감계일 때는 세액공제 및 감면 관련 결정 혹은 경정 자체가 존재하지 아니하므로 외국법인세액 관련 결정 혹은 경정이 없음을 가정하고 관할 세무서에 외국법인세액 관련 자료를 조회하지 아니하고 과세(부과, 감

---

22) 최종 경정 − 종전(당초 + 최종 경정 전 경정) = 차감

23) 물론 차감 세액공제 및 감면액이 존재해도 그 금액이 일치하는 극히 예외적인 경우(세액공제와 추징이 동시에 존재하는데 그 금액이 같은 경우 등)도 있을 수는 있다.

액경정, 환급 등)할 수 있는 것이다.

또한, 산출세액 + 가산세액 ≠ 가감계라고 하더라도 해당 법인이 종전 과세자료상 외국법인세액 과세표준 차감을 적용받은 적이 없는 경우는 관할 세무서에 외국법인세액 관련 자료를 조회하지 않고도 과세가 가능할 수 있다. 왜냐하면 이 경우 외국법인세액 관련 세액경정 등이 없거나 있다고 하더라도 종전 과세자료상 외국법인세액 과세표준 차감을 적용한 내역이 존재하지 아니한 것을 고려하면 그 경정은 외국납부세액 추징이 아니라 최초 공제로 인한 법인세 감액경정일 것이기 때문이다. 법인지방소득세 과세 시 법인세 외국납부세액 공제 관련 세액 경정이 없으면 당연하게도 그 통보자료대로 과세하면 문제가 없을 것이고 외국납부세액 공제 관련 세액 경정이 있다 하더라도 이 경우에는 종전에 해당 법인이 외국납부세액 공제를 받은 적이 없으므로 그 경정은 법인세에서 외국납부세액 공제를 증가시키는 경정일 것이고 이를 법인지방소득세에 적용하면 외국법인세액 과세표준 차감액 증가에 따라 세액을 감소시키는 경정일 것인바 법인이 외국법인세액 과세표준 차감을 적용받고자 하면 법인지방소득세가 과세된 후에 외국납부세액 차감명세서 등을 제출하여야 한다 할 것이므로(지령 제100조의10 제1항) 일단 외국법인세액 결정·경정을 배제하고 국세청 통보자료대로 과세하고 그 이후에 납세자가 외국법인세액 과세표준 차감 관련 경정청구를 하면 해당 세액을 감액 및 환급하는 식으로 운영할 수 있는 것이다.

다만, 차감내역 중 산출세액 + 가산세액 ≠ 가감계이고 종전 과세자료에 외국법인세액 과세표준 차감을 적용받은 사실이 있는 경우는 당기 외국법인세액이 경정됐을 수 있기 때문에 관할 세무서에 당기 외국법인세액 관련 자료를 조회 후 과세하여야 할 것이다. 이때 본점 소재지 관할 지방자치단체가 관할 세무서에 당기 외국법인세액 내역을 조회 요청하고 회신받은 자료를 각 사업장 소재지 관할 지방자치단체에 통보한다(행정안전부 지방소득소비세제과-2748, 2020. 8. 11., 지령 제100조의10 제6항).

3) 예제

구분 (각 사업연도소득에 대한 법인지소)	당초	수정/경정결정	차감
과세표준	320,000,000	300,000,000	-20,000,000
산출세액	4,080,000	3,700,000	-380,000
가산세액	-	-	-
가감계	310,000,000	309,800,000	-200,000

위 통보자료에서 차감내역 중 산출세액은 -380,000이고 가산세는 0원이어서 그 둘의 합

이 가감계(-200,000)가 되지 않는다. 따라서 해당 경정 시 세액공제 및 감면 변동이 -380,000 - (-200,000) = -180,000가 있는 것을 알 수 있으며 이 경우 이미 과세된 자료를 검토하였는데 해당 법인이 외국법인세액 과세표준 차감을 받은 내역이 존재하면 관할 세무서에 외국법인세액 경정 등을 조회한 뒤 과세하면 될 것이다. 해당 법인이 둘 이상의 지방자치단체에 사업장이 있는 경우라면 본점 소재지 지방자치단체에서 관할 세무서에 해당 내역 조회 후 그 내역을 각 사업장 소재지 관할 지방자치단체에게 통보하면 될 것이다.

외국납부세액의 적정성 검토(행정안전부 지방소득소비세제과-2748, 2020. 8. 11.)

○ 세무서에 법인의 외국납부세액 과세자료 요청
- 법인의 본점 관할 지자체에서 법인세 납세지 관할 세무서에 과세자료 요청 후, 각 사업장 관할 지자체에 통보

9 가산세

가. 신고납부와 관련된 가산세

1) 개요

신고납부와 관련된 가산세는 무신고가산세, 부정무신고가산세, 과소신고가산세, 초과환급신고가산세, 부정과소신고가산세, 납부지연가산세가 있다(이하 위 5개 가산세를 합쳐 "신고납부가산세"라 한다.). 이하부터 상세히 살펴보기로 한다.

2) 무신고가산세

가) 개요

납세의무자가 법정신고기한까지 과세표준을 신고하지 아니한 경우 그 신고로 납부하여야 할 세액(가산세와 이자상당액 제외, 이하 "무신고납부세액"이라 함.)의 20%을 가산세로 부과한다(지기법 제53조 제1항). 법인지방소득세의 경우 신고 시 재무상태표, 포괄손익계산서, 이익잉여금처분계산서, 세무조정계산서, 안분명세서 중 어느 하나라도 첨부하지 아니한 경우도 무신고로 본다[24](지법 제103조의23 제7항).

24) 비영리내국법인 제외

나) 부정무신고가산세

다음 각 호의 어느 하나에 해당하는 행위(이하 '부정행위'라 한다.)로 법정신고기한까지 법인지방소득세를 신고하지 아니한 경우는 무신고납부세액의 40%를 가산세로 부과한다(지기법 제53조 제2항, 제38조 제5항).

- 1. 이중장부의 작성 등 장부에 거짓으로 기록하는 행위
- 2. 거짓 증빙 또는 거짓으로 문서를 작성하거나 받는 행위
- 3. 장부 또는 기록의 파기
- 4. 재산의 은닉, 소득 · 수익 · 행위 · 거래의 조작 또는 은폐
- 5. 고의적으로 장부를 작성하지 아니하거나 갖추어 두지 아니하는 행위
- 6. 그 밖에 위계(僞計)에 의한 행위

3) 과소신고가산세

납세의무자가 법정신고기한까지 과세표준을 신고하였으나 신고하여야 할 납부세액보다 납부세액을 적게 신고한 경우에는 과소신고한 납부세액(가산세와 이자상당액 제외, 이하 "과소신고납부세액"이라고 함.)의 10%를 가산세로 부과한다(지기법 제54조 제1항).

가) 실무 Check

기한 후 신고 후 수정신고하는 경우 과소신고가산세가 아니라 무신고가산세를 과세한다. 이는 과소신고가산세 규정에서 그 적용을 법정신고기한까지 과세표준을 신고한 경우를 전제로 하였기 때문이다. 마찬가지 논리로 최초 무신고하고 과세관청이 직권경정한 후에 수정신고하는 경우도 과소신고가산세가 아니라 무신고가산세를 과세한다(이 경우 납세자가 수정신고서를 제출하는 경우가 종종 있으나 원칙적으로 이 경우는 기한 후 신고조차 없었으므로 수정신고로 보지 아니한다).

4) 부정과소신고가산세

가) 개요

부정행위로 과소신고한 경우 부정과소신고납부세액의 40%를 부정과소신고가산세로 부과한다(지기법 제54조 제2항).

나) 부정과소신고가산세 금액 구분 명확하지 않을 때

부정과소신고가산세와 일반과소신고가산세가 혼재할 때 그 금액들을 구분하기 어려운 경우 다음의 계산식에 따라 계산한 금액을 부정과소신고납부세액등(부정과소신고가산세

기준금액)으로 한다(지기령 제33조).

$$\text{과소신고납부세액등} \times \frac{\text{부정과소신고납부세액등 과세표준}}{\text{과소신고납부세액등 과세표준}}$$

5) 초과환급신고가산세

가) 개요

지방소득세 과세표준을 신고하면서 환급받을 세액을 신고하여야 할 금액보다 많이 신고한 경우 초과환급신고한 환급세액(이자상당액 제외)의 10%의 금액을 가산세로 부과하는데 이를 초과환급신고가산세라 한다(지기법 제54조 제1항).

나) 부정초과환급신고가산세

부정초과환급신고가산세는 위 4) 부정과소신고가산세와 계산 등의 구조가 동일하므로 생략한다.

6) 실무 Check(공무원 실무자 전용)

가) 부정과소신고가산세 금액 구분 명확하지 않을 때 통보자료에 따른 부과

부정과소신고가산세 금액 구분이 명확하지 아니할 때의 부정과소신고가산세 규정 관련하여 국세기본법에도 동일한 형태의 규정이 존재한다(국기령 제27조의2 제3항). 이때 금액을 구분하기 어려운 경우란 일반과소신고분과 부정과소신고분 과세표준 적용 순서에 따라 가산세액이 변동되는 경우[25] 등이다. 이에 해당하는 경우에는 법인세에서도 해당 국세기본법 규정이 적용될 것이므로 결론적으로 통보자료에 따른 과세 시 법인세에 해당 국세기본법 규정이 적용된 경우에 한하여 법인지방소득세에도 해당 지방세기본법 규정을 적용하면 될 것이다. 통보자료상 법인세에 해당 국세기본법 규정이 적용됐는지 확인하는 방법은 관할 세무서에 부정과소신고한 과세표준과 일반과소신고한 과세표준을 조회한 뒤 그 각각의 과세표준을 국세기본법 해당 규정에 적용하여 법인세 부정과소신고가산세 기준 금액을 계산한 금액이 통보자료상 법인세 부정과소신고가산세 기준 금액과 일치하는지 확인하는 것이다.

---

25) 예를 들어 과세표준이 1억 8천이고 부정과소신고과세표준이 1천만원, 일반과소신고과세표준이 3천만원이라고 치면 세액 계산 시 부정과소신고과세표준을 먼저 적용하면 부정과소신고가산세는 1천만원 × 0.9% × 40%가 되나 일반과소신고과세표준을 먼저 적용하면 부정과소신고한 세액을 구할 때 적용 세율 구간이 달라지므로 부정과소신고가산세는 1천만원 × 1.9% × 40%가 된다. 이러한 경우 등이 금액 구분이 명확하지 아니할 때이다.

나) 국세청 통보자료에 따른 부정과소신고, 무신고가산세 부과 실무

(1) 개요

부정과소신고가산세와 부정무신고가산세 계산은 논리상 동일한 방법이 적용되므로 이하부터는 부정과소신고가산세를 기준으로 살펴본다.

법인지방소득세 부정과소신고가산세를 계산하는 가장 정확한 방법은 부정과소신고한 과세표준에 세율을 곱하여 가산세 기준금액[26)]을 구한 뒤에 그 기준금액에 가산세율 40%를 곱하는 것이다. 그러나 현재 국세청이 법인세 자료를 통보할 때 부정과소신고가산세 기준금액과 가산세액만을 통보할 뿐 부정과소신고한 과세표준을 통보하지 아니하고 있다. 따라서 원칙적으로는 해당 과세표준을 일일이 관할 세무서에 조회[27)]하여 과세하여야 할 것이다. 법인세 부정과소신고한 과세표준은 법인지방소득세 부정과소신고가산세 과세 시에 필수적인데도 국세청이 법인세 자료 통보 시 이를 통보하지 아니하여 지방자치단체에서는 해당 항목을 관할 세무서에 일일이 조회하고 관할 세무서에서는 이를 일일이 회신하는 등 행정낭비가 초래되는 만큼 해당 항목이 통보될 수 있도록 개선이 요구되는 부분이다(지칙 별지 제54호 서식). 물론 법인세 가산세 기준금액과 가산세액만으로 법인지방소득세 부정과소신고가산세 과세가 가능한 경우도 있는데 이는 차감 공제・감면세액이 존재하지 않는 경우이다. 차감 공제・감면세액이 존재하지 않는 경우인지 확인하려면 차감 가감계를 확인한다. 차감 가감계는 산출세액과 가산세액의 합에서 공제・감면세액을 차감한 금액인데 공제・감면세액이 없다면 차감 가감계는 산출세액과 가산세액의 합이 된다. 이 경우 중 법인세 일반과소신고가산세 없이 부정과소신고가산세만 존재하는 경우는 법인세 부정과소신고가산세 기준금액의 10%가 법인지방소득세 부정과소신고가산세 기준금액이 되고 법인세 부정과소신고가산세와 일반과소신고가산세가 혼재하는 경우는 전체 법인지방소득세 과소신고가산세를 법인세 과소신고가산세 기준금액 기준으로 안분하여 법인지방소득세 부정과소신고가산세를 산출하면 부정과소신고한 과세표준으로 부정과소신고가산세를 계산한 값과 같아지게 된다. 그러나 차감 공제・감면세액이 존재하는 경우에는 이상과 같은 방법으로 안분하면 그 안분하여 계산한 부정과소신고가산세액이 부정과소신고한 과세표준으로 부정과소신고가산세액을 계산한 금액과 달라지게 되는데 가령 과세표준이 증가하면서 세액이 증가했고 그 증가된 세액 중 일부 금액이 감면세액이 되는 경정이 있다고 가정하면 법인세

---

26) 과소신고가산세 기준금액: 차감 산출세액 − 공제감면세액 + 추가납부세액 − 기납부세액 + 경정수정신고등 가감액. 실무상으로 부정과소신고가산세 경정과 기납부세액, 추가납부세액 또는 경정수정신고등 가감액 경정이 같이 있는 경우는 매우 드물기 때문에 이하부터는 산출세액과 공제감면세액만 고려하여 설명한다. 기납부세액 등 경정이 있는 경우에는 원칙적인 방법으로 관할 세무서에 부정과소신고한 과세표준을 조회하여 처리하면 될 것이다.

27) 법인세 결의서 제8호 서식 (무)과소 신고소득 및 미달세액계산서에서 해당 내역 확인이 가능하다.

는 그 감면세액에는 일반과소신고가산세가 과세되지 아니하나 법인지방소득세는 감면 규정이 존재하지 아니하므로 그 감면세액의 법인지방소득세 해당하는 부분(법인세 감면세액의 10%)에 일반과소신고가산세가 과세되는바 이때 법인세 부정과소신고가산세 기준금액이 50, 일반과소신고가산세 기준금액이 50으로 그 비율이 1:1이라고 가정하면 법인지방소득세 부정과소신고가산세 기준금액은 5가 되고 일반과소신고가산세 기준금액은 5 + 국세 감면세액의 10%가 되므로 그 비율이 1:1이 되지 아니하는바 결국 이 경우 법인세 과소신고가산세 기준금액으로 안분하는 방식으로 법인지방소득세 부정과소신고가산세를 계산하면 그 금액이 실제보다 과다하게 계산되게 된다. 결국 기 언급한 바와 같이 이 경우에는 관할 세무서에 부정과소신고한 과세표준을 조회하여 부정과소신고가산세를 계산하여야 하는 것이다. 다만, 특정 경우에 있어 해당 조회없이 처리가 가능한 경우가 있는바 이하에서 통보자료를 통한 과세 시 다양한 경우별 부정과소신고가산세 계산법 등을 자세히 살펴본다.

(2) 부정과소신고가산세만 존재하는 경우

(가) 차감 감면 · 공제액이 존재하지 아니하는 경우

법인세에서 부정과소신고가산세만 존재하고 차감 감면 · 공제액이 존재하지 아니하면 차감 과세표준에 대한 법인지방소득세 과소신고가산세 전체가 부정과소신고가산세가 된다. 다만 이 경우에도 종전에 착오 과세로 인해 법인지방소득세 차감 과세표준이 법인세 차감과세표준의 10%보다 큰 경우는 법인세 차감 과세표준에 대한 부분만 부정과소신고가산세를 적용하고 그 외 부분은 일반과소신고가산세를 적용해야 한다.

(나) 차감 감면 · 공제액이 존재하는 경우

이 경우 관할 세무서에 부정과소신고한 과세표준을 조회하여 확인 후 과세한다. 이하의 (다)와 원리 및 과세 방법이 동일하므로 이하에서 자세히 살펴본다.

(3) 부정과소신고가산세와 일반과소신고가산세 혼재하는 경우

(가) 차감 감면 · 공제액이 존재하지 아니하는 경우

부정과소신고가산세와 일반과소신고가산세가 혼재하고 차감 감면 · 공제액이 존재하지 아니하면 전체 법인지방소득세 과소신고가산세를 법인세 가산세 기준금액 기준으로 안분하여 법인지방소득세 부정과소신고가산세 기준금액 및 일반과소신고가산세 기준금액을 계산하고 그 기준금액에 각각 가산세율 40%, 10%를 곱하여 각각의 가산세를 계산한다. 해당 방법으로 부정과소신고가산세를 계산하면 그 금액이 부정과소신고한 과세표준에 세율을 곱하여 부정과소신고기준금액을 구한 뒤 가산세율 40%를 곱하여 부정과소신고가산세를 계산한 금액과 같아지므로 따로 관할 세무서에 부정과소신고한 과세표준 등을 조회할 필요가 없다.

(나) 일반과소신고가산세 전액이 감면 · 공제 추징액 관련인 경우

부정과소신고가산세와 일반과소신고가산세가 혼재하고 그 일반과소신고가산세액 전부가 감면 · 공제 추징액인 경우는 과세표준 증가분 전액(차감부분)에 부정과소신고가산세를 적용한다. 다음 예제를 통해 자세히 살펴보자.

<표1 차감 명세>

차감 과세표준	차감 산출세액	차감 가산세	차감 가감계
117,000,000	23,400,000	47,090,781	170,695,199

<표2 가산세 명세>

구분	기준금액	과소신고한 과세표준
일반과소	100,204,418	A
부정과소	23,400,000	B
합계	123,604,418	117,000,000

차감 산출세액 + 가산세 − 공제감면액이 가감계가 되므로 해당 예제에서 공제감면액은 −100,204,418(23,400,000 + 47,090,781 − 170,695,199)이 된다. 차감 공제감면액이 음수인 것은 공제감면액의 추징액을 의미한다. 원칙적으로 차감 공제감면액이 존재하고 부정과소신고가산세가 존재하면 A, B를 확인하기 위해 관할 세무서에 과세자료 조회 요청을 해야 할 것이나 해당 건의 경우 법인세 공제감면액 추징액이 일반과소신고가산세 기준금액(100,204,418원)과 동일하고 차감 산출세액이 부정과소신고기준금액(23,400,000)과 동일하므로 법인세 일반과소신고가산세 기준금액은 전액 공제감면액 추징액 관련한 것이고 부정과소신고가산세 기준금액은 전액 부정과소신고한 과세표준 관련인 것인바 A는 0이 되고 B는 117,000,000원이 된다. 결론적으로 부정과소신고한 과세표준 117,000,000원에 세율 2%(2021년 귀속)를 곱한 2,340,000원이 부정과소신고 가산세기준금액인데 이는 결국 법인세 부정과소신고가산세 기준금액으로 통보된 금액의 10%와 일치한다. 결국 이 경우는 관할 세무서에 따로 과세자료 요청 없이 처리가 가능한 것이다.

(다) 일반과소신고가산세 일부 금액이 감면 · 공제 추징액 관련인 경우

부정과소신고가산세와 일반과소신고가산세가 혼재하고 그 일반과소신고가산세액 일부가 감면 · 공제 추징액인 경우는 부정과소신고과세표준을 관할 세무서에 조회하고 그 과세표준에 세율을 곱하여 부정과소신고가산세 기준금액을 산출하여 부정과소신고가산세를 계

산하고 과세한다. 다음 예제를 통해 이를 살펴본다.

<표3 차감 명세>

차감 과세표준	차감 산출세액	차감 가산세	차감 가감계
163,682,940	32,736,588	37,289,507	149,777,805

<표4 가산세 명세>

구분	기준금액(당초)	기준금액(경정)	기준금액(차감)	과소신고한 과세표준(차감)
일반과소	136,421,374	217,709,672	81,288,298	A
부정과소	-	31,200,000	31,200,000	B
합계	136,421,374	248,909,672	112,488,298	163,682,940

해당 예제에서 차감 공제감면액은 − 79,751,710원(32,736,588 + 37,289,507 − 149,777,805)이다. 차감 공제감면액이 존재하고 가산세 명세에 부정과소신고가산세가 존재하면 관할 세무서에 부정으로 과소신고한 과세표준을 조회하여 과세하여야 한다. 이를 조회했을 때 B가 156,000,000원으로 회신됐다고 가정하여 보면, 해당 금액에 법인세 세율 20%(2022년 귀속)를 곱하면 31,200,000원이 돼 부정과소신고가산세 금액 구분이 명확하지 않을 때의 특례적용[28])이 되지 않았다는 사실을 알 수 있는바 해당 과세표준에 세율 2%를 곱한 금액인 3,120,000원이 부정과소신고가산세 기준금액이 되고 부정과소신고가산세액은 1,248,000(3,120,000 × 40%)원이 된다. 그런데 법인지방소득세 전체 가산세 기준금액을 법인세 가산세 기준금액 기준으로 안분하여 부정과소신고가산세 기준금액을 구하면 907,989원 $\left(32,736,588 \times 10\% \times \frac{31,200,000}{112,488,298}\right)$이 돼 부정과소신고가산세는 363,195원(907,989 × 40%)이 되는바 결국 이 경우 안분 방식을 통해 계산하면 부정과소신고가산세가 실제보다 과소하게 계산되게 된다. 한편, 일반과소신고가산세 기준금액은 전체 가산세 기준금액 3,273,658원(32,736,588 × 10%)에서 부정과소신고가산세 기준금액 3,120,000원을 차감한 금액인 153,658원이 되고 일반과소신고가산세액은 15,365원이 된다.

---

28) 해당 국세 특례적용이 됐다고 가정하면 특례 계산식에 계산한 부정과소신고가산세 기준금액이 31,200,000원이 돼야 하나 해당 산식을 적용하여 계산되는 금액은 237,226,364원 $\left(\text{과소신고납부세액등}(248,909,672) \times \frac{\text{부정과소신고납부세액등 과세표준}(156,000,000)}{\text{과소신고납부세액등 과세표준}(163,682,940)}\right)$이다. 만약 이와 달리 특례적용이 된 경우로 확인되면 해당 지방세 특례적용에 따라 부정과소신고가산세 기준금액 및 가산세액을 계산하여 과세하면 될 것이다.

참고로 법인세 일반과소신고가산세 기준금액 81,288,298가 어떻게 산출됐는지 살펴보면 B가 156,000,000이므로 일반과소신고한 과세표준(A)은 163,682,940 − 156,000,000 = 7,682,940이 되는 것을 알 수 있다. 그리고 A에 법인세 세율 20%를 곱하면 1,536,588이 되고 그 1,536,588은 법인세에서 일반과소신고가산세 기준금액의 일부가 된다. 이 경우 일반과소신고가산세 기준금액은 일반과소신고분과 공제감면 추징액 과소신고분이 있으므로 그 둘의 합을 계산하여 보면 법인세 일반과소신고가산세 기준금액인 81,288,298원(1,536,588+79,751,710)이 되는 것을 알 수 있는바 이는 통보자료상 일반과소신고가산세기준금액과 일치한다.

(4) 실무상 규정이 착오 적용되는 경우

기 언급한 부정과소신고가산세와 일반과소신고가산세가 혼재할 때 그 금액을 구분하기 어려운 경우 관련 지방세기본법 시행령 제33조의 아래 산식이 실무적으로 착오 적용되는 경우가 많은 것으로 알고 있는바 이하에서 이를 살펴보고자 한다.

$$\text{과소신고납부세액} \times \frac{\text{부정과소신고납부세액등 과세표준}}{\text{과소신고납부세액등 과세표준}}$$

실무적으로 부정과소신고가산세와 일반과소신고가산세가 혼재하는 모든 국세청 통보자료에 대하여 그 금액을 구분하기 어려운 경우로 상정하고 해당 규정 산식에 "과세표준" 대신 "국세 가산세 기준금액(납부하지 아니한 세액)"을 적용하여 부정과소신고가산세를 산출하는 경우가 많다고 알고 있으나 해당 규정의 적용은 금액 구분이 불분명한 경우로 한정하고 있는데 법인지방소득세 현 과세 체계하에서 부정 및 일반과소한 과세표준이 통보되지 아니하는 것 뿐이지 관할 세무서에 해당 과세표준의 조회를 요청하여 확인이 가능하다는 점에서 국세청 통보자료상 부정과소신고가산세와 일반과소신고가산세가 혼재하는 모든 경우가 금액이 불분명한 경우에 해당하지는 아니한다 할 것이고 해당 규정 산식에 "과세표준"을 명시하고 있지 "국세 가산세 기준금액"을 명시하고 있지 아니하고 있는데 "과세표준" 대신 "국세 가산세 기준금액"을 해당 산식에 적용하는 것은 달리 근거가 없으므로 해당 방법은 명백히 잘못된 방법이라 할 것이다.

7) 사업연도 종료일 2016. 1. 1. 전인 경우의 무신고, 과소신고가산세

2016. 1. 1. 지방세기본법이 법률 제13635호로 개정되어 무신고, 과소신고가산세의 기준금액이 종전 산출세액에서 납부하여야 할 세액으로 변경됐고 해당 개정 규정은 2016. 1. 1. 이후 납세의무가 성립하는 경우부터 적용하는바(지기법 부칙(2015. 12. 29. 법률 제13635호로 개정된

것)}, 사업연도 종료일이 2016. 1. 1. 전인 경우(2015년 귀속 이전)는 무신고, 과소신고가산세의 기준금액을 산출세액으로 하여 무신고, 과소신고가산세를 계산하여야 한다.

8) 납부지연가산세

가) 개요

개인지방소득세를 신고기한까지 납부하지 아니하거나 과소납부 혹은 초과환급 받은 경우에는 다음 계산식에 따라 산출된 금액을 납부지연가산세로 부과한다(지기법 제55조 제1항).

나) 계산식

납부지연가산세는 크게 고지서 발급 이전 가산되는 일반분 납부지연가산세[29]와 고지서 발급 후에 가산되는 체납분 납부지연가산세[30], 그리고 초과환급받은 경우에 가산되는 초과환급분 납부지연가산세[31]로 나눌 수 있으며 이들의 합이 최종적인 납부지연가산세로 과세되는 금액이다. 한편, 여기서 일반분 및 초과환급분 납부지연가산세 한도는 납부하지 아니한 세액 혹은 과소납부분 세액 또는 초과환급분 세액의 75%이다(지기법 제55조 제1항).

(1) 일반분 납부지연가산세

(가) 수시분 부과한 경우

신고기한까지 납세자가 신고하지 아니하여 과세관청이 수시분 부과한 경우 아래 산식에 따라 계산한 금액을 일반분 납부지연가산세로 한다(지기법 제55조 제1항 제1호, 지기령 제34조 제1항).

> 납부하지 아니한 세액 또는 과소납부분 세액(이자상당액 포함) × 법정신고기한의 다음날부터 부과일까지의 기간(=지연일수) × 대통령령으로 정한 이자율(10만분의 22)

(나) 자진 신고한 경우

납세자가 신고기한이 지난 후에 자진 신고하고 납부한 경우 아래 산식에 따라 계산한 금액을 일반분 납부지연가산세로 한다(지기법 제55조 제1항 제1호, 지기령 제34조 제1항).

> 납부하지 아니한 세액 또는 과소납부분 세액(이자상당액 포함) × 법정신고기한의 다음날부터 자진 납부일까지의 기간(=지연일수) × 대통령령으로 정한 이자율(10만분의 22)

---

29) 정식 용어는 아니나 편의상 고지서 발급 이전 가산되는 납부지연가산세를 일반분 납부지연가산세라 하였다.
30) 정식 용어는 아니나 편의상 고지서 발급 후 가산되는 납부지연가산세를 체납분 납부지연가산세라 하였다.
31) 정식 용어는 아니나 편의상 초과환급 받은 경우에 가산되는 납부지연가산세를 초과환급분 납부지연가산세라 하였다.

(2) 체납분 납부지연가산세

(가) 개요

아래 (나)와 (다)의 합계액이 체납분 납부지연가산세가 된다.

(나) 최초 체납에 따른 납부지연가산세(종전 가산금)

고지 후 납세고지서에 따른 납부기한까지 납부하지 아니한 경우 아래의 산식에 따라 계산한 금액을 납부지연가산세로 과세한다(지기법 제55조 제1항 제3호).

납부하지 아니한 세액 또는 과소납부분 세액(이자상당액 포함, 가산세 제외) × 3%

(다) 고지서 납기 1개월 경과 시마다 가산되는 납부지연가산세(종전 중가산금)

고지 후 납세고지서 납기가 지난 날부터 1개월이 지날 때마다 아래 산식에 따라 계산한 금액을 납부지연가산세로 과세한다. 이때 가산세를 부과하는 기간은 60개월(1개월 미만은 없는 것으로 봄)을 초과할 수 없다(지기법 제55조 제1항 제4호, 지기령 제34조 제2항).

납부하지 아니한 세액 또는 과소납부분 세액(이자상당액 포함, 가산세 제외) × 대통령령으로 정한 이자율(1만분의 66)

(3) 초과환급분 납부지연가산세

납세의무자가 환급받아야 할 세액보다 많이 환급받은 경우에는 다음의 계산식에 따른 금액을 납부지연가산세로 과세한다(지기법 제55조 제1항 제2호, 지기령 제34조 제1항).

초과환급분 세액(이자상당액 포함) × 환급받은 날의 다음 날부터 자진납부일 또는 납세고지일까지의 일수 × 대통령령으로 정하는 이자율(10만분의 22)

9) 법인세의 신고납부가산세

가) 개요

법인지방소득세는 독립세이므로 원칙적으로 법인세 신고납부가산세 과세 여부, 과세금액 등이 법인지방소득세 신고납부가산세에 영향을 주지 아니한다 할 것이므로 법인세의 신고납부가산세는 학습의 필요성이 떨어지나 법인세의 무신고, 과소신고 가산세의 경우 수입금액에 일정 비율을 곱한 금액이 그 가산세액이 되는 경우가 있어 관련 자료가 통보될 경우를 대비하여 개념 정도는 알아야 할 필요성이 있으므로 이하에서 해당 부분만 살펴본다(국기법 제47조의2 제1항, 제2항 제1호, 제47조의3 제1항, 제2항 제1호).

나) 법인세 무신고납부세액

$$\text{Max}(\text{무신고납부세액} \times \frac{20}{100}, \text{ 수입금액 } \times \frac{7}{10000})$$

다) 법인세 부정무신고납부세액

$$\text{Max}(\text{무신고납부세액} \times \frac{40}{100}(\text{역외 거래 관련은 } \times \frac{60}{100}), \text{ 수입금액} \times \frac{14}{10000})$$

라) 법인세 일반과소신고가산세

$$\text{일반과소신고납부세액} \times \frac{10}{100}$$

마) 법인세 부정과소신고가산세

$$\text{Max}(\text{부정과소신고납부세액} \times \frac{40}{100}(\text{역외 거래 관련은 } \times \frac{60}{100}), \text{ 부정과소신고수입금액} \times \frac{14}{10000})$$

10) 가산세 감면

가) 수정신고에 따른 가산세 감면

과세표준 신고서를 법정신고기한까지 제출한 자가 법정신고기한이 지난 후 2년 이내에 수정신고한 경우 가산세를 감면하는데 이때 수정신고에 따른 가산세 감면액은 다음과 같다(지기법 제57조 제2항 제1호).

구분	감면액
법정신고기한이 지난 후 1개월 이내에 수정신고한 경우	가산세액의 90%
법정신고기한이 지난 후 1개월 초과 3개월 이내에 수정신고한 경우	가산세액의 75%
법정신고기한이 지난 후 3개월 초과 6개월 이내에 수정신고한 경우	가산세액의 50%
법정신고기한이 지난 후 6개월 초과 1년 이내에 수정신고한 경우	가산세액의 30%
법정신고기한이 지난 후 1년 초과 1년 6개월 이내에 수정신고한 경우	가산세액의 20%
법정신고기한이 지난 후 1년 6개월 초과 2년 이내에 수정신고한 경우	가산세액의 10%

한편, 수정신고는 기한 내 신고 후 수정신고와 기한 후 신고 후 수정신고가 있는바 수정

신고에 따른 가산세 감면은 기한 내 신고 후 수정신고한 경우만 적용한다. 또한 해당 가산세 감면은 납부지연가산세 등에는 적용하지 아니하고 과소신고가산세에만 적용한다.

또한, 지방자치단체의 장이 과세표준과 세액을 경정할 것을 미리 알고 수정신고하는 경우는 가산세를 감면하지 않는다. 이때 지방자치단체의 장이 과세표준과 세액을 경정할 것을 미리 알고 수정신고하는 경우란 세무공무원(국세 공무원 포함)이 조사를 시작한 것을 알고 과세표준 수정신고서를 제출한 경우이다(지기령 제36조).

나) 기한 후 신고에 따른 가산세 감면

과세표준 신고서를 법정신고기한까지 제출하지 아니한 자가 법정신고기한이 지난 후 6개월 이내에 기한 후 신고하는 경우 가산세를 감면하는데 기한 후 신고에 따른 가산세 감면액은 다음과 같다(지기법 제57조 제2항 제2호).

구분	감면액
법정신고기한이 지난 후 1개월 이내에 기한 후 신고한 경우	가산세액의 50%
법정신고기한이 지난 후 1개월 초과 3개월 이내에 기한 후 신고한 경우	가산세액의 30%
법정신고기한이 지난 후 3개월 초과 6개월 이내에 기한 후 신고한 경우	가산세액의 20%

한편, 기한 후 신고에 따른 가산세 감면은 납부지연가산세 등에는 적용하지 아니하고 무신고가산세에만 적용한다. 또한, 수정신고 가산세 감면과 마찬가지로 지방자치단체의 장이 과세표준과 세액을 경정할 것을 미리 알고 기한 후 신고하는 경우는 가산세를 감면하지 않는다.

다) 기한 연장에 따른 가산세 감면

3편 1장 징수유예, 납기연장 참고

라) 정당한 사유에 따른 가산세 감면

납세자에게 신고납부의무를 이행하지 아니한 정당한 사유가 있을 때에는 가산세를 부과하지 아니한다(지기법 제57조 제1항). 지방세관계법 운영예규에서 규정하고 있는 정당한 사유에 따라 가산세가 감면되는 경우 등은 다음과 같다(지방세관계법 운영예규 57-2).

- 납부지연가산세를 가산하여 납세의 고지를 하였으나 기재사항 누락으로 위법한 부과처분이 되어 당초의 고지를 취소하고 다시 고지를 하는 경우에는 추가로 늘어나는 기간에 대한 납부지연가산세는 가산하지 아니한다.
- 처분청이 경정청구를 받아들여 환급하였다가 다시 추징하거나, 이후에도 동일하게 신

고한 경우 납세자에게 귀책사유를 지우기 어려운 정당한 사유가 있는 것으로 보아 가산세를 부과하지 아니한다.

위 규정 외 정당한 사유에 해당하는지 판단은 신고·납부기한을 기준으로 납세자가 신고납부의무 이행을 알지 못한 것이 무리가 아니었다거나 그 의무의 이행을 기대하기 어려운 사정이 존재하여 그 의무이행을 다하지 못한 것을 탓할 수 없는 경우에 해당하는지에 따라 하여야 할 것이다(대법원 2020. 10. 15. 선고 2020두41832 판결, 행정안전부 지방세정책과-4664, 2016. 12. 15.).

가산세 감면 정당한 사유(대법원 2020. 10. 15. 선고 2020두41832 판결)

이에 따라 가산세를 면할 정당한 사유가 있는지가 문제될 때에는 가산세 부과의 근거가 되는 개별 법령의 규정 취지를 충분히 고려하면서, 납세자가 그 의무를 알지 못한 것이 무리가 아니었거나 의무의 이행을 기대하는 것이 무리라고 할 만한 사정이 있어 납세자가 의무이행을 다하지 못한 것을 탓할 수 없는 경우에 해당하는지 여부에 따라 판단하여야 한다.

가산세 감면 정당한 사유2(행정안전부 지방세정책과-4664, 2016. 12. 15.)

가산세가 면제되는 경우의 "정당한 사유"의 판단은 "납세의무자의 고의, 과실은 고려되지 않으나, 납세의무자가 그 의무를 알지 못한 것이 무리가 아니었다거나 그 의무의 이행을 당사자에게 기대하는 것이 무리라고 하는 사정이 있을 때 등 그 의무 해태를 탓할 수 없는 사정이 있는 경우"로서 처분청이 경정청구를 받아들여 환급하였다가 다시 추징하거나 이후 사업연도분에 대하여도 동일하게 신고한 경우에는 납세자에게 귀책사유를 지우기 어려운 정당한 사유가 있는 것으로 보여지나(유사사례 조심 2013서4611, 2014. 2. 26., 조심 2011서2460, 2012. 4. 20., 조심 2014서0937, 2014. 5. 19. 등 참조) 이에 해당하는지 여부는 과세권자가 판단할 사항입니다.

나. 기타가산세

1) 개요

법인지방소득세에 가산되는 기타가산세[32]에는 무기장가산세(장부의 기록·보관 불성실 가산세)와 무기장 외 가산세가 있다. 이러한 가산세들은 법인세 가산세액의 10%가 그 가산세액이 되는데 실무상 무기장가산세와 무기장 외 가산세로 구분하는 이유는 무기장가산세는 무신고 혹은 과소신고가산세와 동시에 적용되는 경우에는 그 중의 큰 금액만 적용하고 그 금액이 동일할 경우에는 무신고 혹은 과소신고가산세만 적용하여 무기장 외 가산세와는

32) 정식 용어는 아니나 편의상 이하부터 신고납부가산세 외 가산세를 기타가산세라고 한다.

가산세 적용에 차이가 있기 때문이다.

지방세법 및 지방세특례제한법에서 규정하고 있는 과세대상인 기타가산세는 법인세법 제74조의2, 제75조, 제75조의2~9까지 따른 기타가산세 및 조세특례제한법 제100조의25에 따른 기타가산세이다. 따라서 그 외 기타가산세는 법인지방소득세에 가산하지 않는다(지법 제103조의30 제1항, 제103조의57, 지방소득소비세제과-158, 2021. 1. 14.).

한편, 둘 이상의 지방자치단체에 사업장이 있는 법인의 경우 기타가산세는 안분율에 따라 안분한다(지법 제103조의30 제2항).

2) 법인세 기타가산세별 법인지방소득세 과세 방법

구분	국세 규정	지방세 과세 방법
장부의 기록·보관 불성실가산세	법법 제75조의3	법인세 가산세의 10%, 무신고, 과소신고 가산세 존재 시 둘 중 큰 금액
업무용승용차 관련비용 명세서 제출 불성실가산세	법법 74조의2	법인세 가산세의 10%
성실신고확인서 제출 불성실가산세	법법 제75조	법인세 가산세의 10%
주주등의 명세서 등 제출 불성실가산세	법법 제75조의2	법인세 가산세의 10%
기부금영수증 발급·작성·보관 불성실가산세	법법 제75조의4	법인세 가산세의 10%
증명서류 수취 불성실가산세	법법 제75조의5	법인세 가산세의 10%
신용카드 및 현금영수증 발급 불성실가산세	법법 제75조의6	법인세 가산세의 10%
지급명세서 등 제출 불성실가산세	법법 제75조의7	법인세 가산세의 10%
계산서 등 제출 불성실가산세	법법 제75조의8	법인세 가산세의 10%
특정외국법인의 유보소득 계산 명세서 제출 불성실가산세	법법 제75조의9	법인세 가산세의 10%
세금우대자료제출 불성실가산세	조특법 제90조의2 제1항	과세 안함
동업기업의 소득계산배분명세신고불이행 가산세	조특법 제100조의25 제1항	법인세 가산세의 10%
동업기업 원천징수불이행 가산세	조특법 제100조의25 제2항	법인세 가산세의 10%
상증세법에 따른 가산세	상증법 제78조 제12항, 제13항	과세 안함

가) 상증세법에 따른 가산세

앞서 언급한 바와 같이 법인지방소득세 기타가산세로 과세되는 것은 법인세법 제74조의2, 제75조 및 제75조의2부터 제75조의9에 따른 가산세 등인바 상증세법에 따른 가산세, 조특법에 따른 세금우대자료제출불성실 가산세 등은 과세하지 아니한다(행정안전부 지방소득소비세제과-158, 2021. 1. 14.).

상증세법에 따른 가산세 지방소득세 가산세 부과 여부(행정안전부 지방소득소비세제과-158, 2021. 1. 14., 2025년 행정안전부 지방소득세 실무해설집 91p)

〈질의요지〉 상속세및증여세법 제82조 제6항에 따른 지급명세서를 제출하지 아니하여 국세의 가산세 납부 시(상속세및증여세법 제78조 제12항), 지방소득세 가산세 부과 여부

〈회신내용〉 지방세법 제103조의30에 따르면 '납세지 관할 지방자치단체의 장은 납세지 관할 세무서장이 법인세법 제75조, 제75조의2부터 제75조의9까지의 규정에 따라 법인세 가산세를 징수하는 경우에는 그 징수하는 금액의 100분의 10에 해당하는 금액을 법인지방소득세 가산세로 징수한다'고 규정되어 있음. 따라서 상속세및증여세법 제78조 제12항에 따른 가산세는 해당없음.

나) 지급명세서불성실가산세(공무원 실무자 전용)

국세청 통보자료상 지급명세서불성실가산세 명칭이 지급명세서불성실가산세(소득세법)로 통보되는 경우가 있는데 해당 가산세 명칭에 소득세법이 포함돼 있어 공무원 실무자들이 해당 가산세를 법인지방소득세에서 과세해야 하는지 아닌지에 대해 고민하는 경우가 종종 있는 것 같다. 해당 가산세는 법인세법 제75조의7에 따른 가산세로 법인세법 또는 소득세법에 따른 지급명세서나 간이지급명세서를 제출하여야 하는 자가 이를 제출하지 아니하거나 실제금액과 다르게 제출하는 등의 경우에 과세되는 가산세로 가산세 명칭에 소득세법이 포함된 것은 소득세법에 따른 지급명세서 등을 제출하지 않는 등의 사유로 법인세 기타가산세로 과세됐기 때문이다. 결론적으로 해당 가산세는 법인지방소득세에서 과세되는 기타가산세의 범위(법인세법 제74조의2, 제75조 및 제75조의2부터 제75조의9에 따른 가산세)에 포함되므로 과세권자는 해당 가산세액의 10%를 법인지방소득세 기타가산세로 과세해야 할 것이다.

3) 기타가산세와 납부지연가산세

기타가산세의 납부불이행을 이유로 그 기타가산세에 납부지연가산세를 가산하지 않는다(지방세정책과-3555, 2016. 9. 29.).

기타가산세에 납부지연가산세 가산 여부(지방세정책과-3555, 2016. 9. 29., 2025년 행정안전부 지방소득세 실무해설집 91p)

〈질의요지〉 지방세법 제103조의30에 따른 협력의무 불이행 가산세(지급명세서 미제출 등)를 미납 또는 지연 납부하는 경우, 지방세기본법 제53조의4에 따른 납부불성실 가산세를 징수할 수 있는지 여부

〈회신내용〉 지방세법 제103조의30에 따른 지급명세서제출 불성실 가산세를 징수함에 있어, 동 가산세의 미납부를 이유로 지방세기본법 제53조의4에 따른 납부불성실 가산세를 추가로 징수할 수 없다고 판단됨

4) 법인세 기타가산세 과세요건 및 계산방법

법인지방소득세 기타가산세는 이미 계산된 법인세 기타가산세액에서 계산하므로 법인세 기타가산세 계산방법 등은 학습의 필요성이 떨어지나 필요 시 참고할 수 있도록 법인세 기타가산세 과세 요건 및 계산 방법의 일부를 다음과 같이 간략하게 수록하였으니 참고 하도록 한다.

구분	가산세 과세 요건	계산방법
장부의 기록·보관 불성실가산세	장부의 비치·기장 의무를 이행하지 아니한 경우	Max(산출세액×20%, 수입금액×0.07%)
업무용승용차 관련비용 명세서 제출 불성실가산세	업무용승용차 관련비용 등에 관한 명세서를 제출하지 않거나 사실과 다르게 제출한 경우	• 명세서를 제출하지 않은 경우: 업무용승용차 관련비용 등으로 손금산입금액×1% • 명세서를 사실과 다르게 제출한 경우: 업무용승용차 관련비용 등으로 손금산입금액 중 사실과 다르게 적은 금액×1%
성실신고확인서 제출 불성실 가산세	성실신고 확인대상인 내국법인이 성실신고 확인서 미제출한 경우	Max(산출세액×5%, 수입금액×0.02%)
주주등의 명세서 등 제출 불성실 가산세	설립등기 후 주주등의 명세서를 제출하지 않은 경우 등	해당 주주 등이 보유한 주식 등의 액면금액×0.5%
기부금영수증 발급·작성·보관 불성실가산세	기부금영수증을 사실과 다르게 발급하거나 작성·보관하지 않은 경우	• 사실과 다르게 발급된 금액×5% • 작성·보관하지 않은 금액×0.2%
증명서류 수취 불성실가산세	법인이 사업과 관련하여 재화 또는 용역을 공급받고 지출증명서류를 수취하지 아니한 경우 등	증명서류 미수취·허위수취 금액×2%

구분	가산세 과세 요건	계산방법
신용카드 및 현금영수증 발급 불성실가산세	신용카드를 거부하거나 매출전표를 사실과 다르게 발급 혹은 현금영수증 발급 거부·사실과 다르게 발급한 경우 등	• 통보받은 건별 거부금액 또는 사실과 다르게 발급한 금액×5%(건별 최소 5천원) • 현금영수증가맹점 미가입기간의 수입금액×1% • 현금영수증 미발급한 경우 미발급금액×20%(10일 이내 지연발급한 경우 10%)
지급명세서 등 제출 불성실가산세	지급명세서 제출하지 않거나 금액이 사실과 다른 경우	• 지급명세서 미제출·불분명금액×1%
계산서 등 제출 불성실가산세	세금계산서 합계표 미제출 등	• 미발급, 허위·가공 발급 또는 수취금액×2% • 계산서에 필요적 기재사항의 부실기재금액×1% • 계산서 등 합계표 미제출 또는 부실기재금액×0.5%(1개월 내 지연제출 시 0.3%)
특정외국법인의 유보소득 계산명세서 제출 불성실가산세	특정외국법인 유보소득 계산명세서 미제출	해당 특정외국법인의 배당 가능한 유보소득금액×0.5%
세금우대자료제출불성실가산세	세금우대자료를 통보하여야 하는 자가 통보하지 아니한 경우 등	그 제출 또는 통보하지 아니하거나 불분명하게 제출·통보한 계약 또는 해지 건당 2천원
동업기업의 소득계산배분명세신고불이행 가산세	동업기업이 소득 계산 및 배분명세 신고를 하지 않은 경우	무신고: 신고하여야 할 소득금액×4% 과소신고: 과소신고한 소득금액×2%
동업기업 원천징수불이행 가산세	동업기업이 원천징수 세액을 납부하지 않거나 적게 납부한 경우	납부하지 아니하거나 적게 납부한 세액×(3%+지연일수×이자율)
상증세법에 따른 가산세	상증법 제78조 참고	상증법 제78조 참고

다. 가산세 특례

지방세법 및 지방세기본법에서는 법인지방소득세 관련 가산세 특례를 아래와 같이 규정하고 있다. 참고로 법인세법 및 국세기본법에서도 법인세 관련 동일한 형태의 규정이 존재한다.

• 청산소득에 대한 법인지방소득세를 징수할 때에는 체납분 납부지연가산세를 징수하지 아니한다(지법 제103조의46 제1항).

• 국세조정에 관한 법률[33]에 따라 국세기본법에 따른 과소신고가산세를 부과하지 아니할 때에는 지방세도 과소신고가산세를 부과하지 아니한다(지법 제103조의61 제1항).

• 지방소득세 과세기간을 잘못 적용하여 신고납부한 경우 납부지연가산세를 적용할 때 실제 신고납부한 날에 실제 신고납부한 금액의 범위에서 당초 신고납부하였어야 할 과세기간에 대한 지방소득세를 신고납부한 것으로 본다. 다만 부정행위로 인하여 무신고·과소신고·초과환급신고한 경우는 그러하지 아니하다(지기법 제55조 제3항).

라. 안분 미신고에 따른 가산세

본편 14장 법인지방소득세 지방자치단체별 안분 참고

마. 실무 Check

1) 신고납부가산세 안분 여부

법인이 둘 이상의 지방자치단체에 사업장이 있는 경우 표준지방세정보시스템상 신고납부와 관련된 전체 가산세를 가산세액계산서에 입력하면 안분율에 따라 안분되도록 돼 있으나 신고납부가산세는 안분하여 산출하지 않는다. 왜냐하면 지방세관계법에서 신고납부가산세 외 기타가산세에 대해서는 안분율이 존재하는 경우 그 전체 기타가산세를 안분율에 따라 안분하도록 규정하고 있으나 신고납부가산세는 납부하여야 할 세액을 그 기준금액으로 하여 산출하도록 돼 있을 뿐이기 때문이다(지법 제103조의30 제2항, 지기법 제53조, 제54조, 2025년 지방소득세 실무해설 150p, 행정안전부). 기 과세자료들이 올바르게 과세된 자료일 경우는 전체 신고납부가산세를 지방자치단체별로 안분하면 정당 신고납부가산세가 될 수 있으나 기 과세자료들이 올바르게 과세된 자료가 아닐 경우는 전체 신고납부가산세를 지방자치단체별로 안분하면 정당 신고납부가산세액이 산출되지 않는다. 실무적으로 법인의 착오 신고, 공무원 실무자의 착오 과세가 빈번하게 발생하므로 각 지방자치단체별로 가산세 기준금액을 구하고 그 기준금액으로 신고납부가산세를 산출하여 과세하여야 할 것이다. 세무대리인도 신고납부가산세를 편의상 안분하여 신고하는 경우가 많은데 이 경우 추후에 경정될 수 있

33) 다음 중 어느 하나에 해당하는 경우 과소신고가산세를 부과하지 아니한다(국세조정에 관한 법률 제17조 제1항).
- 납세의무자가 신고한 거래가격과 정상가격의 차이에 대하여 납세의무자의 과실이 없다고 상호합의절차의 결과에 따라 확인되는 경우
- 납세의무자가 일방적 사전승인을 받은 경우로서 신고한 거래가격과 정상가격의 차이에 대하여 납세의무자의 과실이 없다고 국세청장이 판정하는 경우
- 납세의무자가 소득세나 법인세를 신고할 때 적용한 정상가격 산출방법에 관하여 증명자료를 보관·비치하거나 제16조 제1항에 따른 개별기업보고서를 기한까지 제출하고, 합리적 판단에 따라 그 정상가격 산출방법을 선택하여 적용한 것으로 인정되는 경우

음에 유의하여야 할 것이다. 다음 예제를 통해 해당 내용을 살펴본다.

가) 예제

아래 표에서 D, E값은?

※ 양도소득, 미환류소득에 대한 법인세는 없음.

구분		정당 본세 100만원 (최초 신고)	정당 본세 150만원 (1차 증액 경정)	정당 본세 200만원 (최종 경정)
A시 (안분율 30%)	차감 본세	30만원	10만원(15만원이나 착오로 10만원으로 과세)	D
	차감 과소신고가산세	-	1만원	E
B시 (안분율 20%)	본세	20만원	10만원	10만원
	과소신고가산세	-	1만원	1만원
C시 (안분율 50%)	본세	50만원	25만원	25만원
	과소신고가산세	-	2.5만원	2.5만원

답 : D = 20, E = 2

종전에 올바르게 과세됐다면 최종경정 시 A시에 추가로 납부하여야 할 본세는 {(200만원 - 150만원) × 0.3} = 15만원이나 1차 증액경정 당시 추가로 납부하여야 할 본세가 {(150만원 - 100만원) × 0.3} = 15만원이었으나 착오로 10만원으로 과세함에 따라 5만원만큼의 본세를 추가로 과세해야 한다. 따라서 D는 20만원이 된다. 그에 따라 A시에 납부하여야 할 과소신고가산세도 15만원 × 0.1 = 1.5만원이 아니라 20만원 × 0.1 = 2만원이 된다. 이때 납세자는 안분 전 신고납부가산세 총계를 법인지방소득세 가산세액계산서(지칙 별지 제43호의4) 서식에 기재하여 제출할 것이고 과세관청이 표준지방세정보시스템상 가산세액계산서에 이를 입력하면 자동으로 납세지별 신고납부가산세가 안분율에 따라 계산돼 과세되는 바 별도로 수기로 수정하지 아니하고 과세하면 과소신고가산세가 1.5만원으로 착오과세될 수 있는 것이다. 따라서 이 경우 수기로 정당 가산세로 수정하여 과세하여야 할 것이다.

한편, 차감 본세 및 신고납부가산세를 계산할 때 최종 경정 본세 및 신고납부가산세에서 기 과세자료(종전) 본세 및 신고납부가산세를 각각 차감하여 계산할 수도 있다. 이 경우

A시 관련 최종 경정 본세는 200만원 × 0.3 = 60만원이 되고 과소신고가산세는 (200만원 − 100만원) × 0.3 × 0.1 = 3만원이 된다. 그리고 기 납부(종전) 본세는 30만원 + 10만원 = 40만원, 과소신고가산세는 1만원이다. 최종 경정 본세 및 과소신고가산세에서 기납부(종전) 본세 및 과소신고가산세를 각각 차감하면 추가로 납부할 본세(차감 본세)는 60만원 − 40만원 = 20만원, 과소신고가산세(차감 과소신고가산세)는 3만원 − 1만원 = 2만원이 돼 각각 당초 계산한 값과 같아지게 된다.

가산세액 안분 요령(2025년 지방소득세 실무해설 150p, 행정안전부)

〈적용 요령 가산세액〉

무신고 가산세 등 지방세기본법의 가산세는 해당 지자체별 적용 가산. 단, 지방세법 제103조의30 가산세는 안분율에 따라 안분 가산

2) 감액경정 후 다시 증액경정이 되는 경우

가) 개요

최초 신고 후에 감액경정이 되고 다시 증액경정이 되는 경우 원칙적으로는 경정청구(혹은 직권 감액경정)의 경정항목과 수정신고(혹은 직권 증액경정)의 수정항목(혹은 증액 경정항목)이 같은지 여부를 확인하여야 한다. 그 둘이 동일하다면 앞서 가산세 감면 부분에서 살펴본 바와 같이 과세관청이 최초 경정 후 재경정함에 따라 납세자에게 신고납부 의무해태를 탓하기는 어렵다 할 것이므로 가산세를 징수하지 아니한다(조심 2021중2919, 2021. 9. 14.). 그 둘이 동일하지 아니하다면 증가된 본세 부분을 가산세 기준금액으로 하여 신고납부가산세를 계산하여 징수한다(서면-2019-징세-2538, 2019. 10. 31.). 참고로 국세 및 지방세 관련 규정 등에 따른 가산세 감면 사유는 다음과 같다.

국세 가산세 감면 사유	지방세관계법상 존재 여부	비고
정당한 사유에 따른 가산세 감면	O	일반적으로 국세, 지방세 공통적으로 적용됨. ex) 유권해석 변경, 동일항목 추징
수정신고, 기한후 신고에 따른 가산세 감면	O	
징수유예, 납기연장	O	법인지방소득세 징수유예 등을 따로 신청해야 하고 승인 여부도 국세와 별개임(3편 1장 징수유예, 납기연장 참고)

가산세 감면 정당한 사유 여부(조심 2021중2919, 2021. 9. 14.)

처분청이 이를 적법한 경정청구로 받아들여 양도소득세를 환급하였다가 감독기관의 처분지시에 따라 당초 검토의 착오 또는 오류 등을 원인으로 환급세액을 추징하였으므로 청구인에게는 해당 미납행위에 대한 귀책사유를 지우기 어려운 정당한 사유가 있다고 봄이 타당하다 할 것이다.

국세 징수유예 신청하였으나 지방세 징수유예는 신청하지 아니한 경우(조심 2012지0447, 2012. 8. 31.)

살피건대, 청구법인이 주장하는 납부기한의 연장에 관한 규정은 부과고지분이 아닌 신고납부분에 대해 적용하는 규정이고, 비록, 청구법인이 OOO으로부터 법인세에 대해 징수유예 승인을 받았다 하더라도, 지방세인 지방소득세 징수유예 승인권자는 지방자치단체장이므로 별도에 신청절차를 거쳐 징수유예에 대한 승인을 받았어야 하고, 징수유예신청을 하지 못한 사유가 청구법인의 사업규모에 비해 거액의 법인세 결정세액에 대응하느라 정신이 혼미한 상황에서 징수유예신청이 불가하였다는 사정은 정당한 사유로 볼 수 없다 할 것이다.

국세청 해석 변경에 따른 가산세 감면(서면-2017-법령해석기본-3174, 2018. 1. 4.)

〈질의요지〉 국세청 해석변경이 가산세 감면의 정당한 사유에 해당하는지 여부

〈회신〉 납세의무자가 국세청 질의회신에 따라 재활용공제사업분담금이 「법인세법」 제3조 제2항의 수익사업에 해당하지 아니하는 것으로 신고하였으나, 추후 국세청이 기존 질의회신과 다르게 해석하여 결과적으로 위 신고가 소급하여 부적법하게 된 경우에는 납세의무자에게 과소신고를 탓할 수 없는 정당한 사유가 있어 「국세기본법」 제48조 제1항에 따라 가산세를 감면할 수 있는 것임.

나) 경정항목 수정항목 동일 여부 확인(공무원 실무자 전용)

법인지방소득세 과세 시에는 국세청 통보자료에 의존하게 되는데 경정항목과 수정항목이 동일한지 여부는 통보자료에 포함되지 않아 통보자료만으로 그 동일 여부를 확인할 수는 없다. 다만, 국세청 통보자료상 가산세 세부내역 중 법인세에 신고납부가산세가 가산되지 아니하였으나 납기 등을 고려했을 때 법인지방소득세에 신고납부가산세가 가산돼야 하는 건이 있다면 해당 건은 경정항목과 수정항목이 동일한 경우에 해당하여 법인세에 신고납부가산세가 가산되지 아니하였을 가능성이 있으므로 해당 건에 대해서는 그 동일 여부에 대해 관할 세무서에 조회한 뒤에 과세하는 식으로 운영할 수는 있을 것이다.

3) 감액경정 후 증액경정된 세액이 당초 신고세액에 미달하는 경우

감액 경정 후 증액경정된 세액이 당초 신고세액에 미달하는 경우 그 증액경정항목이 당초 신고항목이 아니라면 증액경정 세액이 당초 신고세액에 미달한다 하더라도 그 증액경정은 당초 신고와는 별개라 할 것이므로 증액경정 시 신고납부가산세를 과세한다. 그러나 그 증액경정항목이 당초 신고항목인 경우는 위 나)의 경우와 마찬가지로 정당한 사유에 따라 신고납부가산세가 감면되므로 신고납부가산세를 과세하지 아니한다.

감액경정 후 다시 증액경정한 세액이 당초 신고 세액에 미달할 경우 가산세 여부(징세과-1039, 2012. 9. 27.)

〈질의요지〉

○ 법인세 경정청구(익금불산입)를 통하여 환급받은 이후 동일 과세기간에 대한 세무조사 결과
  - 경정청구시 경정항목이 아닌 새로운 항목에 대한 적출로 인하여 증가된 과세표준이 당초 신고한 과세표준에 미달하는 경우 과소신고가산세 적용대상인지 여부

〈회신〉 귀 질의의 경우, 과세관청이 납세자의 경정청구를 받아들여 감액경정을 한 후 경정청구와는 다른 사유로 증액재경정을 하여 경정된 과세표준이 당초 납세자가 신고한 과세표준에 미달된다고 하더라도 과세관청의 재경정을 통하여 증가된 과세표준은 납세자가 당초 과세표준신고시에 세법에 따른 신고를 하지 않은 과세표준으로 과소신고가산세의 적용대상임.

감액경정 후 다시 증액경정한 세액이 당초 신고 세액에 미달할 경우 가산세 여부2(조심 2020부1856, 2021. 4. 21.)

청구법인은 당초부터 쟁점세무조사 과정에서 적출된 사항을 포함하여 과세표준 및 세액을 신고 · 납부할 의무가 있음에도 이를 누락한 것이므로 당초 신고시 납부한 세액과는 다른 사유로 부과된 추징세액은 신고 및 납부불성실가산세의 부과대상으로 봄이 타당

감액경정 후 증액경정 시 납부불성실가산세 기산일(서면-2019-징세-2538, 2019. 10. 31.)

〈질의〉 경정청구에 따른 감액경정이 있은 후 증액경정사유가 발생하여 수정신고를 할 경우 국세기본법 제47조의4에 따른 납부불성실가산세의 기산일을 언제로 보아야 하는지 여부

〈회신〉 귀 질의의 경우 새로운 사유로 인한 '증가된 과세표준부분'은 '당초 질의법인이 과세표준신고시에 신고를 했던 부분'과 중첩되지 않는 것으로 기존해석사례(징세과-1039, 2012.09.27. 및 붙임) 및 붙임 법령을 참조하시기 바랍니다.

○ 징세과－1039

귀 질의의 경우, 과세관청이 납세자의 경정청구를 받아들여 감액경정을 한 후 경정청구와는 다른 사유로 증액재경정을 하여 경정된 과세표준이 당초 납세자가 신고한 과세표준에 미달된다고 하더라도 과세관청의 재경정을 통하여 증가된 과세표준은 납세자가 당초 과세표준신고시에 세법에 따른 신고를 하지 않은 과세표준으로 과소신고가산세의 적용대상입니다.

가) 당초신고 항목과 증액경정 항목 동일하지 않은 경우 여부 확인(공무원 실무자 전용)

앞서 언급한 바와 같이 국세청 법인세 자료 통보 항목에 당초신고 항목, 증액경정 항목 등은 포함되지 아니한다. 따라서 당초신고 항목과 증액경정 항목이 동일한지 여부 등은 간접적으로 확인할 수 밖에 없는데 국세청 통보 자료 상 최종 경정 법인세 세액이 당초 신고 법인세 세액에 미달하는데도 법인세 신고납부가산세가 과세된 경우는 최종 경정 항목이 당초신고 항목과 동일하지 아니한 것으로 보고 법인지방소득세에서 신고납부가산세를 과세하는 식으로 운영할 수 있을 것이다.

4) 증액경정 후 다시 감액경정이 되는 경우 가산세

가) 개요

증액경정 후 다시 감액경정이 되는 경우 기 납부한 신고납부가산세가 있다면 그 가산세 중 일부를 감액 및 환급해야 하는바 다음 예제를 통해 살펴본다(징세과－399, 2009. 12. 9.).

나) 예제

다음 A를 구하라.

※ 단, 양도소득, 미환류소득에 대한 법인세는 없음, 3차 감액경정은 2차 신고 항목과 동일한 항목에 대한 경정임.

구분	1차 당초신고	2차 수정신고	3차 감액경정
산출세액	160만원	170만원	167만원
과소신고가산세		1만원 {(170만원－160만원)×0.1}	
환급액			(3만원)
가산세 환급액			A

답 : 0.3만원

이 경우 최종 경정 과소신고가산세에서 기 납부(종전) 과소신고가산세를 차감하여 환급액을 계산한다. 먼저 최종 경정 가산세를 구해보면 최종 경정 내역에 따르면 2차 수정신고 시 본세를 7만원(167만원 – 160만원)만 추가로 납부하면 됐는데 10만원(170만원 – 160만원)을 추가로 납부한바 10만원에 대한 과소신고가산세가 아닌 7만원에 대한 과소신고가산세가 최종 경정 과소신고가산세가 되므로 7만원에 0.1을 곱한 0.7만원이 최종 경정 과소신고가산세가 된다. 최종 경정 과소신고가산세에서 2차 수정신고 시 납부한 과소신고가산세를 차감하면 0.7만원 – 1만원 = –0.3만원이 되고 0.3만원이 가산세 환급액이 된다.

증액경정 후 다시 감액경정이 되는 경우 가산세(징세과-399, 2009. 12. 9.)

법인이 법정신고기한 내에 세법에 따른 과세표준신고서를 제출한 경우로서 신고한 과세표준이 세법에 따라 신고하여야 할 과세표준에 미달한 경우에 국세기본법 제47조의3에 따라 과소신고가산세가 적용되는 것으로 수정신고 이후 경정청구에 의해 과세관청이 경정한 과세표준이 납세자가 당초 신고한 과세표준에 미달하는 경우에는 수정신고 시 납부한 과소신고가산세는 환급되는 것임.

수정신고 후 당초신고분 경정에 따른 환급 시 환급가산금 기산일(세제-11456, 2013. 9. 6.)

〈질의〉 법인세를 신고납부한 후 추가분에 대한 수정신고를 하였으나 이후 당초 신고납부한 법인세가 경정결정될 경우 법인세할주민세 환급결정시 환급가산금 기산일에 관하여 질의

〈회신〉 귀 질의와 같이 당초 신고한 법인세의 경정결정으로 법인세할주민세 환급사유가 발생한 건이 법인세를 수정신고한 사업부문과 별개의 사안인 경우라면 법인세할 주민세 환급가산금의 기산일은 당초 신고납부한 법인세할주민세 납부일의 다음 날로 계산함이 타당하다(안행부-52, 2008. 8. 27.)할 것임.

5) 법인세와 법인지방소득세 납부지연가산세 지연일수 차이

다음의 경우는 법인세와 법인지방소득세 납부지연가산세 지연일수 차이가 통상적이지 아니한 경우이므로 법인세 통보자료에 따른 과세 시 유의한다.

구분	국세 신고기한	지방세 신고기한	비고
내국법인 외부회계감사 미종결 시 신고기한 연장 신청	사업연도 종료일이 속한 달의 말일부터 3개월부터 1개월 이내 연장 가능	사업연도 종료일이 속한 달의 말일부터 4개월	지방세는 해당 연장 신청 제도가 없으므로 일반적인 경우의 신고기한과 동일
성실신고확인서를 제출하는 경우	사업연도 종료일이 속한 달의 말일부터 4개월	사업연도 종료일이 속한 달의 말일부터 5개월	사업연도 개시일이 2026. 1. 1. 전인 경우 지방세

구분	국세 신고기한	지방세 신고기한	비고
		(단, 사업연도 개시일이 2026. 1. 1. 전인 경우 사업연도 종료일이 속한 달의 말일부터 4개월)	는 성실신고확인서 제출에 따른 신고기한이 일반적인 경우의 신고기한과 동일(2025. 12. 31. 지방세법 일부개정으로 성실신고확인서 제출 법인 법인지방소득세 신고기한 추가 부여 규정 신설됨)

10 추가납부세액

가. 개요

법인지방소득세 추가납부세액은 이월과세액, 외국법인의 신고기한 연장, 사후관리, 이미 공제한 특별징수세액에 따른 추가납부세액이 있다.

나. 이월과세

이월과세란 개인이 사업용고정자산 등을 현물출자 등을 통하여 법인에 양도하는 경우 이를 양도하는 개인에게는 양도소득세 혹은 양도소득에 대한 개인지방소득세를 과세하지 아니하고 이를 양수한 법인이 그 사업용고정자산 등을 양도할 때 개인이 종전 사업용고정자산 등을 그 법인에 양도한 날이 속하는 과세기간에 다른 양도자산이 없다고 보아 계산한 양도소득에 대한 개인지방소득세 산출세액 상당액을 법인지방소득세로 납부하는 것을 말한다(지특법 제2조 제14호). 법인지방소득세 이월과세 추가납부세액에는 중소기업 간의 통합에 대한 이월과세, 법인전환에 대한 이월과세, 영농조합법인의 조합원에 대한 이월과세, 농업인 등에 대한 이월과세에 따른 추가납부세액이 있다.

중소기업 간의 통합에 대한 이월과세, 법인전환에 대한 이월과세는 개인이 법인으로 통합하거나, 법인으로 전환하는 경우 등에 개인이 자산 등을 양도하는 시점에 양도소득에 대한 개인지방소득세를 과세하지 아니하고 법인이 그 자산 등을 양도하는 시점에 그 세액을 법인지방소득세로 추가납부할 수 있도록 하여 법인 전환 등을 지원하는 것이다(지특법 제119~120조). 다음으로 영농조합법인의 조합원에 대한 이월과세, 농업인 등에 대한 이월과세는 농업인이 농작물재배업 등에 직접 사용하는 부동산을 현물출자하는 경우 현물출자 시에 양도소득에 대한 개인지방소득세를 과세하지 아니하고 법인이 해당 자산을 양도하는 시점에 그 세액을 법인지방소득세로 추가납부할 수 있도록 하여 현물출자를 지원하는 것이다(지특법 제126조, 제128조).

국세에도 지방세와 동일한 형태의 이월과세 규정이 존재하며 양도소득에 대한 개인지방소득세 과세표준은 양도소득세 과세표준과 동일하며 양도소득에 대한 개인지방소득세 세율, 감면공제액 등이 양도소득세의 10%이므로 지방소득세 이월과세액은 국세 이월과세액의 10%가 된다.

한편, 양도소득분 개인지방소득세 이월과세를 적용받으려는 자는 과세표준 신고 시 해당 법인과 함께 이월과세신청서를 납세지 관할 지방자치단체장에게 제출하여야 한다. 다만, 국세에서 이월과세 신청을 하면 지방소득세도 이월과세 신청한 것으로 본다(지특령 제72조 제2항, 제73조 제3항, 제79조 제9항, 제81조 제2항).

다. 외국법인의 신고기한 연장

각 사업연도 소득에 대한 법인세 과세표준을 신고하여야 하는 외국법인이 본점 등의 결산이 확정되지 아니하였거나 기타 부득이한 사유로 신고서를 신고기한까지 제출할 수 없는 경우 해당 사업연도 종료일부터 60일 이내 신고기한 연장 신청을 할 수 있는데(법법 제97조 제2항) 이때 연장 승인을 받은 외국법인은 법인세 신고세액을 납부할 때 기한 연장일수에 대통령령으로 정한 이자율(연 1천분의 31)을 적용하여 산출한 금액을 세액에 가산하여 법인세 추가납부세액으로 납부하여야 한다(법법 제97조 제3항). 지방세법에도 동일한 형태의 규정이 존재하는바 법인지방소득세도 해당 연장신청 및 승인을 받은 경우 기한 연장일수에 대통령령으로 정한 이자율(연 1천분의 31[34])을 곱하여 산출한 금액을 세액에 가산하여 법인지방소득세 추가납부세액으로 납부하여야 한다. 이때 기한 연장일수는 신고기한의 다음 날부터 연장승인을 받은 날까지의 일수[35])이다(지법 제103조의51 제2~4항). 한편, 법인세에서 외국법인 신고기한 연장신청을 한 경우 법인지방소득세도 외국법인 신고기한 연장신청을 한 것으로 본다(지령 제100조의27 제1항).

법인세에서 해당 신고기한 연장신청을 하면 법인지방소득세도 해당 신고기한 연장신청을 한 것으로 보므로 법인지방소득세를 따로 해당 신고기한 연장 신청하는 경우는 드물고 법인세의 해당 이자율과 법인지방소득세의 해당 이자율은 동일한바 기한 연장 일수에 약간

34) 국세기본법 시행규칙 제19조의3에 따른 이자율로 국세와 동일

35) 다만, 연장승인 기한에 신고 및 납부가 된 경우 그 날까지의 일수

의 차이는 있을 수 있겠으나 일반적으로는 법인세 추가납부세액의 약 10%가 법인지방소득세 추가납부세액이 될 것이다[36]. 참고로 법인세에서는 내국법인도 신고기한 연장 관련 규정이 존재하므로 이에 따른 법인세 추가납부세액이 존재할 수 있으나 지방소득세에서는 관련 규정이 존재하지 아니하므로 관련 추가납부세액이 없다(법법 제60조 제8항).

라. 사후관리

1) 개요

사후관리 관련 추가납부세액은 종전에 조세특례제한법, 법인세법에 따라 손금산입 혹은 세액공제 · 감면하여 과세표준 및 세액을 차감하였으나 추징요건의 충족 혹은 당초 감면 요건 미충족 등으로 추징되는 경우의 그 추징세액이다. 이에 해당하는 것으로는 책임준비금의 손금산입, 연구 · 인력개발준비금의 손금산입, 업무와 관련 없는 비용의 손금불산입 등에 따른 추가납부세액 등이 있다. 사후관리 관련 추가납부세액은 추징 유형에 따라 법인지방소득세 과세 방법이 달라지는바 이하에서 유형별로 과세방법을 살펴본다.

2) 익금 산입 추징

책임준비금의 손금산입, 연구 · 인력개발준비금의 손금산입 등에 따른 추가납부세액은 법인세법, 조세특례제한법에서 익금에 산입하여 추징하도록 규정하고 있는데(법법 제30조 제2항 등) 이때 익금에 산입한다는 것은 법인세 과세표준에 가산한다는 것인바 이미 과세표준에 해당 추징 항목 금액이 반영돼 있으므로 법인지방소득세는 법인세 과세표준을 따르는 것만으로도 추징세액이 반영된다. 다만, 이때 법인세에서 이자상당액을 추가납부세액으로 가산하여 납부하도록 하고 있는데(법법 제30조 제3항 등) 법인지방소득세는 그 법인세 추가납부세액(이자상당액)의 10%를 법인지방소득세 추가납부세액으로 하여 과세하도록 하고 있다(지령 제100조의37 제1항). 따라서 이 경우 법인세 추가납부세액의 10%를 법인지방소득세 추가납부세액으로 하여 과세하면 된다.

3) 세액에 가산하여 추징

업무와 관련 없는 비용의 손금불산입에 따른 추가납부세액은 다시 계산한 세액과 종전 세액의 차액 등을 법인세에 가산하여 납부하도록 규정하고 있는바 법인세에서 해당 추가납부세액이 가산되면 법인지방소득세는 법인세 추가납부세액의 10%를 추가납부세액으로 하

---

36) 법인지방소득세에서 따로 연장일을 달리하여 연장 신청을 하여 승인된 경우는 기한 연장 일수에서 더 많은 차이가 날 수 있음.

여 법인지방소득세에 가산한다(법칙 제27조, 지법 제103조의63 제2항).

4) 공제 · 감면세액 추징

조세특례제한법에 따라 세액을 공제 · 감면을 받은 뒤 추징요건이 성립하여 추징세액을 법인세 추가납부세액으로 납부하는 경우가 있는데 이 경우 지방세특례제한법에 인구감소지역 주민의 고용에 대한 세액 공제를 제외하고는[37] 법인지방소득세의 공제 · 감면과 관련된 규정이 없는바 추징과 관련한 규정도 없으므로 법인세에서 추가납부세액이 과세됐어도 법인지방소득세는 추가납부세액을 과세하지 아니한다. 이 경우 추징 규정은 "감면받은 세액을 법인세로 납부하여야 한다."와 같은 구조로 돼 있다. 해당 추가납부세액은 법인세에서 익금산입하는 추징의 형태가 아니므로 법인지방소득세 과세표준에 영향을 주지도 아니하고 업무와 관련 없는 비용의 손금불산입 추가납부세액처럼 지방세관계법에서 따로 추징 규정을 둔 것도 아니므로 법인지방소득세는 과세되지 아니한다.

5) 적용

이상의 법인지방소득세 사후관리 관련 추가납부세액 관련 규정은 지방세법이 법률 제13636호로 일부개정되면서 신설된 규정으로 2016. 1. 1. 후 납세의무가 성립하는 분부터 적용하고 그 후에 추가납부사유가 발생하는 경우부터 적용한다. 즉, 2016. 1. 1. 이전에 추가납부사유가 발생하여 2016. 1. 1. 후 법인세 추가납부세액을 과세하는 경우는 법인지방소득세 추가납부세액을 과세하지 않는다.

지방세법상 추가납부세액 규정 적용 시기(행정자치부 국민신문고 질의회신, 2016. 4. 26., 2025년 행정안전부 지방소득세 실무해설집 190p)

〈질의〉 업무무관비용은 법인세법상 손금이 아니므로 자산취득비를 손금처리 후 비업무용으로 사용시 자산취득비를 다시 과세표준에 산입하고 법인세를 추가납부하여야 하나, 신설된 지방세법 제103조의63의 규정은 2016. 1. 1. 이후부터 시행한다고 되어 있는데 2009년도 업무무관부동산 지급이자손금부인을 적용하여 2015년 법인세 추가납부에 따른 법인지방소득세도 납부하여야 하는지 여부

〈회신〉 현행 지방세법 제103조의 63(2015. 12. 29. 신설)은 법인세법 제27조에 따라 업무와 관련 없는 비용을 손금에 산입하지 아니하여 그 양도한 날이 속하는 법인세에 가산하여 납부하는 경우 그 납부하는 세액의 100분의 10에 상당하는 금액을 법인 지방소득세로 추가하여 납부하도록 규정되어 있으며, 이 법 시행일(2016. 1. 1.) 이후 자산 매각 등 추가납부사유가 발생하는 분부터 적용될 수 있음.

37) 참고로 해당 세액 공제 관련 추징 규정이 존재하지 아니한다.

마. 이미 공제한 특별징수세액

법인이 선이자지급방식의 채권 등을 취득한 뒤 사업연도가 종료돼 원천징수된 세액을 전액 공제하여 법인세를 신고하였으나 그 후의 사업연도 중 만기상환일이 도래하기 전에 해당 채권을 매도함으로써 해당 사업연도 전에 이미 공제받은 원천징수세액이 보유이자상당액에 대한 세액[38]을 초과하는 경우 그 초과하는 금액을 매도일이 속하는 사업연도의 법인세에 가산하여 추가납부세액으로 납부한다(법령 제113조 제6항). 이 경우 그 가산하는 법인세의 10%를 법인지방소득세에 가산하여 추가납부세액으로 납부한다(지법 제103조의63 제3항).

아래 예시[39]를 통해 이를 자세히 살펴본다.

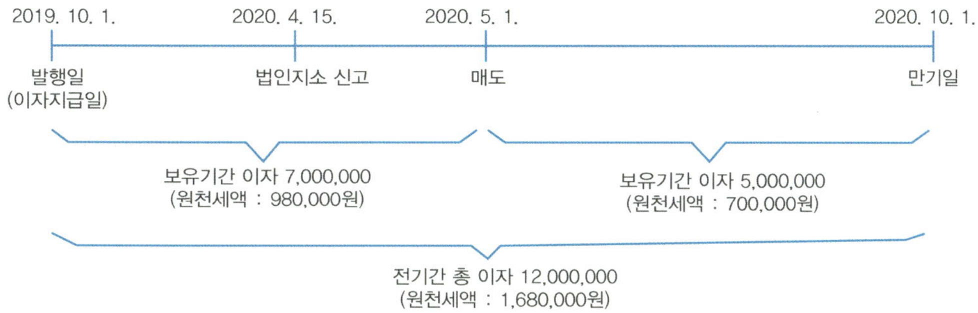

2019. 10. 1. 선이자채권발행자가 해당 채권을 발행하면서 만기일까지의 전 기간 총 이자 12,000,000원에 대한 원천징수세액 총 1,680,000원을 납부하였고 그 채권을 취득한 법인은 2020. 4. 15. 법인세를 신고하면서 그 원천징수세액을 기납부세액으로 공제하였다. 2020. 5. 1. 법인이 채권을 매도함에 따라 이미 공제받은 원천징수세액(1,680,000원)이 보유기간이자상당에 대한 세액(980,000원)을 초과하는바 그 초과하는 금액의 10%(70,000원)를 매도일이 속하는 사업연도(2020년) 법인지방소득세에 가산하여 신고하여야 한다.

바. 자경농지에 대한 감면, 공익사업용 토지 등 감면 추징

자경농지에 대한 감면, 공익사업용 토지 등 감면 규정은 양도소득세, 개인지방소득세(양도소득) 관련 감면 규정이나 추징 사유 발생 시에는 개인에게 양도소득세, 개인지방소득세를 추징하는 것이 아니라 법인에 법인세, 법인지방소득세 추가납부세액으로 과세하는바 법인지방소득세 감면 규정은 아니나 법인지방소득세 추가납부세액과 관련이 있다. 이를 상세히 살펴보면 먼저 자경농지에 대한 감면은 농업 활성화를 위하여 농지 소재지 거주자가 8

38) 채권 등의 액면가액×채권등을 보유한 기간×적용이자율×원천징수세율(14%)

39) 2025년 행정안전부 지방소득세 실무해설집 195p 변형

년 이상 자경한 농지를 농업법인등에 양도할 경우 그 양도소득에 대한 양도소득세를 100% 감면하는 제도이다. 이때 농업법인이 그 감면 받은 토지를 취득하고 해당 토지를 취득일로부터 3년 이내에 양도한 경우 등 추징 사유가 발생하면 그 농업법인에 감면된 금액에 상당하는 금액을 법인지방소득세 추가납부세액으로 과세한다(지특법 제129조). 다음으로 공익사업용 토지 등 감면 규정은 공익적 목적의 공공사업의 원활한 진행을 지원하고 토지가 수용되는 자에게 적절한 보상을 제공하고자 2년 이상 보유한 토지등을 공익사업 시행자 등에게 양도하거나 그 토지등이 수용되는 경우 발생하는 양도소득에 대한 개인지방소득세에 대해 일정 부분 감면해주는 제도이다. 공익사업 법인이 사업인가를 받은 날로부터 3년 이내에 공익사업을 시행하지 아니하는 등 추징 사유가 발생하면 그 법인에 감면받은 세액 상당액을 법인세 추가납부세액으로 과세한다(지특법 제132조). 국세에서도 동일한 구조의 감면 및 추징 규정이 존재하는바(조특법 제69조, 제77조) 양도소득세의 과세표준이 양도소득에 대한 개인지방소득세 과세표준과 동일하고 양도소득에 대한 개인지방소득세 세율, 감면세액 등이 양도소득세의 10%이므로 결국 법인세 추가납부세액의 10%가 법인지방소득세 추가납부세액이 된다. 다만, 공익사업용 토지 등 감면 추징의 경우 이자상당액도 가산되는데 해당 법인지방소득세 이자상당액 계산 시 감면을 받은 과세기간의 종료일의 다음 날부터 추징 사유가 발생한 과세연도의 종료일까지의 기간에 이자율을 적용하여 계산하는데 이는 법인세도 마찬가지 방식으로 계산하므로 이므로 결국 법인세 이자상당액의 10%가 법인지방소득세 이자상당액이 되고 결론적으로 법인세 추가납부세액의 10%가 법인지방소득세 추가납부세액이 된다.

사. 추가납부세액 법령, 과세방법 등 정리

구분	지방세 법령	국세 법령	가산항목	이자상당액 여부	법인지소 과세
중소기업 간의 통합에 대한 이월과세	지특법 제119조	조특법 제31조 제1항	세액가산	부	법인세 추가납부세액의 10%
법인전환에 대한 이월과세	지특법 제120조	조특법 제32조 제1항	세액가산	부	법인세 추가납부세액의 10%
영농조합법인의 조합원에 대한 이월과세	지특법 제126조	조특법 제66조 제7항	세액가산	부	법인세 추가납부세액의 10%
농업인 등에 대한 이월과세	지특법 제128조	조특법 제68조 제3항	세액가산	부	법인세 추가납부세액의 10%

구분	지방세 법령	국세 법령	가산항목	이자상당액 여부	법인지소 과세
외국법인의 신고기한 연장	지법 제103조의51 제3항	법법 제97조 제2항	세액가산	부	법인세 추가납부세액{=이자상당액 약 10%(=지소세의 이자상당액)}
비영리내국법인의 고유목적사업준비금의 손금산입	지법 제103조의63 제1항	법법 제29조 제7항	익금산입	여	법인세 추가납부세액의 10%(=이자상당액의 10%)
책임준비금의 손금산입	지법 제103조의63 제1항	법법 제30조 제3항	익금산입	여	법인세 추가납부세액의 10%(=이자상당액의 10%)
연구·인력개발준비금의 손금산입	지법 제103조의63 제1항	구조특법 제9조 제4항[40)]	익금산입	여	법인세 추가납부세액의 10%(=이자상당액의 10%)
연구개발 관련 출연금 등의 과세특례	지법 제103조의63 제1항	조특법 제10조의2 제4항	익금산입	여	법인세 추가납부세액의 10%(=이자상당액의 10%)
사업전환 통상변화대응지원기업에 대한 과세특례	지법 제103조의63 제1항	조특법 제33조 제3항	익금산입	여	법인세 추가납부세액의 10%(=이자상당액의 10%)
내국법인의 금융채무 상환을 위한 자산매각에 대한 과세특례	지법 제103조의63 제1항	조특법 제34조 제2항	익금산입	여	법인세 추가납부세액의 10%(=이자상당액의 10%)
주식의 현물출자 등에 의한 지주회사 설립 등에 대한 과세특례	지법 제103조의63 제1항	조특법 제38조의2 제3항	익금산입	여	법인세 추가납부세액의 10%(=이자상당액의 10%)
채무의 인수·변제에 대한 과세특례	지법 제103조의63 제1항	조특법 제39조 제3항	익금산입	여	법인세 추가납부세액의 10%(=이자상당액의 10%)

구분	지방세 법령	국세 법령	가산항목	이자상당액 여부	법인지소 과세
주주 등의 자산양도에 관한 법인세 등 과세특례	지법 제103조의63 제1항	조특법 제40조 제5항	익금산입	여	법인세 추가납부세액의 10%(=이자상당액의 10%)
기업 간 주식 등의 교환에 대한 과세특례	지법 제103조의63 제1항	조특법 제46조 제3항	익금산입	여	법인세 추가납부세액의 10%(=이자상당액의 10%)
자가물류시설의 양도차익에 대한 법인세 과세특례	지법 제103조의63 제1항	조특법 제46조의4 제2항	익금산입	여	법인세 추가납부세액의 10%(=이자상당액의 10%)
합병에 따른 중복자산의 양도에 대한 과세특례	지법 제103조의63 제1항	조특법 제47조의4 제2항	익금산입	여	법인세 추가납부세액의 10%(=이자상당액의 10%)
공장의 대도시 밖 이전에 대한 법인세 과세특례	지법 제103조의63 제1항	조특법 제60조 제4항	익금산입	여	법인세 추가납부세액의 10%(=이자상당액의 10%)
법인 본사를 수도권과밀억제권역 밖으로 이전하는 데 따른 양도차익에 대한 법인세 과세특례	지법 제103조의63 제1항	조특법 제61조 제5항	익금산입	여	법인세 추가납부세액의 10%(=이자상당액의 10%)
공공기관이 혁신도시로 이전하는 경우 법인세 등 감면	지법 제103조의63 제1항	조특법 제62조 제2항	익금산입	여	법인세 추가납부세액의 10%(=이자상당액의 10%)
행정중심복합도시, 혁신도시개발예정지구 내 공장의 지방 이전에 대한 과세특례	지법 제103조의63 제1항	조특법 제85조의2 제2항	익금산입	여	법인세 추가납부세액의 10%(=이자상당액의 10%)

40) 구 조특법 제9조(2019. 12. 31. 법률 제16835호로 일부개정되기 전의 것)

구분	지방세 법령	국세 법령	가산항목	이자상당액 여부	법인지소 과세
공익사업을 위한 수용 등에 따른 공장 이전에 대한 과세특례	지법 제103조의63 제1항	조특법 제85조의7 제2항	익금산입	여	법인세 추가납부세액의 10%(=이자상당액의 10%)
중소기업의 공장 이전에 대한 과세특례	지법 제103조의63 제1항	조특법 제85조의8 제2항	익금산입	여	법인세 추가납부세액의 10%(=이자상당액의 10%)
공익사업을 위한 수용 등에 따른 물류시설 이전에 대한 과세특례	지법 제103조의63 제1항	조특법 제85조의9 제2항	익금산입	여	법인세 추가납부세액의 10%(=이자상당액의 10%)
임대주택 부동산투자회사의 현물출자자에 대한 과세특례	지법 제103조의63 제1항	조특법 제97조의6 제3항	익금산입	여	법인세 추가납부세액의 10%(=이자상당액의 10%)
금융기관의 신용회복목적회사 출자·출연 시 손금산입 특례	지법 제103조의63 제1항	구조특법 제104조의11 제3항[41]	익금산입	여	법인세 추가납부세액의 10%(=이자상당액의 10%)
업무와 관련 없는 비용의 손금불산입	지법 제103조의63 제2항	법칙 제27조	세액가산	부	법인세 추가납부세액의 10%
이미 공제한 특별징수세액 추가납부	지법 제103조의63 제3항	법령 제113조 제6항	세액가산	부	법인세 추가납부세액의 10%
자경농지에 대한 감면 (농업법인)	지특법 제129조	조특법 제69조 제2항	세액가산	부	법인세 추가납부세액의 10%
공익사업용 토지 등 감면 (사업시행법인)	지특법 제132조	조특법 제77조 제3항	세액가산	여	법인세 추가납부세액의 10%(=세액의 10% + 이자상당액 10%)
조특법에 따른 공제감면세액에 대한 법인세 추가 납부	없음	조특법 제24조, 26조, 96조 등	세액가산(감면받은 상당액 추징)	여	과세하지 아니함

구분	지방세 법령	국세 법령	가산항목	이자상당액 여부	법인지소 과세
혼성금융상품 관련 추가 손금불산입 이자상당액	없음	국조법 제25조 제2항	익금산입	여	과세하지 아니함

11 기납부세액 공제

가. 개요

내국법인은 각 사업연도의 소득에 대한 법인지방소득세 산출세액에서 공제·감면세액, 수시부과세액, 특별징수세액, 예정신고납부세액을 공제한 금액을 각 사업연도 소득에 대한 법인지방소득세로 납부한다(지법 제103조의23 제3항). 참고로 법인지방소득세는 법인세와 달리 중간예납제도가 없어 공제할 중간예납세액이 없다.

나. 공제·감면세액

본편 8장 세액공제 및 감면 참고

다. 수시부과세액

1) 개요

지방자치단체의 장은 수시부과 사유[42]로 내국법인이 법인지방소득세를 포탈할 우려가 있다고 인정되는 경우 수시로 그 법인에 대한 법인지방소득세를 부과할 수 있는데 이때 부과하는 세액이 수시부과세액이다. 법인은 수시부과된 경우에도 정기신고를 하여야 하며 정기신고 시 수시부과세액을 공제받게 된다(지법 제103조의26 제1항).

41) 구 조특법 제104조의11(2021. 12. 28. 법률 제11133호로 일부개정되기 전의 것)

42) 수시부과 사유
- 신고를 하지 아니하고 본점등을 이전한 경우
- 사업부진 기타의 사유로 인하여 휴업 또는 폐업상태에 있는 경우
- 기타 조세를 포탈할 우려가 있다고 인정되는 상당한 이유가 있는 경우

2) 수시부과 기간

수시부과 기간은 그 사업연도 개시일부터 수시부과사유가 발생한 날까지이다. 다만 직전 사업연도 신고기한 이전에 수시부과사유가 발생한 경우(직전 사업연도에 대한 과세표준신고를 한 경우는 제외)는 직전 사업연도 개시일부터 수시부과사유가 발생한 날까지를 수시부과기간으로 한다(지법 제103조의26 제2항). 수시부과기간이 1년 미만인 경우에는 다음과 같이 과세표준을 환산하여 세액을 계산한다(지령 제100조의17 제2항).

$$\text{산출세액} = (\text{과세표준} \times \frac{12}{\text{수시부과 기간 월수}}) \times \text{세율} \times \frac{\text{수시부과 기간 월수}}{12}$$

라. 특별징수세액

1) 개요

법인에 원천징수 대상인 이자소득 또는 배당소득이 발생할 때 그 법인은 그 소득의 지급자인 특별징수의무자에게 법인지방소득세 특별징수세액을 징수당하게 되는데 그때 부담한 특별징수세액은 기납부세액으로 공제한다(지법 제103조의29 제1항). 참고로 확정신고 시 특별징수세액 기재 방법은 다음과 같은데 이는 지방자치단체 간 특별징수세액 정산을 위한 것으로 정산 관련 자세한 사항은 특별징수세액 정산 및 환급 편 특별징수세액 기재 및 특별징수명세서 부분을 참고한다.

신고서상 특별징수세액 기재 방법(지칙 별지 제43호 서식)

○ 총부담세액 ≥ 특별징수납부세액인 경우: 납세지별 안분율에 따라 안분한 특별징수납부세액을 적습니다.

○ 총부담세액 〈 특별징수납부세액인 경우:
- 지점의 특별징수납부세액: 해당 지점의 납세지별 총부담세액을 적습니다.
- 본점의 특별징수납부세액: 법인전체의 특별징수납부세액 중 지점의 기납부세액으로 적은 후의 잔여액을 적습니다.

○ 수정신고하는 경우로서 특별징수세액의 총액이 변경되지 않은 경우에는 확정신고 시 적은 기납부세액과 동일한 금액을 적습니다.

2) 해운기업에 대한 과세표준 계산 특례

해운기업에 대한 과세표준 계산 특례란 톤세제도라고도 하는데 해운산업 국제 경쟁력 제고를 위해 해운기업의 외항운송 활동과 관련된 해운소득에 대해서 실제 소득이 아니라 선박톤수 및 운항일수 등으로 계산한 개별선박표준이익[43]의 합계액을 과세표준으로 하는 제도이다(조특법 제104조의10 제1항). 해당 특례를 적용받은 경우 법인세 산출세액에서 원천징수세액을 공제하지 않는데 이 경우 법인지방소득세 산출세액에서도 특별징수세액을 공제하지 아니한다(지법 제103조의23 제3항, 조특법 제104조의10 제4항).

마. 예정신고납부세액

비영리내국법인의 자산양도소득에 대한 신고 특례를 적용하는 경우 양도소득세 예정신고 신고기한에 2개월을 더한 날까지 양도소득과세표준을 예정신고 및 자진납부하여야 하는데 이때 납부한 세액이 기납부세액으로 공제하는 예정신고납부세액이다(지법 제103조의32 제5항). 자세한 내용은 본편 23장 나. 비영리내국법인의 자산양도소득에 대한 신고 특례 부분을 참고한다.

12 경정수정신고 등 가감액

가. 사실과 다른 회계처리로 인한 경정 특례

1) 개요

분식회계[44]로 경고·주의 등 받은 법인이 사실과 다른 회계처리에 따른 법인세 경정청구에 따라 경정을 받은 경우에는 과다 납부한 세액을 환급하지 아니하고 그 경정일이 속하는 사업연도부터 각 사업연도의 법인세액에서 과다 납부한 세액을 공제한다(법법 제58조의3 제1항). 분식회계에 따라 투자자는 정확한 기업가치 평가를 하지 못하고 투자하여 손실을 볼 수 있고 채권자는 정확한 재무상태 평가를 하지 못하고 대출을 실행하여 그 채권이 회수불능이 되는 등 피해를 입을 수 있다. 이처럼 분식회계는 사회·경제 전반에 대해 피해를 초래하는바 해당 특례는 감액 경정액을 바로 환급해주지 아니함으로 이를 제재하고자 하는 것이

43) 개별선박표준이익 = 개별선박순톤수 × 톤당 1운항일 이익 × 운항일수 × 사용률
44) 분식회계란 한자를 풀어 쓰면 '회계에 분칠, 화장을 한 상태'로 경영 성과가 실제보다 좋아 보이도록 회계장부상 정보를 고의로 조작하는 행위를 말한다.

다. 법인지방소득세도 해당 경우 법인에 과다 납부한 세액을 환급하지 아니하고 그 경정일이 속하는 사업연도부터 각 사업연도의 법인지방소득세액에서 과다납부세액을 차감한다(지법 제103조의64 제1항). 법인지방소득세의 사실과 다른 회계처리로 인한 경정 특례 규정은 법인세의 규정과 구조상 거의 동일하나 과다납부한 세액을 법인세에서는 세액공제 처리하나 법인지방소득세에서는 경정수정신고 등 가감액으로 차감한다는 점에서는 차이가 있다.

2) 차감세액 안분

차감은 지자체별 안분 전 세액에서 차감세액 총액을 차감하는 방식이 아니라 안분신고세액에서 안분차감세액을 차감하는 방식으로 한다. 그리고 차감세액의 안분기준 시점은 사실과 다른 회계처리를 한 시점이 아니라 경정청구 당시로 한다. 이는 사실과 다른 회계처리를 한 시점으로 차감세액을 안분하여 적용하면 그 시점에는 사업장이 존재했으나 경정청구하는 시점에는 그 사업장이 폐쇄된 경우 경정일이 속하는 사업연도 관련하여 그 사업장 관할 지방자치단체에 납부할 세액이 없으므로 그 지방자치단체에서는 차감을 받지 못하는 문제가 발생하기 때문이다. 가령 법인이 사실과 다른 회계처리를 한 시점에 A시와 B시에 사업장이 있었는데(안분율 각각 50%) 이후에 A시에 있는 사업장을 폐쇄하고 그 후에 사실과 다른 회계처리로 인한 경정청구를 하였다고 가정하여 보자. 이때 과다 납부한 세액은 경정일이 속하는 사업연도의 법인지방소득세에서 차감하도록 규정돼 있는데 차감세액을 사실과 다른 회계처리를 한 시점 기준으로 안분하면 차감세액의 50%가 각각 A시와 B시에 안분되는바 경정청구일 기준으로는 A시 관련하여서는 경정일이 속하는 사업연도의 법인지방소득세 납부할 세액이 없으므로 법인은 결과적으로 차감세액의 50%만큼 차감받을 수 없게 되는 문제가 발생하는 것이다. 관련하여 경정청구 기준으로 안분하라는 유권해석이 있으므로 이에 따라 과세하여야 할 것이다(지방세정책과-1403, 2019. 4. 10.).

3) 차감액

각 사업연도별로 차감하는 금액은 과다 납부한 세액의 20%를 한도로 하고 차감 후 남아 있는 금액은 이후 사업연도에 이월하여 차감한다(지법 제103조의64 제1항). 이때 해당 사실과 다른 회계처리와 관련하여 그 경정일이 속하는 사업연도 이전의 사업연도 관련 수정신고를 하여 납부할 세액이 있는 경우에는 그 납부할 세액에서 과다 납부한 세액의 20%를 먼저 차감한다(지법 제103조의64 제2항). 한편, 동일한 사업연도에 법인이 사실과 다른 회계처리에 따른 경정 외에 다른 경정 사유에 따른 경정을 함께 경정청구한 경우 다음의 계산식에 따른 금액을 차감액으로 한다(지령 제100조의38).

$$\text{과소납부한 납부세액} \times \frac{\text{사실과 다른 회계처리로 인하여 과다계상한 과세표준}}{\text{과다계상한 과세표준의 합계액}}$$

4) 차감잔액이 남은 법인이 해산하는 경우

가) 합병 또는 분할에 따라 해산하는 경우

이 경우 합병법인 또는 분할신설법인(분할 합병의 상대방 법인 포함)이 남아있는 과다 납부한 세액을 승계하여 각 사업연도의 법인지방소득세액에서 차감한다(지법 제103조의64 제3항 제1호).

나) 그 외의 방법으로 해산하는 경우

이 경우 남아 있는 과다 납부한 세액에서 청산소득에 대한 법인지방소득세 납부세액을 차감하고 남은 금액을 즉시 환급하여야 한다(지법 제103조의64 제3항 제2호).

5) 제출 서류

과다 납부세액에 대한 차감 신청 시 필요서류는 다음과 같다(지방세정책과-1403, 2019. 4. 10.).

- 법인지방소득세 과세표준 및 세액신고서
- 지방세 과세표준 및 세액 등의 결정 또는 경정 청구서
- 법인지방소득세 과세표준 및 세액조정계산서
- 사실과 다른 회계처리로 인하여 과다 납부한 금액의 세액공제명세(법칙 별지 제52호의4 서식)

6) 완전자법인이 연결집단에서 배제된 경우

연결집단이 사실과 다른 회계처리를 한 이후 완전자법인이 연결집단에서 배제된 경우 연결집단은 하나의 납세주체로 지속하고 있으므로 남아있는 연결집단이 당초 과다 납부세액 전체를 경정청구할 수 있다(지방세정책과-1403, 2019. 4. 10.).

사실과 다른 회계처리로 인한 경정특례 적용 요령(지방세정책과-1403, 2019. 4. 10.)

(쟁점1) 연결집단이 사실과 다른 회계처리를 한 이후 완전자법인이 연결집단에서 배제된 경우 남아있는 연결집단이 당초 과다 납부세액 전체를 경정청구 할 수 있는지?

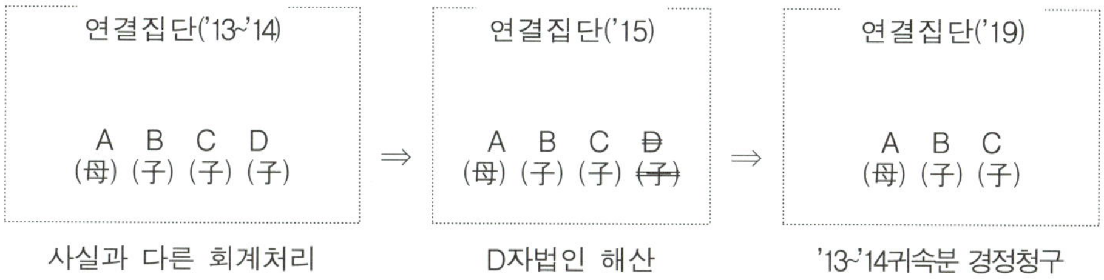

사실과 다른 회계처리 당시 연결집단에 포함되었던 완전자법인이 해당 연결집단에서 배제되었으므로, 이후 경정청구에서 완전자법인의 경정세액만큼 차감액이 감소하는 것은 아닌지 질의가 있었음

○ (경정청구 가능) 연결집단은 완전자법인의 해산 여부와 관계없이 하나의 납세주체로서 지속하고 있어 과다납부세액 전부 경정청구 가능

※ 법인세의 경우 완전자법인이 해산하였더라도 연결집단이 연결납세방식으로 신고・납부한 사항에 대해 경정청구가 가능

(쟁점2) 경정에 따른 세액 차감은 ①안분 전 법인지방소득세에서 이뤄지는지, ②각 지자체별 안분신고 세액에서 이뤄지는지?

(방식①) 법인 총 산출세액－차감세액 총액＝법인 총 부담세액 → 지자체별 안분

(방식②) 지자체별 안분신고세액－지자체별 안분차감세액

○ (지자체별 안분차감) 지방세법 및 동법 시행령에서 차감방식을 구체적으로 규정하고 있지 않으나 지방세법 시행규칙 별지 제44호 서식에서 차감세액을 납세지별로 기재하도록 규정하고 있는 점을 고려, 지자체별 안분신고세액에서 각각 차감하는 것이 타당

(쟁점3) 차감세액의 안분기준 시점은 경정청구 당시인지 아니면 사실과 다른 회계처리를 한 시점인지?

(사례) 사실과 다른 회계처리 당시 A시에 연결집단의 사업장이 있었으나 경정청구 당시에는 해당 사업장이 사라지고, 과거 사업장이 없던 B시에는 사업장이 새로 생긴 경우

- 사실과 다른 회계처리 당시 기준으로 차감세액 안분 시 법인은 A시에 신고・납부할 세액이 없어 A시 안분율만큼 차감받지 못함.
- 경정청구 당시 기준으로 차감세액 안분 시 과거 사업장이 없어 사실과 다른 회계처리와 무관한 B시 세액이 차감되는 상황

○ (경정청구 기준 안분) 지방세법 제103조의64에서 '과다 납부한 세액을 경정일이 속하는 사업연도부터 각 사업연도의 법인지방소득세액에서

차감'한다고 규정, 경정 이후 안분기준을 적용하는 것이 타당
- 사실과 다른 회계처리 당시 안분기준을 적용하여 차감할 경우 이후 사업장이 폐쇄된 지자체에서 법인이 차감받을 수 없는 상황 발생
- 법인은 지방세법 제103조의64 규정에 따라 환급받을 수도 없어 실제적으로 경정이 제한되는 결과 초래

【과다 납부세액에 대한 차감 신청 시 필요서류】 * 붙임 1~4 참고

법인지방소득세 과세표준 및 세액신고서, 지방세 과세표준 및 세액 등의 결정 또는 경정 청구서, 법인지방소득세 과세표준 및 세액조정계산서, 사실과 다른 회계처리로 인하여 과다 납부한 금액의 세액공제명세

나. 재해손실에 대한 세액계산 특례

1) 개요

내국법인이 각 사업연도 중 천재지변이나 그 밖의 재해로 인하여 자산총액의 20% 이상을 상실하여 납부가 곤란하다고 인정되는 경우에 법인세에서 일정한 금액을 세액공제 해주는데 이를 재해손실에 대한 세액계산 특례라 한다(법법 제58조 제1항). 이때 법인세에서 해당 세액공제를 받은 경우 다음 각 호의 법인지방소득세에 자산상실비율을 곱하여 계산한 금액을 법인지방소득세에서 경정수정신고 등 가감액으로 차감한다(지법 제103조의65 제1항). 법인지방소득세의 재해손실에 대한 세액계산 특례 규정은 법인세의 규정과 구조상 거의 동일하나 법인세에서는 세액공제 처리하나 법인지방소득세에서는 경정수정신고 등 가감액으로 차감한다는 점에서는 차이가 있다.

- 1. 재해 발생일을 기준으로 부과되지 아니한 법인지방소득세액과 부과된 법인지방소득세액으로서 미납된 법인지방소득세액[45)]
- 2. 재해 발생일이 속하는 사업연도의 소득에 대한 법인지방소득세액[46)]

한편, 해당 특례는 2023. 1. 1. 이후 법인지방소득세 과세표준을 신고(수정신고 제외)하는 경우부터 적용한다{지방세법 부칙 제8조(2023. 3. 14.) 법률 제19230호로 개정된 것}.

2) 신청서의 제출

재해손실에 대한 세액계산 특례를 적용받고자 하는 법인은 다음 각호의 구분에 따른 기간에 재해손실세액 차감신청서(지칙 별지 제43호의14 서식)를 납세지 관할 지방자치단체의 장에게 제출하여야 한다(지령 제100조의40 제1항).

---

45) 신고납부가산세, 무기장가산세 포함(지령 제100조의39)
46) 신고납부가산세, 무기장가산세 포함(지령 제100조의39)

• 1. 재해 발생일을 기준으로 부과되지 않은 법인지방소득세액과 부과된 법인지방소득세액으로서 미납된 법인지방소득세액의 경우: 재해 발생일부터 4개월 이내
• 2. 재해 발생일이 속하는 사업연도의 소득에 대한 법인지방소득세액: 법인지방소득세 신고기한. 다만, 재해 발생일부터 신고기한까지의 기간이 4개월 미만인 경우에는 재해 발생일부터 4개월 이내로 한다.

3) 결과의 통지

납세지 관할 지방자치단체의 장은 위 특례에 따라 법인지방소득세액(신고기한이 지나지 않은 세액은 제외한다) 차감 신청을 받은 경우 그 차감세액을 결정하여 해당 내국법인에 알려야 한다. 또한, 차감받을 법인지방소득세에 대해 해당 세액차감이 확인될 때까지 그 법인지방소득세의 납부기한을 다시 정하여 징수를 유예하거나 납세고지를 유예할 수 있다(지령 제100조의40 제2~3항).

다. 가감신고제도에 따른 가감액(2013년 이전 귀속 사업연도)

2013년 이전 귀속 사업연도의 경우 가감신고제도에 따라 귀속 사업연도에도 불구하고 경정고지일 또는 수정신고 고지일이 속하는 사업연도분 법인지방소득세에 가감하여 신고납부할 수 있는데 이때의 가감액은 경정수정신고 등 가감액이 된다(자세한 내용은 본편 24장 나. 신고납부 중 2) 가감신고제도에 따른 가감액 부분 참고).

13 신고납부와 고지

가. 확정신고

1) 개요

법인세 신고의무가 있는 내국법인은 각 사업연도 종료일이 속하는 달의 말일부터 4개월 이내[47] 법인지방소득세 과세표준과 세액을 납세지 관할 지방자치단체장에게 신고하여야 한다. 이때 제출하여야 하는 서류는 다음과 같다(지법 제103조의23 제1~2항).

• 1. 법인지방소득세 과세표준 및 세액 신고서(지칙 별지 제43호 서식)[48]

---

47) 법인세의 경우 사업연도의 종료일이 속하는 달의 말일부터 3개월 이내로 규정하고 있다(법법 제60조 제1항)
48) 외국법인세액 과세표준 차감 시 외국법인세액 과세표준 차감명세서(지칙 별지 제43호의13 서식)와 관련 서류(외국법인세액 증명서류, 법칙 별지 제8호 서식 부표 5, 부표 5의3)

• 2. 재무상태표, 포괄손익계산서 및 이익잉여금처분계산서(또는 결손금처리계산서)
• 3. 과세표준 및 세액조정 계산서(지칙 별지 제43호의2 서식)
• 4. 법인지방소득세 안분명세서(지칙 별지 제44호의6 서식)
• 5. 세무조정계산서 부속서류: 공제세액 및 추가납부세액표, 법인지방소득세 가산세액 계산서, 법인지방소득세 특별징수명세서, 소급공제법인지방소득세액환급신청서(혹은 소급공제 법인지방소득세액 환급특례신청서), 사실과 다른 회계처리로 인하여 과다 납부한 세액의 차감액 명세서, 재해손실세액 차감신청서(지칙 별지 제43호의3~5, 5의2, 9, 10, 12, 14 서식)
• 6. 그 밖에 대통령령[49]으로 정한 서류

위 2~4호까지의 서류를 제출하지 아니하면 1호 신고서를 제출하여도 무신고한 것으로 본다. 다만 법인세법 제4조 제3항 제1호(제조업 건설업 등에 따른 사업), 제7호(어음 등을 매도함에 따른 매매익)에 따른 수익사업을 하지 않는 비영리내국법인은 해당 서류를 제출하지 아니하여도 무신고한 것으로 보지 않는다(지법 제103조의23 제7항).

한편, 납세지 관할 지방자치단체장은 제출된 신고서 또는 그 밖의 서류에 미비한 점이 있거나 오류가 있는 경우 보정을 요구할 수 있다(지법 제103조의23 제8항).

2) 각 사업연도 소득이 없거나 결손이 있는 경우

각 사업연도 소득이 없거나 결손금이 있는 법인의 경우에도 확정신고 하여야 한다(지법 제103조의23 제5항). 물론 이 경우 신고하지 아니한다 하여도 법인세와 달리 당장에는 그 무신고에 따른 가산세는 부과되지 않는다. 왜냐하면 법인세에서는 무신고가산세 기준금액이 수입금액 혹은 무신고납부세액이므로 이 경우 무신고하면 수입금액이 가산세 기준금액으로 적용돼 무신고가산세액이 발생하지만 법인지방소득세에서는 무신고가산세 기준금액이 단지 무신고납부세액이므로 납부할 세액이 없는 경우 무신고가산세가 산출되지 않기 때문이다. 그러나 추후에 해당 귀속 과세표준 등의 경정으로 인하여 납부할 세액이 발생할 경우 그에 따라 무신고가산세가 발생할 수 있으므로 이를 방지하기 위해서는 각 사업연도 소득

---

49) 법령 제97조
• 외감대상법인: 기업회계기준에 따라 작성한 현금흐름표
• 원화 외의 통화를 기능통화로 채택한 경우: 표시통화재무제표
• 원화 외의 통화를 기능통화로 채택한 법인이 법법 제53조의2 제1항 제1호의 과세표준계산방법을 적용하는 경우: 원화재무제표
• 합병 또는 분할한 경우:
  1. 합병등기일 또는 분할등기일 현재의 피합병법인등의 재무상태표와 합병법인등이 그 합병 또는 분할로 승계한 자산 및 부채의 명세서
  2. 합병법인등의 본점 등의 소재지, 대표자의 성명, 피합병법인등의 명칭, 합병등기일 또는 분할등기일, 그 밖에 필요한 사항이 기재된 서류

이 없거나 결손이 있는 경우에도 확정신고를 하여야 할 것이다.

3) 첨부서류 본점 일괄 제출

둘 이상의 지방자치단체에 사업장이 있는 법인의 경우 본점 소재지 지방자치단체에 위 2~6까지의 서류를 제출하면 다른 지방자치단체에도 제출한 것으로 본다(지법 제103조의23 제6항). 이 경우 본점 소재지 지방자치단체장은 해당 서류를 확정신고기한의 다음 달 마지막 날까지 지방세통합정보통신망에 입력해야 한다(지칙 제48조의4 제4항).

4) 전자 신고

법인지방소득세는 전자신고가 가능하며 전자로 신고할 경우 재무제표의 제출은 표준재무상태표, 표준손익계산서, 표준손익계산부속명세서(법칙 별지 제3호의2, 제3호의3 서식)를 제출하는 것으로 갈음할 수 있다(지령 제100조의12 제6항).

가) 세무대리인을 위한 실무 Check

사업연도 개시일이 2026. 1. 1. 전인 경우 성실신고 확인서 제출 법인 관련 법인지방소득세 신고기한 규정과 법인세 신고기한 규정이 구조상 다른 부분이 있어 신고 시 유의하여야 하는바 이하에서 이를 살펴보고자 한다.

법인세법에 따라 내국법인이 성실신고 확인서를 제출하는 경우 법인세 신고기한은 결산일로부터 3개월 이내가 아니라 4개월 이내로 통상적인 경우의 신고기한에 추가로 1개월을 부여하고 있는데 법인지방소득세의 경우 따로 그러한 규정이 없으므로 법인이 법인세법에 따라 성실신고 확인서를 제출하는 경우에도 법인지방소득세 신고기한은 통상적인 경우의 신고기한과 동일한 결산일로부터 4개월 이내가 되므로 신고 업무 시 참고하도록 한다(법법 제60조 제1항).

5) 분납

가) 개요

납세자는 확정신고기한까지 납부할 세액을 납부하여야 하는바 이때 납부할 세액이 100만원을 초과하는 경우 내국법인은 납부할 세액의 일부를 납부기한이 지난 후 1개월(중소기업의 경우 2개월) 이내에 분납할 수 있다. 이때 납부할 세액의 일부(분할납부할 수 있는 세액)는 다음과 같다(지법 제103조의23 제4항, 지령 제100조의13 제3항).

구분	분할납부할 수 있는 세액
납부할 세액이 100만원 초과 200만원 이하인 경우	100만원을 초과하는 금액
납부할 세액이 200만원을 초과하는 경우	해당 세액의 50% 이하의 금액

나) 분납신청 후 기한 내 납부하지 못한 경우

분납신청 후 납부기한 내에 납부하지 못한 경우 분납의 취소 규정이 따로 존재하지 아니하므로 분납은 취소되지 않는다고 할 수 있다. 따라서 납세자가 분납신청 후 세액을 전혀 납부하지 아니하여 과세관청이 수시분 부과(무납부고지)하는 경우 분납이 취소된 것으로 보아 전체 세액에 최초 신고기한~수시분 부과일까지를 납부지연일수로 하여 납부지연가산세를 계산하는 것이 아니라 분납금액과 그 외 금액에 각각의 납기~수시분 부과일까지를 각각의 납부지연일수로 하여 납부지연가산세를 계산한다(소득세과 22601-2251, 1986. 7. 14.).

분납 관련 가산세(소득세과 22601-2251, 1986. 7. 14.)

〈질의〉 소득세법 제100조 및 동법 시행령 제147조의 규정에 의한 종합소득세 확정신고시 제107조 제2항 및 동법 시행령 제153조 제2항에 의거 분납신청을 하여 신고를 하였으나, 납부기한인 5월 31일까지 분납을 제외한 금액을 납부하지 못하였음. 이 경우 가산세는

(갑설) 종합소득세 확정신고시 분납신청금액을 제외한 차감 자진납부할 금액과 분납신청한 금액 전액에 대하여 가산세가 적용된다

(을설) 종합소득세 확정신고시 분납신청금액을 제외한 차감 자진납부할 금액은 가산세가 적용되고 분납신청한 금액에 대해서는 가산세가 적용 안 된다.

〈회신〉 소득세법 제107조 2의 규정에 의한 분납의 경우에 있어 동법 제100조의 규정에 의한 신고기한 내에 납부할 세액을 납부하지 아니하거나 일부만을 납부한 경우에 납부기한이 도래하지 아니한 분납세액에 대하여는 동법 제121조 제3항의 규정에 의한 가산세를 적용하지 아니하는 것임.

분납 일차분 미납 시(직세 1234-2162, 1980. 7. 16.)

법인세법 제30조 제5항 및 제31조 제3항의 규정에 의하여 법인세를 분납할 수 있는 법인이 일차분납세액을 납부하지 아니하거나 미달하게 납부한 경우에도 법인세를 분납할 의사가 신고서에 의하여 확인되는 경우에는 법인세 분납규정이 적용되는 것임. 따라서 미납한 일차분 납세액은 동법 제38조의 규정에 의하여 징수하는 것임.

6) 결산 미확정에 따른 신고기한 연장

법인세법에서는 내국법인이 감사가 종결되지 않아 결산이 확정되지 아니하였다는 사유로 신고기한을 1개월의 범위에서 연장할 수 있다고 규정하고 있는데 지방세법에서는 관련 규정이 존재하지 아니하므로 법인세 해당 신고기한 연장에도 불구하고 법인지방소득세 신고기한은 연장되지 않는다(법법 제60조 제7항). 그런데 외국법인의 경우는 결산이 확정되지 아니하거나 그 밖에 부득이한 사유로 신고기한을 연장할 수 있다는 규정이 법인세법과 지방세법에 둘 다 존재하므로 법인지방소득세도 신고기한 연장이 가능하다(법법 제97조 제2항, 본편 20장 외국법인의 각 사업연도 소득에 대한 지방소득세 다. 외국법인 신고기한 연장승인 신청 부분 참고).

7) 법인세 신고기한과 비교

구분	법인세	법인지방소득세
확정신고	사업연도 종료일이 속한 달의 말일부터 3개월 이내	사업연도 종료일이 속한 달의 말일부터 4개월 이내
성실신고 확인서 제출대상 확정신고	사업연도 종료일이 속한 달의 말일부터 4개월 이내	사업연도 종료일이 속한 달의 말일부터 4개월 이내(지방세법에 따로 규정 없으므로 일반적 규정 적용)
내국법인 결산 미확정에 따른 신고기한 연장 후 확정신고	사업연도 종료일이 속한 달의 말일부터 3개월 이내 + 연장된 기간(1개월 범위)	사업연도 종료일이 속한 달의 말일부터 4개월 이내 (지방세법에 따로 규정 없으므로 일반적인 경우 규정 적용)
외국법인 결산 미확정 등에 따른 신고기한 연장 후 확정신고	사업연도 종료일이 속한 달의 말일부터 3개월 이내 + 연장된 기간	사업연도 종료일이 속한 달의 말일부터 4개월 이내 + 연장된 기간
청산소득 관련	청산소득에 대한 법인지방소득세편 참고	법인세와 동일

나. 수정신고

1) 개요

수정신고란 세액과 과세표준을 신고하였으나 세액을 과소신고한 경우 혹은 환급세액을 초과신고한 경우 과세관청이 이를 결정·경정하여 통지하기 전까지 수정할 수 있는 제도이다. 내국법인이 법인세 수정신고를 한 경우에는 법인지방소득세도 수정신고하여야 한다(지법 제103조의24).

한편, 과세표준 신고서를 법정신고기한까지 제출한 자의 수정신고는 당초 신고에 따라 확정된 과세표준과 세액을 증액하여 확정하는 효력을 갖는다. 즉, 확정력이 있다(지기법 제35조의2 제1항). 이때 납세의무확정이란 지방세의 납부 또는 징수를 위하여 법이 정하는 바에 따라 납부할 지방세액을 납세의무자 또는 지방자치단체의 일정한 행위나 절차를 거쳐서 구체적으로 확정하는 것을 말한다(지방세관계법 운영예규 35-1). 지방세기본법에서 법정신고기한까지 과세표준 신고서를 제출한 자의 수정신고에 한하여 확정력이 있다고 규정하고 있으므로 기한 내 신고 후 수정신고와 달리 기한 후 신고 후 수정신고는 확정력이 없다. 따라서 기한 후 신고 후 수정신고는 그 수정신고에 관해 과세관청이 세액 혹은 과세표준을 경정할 때 비로소 그 납세의무가 확정된다.

구분	확정력 여부	비고
경정청구	X	결정·경정에 의해 확정
확정신고	O	
기한 내 신고 후 수정신고	O	
기한 후 신고 후 수정신고	X	경정에 의해 확정
기한 후 신고	X	결정에 의해 확정

기한 후 신고에 따른 납세의무 확정 여부(대법원 2014. 10. 27. 선고 2013두6633 판결)

양도소득세 납세의무자가 기한후과세표준신고서를 제출하더라도 그 납세의무는 관할 세무서장이 양도소득 과세표준과 세액을 결정하는 때에 비로소 확정되는데, 과세관청이 납세의무자에 대하여 양도소득 과세표준과 세액이 기한후과세표준신고서를 제출할 당시 이미 자진납부한 금액과 동일하므로 별도로 고지할 세액이 없다는 내용의 신고시인결정 통지를 하였다면, 신고시인결정 통지는 구 국세기본법(2010. 1. 1. 법률 제9911호로 개정되기 전의 것) 제45조의3 제3항이 정한 과세관청의 결정으로서 항고소송의 대상이 되는 행정처분에 해당한다.

2) 실무 Check

가) 수정신고 자료와 경정청구 자료의 통보기한 차이에 따른 문제 관련 사례

(1) 사례 개요

- 2025. 1. 2. A법인은 2023년 귀속 법인세 증액 수정신고서와 2022년 귀속 법인세 감액 경정청구서를 관할 세무서에 제출하면서 2022년 귀속 법인세 환급분을 2023년 귀속 법인세 수정신고분에 충당하고자 충당동의서를 함께 제출하였다.
- 2025. 2. 15. 국세청이 해당 2023년 귀속 수정신고 자료를 B자치단체에 통보하였다.
- 2025. 2. 16. B자치단체는 국세청 통보자료에 따라 2023년 귀속 법인지방소득세를 증액

경정하여 A법인에 부과 및 고지하였다.

- 2025. 2. 18. 고지서를 송부받은 A법인은 해당 고지분 관련하여 부과된 이유에 의문이 있어 B자치단체 담당자와 통화하였는데 이에 대해 B자치단체 담당자는 국세청 통보자료에 따라 부과한 것이라는 답변을 하였다. 그 후 A법인은 관할 세무서에 전화하여 2023년 귀속 수정신고분 자료를 지방자치단체에 통보하였는지 물어보았는데 세무서 담당자는 해당 수정신고건 관련하여 아직 결정·경정을 한 것이 없다는 답변을 하였다. 이에 따라 A법인은 B자치단체에 다시 전화하여 세무서 담당자가 결정 등을 한 사실이 없고 A법인이 B자치단체에 수정신고도 하지 아니하였는데 법인지방소득세를 부과한 것은 잘못됐다고 하며 추후에 2022년 귀속 법인지방소득세 환급분으로 2023년 귀속 법인지방소득세 증액분에 충당하고자 충당동의서 및 수정신고서를 함께 제출할 것이므로 해당 부과 처분을 취소하여 달라고 요청하였다.

(2) B자치단체의 안내

이에 대해 B자치단체는 다음과 같이 안내하였다.

2025. 1. 2. 법인은 2023년 귀속 법인세를 수정신고하였는데 수정신고는 확정력이 있으므로 그 신고와 동시에 2023년 귀속 법인세 과세표준은 확정됐다. 따라서 관련 국세청 자료가 국세 수정신고일이 속한 달의 다음 달에 통보된 것이며 법인지방소득세 과세표준은 법인세 과세표준과 동일하므로 이미 확정된 법인세 과세표준으로 법인지방소득세를 과세한 B자치단체의 과세에는 어떠한 부적법도 없다. 따라서 그 부과처분은 취소할 수 없다.

(3) 시사점

이 문제는 현 국세청 통보자료로 과세하는 시스템하에서 법인세 수정신고분과 경정청구분의 통보 시기가 다를 수 있기 때문에 발생한다. 법인세 수정신고분은 법인의 수정신고와 동시에 확정되므로 수정신고일이 속한 달의 다음 달에 자료가 통보되는데 경정청구분은 관할 세무서 담당자가 경정자료 검토 후 결정·경정하여야만 그때야 비로소 확정되고 그 이후에서야 통보되므로 수정신고분과 통보의 시기가 차이가 있을 수 있는 것이다. 그 결과로 법인은 법인세와 법인지방소득세 모두 수정신고 및 경정청구를 동시에 진행하면서 충당으로 처리하고자 했는데 법인지방소득세는 충당처리하지 못하고 일단 수정신고분을 납부하여야 해서 자금 유동성 문제가 발생할 수 있는 것이다. 이런 경우를 대비해 공무원 실무자의 경우 국세청 통보자료 중 수정신고분은 통보받고 나서 바로 과세하지 않고 일정 기간이 지난 후에 과세하는 식으로 운영하는 것도 하나의 방법이라 할 것이다. 세무대리인의 경우는 이러한 경우를 예방하려면 법인세 수정신고와 동시에 경정청구를 하고 그 경정환급분으로 수정신고분을 충당하고자 하는 경우 법인세 수정신고 등을 진행할 때 동시에 법인지방소득세도 수정신고 등을 진행하여야 할 것이다.

나) 수정신고 시 특별징수세액 기재

수정신고하는 경우로서 특별징수세액의 총액이 변경되지 않은 경우에는 확정신고 시 적은 기납부세액과 동일한 금액을 적는다. 이는 특별징수세액 정산과 관련하여 재정산을 방지하고자 하는 것으로 자세한 내용은 본편 18장 특별징수세액 정산 및 환급을 참고한다.

다. 고지 시 소액징수 면제

지방소득세로 징수할 세액이 고지서 1장당 2천원 미만인 경우는 그 지방소득세는 징수하지 아니한다(지법 제103조의60). 이는 수시분 부과로 고지서를 발급하는 경우에만 해당하고 법인의 신고에 따라 납부서를 발급하는 경우에는 해당하지 아니한다.

라. 실무 Check

1) 법인지방소득세로 신고하여야 하나 양도소득세로 착오신고한 경우

법인의 소득에 대하여 법인지방소득세로 신고·납부하여야 하나 개인지방소득세(양도소득)로 착오 신고·납부한 경우 기 납부한 양도에 대한 개인지방소득세는 환급가산금을 포함하여 환급하고 미과세된 법인지방소득세는 신고납부가산세를 포함하여 과세한다. 이는 법인지방소득세는 신고납부세목으로 세목을 착오신고한 경우 그 착오신고의 책임이 납세자에게 있고 그 착오신고는 가산세 감면의 정당한 사유에 해당하지도 아니하기 때문이다(조심 2020중8060, 2020. 12. 29., 감심 2022-1749, 2022. 12. 1.).

법인지방소득세를 양도소득세로 착오신고한 경우(조심 2020중8060, 2020 12. 29.)

양도소득세와 법인세는 별개의 세목으로 청구법인이 양도소득세를 신고·납부한 것으로써 법인세 신고납부의무를 이행한 것으로 보기는 어려운 점, 청구법인은 2000. 4. 28. 법인으로 보는 단체로 승인되었고, 부동산임대업을 영위하면서 법인세를 신고·납부해오고 있었던 바, 쟁점토지의 처분이익을 법인세로 신고할 수 있었으나, 그러지 아니한 것은 청구주장과 같이 단순히 법령의 무지 또는 착오에 해당한다고 보이고, 법령의 부지 또는 착오 등은 가산세를 면제할 정당한 사유에 해당한다고 보기 어려운 점 등에 비추어 청구주장을 받아들이기 어려운 것으로 판단된다.

취득세를 등록면허세로 착오신고한 경우(감심 2022-1749, 2022. 12. 1.)

① 청구인은 2019. 12. 18. ㉢지방법원 ㉤지원에 제출한 "취득세(등록면허세) 납부확인서"상 취득세가 아닌 등록면허세를 납부한 것으로 확인되는데, 청구인이 착오로 신고·납부한 등록면허세(세율 0.2%)와 취득세(세율 4%)는 세목과 세율이 전혀 다른 점, ② 취득세는 납세자가 과세표준 및 세액을 신고·납부하는 조세로서 그 신고·납부에 대한 책임이 납세자에게 있고 처분청의 공무원에게 청구인이 등록면허세를 신고·납부한 날에 청구인의 신고내용을 정정해 줘야 하는 법적 의무가 있다고 볼 수 없는 점, ③ 청구인의 착오 또는 과실은 취득세의 신고·납부를 이행하지 못하는 정당한 사유에 해당된다고 볼 수 없는 점 등을 종합적으로 고려할 때 처분청이 한 이 사건 가산세 부과처분이 부당하다는 청구인의 주장은 받아들이기 어렵다.

2) 무납부고지와 불복청구

납세자가 법인지방소득세를 신고한 후에 세액을 납부하지 아니하면 과세관청은 그 세액을 고지하게 되는데 이를 무납부고지라 한다. 확정신고의 경우 납세자가 법인지방소득세 세액 및 과세표준을 확정신고할 때 그 세액 및 과세표준이 확정되는바 납세자가 확정신고 후 신고한 세액을 납부하지 아니하여 무납부고지하는 경우 그것은 이미 확정된 세액 및 과세표준을 단순히 징수하는 절차에 불과하므로 불복청구의 대상이 되는 처분이라 할 수 없다. 바꿔 말하면 신고납세제도를 채택하고 있는 세목의 경우 무납부고지는 단순한 징수절차로 부과처분이 아니라 조세납부를 촉구하는 이행청구로 행하는 절차에 불과하므로 불복청구의 대상이 되는 처분으로 볼 수 없다(조심 2012지0485, 2012. 9. 25.). 따라서 이 경우 납세자는 먼저 경정청구 절차를 거친 뒤 과세관청이 경정거부처분을 하면 그 이후에 불복청구가 가능하다 할 것이다.

다만, 기한 후 신고의 경우 납세자가 기한 후 신고할 때 세액 및 과세표준이 확정되는 것이 아니라 과세관청이 그 기한 후 신고를 검토한 이후 세액을 결정·경정할 때 세액 및 과세표준이 확정되는바 확정신고와 달리 기한 후 신고 후 미납에 따라 고지하는 것은 단순한 징수절차가 아니라 결정·경정에 따른 고지이므로 불복청구의 대상이 되는 처분으로 볼 수 있다(조심 2011중0844, 2011. 5. 19.). 이는 납세고지서의 형태가 아니라 자진납부한 세액이 정당하므로 더 이상 고지할 세액이 없다는 내용을 통지하는 신고시인통지서의 경우도 마찬가지이다(대법원 2020. 2. 27. 선고 2016두60898 판결). 한편, 과세관청은 기한 후 신고가 있으면 3개월 이내에 결정·경정 등을 하여야 하는데 과세관청이 이를 하지 아니한 경우는 부작위처분에 해당하여 이 경우는 불복청구 대상이 되는 처분으로 본다(조심 2017지0440, 2018. 4. 26.).

무납부고지가 불복대상이 되는 처분인지 여부(조심 2012지0485, 2012. 9. 25.)

신고납세제도를 채택하고 있는 세목의 경우 납세의무자의 과세표준 신고에 대한 무납부고지 행위는 단순한 징수절차로서 부과처분이 아니라 신고 무납부세액에 대하여 조세납부를 촉구하는 이행청구로 행하는 절차에 불과한 것으로서 불복청구의 대상이 되는 처분으로 볼 수 없다 할 것으로 ○○○, 처분청이 청구인에게 한 무납부고지에 대하여 청구인이 제기한 심판청구는 「지방세기본법」 제117조에서 규정하는 권리 또는 이익의 침해를 당한 자의 청구로 볼 수 없으므로 부적법한 청구에 해당한다고 판단된다.

기한 후 신고에 따른 결정통지가 불복대상이 되는 처분인지 여부(조심 2011중0844, 2011. 5. 19.)

「국세기본법」 제45조의3 제3항에서는 '기한후 신고 · 납부를 받은 관할 세무서장이 당해 국세의 과세표준과 세액을 결정하여야 한다'고 규정하고 있을 뿐, 그 결정기한을 정하여 결정된 내용을 납세자에게 통지하도록 하는 규정을 두고 있지는 않지만 과세관청에게는 기한후 신고 · 납부에 대한 결정권한이 있으므로 그 결정결과를 통지할 의무도 있는 것으로 보아야 할 것이고 동 결정결과통지는 처분의 효력을 발생시키는 것으로 판단된다. 따라서, 청구인의 기한후 신고에 대하여 결정을 하고, 그 결정결과를 통지한 것이 「국세기본법」 제55조 제1항의 규정에 의한 불복대상이 되는 처분으로 판단된다.

기한 후 신고에 따른 신고시인결정 통지가 불복대상이 되는 처분인지 여부(대법원 2020. 2. 27. 선고 2016두60898 판결)

양도소득세 납세의무자가 기한후과세표준신고서를 제출하더라도 그 납세의무는 관할 세무서장이 양도소득세 과세표준과 세액을 결정하는 때에 비로소 확정되고, 과세관청이 납세의무자에 대하여 양도소득세 과세표준과 세액이 기한후과세표준신고서를 제출할 당시 이미 자진납부한 금액과 동일하므로 별도로 고지할 세액이 없다는 신고시인결정 통지를 하였다면, 그 신고시인결정 통지는 구 국세기본법 제45조의3 제3항이 정한 과세관청의 결정으로서 항고소송의 대상이 되는 행정청의 처분에 해당한다(대법원 2014. 10. 27. 선고 2013두6633 판결 참조).

기한 후 신고 후 결정을 하지 아니한 경우(조심 2017지0440, 2018. 4. 26.)

처분청은 청구인의 기한 후 신고납부에 대하여 그 신고일부터 3개월 이내에 그 취득세 등의 과세표준과 세액을 결정통지하였어야 함에도 신고일부터 3개월이 경과한 심리일 현재까지 청구인에게 결정통지하지 아니한 점 등에 비추어 이는 부작위 처분에 해당하며, 청구인은 처분청의 부작위로 인하여 권리 또는 이익의 침해를 당하고 있다고 볼 수 있으므로 이 건 심판청구는 적법한 청구에 해당된다고 판단된다.

마. 지방소득세 관련 세액 등의 통보

1) 개요

세무서장 등은 법인세 과세 자료를 다음 각 호의 구분에 따른 기한까지 법인세 납세지 관할 지방자치단체장에게 통보하여야 하고 통보는 전자문서로 할 수 있다(지법 제103조의59 제2항, 지령 제100조의33 제2항).

- 1. 「국세기본법」 또는 「법인세법」에 따라 법인세 과세표준과 세액을 신고 또는 수정신고 받은 경우: 신고를 받은 날이 속하는 달의 다음 달 1일부터 2개월(지칙 별지 제54호 서식에 따라 통보)
- 2. 「국세기본법」 또는 「법인세법」에 따라 법인세 과세표준과 세액을 결정 또는 경정한 경우: 결정 또는 경정한 날이 속하는 달의 다음 달 15일(지칙 별지 제54호 서식에 따라 통보)
- 3. 「법인세법」에 따라 원천징수한 법인세를 납부받은 경우: 납부한 날이 속하는 달의 다음 달 15일. 다만, 제4호에 따른 납세고지에 따라 납부받은 원천징수세액에 관하여는 그 통보를 생략할 수 있다(지칙 별지 제49호 서식에 따라 통보).
- 4. 「법인세법」에 따른 원천징수의무자가 원천징수하였거나 원천징수하여야 할 법인세를 그 기한까지 납부하지 아니하였거나 미달하여 납부한 경우로서 세무서장등이 원천징수의무자로부터 그 금액을 징수하기 위하여 납세고지를 한 경우: 고지한 날이 속하는 달의 다음 달 15일(지칙 별지 제49호 서식에 따라 통보)
- 5. 「국세기본법」 또는 「법인세법」에 따라 법인세를 환급한 경우: 환급한 날이 속하는 달의 다음 달 15일(지칙 별지 제50호 서식 및 별지 제55호 서식에 따라 통보)
- 6. 「조세특례제한법」 제100조의23에 따라 동업기업 소득의 계산 및 배분명세 신고를 받은 경우: 신고를 받은 날이 속하는 달의 다음 달 15일(지칙 별지 제55호의2 서식에 따라 통보)

2) 통보자료 관련 제척기간 및 환급금 청구권 소멸시효

국세청이 지방자치단체에 과세자료를 통보한 경우 법인지방소득세 제척기간 규정에도 불구하고 그 자료를 통보한 날로부터 2개월 이내에 경정결정이나 그 밖에 필요한 처분을 할 수 있다(지기법 제38조 제2항 제4호). 또한, 국세청 국세 환급자료를 통보받은 경우 지방자치단체장은 법인세와 동일한 과세표준에 근거하여 산출한 지방소득세를 다시 계산하여 환급세액이 발생하는 경우 이를 환급하여야 하며 해당 자료 관련 지방세환급금 소멸시효는 지방세환급금 소멸시효 규정에도 불구하고 통보를 받은 날부터 기산한다(지법 제103조의59 제3~4항).

14 법인지방소득세 지방자치단체별 안분

가. 개요

둘 이상의 지방자치단체에 사업장이 있는 법인은 안분율에 따라 안분된 법인지방소득세를 각각의 사업장 소재지 관할 지방자치단체장에게 신고·납부하여야 하는바 본 편에서 안분과 관련된 사업장의 정의, 안분율 계산, 가산세 등을 상세히 살펴보고자 한다. 참고로 법인지방소득세 지방자치단체별 안분 제도의 취지는 각 지방자치단체에 소재한 사업장으로 인하여 발생하는 행정수요에 비례하여 법인지방소득세를 배분하기 위함이다(세제과-460, 2010. 1. 13.).

나. 지방세법상 사업장

1) 개요

지방세법상 사업장이란 물적 또는 인적설비를 갖추고 사업 또는 사무가 이루어지는 장소를 말한다(지법 제85조 제10호). 지방세법상 사업장 정의에 따라 물적설비와 인적설비 중 어느 하나만 갖추어도 사업장이 될 수 있다. 가령 상주하는 인원이 없는 창고의 경우도 인적설비는 갖추지 못하였으나 물적설비를 갖추었으므로 지방세법상 사업장이 될 수 있는 것이다. 또한 등기, 사업자등록 여부, 수익사업 영위 여부와 관계없이 물적 또는 인적 설비를 갖추고 사업 또는 사무가 이루어지는 장소라면 지방세법상 사업장이 된다. 따라서 수익사업을 영위하지 않는 학교법인 소속 학교도 사업장이 될 수 있다(지방세정책과-2189, 2014. 7. 11.). 그리고 사업장은 사업 또는 사무가 이루어지는 장소인데 일시적으로 사업 또는 사무에 미사용 중인 건축물 등도 이를 완전히 폐쇄하는 등 물리적으로 사용이 현저하게 곤란하거나 불가능하게 되지 아니하는 한 언제든지 다시 본래 용도 사용 가능하므로 사업장으로 볼 수 있다(대법원 2020. 10. 29. 선고 2020두44626 판결).

2) 사업소와 구분

주민세 사업소분 과세대상으로서 사업소와 법인지방소득세 안분기준으로서 사업장은 그 개념이 동일한 부분도 있으나 차이가 있는 부분도 있다. 대표적으로 차이가 있는 부분은 사업장은 인적설비나 물적설비 중 어느 하나만 갖추어도 사업장이 될 수 있으나 주민세 과세대상인 사업소는 인적설비와 물적설비를 모두 갖추어야 사업소가 될 수 있다는 것이다. 사업장과 사업소의 개념을 구별할 수 있도록 각각의 적용 세목, 요건 등을 아래 표에 정리해두었으니 참고하도록 한다.

구분		사업장	사업소	관련 규정
적용 세목		법인지방소득세	주민세(사업소분, 종업원분)	
요건1		인적 또는(or) 물적 설비 갖출 것	인적 및(and) 물적 설비 갖출 것	지법 제85조 제1항 제10호, 제74조 제4호
요건2		사업 또는 사무가 이루어지는 장소	계속하여 사업 또는 사무가 이루어지는 장소	
연면적	건축물	건축법에 따른 건축물(이와 유사한 형태의 건축물 포함)의 연면적	건축법에 따른 건축물(이와 유사한 형태의 건축물 포함)의 연면적, 다만 복지후생시설, 폐기물처리시설 등은 제외	지령 제88조 제2항 제2호, 제78조 제1항
	기계장치	기계장치의 수평투영면적	건축물 없이 기계장치만 있는 경우 그 수평투영면적	
	저장시설	수조 · 저유조 · 저장창고 · 저장조 · 송유관 · 송수관 및 송전철탑의 수평투영면적	건축물 없이 저장시설(수조, 저유조, 저장창고 및 저장조 등)만 있는 경우 그 수평투영면적	

한편, 사업장의 물적설비와 인적설비 개념 자체는 법의 체계상 주민세(사업소분) 과세대상인 사업소의 그것과 동일하다 할 수 있으므로 이하부터는 해당 개념 관련하여 주민세(사업소분, 종업원분) 유권해석, 조심 사례 등도 함께 살펴보기로 한다.

수입사업 영위 여부와 사업장 판단(세정 13430-385, 2002. 4. 23.)

법인의 경우 법인세법상의 수익사업 영위 여부와 관계없이 사업연도 종료일 현재의 모든 사업장을 기준으로 안분 계산하여 신고납부하여야 할 것임.

학교법인의 소속 학교 사업장 여부(지방세정책과-2189, 2014. 7. 11., 2025년 행정안전부 지방소득세 실무해설집 156p)

〈질의〉 법인세분 지방소득세 신고 납부와 관련하여 사업장별로 세액을 안분 계산함에 있어 학교법인의 소속 학교도 사업장으로 보아 교실 등 면적과 교직원 인원수까지 포함하여 안분비율을 산출하는 지 여부

〈회신〉 법인의 사업장이 둘 이상의 지방자치단체에 있을 경우에는 사업연도 종료일 현재 당해 법인이 직접 사용하는 사업장의 건축물 면적과 종업원 수를 기준으로 법인세분 지방소득세를 안분 계산하여 납부하도록 규정하고 있는 바, 이는 법인세법상의 수익 사업 영위 여부와 관계없이 사업연도 종료일 현재의 모든 사업장을 기준으로 안분 계산하여야 함을 의미함.

> **일시적으로 공실인 고시텔 등의 사업장 여부(대법원 2020. 10. 29. 선고 2020두44626 판결)**
> 원고가 휴업이나 폐업 없이 이 사건 고시텔을 계속 운영하고 있는 점, ② 고시텔의 특성상 공실 여부는 수시로 변경이 가능하고, 이 사건 고시텔 중 일부 호실이 공실로 남아 있는 것은 원고의 주관적 사정에 불과한 점, ③ 지하 주차장은 원고나 위 건물의 임차인들이 공동으로 사용할 수 있는 공용부분에 해당하는 점, ④ 공실과 지하 주차장을 일시 사용하지 않더라도, 이를 완전히 폐쇄하는 등 물리적으로 사용이 현저히 곤란하거나 불가능하지 않은 이상, 언제든지 본래 용도로 다시 사용할 수 있는 점 등에 비추어 보면, 이 사건 고시텔 중 공실과 지하 주차장 역시 고시텔로서의 인적 및 물적 설비를 갖추고 계속하여 사업 또는 사무가 이루어지는 장소에 해당한다 할 것이다.

3) 물적설비

가) 개요

물적설비란 현실적으로 사업이 이루어지고 있는 건축물, 기계장치 등이 존재하고 그러한 것들이 지상에 고착돼 현실적으로 사무, 사업에 이용되는 것을 말한다(지방세관계법 운영예규 85-1). 이때 건축물은 건축법에 따른 건축물로 컨테이너 등 가설건축물, 임차 건축물, 무허가 건축물이 포함된다.

한편, 건축물 등이 물적설비로서 외형적인 요건을 갖춘 경우 해당 건축물 등을 물적설비로 볼 수 있는지에 대해 판단할 때에는 그 건축물 등의 주된 용도, 사업과의 연관성 등을 종합 고려했을 때 물적 설비가 실질적으로 당해 사업에 직접적으로 공여되고 있는지를 고려하여야 할 것이다. 물적 설비가 실질적으로 당해 사업에 직접적으로 공여되고 있다면 그 물적설비는 법인지방소득세 안분기준이 되는 물적설비로 볼 수 있을 것이다(지방세정팀-3334, 2006. 7. 28.).

나) 물적설비 귀속

실무적으로 물적설비가 어느 법인에 귀속되는지에 따라 해당 지방자치단체의 법인지방소득세가 달라지므로 그 귀속을 판단하는 것은 매우 중요하다 할 것인바 이하에서 이를 살펴본다.

(1) 파견, 용역계약, 위탁

(가) 아파트 경비업과 학교 경비업

아파트 경비 인력공급업 법인이 파견한 경비원들이 입주자대표회의를 통하여 제공된 사무실을 독립적으로 사용하는 경우 그 사무실은 독립된 물적설비로 보아 파견업자의 사업장으로 본다(지방세운영과-3111, 2012. 10. 5., 지방세관계법 운영예규 74-4 제1호). 즉, 아파트 관리사무소는 파견업자의 물적설비로 본다. 또한, 이 경우 아파트 경비실도 파견업자의 물적설비로 본다(조심 2016지1039, 2016. 11. 18.). 그러나 학교 경비 인력공급업 법인이 파견한 경비원들이 야간 및 휴일 경비업무를 수행하면서 당직실에 설치된 경비시설(CCTV 및 모니터, 책상, 전화 등)을 사용하는 경우 그 당직실은 학교 경비 인력공급업자의 물적설비가 아닌 것으로 본다(조심 2012지0444, 2012. 9. 17., 지방세관계법 운영예규 74-4 제2호).

아파트 경비실(조심 2016지1039, 2016. 11. 18.) * 주민세

위 〈표1〉의 경비용역 계약서에서 청구법인이 선량한 관리자의 주의의무로 이 건 아파트의 입주자 대표회의가 제공한 장비 및 시설을 관리한다고 규정하고 있는 것으로 보아 아파트 경비에 필요한 경비실 등 물적 설비는 그 사용자인 청구법인의 소유가 아니더라도 청구법인의 물적설비로 보는 것이 타당하다고 보이는 점, 사정이 이와 같다면 이 건 아파트의 경비원은 청구법인의 인적설비이며, 경비실 등은 청구법인의 물적설비로서 전체적으로 사업소에 해당된다고 볼 수 있는 점 등에 비추어 처분청이 이 건 아파트를 청구법인의 사업소로 보아 청구법인에게 이 건 주민세 등을 부과한 처분은 달리 잘못이 없다고 판단된다.

물적설비로서 외형적인 요건을 갖추고 있는 경우 물적설비 여부 판단(지방세정팀-3334, 2006. 7. 28.) * 주민세

사업장 내 시설물이 물적 설비로서 외형적인 요건을 갖추고 있는 경우, 당해 시설물을 법인균등할 과세대상 물적 설비로 볼 수 있는지에 대한 판단은 시설물의 주된 용도, 사업과의 연관성 등을 종합적으로 고려하여 물적 설비가 실질적으로 당해 사업에 직접 공여되고 있다면 사업소세 과세대상 물적 설비에 해당한다고 보아야 할 것으로 사료됨.

관리사무소(지방세운영과-3111, 2012. 10. 5.) * 주민세

〈질의〉 아파트관리업무를 위해 귀사 소속의 직원을 파견하고, 업무에 필요한 제반비용과 사무공간 등 사무에 필요한 각종 집기를 당해 아파트로부터 제공받고 있는 경우 주민세 과세대상 "사업소"에 해당하는지 여부

〈회신〉 질의 사업장의 경우 해당 장소(아파트 관리사무소)에 파견된 직원이 귀사 소속의 직원이라면 귀 사의 "인적설비"에 해당한다고 볼 수 있고, 물적설비가 갖추어졌는지 여부는 해당 사무실 등의 용도, 사업과의 연관성 등을 종합적으로 고려하여 그 설비가 실질적으로 해당 사업에 직접 공여되고 있는지 여부로 판단하여야 할 것인 바, 사무실·집기 등 아파트 관리업무에 필요한 설비를 갖추고, 아파트 관리업무에 사용하고 있다면 "물적설비"를 갖추고 있다고 볼 수 있습니다. 따라서, 질의 사업장이 입주자대표회의로부터 업무지시를 받고, 관리사무에 필요한 제반비용·설비를 제공받고 있더라도, 주민세 과세대상 "사업소"로 보는 것이 타당하다고 사료됩니다.

학교 당직실(조심 2012지0444, 2012. 9. 17.) ＊주민세

청구법인은 각 학교와 경비용역계약을 체결하고 청구법인의 직원을 파견하여 야간 및 휴일 경비 업무를 수행하고 있으므로 당해 학교에 청구법인의 인적설비는 갖추어졌다고 볼 수는 있으나, 청구법인과 각 학교가 체결한 「경비도급계약서」에서 위탁자(학교)는 청구법인에게 당직실 및 사무용 집기, 조명시설, 전력, 통신시설 등을 무상으로 제공하도록 되어 있는바, 경비업무에 제공되는 당직실은 위탁한 각 학교가 소유하면서 청구법인에게 제공하고 있는 것이므로 그에 대한 유지 및 관리 책임도 학교에 있다고 보이는 이상, 비록, 청구법인이 종업원 1명을 각 학교에 파견하여 야간 및 휴일 경비업무를 수행하고 있다고 하더라도 각 학교의 당직실을 청구법인이 물적 설비를 갖추고 계속하여 사업을 영위하는 장소로 보기에는 사회통념상 무리가 있다할 것이다.

(나) 판촉서비스 인력공급업

판촉서비스 인력공급업 법인이 대형할인매장, 백화점 등으로부터 사무실 또는 매장을 임차하여 자기책임하에 운영하는 것이 아니라 단지 대형할인매장, 백화점 등에 종업원을 파견하여 근무하도록 하고 직매입거래 또는 특약매입거래 계약을 맺고 물품의 공급만을 하는 경우 해당 판매대 및 재고자산은 판촉서비스 인력공급업자의 물적설비가 아닌 것으로 본다(조심 2014지1441, 2015. 3. 31., 지방세관계법 운영예규 74-4 제3호). 이는 판매대 및 재고자산에 관한 것으로 매장의 경우는 아래와 같이 사업장 여부를 판단한다.

백화점 내 임차형 매장은 임차한 법인의 사업장으로 보고 입점형 매장의 경우는 그 법인의 사업장으로 보지 아니한다(세정-1757, 2004. 6. 28.). 한편, 특정매입거래란 유통업체가 납품업자로부터 상품을 우선 외상으로 매입해서 판매한 뒤 재고품은 반품하는 거래형태를 말하는데 특약(특정)매입거래의 경우는 매장 임차가 없었다 하더라도 그 백화점 납품업체 운영매장 연면적은 납품업자의 건축물 연면적에 포함한다(지방세정책과-3379, 2016. 9. 20.).

특정매입거래계약에 따라 매장 임차 없이 외상납품하고 종업원을 파견하여 자사 제품을 판매하는 경우(지방세정책과-3379, 2016. 9. 20.)

〈질의〉 백화점과의 특정매입거래계약에 따라 매장 임차 없이 외상으로 납품하고 종업원을 파견하여 자사 상품을 판매하는 경우, 해당 매장 면적과 파견 종업원을 납품업체의 법인지방소득세 안분계산 대상에 포함되는 여부

〈회신〉 법인지방소득세 안분대상 사업장 판단기준은 인적 또는 물적설비를 갖추고 사업 또는 사무가 이루어지는 장소이므로, 특정매입거래계약에 따른 백화점 내 매장도 사업장에 해당됨. 다만, 쟁점사항은 특정매입거래계약에 따른 백화점 매장의 연면적과 납품업체에서 파견된 종업원이 납품업체의 법인지방소득세 안분계산 대상인 종업원과 건축물 연면적에 포함되는지 여부임. 특정매입거래계약에 따른 판매대금을 납품업체

의 소득으로 인식한 사례(서울행법 2010구합16240, 2011. 8. 11.)를 보더라도 백화점 내 납품업체 운영매장은 납품업체의 사업장에 해당됨.

백화점의 주요 거래 형태(서울고등법원 2018. 7. 4. 선고 2017누62435 판결)

백화점이 납품업자등과 거래하는 형태는 크게 특약매입거래, 직매입거래 및 매장임대차거래로 구분된다.

가) 특약매입거래는 백화점이 납품업자로부터 매입한 상품 중 판매되지 아니한 상품을 반품할 수 있는 조건으로 상품을 외상 매입하고 상품판매 후 일정률이나 일정액의 판매수익(판매수수료)을 공제한 상품 판매대금을 납품업자에게 지급하는 방식이다. 이는 임대차거래와 직매입거래의 중간적인 성격을 갖고 있고 주로 의류부문 등에서 이루어진다.

나) 직매입거래는 백화점이 납품업자로부터 상품을 완전 매입하고 납품대금을 지불하는 매입방식이다. 이는 백화점에게 소유권이 이전됨과 동시에 납품업체에게 대금을 지불하는 매입방식으로 판매에 따른 비용과 책임도 백화점이 부담하며 주로 식품부문 등에서 이루어진다.

다) 임대차거래는 점포임차인이 백화점의 매장 일부를 임차하여 상품 등의 판매에 사용하고 그 판매액의 일부를 임대료로 지급하는 방식으로 세금계산서 발행부터 매출인식, 재고관리 등을 전적으로 임차인 자신의 명의와 계산으로 하며 임대료 지급방식에 따라 임대갑과 임대을로 구분된다.

임대갑은 매장임차인이 임차보증금을 백화점에 예치하고 임차료는 매월 고정적으로 일정액을 납부하는 방식이며, 임대을은 매장임차인이 임차보증금을 상품 매출액의 일정 비율로 납부하는 방식으로 임대차거래는 주로 독립된 공간을 사용하고 있는 안경점, 서점, 약국 등에서 이루어진다.

판매대와 재고자산(조심 2014지1441, 2015. 3. 31.) * 주민세

청구법인이 대형할인매장 등에 파견한 종업원(인적설비)에 대한 지휘·감독을 하고, 이들에게 급여를 지급하는 사용자인 점, 대형할인 매장들의 자체 매장의 일부분인 매대와 재고자산은 청구법인의 물적설비로 보기 어려운 점 등에 비추어 이를 각각 청구법인의 사업소로 보아 종업원 수가 주민세종업원분의 면제점에 미달하는 것으로 보아야 한다는 청구주장을 받아들이기 어렵다 할 것이다.

백화점 입점형 매장(세정-1757, 2004. 6. 28.) * 주민세

백화점 내 임차형 매장이 아닌 입점형 매장 형태로 직원을 파견하여 판촉 활동을 한 것은 별도의 사업장을 개설한 것으로 볼 수 없어 법인균등할 주민세의 부과대상 사업소로 볼 수 없다고 생각되나 이는 과세권자가 사실 관계를 확인하여 결정할 사안임.

(다) 사업 자체를 위탁한 경우

일반적으로 위탁의 경우는 관리·운영에 관한 일체의 주체가 누구인지 혹은 사업의 일체에 대하여 누가 책임지고 운영하는지에 따라 물적설비의 귀속이 달라진다. 그러나 사업 자체를 위탁하게 되면 일반적으로 수탁자는 관리·운영에 관한 일체를 수탁받으므로 해당 사업장에 설치된 물적설비는 수탁자의 물적설비에 해당한다(조심 2014지0625, 2014. 10. 21., 지방세관계법 운영예규 74-4 제5호).

> **사업 자체를 위탁한 경우(조심 2014지0625, 2014. 10. 21.) * 주민세**
>
> 「지방세법」 제74조 제3호에서 "사업 또는 사무"란 당해 사업의 일체에 대하여 사업주의 책임하에 운영하는 것을 말하는 점, 주민세 납세의무는 당해 사업소의 물적 설비에 대한 소유권을 가지고 있는지 여부와 관계없이 실제 사업소의 운영에 대하여 책임을 지고 있는 사업주에게 있는 점, 이 건 사업장 위탁운영 계약서를 보면, 이 건 위탁자는 청구법인에게 이 건 사업장의 모든 시설에 대하여 관리 등을 위탁하고 있고 그 책임도 사실상 청구법인에게 있다고 기재되어 있는 점 등에 비추어 이 건 사업장은 청구법인의 권한과 책임 아래 경영되는 청구법인의 사업소라 할 것인바 이 건 사업장 물적 시설의 소유자가 이 건 위탁자라거나 청구법인이 이 건 사업장을 소재지로 사업자등록을 하였는지 여부에 관계없이 처분청이 청구법인에게 이 건 주민세를 과세한 처분은 달리 잘못이 없다고 판단된다.

(라) 국가등이 위탁한 경우

국가등이 위탁한 경우에도 일반적인 위탁과 마찬가지로 관리·운영에 관한 일체의 주체가 누구인지 혹은 사업의 일체에 대하여 누가 책임지고 운영하는지에 따라 물적설비의 귀속이 달라진다. 국가등이 위탁하는 경우 조례 등에 따라 위탁하는 경우가 많고 이에 따라 관리·운영의 주체가 국가등이 되는 경우가 많으므로 이 경우 사업장을 수탁자의 물적설비로 보지 아니하는 경우가 많다(세정과-4652, 2007. 11. 8.). 그러나 이는 관리·운영에 관한 일체의 주체가 누구인지 등에 따라 달라질 수 있는바 개별적인 사안에 따라 다르다 할 것이므로 실무적으로 위수탁계약서, 운영조례 등을 종합적으로 검토하여 사업장 귀속을 판단하여야 할 것이다.

> **국가등이 위탁한 경우(세정과-4652, 2007. 11. 8. 2025년 행정안전부 지방소득세 실무해설집 159p)**
>
> 〈질의〉 ○○시와 위수탁운영협약서를 체결하고 그 협약에 따라 당사의 종업원이 운영·관리하고 있는 ○○시 소유의 자원회수시설(쓰레기소각장)에 대한 법인세할 주민세 안분대상 사업장인지 여부
>
> 〈회신〉 ○○시 자원회수시설 관리운영 전반에 대한 책임과 시설의 재산관리를 위탁운영 범

위로 하여 자원회수시설 운영계획 및 예산 등을 ○○시에 보고하여 승인을 득하여야 하고, 자원회수시설의 재산상의 권리와 관리 및 운영과 관련된 모든 수익금은 ○○시에 귀속되게 되어 있고, 자원회수시설 운영의 변경(인원변경 및 가동중단 등) 사항은 ○○시의 승인을 득하도록 체결되어 있는 점 등에 비추어 볼 때, 귀사의 법인세할 주민세 안분 사업장이 아니라고 판단됨.

도가 노인전문병원 운영을 의료재단에 위탁한 경우(지방세운영과-2604, 2013. 10. 13., 2024 주민세 업무안내서 43p, 행정안전부)

여기서 "사업 또는 사무"란 당해 사업의 일체에 대하여 사업주의 책임하에 운영하는 것을 말하고, 납세의무는 당해 사업소의 물적 설비에 대한 소유권을 가지고 있는지 여부와 관계없이 실제 사업소의 운영에 대하여 책임을 지고 있는 사업주에게 있다 할 것이며, 위탁사업장의 경우 비록 물적 설비에 대한 소유권이 위탁자에게 있고, 수익금이 최종적으로 위탁자에게 귀속된다고 하더라도 수탁자의 책임 아래 사업을 운영하고 있는 사업장은 수탁자의 사업 또는 사무가 계속하여 이루어지는 장소로서의 사업소에 해당하고 인적·물적 설비 또한 수탁자의 사업 또는 사무를 수행하기 위한 것이라고 할 것(법제처 법령해석 06-0287, 2006. 11. 3.). ○○도 노인전문병원 설치 및 운영에 관한 조례와 쟁점사업소의 위탁운영 협약서를 살펴보면, 병원은 독립채산제로 운영하는 것을 원칙으로 한다고 하고 있고, 병원의 운영은 독립회계로서 별도계리하여야 한다고 하고 있어 의료재단이 ○○도와는 별개로 독자적인 회계처리를 하고 있다고 볼 수 있으며, 의료재단은 ○○도가 위탁한 병원 운영관리 사무에 관하여 그 수행과정에서 발생하는 모든 사고에 대하여 민·형사상의 책임을 지고 있는 점, 수탁재산을 훼손, 망실한 경우에는 ○○도에게 금전적 손실을 배상하여야 하는 책임을 부담하고 있다는 점, 의료재단이 경기도의 지휘·감독을 받지 않고 그 스스로 주체가 되어 의사 및 간호사 등 병원 운영 인력과의 고용계약 및 급여액 산정 등의 인사 업무와 그 외의 병원 운영에 관한 기본적인 의사결정 권한을 독립적으로 행사하고 있다는 점 등을 고려할 때, 의료재단이 쟁점사업소의 운영에 대하여 일체의 책임을 지고 있는 사업주에 해당한다고 보는 것이 합리적임.

자유구역청과 도시공사 위탁계약(지방세운영과-1626, 2013. 7. 25.)

운영위탁계약서에 따라 쟁점사업소 운영에 관한 ○○도시공사의 각종 규정을 ○○자유구역청과 협의하여 제·개정하고 이에 따라 운영하여야 하며, 쟁점사업소의 시설물의 설치·변경·폐기, 사업계획 및 예산운영계획 등에 대해 ○○자유구역청의 승인을 받아야 하는 등 쟁점사업소 운영을 위한 주요사항에 대한 의사결정권한과 사업시행에 관한 지도·감독권한을 ○○자유구역청에서 가지고 있으며, 더욱이, ○○자유구역청이 쟁점사업소를 사업장 소재지로 하여 사업자등록을 하고 있으며, 세금계산서 발행시 그 명의도 ○○자유구역청장으로 되어 있다는 점을 고려할 때 쟁점사업소의 사실상 운영주체는 ○○자유구역청으로 보는 것이 합리적임. 또한, ○○도시공사는 운영예산의 3.7%를 매년 관리대행 수수료로 지급받고 있을 뿐, 쟁점사업소 운영 수익의 많고 적음에 따라 수수료가 변동되는 것이 아니므로 이는 ○○

도시공사가 쟁점사업소를 일반 적인 영업활동에 직접 사용하여 얻은 수입이라 보기 어렵고, . 업무위탁에 따라 소요되는 비용을 ○○자유구역청 예산의 범위내에서 지급받아 그 목적대로 사용하고 결산 후 그 비용의 집행 잔액과 결산이자를 ○○자유구역청에 반납하고 있다는 점, 운영조례에 따른 사용료 등 해당 수입금을 징수하여 ○○자유구역청의 지정구좌에 입금 조치하는 등 쟁점사업소에서 발생하는 수익과 결손 등에 대하여 ○○도시공사가 자기의사에 따라 독자적으로 회계처리를 하는 일반적인 사업주로 보기는 어렵다는 점 등을 종합적으로 검토해 볼 때 쟁점사업소에 대한 납세의무자는 사업소를 사실상 관리·운영하는 ○○자유구역청이라고 판단됩니다.

(마) 그 외의 경우

이상에서 언급한 경우 외 파견, 용역계약, 위탁의 경우는 파견인력(인적설비)이 해당 물적설비를 목적이 되는 사업에 자기 책임하에 독립적으로 사용하는지 등을 종합적으로 고려하여 해당 물적설비가 파견업체의 독립된 사업장에 해당하는지 여부를 판단하여야 할 것이다(지방세관계법 운영예규 74-4 제4호). 이하에서 이와 관련하여 다양한 사례 및 유권해석을 소개하고자 하니 참고하도록 한다.

위탁사업장 귀속 관련 유권해석(지방세정팀-3334, 2006. 7. 28.) * 주민세

위탁사업장에 대하여 법인균등할 납세의무를 누구에게 지울 수 있는지에 대한 판단은 사업장 물적 설비에 대한 소유권 여부와 관계없이 당해 사업의 일체에 대하여 누가 책임지고 운영하는지에 따라 결정하여야 할 것이므로, 위탁사업장(영락공원, 어린이공원, 골재채취장)에 근무하는 인적 설비(종업원)가 공사에게 귀속되어 있고, 위·수탁계약서상 위탁시설 관리·운영에 따른 민·형사상 모든 책임이 공사에게 부여되는 등 사실상 위탁사업장에 대한 인적 및 물적 설비에 대한 관리·운영 책임이 공사에게 주어진 경우라면 당해 사업소는 공사의 사업소에 해당하여 법인균등할 주민세 납세의무는 공사에게 있다고 사료되나, 이에 해당하는지 여부는 처분청에서 사실조사 후 결정할 사항이라 할 것입니다.

판촉사원이 파견된 판매장을 파견업체의 사업장으로 보지 않은 사례(감심 2015-450, 2015. 9. 10.) * 주민세

살피건대, ① 위 인정사실 "(4)항"에서 본 바와 같이 판매장의 현장 매니저 두 명은 일주일에 두 번 정도 애경 사무실의 사무기기를 사용하기 위해 잠시 들를 뿐, 다른 판촉사원들과 함께 △△△스 마트 내 판매대에서 업무를 수행하는데, 판매대에는 △△의 상품 외 기타 회사의 상품들이 섞여 진열되어 있고, △△△스의 지시에 따라 위치가 변동될 수 있으며, 그 유지·관리 책임도 △△△스가 지고 있었으며, 그 밖에 청구법인의 사원이 사용하는 물적설비는 없는 것으로 확인되고, ② 위 인정사실 "(6)항"에서 본 바와 같이 △△이 △△쇼핑(주) △△마트사업본부와 체결한 계약서에 따르면, 청구법인에 의해 채용된 판촉사원은 매장별로 1명(최대2명)이 파견되어 단순 판촉활동을 하는 것에 불과한 것으로 확인되며, ③ 위 인정사실 "(5)"항에서 본 바와 같이 청구법인과 애경이 체결한 판촉서비스 계약서에 따르면 청구법인은 판촉사원에 관한 근로관계 일체의 책임을 지며, 판촉사원들의 업무상 지휘 · 명령 및 관리책임을 위해 청구법인 본사 직원을 그 관리책임자로 지정하고 있고, 판촉사원들의 급여와 보상 등에 관하여 청구법인의 고용정책에 따라 급여에 관한 신고 및 지급업무를 청구법인의 본사에서 총괄하여 수행하고 있는 것으로 확인된다.

위와 같은 사실을 종합하면, 청구법인의 판촉사원이 파견된 각 판매장은 사업이 수행되는 별도의 독립된 장소를 갖추지 못하였으므로 인적 및 물적설비가 구비된 '사업소'로 볼 수 없고, 청구법인에 의해 채용된 각 판촉장의 판촉사원은 청구법인과의 계약에 따라 해당 사업에 종사하는 사람으로서 청구법인으로부터 급여를 지급받는 '종업원'에 해당하여 해당 사업장에 근무하고 있는 종업원에 대한 근무지 귀속은 근로감독관계에 있는 장소인 본사로 보는 것이 타당하므로 처분청에서 각 판매장의 판촉사원을 본사 종업원에 포함시켜 면세점 여부를 판단한 이 사건 처분은 잘못이 없다.

터미널 박차공간을 터미널위탁관리업체의 사업장으로 본 유권해석(지방세운영과-768, 2014. 3. 5.) * 주민세

쟁점사업장의 소유자 ○○터미널(주)와 터미널위탁관리업체와(이하 "관리업체"라 한다)의 터미널 위탁관리용역계약서를 살펴보면 관리업체는 터미널운영과 관련한 영업 및 매표업무, 복합건물 면적(약200,000㎡) 중 터미널 전체면적(34,500㎡)을 위탁관리계약의 목적으로 하여 박차장 관리 및 박차료 산정 · 징수, 박차료 조정에 관련한 일체의 업무 등 쟁점사업소 운영에 관한 주요사항에 대한 관리&운영 책임을 가지고 있고 그에 따른 수익금을 관리업체의 수익으로 하고 있으며, ○○터미널(주)와 운송업체의 사용약정서를 살펴볼 때 운송업체는 지정된 장소에 박차를 하고 사용료를 지불하는 등 관리업체가 제공하는 서비스의 이용자일 뿐 운송업체의 사업장으로 보기에는 무리가 있습니다. 따라서, 위의 사항을 종합적으로 고려하여 판단할 때 터미널위탁관리업체가 쟁점사업소를 사실상 관리 · 운영하는 주체로써 납세의무자라고 판단됩니다. 다만, 이에 해당하는지 여부에 대하여는 과세권자가 구체적인 사실관계와 현황 등을 파악하여 최종 결정하여야 할 것입니다.

위탁용역계약에 의하여 공장 구내식당에서 급식을 제공하는 경우 구내식당을 수탁자의 사업장으로 본 유권해석(지방세정팀-1082, 2005. 6. 8.) * 주민세

지방세법 제243조 제1호에서 재산할 사업소세 과세대상이 되는 "사업소"를 사업 또는 사무를 수행하기 위하여 설치한 인적 및 물적 설비로서 계속하여 사업 또는 사무가 이루어지는 장소를 말한다고 규정하고 있고, 여기에서 "사업 또는 사무"란 당해 사업 일체에 대하여 사업주의 책임하에 운영하는 것을 말한다고 할 것입니다. 산업체와 위탁계약을 체결하고 공장내 구내식당의 운영을 위임받아 식당운영과정에서 발생하는 사업일체에 대하여 귀하의 책임으로 하고 있는 경우라면 당해 구내식당에 대한 재산할 사업소세의 납세의무는 귀하에게 있습니다. 식당내의 식사하는 장소는 식당내에 식사운영에 필수시설로써 동 장소가 실제 식사를 위한 장소로 제공되고 있는 재산할 사업소세 과세면적에 포함하여야 할 것으로 사료됩니다.

위탁관리 주차장 수익의 귀속이 주차장 공유자에게 되는 경우라도 그 주차장을 실질적으로 지배하여 관리 운영하는 주체가 수탁자이므로 그 주차장을 수탁자 사업장으로 본 사례 (대법원 2008. 5. 15. 선고 2008두4268 판결) *주민세

피고가 이 사건 주차장 건물에 관하여 원고에게 사업소세를 부과하기 위하여는 이 사건 주차장 건물이 원고의 사업소로 인정되어야 할 것인바, 위 인정사실에서 알 수 있는 다음과 같은 사정, 즉 ① 원고의 사업자등록증상 사업장소재지가 이 사건 주차장 건물 소재지로 되어 있는 점, ② 원고는 이 사건 주차장 건물 내에 10여평 정도의 사무실을 설치하고 직원을 직접 고용하여 주차관리, 주차료 징수 등의 업무를 하게 하고 직원들에 대한 임금도 원고가 직접 지급한 점, ③ 원고와 운영회 사이에 체결된 관리용역계약에 의하면, 건물의 보수·보완 공사 및 시설의 정비·수리 등으로 인하여 발생되는 문제에 대하여는 원고가 전부 책임지고(제4조의 가.항), 원고의 동의 없이는 운영회가 임의로 관리방법 및 절차를 변경하거나 시설의 보완·이전 등을 행하여서는 아니되며(제4조의 나.항), 도난, 사고 등이 발생한 때에는 전적으로 원고가 배상 등 그 책임을 지게 되어 있는데(제5조), 이러한 점에 비추어 보면, 비록 이 사건 주차장 건물에서의 주차장 사업으로 인한 수익의 귀속주체가 그 각 공유자라고 하더라도, 이 사건 주차장을 실질적으로 지배하여 관리·운영하는 주체는 원고라고 봄이 상당한 점, ④ 원고의 주장처럼 이 사건 주차장 건물의 사업주를 최영달 등 842명의 공유자로 보는 경우 이 사건 주차장 건물의 연면적을 각 공유자들의 지분에 비례하여 분할한 다음 각 공유자들에 대하여 해당 면적에 상응하는 사업소세를 부과하여야 하는데, 그렇게 되면 사업소세의 과세기준이 되는 사업소면적에 미달하여 결과적으로 이 사건 주차장 건물은 사업소세 부과대상에서 제외되는 결과가 되어 부당한 점 등에 비추어 보면, 이 사건 주차장 건물은 원고가 사업 또는 사무를 수행하기 위하여 설치한 인적 및 물적 설비로서 원고의 사업소로 봄이 상당하다고 할 것이므로, 이와 다른 전제에서 나온 원고의 주장은 이유 없다.

대학교 내 옥내부설 주차장을 위탁관리하고 있는 경우 그 주차장을 수탁자의 사업장으로 본 사례(행심 2006-0137, 2006. 3. 27.) * 주민세

"사업소"라 함은 사업 또는 사무를 수행하기 위하여 설치한 인적 및 물적 설비로서 계속하여 사업 또는 사무가 이루어지는 장소를 말한다고 규정하고 있을 뿐 물적설비를 사업주가 직접 설치한 경우만을 사업소로 보도록 제한하고 있지 아니하고, 같은 법 제244조 제1호 소정의 "사업주"란 당해 사업의 일체에 대하여 책임을 지고 운영하는 자를 의미한다 하겠으므로 사업소세 납세의무자는 사업장에 대한 소유권을 가지고 있는지 여부와 관계없이 실제 당해 사업소를 운영하는 사업주에게 있다 할 것인바, 청구인의 경우 2003. 2. 25. 청구외 ○○대학교와 체결한 주차장 위탁운영 계약서를 보면 주차장 운영과 관련한 제반사항에 대하여 위탁자인 청구외 ○○대학교와 상호 협의하는 형식을 취하고 있다고는 하나, 청구인이 주차관리원에 대한 인건비 및 복리후생비 지급과 교육을 담당하고 있을 뿐만 아니라 주차장 내의 제반 사고에 대한 민·형사상 책임과 주차관리원에 대한 법률적·행정적 책임을 지는 등 주차장 위탁 운영과정에서 발생하는 사업일체에 대하여 청구인이 책임을 지도록 하고 있는 점과 청구인의 사업자등록내역, 청구외 ○○대학교로부터 지급받는 수수료와 관련한 금융자료 등으로 미루어 볼 때, 청구인은 ○○대학교 내의 쟁점 사업장을 운영하는 사업주에 해당된다고 보는 것이 타당하다

영화관위탁운영계약에 의하여 직원을 파견하여 위탁운영업무를 수행하는 영화관을 수탁자의 사업장으로 보지 않은 사례 (조심 2014지0061, 2014. 5. 19.) * 주민세

청구법인은 OOO와 영화관위탁운영계약을 체결하고 청구법인의 직원 OOO명을 쟁점영화관에 파견하여 업무를 수행하고 있으므로 청구법인의 인적설비가 갖추어졌다고 볼 수는 있으나, 영화관위탁운영계약서상으로 쟁점영화관 운영과 관련된 비용은 OOO가 부담하고(영화관위탁운영계약서 제9조), OOO는 쟁점영화관을 포함한 건물에 설치된 모든 시설물 일체의 유지 및 관리책임을 지는 것으로 나타나는 점(영화관위탁운영계약서 제15조 제1항), 쟁점영화관 소재지에서 사업자등록을 한 사업자는 OOO인 점 등을 볼 때 청구법인 직원이 쟁점영화관 운영위탁 업무를 수행하는 사무실의 시설(모니터, 책상, 전화등)은 OOO가 소유하면서 청구법인에 제공하고 있고 그에 대한 유지 및 관리 책임도 OOO에 있는 점 등으로 보아, 청구법인은 쟁점영화관에서 청구법인 브랜드의 프랜차이즈 영업을 관리하는 것으로 보일 뿐 물적설비를 갖추고 계속하여 사업을 영위하는 장소로 보기에는 어려움이 있다고 판단된다.

다) 그 외 물적설비 판단 다양한 사례

(1) 창고

창고는 물건이나 자재를 저장하거나 보관할 때 쓰는 건물로 일반적으로 사업 관련 자재를 보관하므로 당해 사업과 연관이 있고 사업을 위해 사용되므로 실질적으로 당해 사업에 직접적

으로 공여되고 있다고 볼 수 있는바 물적설비로 본다(감심 1999-168, 1999. 4. 6.). 다만, 창고가 당해 사업에 직접적으로 공여되지 않았다면 창고를 소유한 것 자체만으로 그 창고를 연면적에 포함할 수는 없다 할 것이다(조심 2023지1675, 2024. 5. 22.). 이에 해당하는지 여부는 과세관청의 출장복명서, 손익계산서상 창고 관련 사용료 수입 계상 여부, 창고의 회계처리를 유형자산으로 하였는지 혹은 투자자산으로 하였는지 등을 종합적으로 고려하여 판단하여야 할 것이다.

창고를 사업장으로 본 사례(감심 1999-168, 1999. 4. 6.)

청구인은 창고사용계약에 따라 위 법인 창고연면적의 74% 내지 80%에 해당되는 면적을 사실상 임차하여 여기에 사무실을 설치하고 사업연도마다 청구인의 직원을 상주시켜 위 창고에 전자제품 등을 보관하는 등 각종 전자제품의 매매사업을 해오고 있는 사실이 처분청의 세무조사확인출장과 청구인의 근로소득원천징수영수증에 의하여 알 수 있는바 위 창고는 인적설비와 물적설비가 갖추어진 청구인의 사업장에 해당되어 사업장 소재지 과세관청(용인시장)에 법인세할 주민세를 안분 계산하여 신고납부할 의무가 있다.

창고업자의 미사용 소유 창고를 사업장으로 보지 아니한 사례(조심 2023지1675, 2024. 5. 22.)

처분청은 쟁점창고를 소유한 것 자체로 청구법인의 목적사업인 보관・창고업에 사용된 것이므로 동 건축물을 법인지방소득세 안분사업장으로 보아야 한다는 의견이나, 「지방세법 시행규칙」 제38조의5에서 사업연도 종료일 현재 미사용 중인 공실의 연면적에 대하여 사용을 개시하지 않은 경우는 법인지방소득세 안분대상 건축물 연면적에 포함하지 않는다고 규정하고 있는바, 청구법인은 2020. 7. 1. 합병 전 회사를 합병하여 공실 상태인 쟁점창고를 포괄승계받은 후, 계속하여 물류창고 등의 사업장으로 사용하지 아니하다가 2021년 9월경 이를 철거・멸실한 것으로 나타나는 점, 청구법인의 2020사업연도 손익계산서상 사용료 수입이 나타나지 아니하고, 대차대조표에서도 사업용 자산인 유형자산이 아닌 투자자산으로 분류한 것으로 확인되는 점, 서울특별시장이 쟁점창고를 인적・물적설비가 없는 사업장으로 보아 청구법인에게 부과한 이 건 법인지방소득세 부과처분의 심판청구에 대하여, 우리 원은 동 부과처분에 잘못이 없다고 판단한 점(조심 2023지2005, 2024. 3. 28., 같은 뜻임) 등에 비추어 처분청이 쟁점창고를 법인지방소득세 안분대상 사업장에 해당한다는 이유로 청구법인의 경정청구를 거부한 처분은 잘못이 있다고 판단된다.

(2) 주택

주택의 경우 그 주택을 사무실로 사용하는 경우에는 물적설비로 볼 수 있으나 단순히 주택을 사업장으로 등록하였을 뿐 실제로 사무실로 사용하지 아니한 경우는 물적설비로 볼 수 없다(세정 13407-992, 1996. 8. 26.).

주택 사업장 여부 관련 유권해석(세정 13407-992, 1996. 8. 26.) * 주민세

"사업소 또는 사무소"라 함은 인적 및 물적설비를 갖추고 계속하여 사업 또는 사무가 이루어지는 장소를 말하는바, 귀문의 경우 별도의 건물이 아닌 개인주택의 일부를 법인의 사무실로 사용한다 하더라도 물적설비를 갖추었다고 할 수 있을 것이나, 법인의 사무실 자체가 없는 경우에는 주민세균등할의 납세의무가 없는 것임

주택을 사무실로 사용하지 않는 것으로 보아 물적설비로 보지 않은 사례(조심 2019지1546, 2019. 12. 13.) * 주민세

청구법인은 2013. 11. 28. 대구사무소의 사무실을 폐쇄 후 처분청 관할구역 내에 이 건 부동산을 제외한 별도의 사무공간을 둔 사실이 없는 점, 이 건 부동산은 쟁점직원의 자택이므로 근로계약서 등에 별도의 관리책임에 관한 사항을 명시하지 않는 한, 이 건 부동산 내에 구비된 장비 및 시설물의 관리 책임은 원칙적으로 청구법인이 아닌 쟁점직원 개인에게 있는 점, 「지방세법」 제74조 제4호에서 규정하고 있는 「물적 설비」란 허가와 관계없이 현실적으로 사업이 이루어지고 있는 건축물 기계장치 등이 있고, 이러한 설비들이 지상에 고착되어 현실적으로 사무 · 사업에 이용되는 것을 말하는 것으로, 청구법인이 제공한 노트북은 지상에 고착되어 사업에 이용되는 시설이 아니고, 쟁점직원은 동 노트북을 소지한 채 주로 이 건 부동산 외부에서 영업업무를 수행하는 것으로 보이는 점 등에 비추어 청구법인이 대구광역시 ○○○에 사업소를 두었다고 보기 어렵다고 판단되므로, 처분청이 청구법인에게 이 건 주민세(법인균등분) 등을 부과한 처분은 잘못이 있는 것으로 판단된다.

(3) 그 외

이하에서는 그 외의 경우에 물적설비 판단 시 참고할 수 있는 다양한 사례를 소개하고자 하니 참고하도록 한다.

연수원을 사용하지 않고 경비원을 상주시킨 경우(세제과-460, 2010. 1. 13.)

〈질의〉 2009년 8월 연수원을 취득하여 경비원을 상주시킨 경우 2009 귀속사업연도 법인세할 주민세 안분대상 사업장 해당 여부

〈회신〉 법인세할 주민세를 각 자치단체별로 안분하는 취지는 각 자치단체에 소재한 사업장으로 인하여 발생하는 행정수요에 비례하여 주민세를 배분하기 위한 취지입니다. 귀하 질의의 경우, 비록 연수원 시설을 이용하지 않고 있더라도 경비용역 인원이 파견되어 계속하여 근무하는 장소는 지방세법 제177조 제7호가 정하는 법인세할 안분대상 사업장에 해당되는 것으로 판단됩니다. 여기에 해당하는 사실관계는 과세관청에서 구체적으로 조사하여 결정하게 됨을 알려드립니다.

임대형 민자사업(BTL) 방식으로 준공되어 운영 중인 박물관 사업시설을 주무관청의 사업장으로 본 유권해석(지방세운영과-2534, 2018. 10. 24.) * 주민세

본 사업시설의 경우, 사업시행자가 주무관청에게 임대하여, 주무관청이 임대료를 사업시행자에게 지급하는 점, 본 사업시설에서 발생하는 수익과 비용은 주무관청에 귀속되도록 하고 있는 점, 박물관의 주 용도와 관련한 총괄계획 수립·운영, 각종 홍보, 작품 및 유물구입·섭외, 대관관련, 서비스 및 민원대응, 작품설치 및 해체, 운영 관련 집기 및 비품관리 운용 등의 주요 기획운영 업무를 주무관청의 소속직원이 담당하고 있는 점 등이 확인되는 데 비해, 사업시행자는 설비, 기계/전기, 상하수도, 조명, 안전, 경비, 냉난방 공조, 안전점검 등 시설의 단순 유지보수 업무만을 담당하고 있는 점 등을 종합해볼 때 본 사업시설의 인적, 물적 시설이 주무관청의 책임 하에 있다고 판단되어, 주무관청을 주민세 재산분의 납세의무자로 보는 것이 타당한데, 이 경우 주무관청은 지방자치단체에 해당하므로 「지방세법」 제77조에 따라 비과세대상에 해당됩니다.

휴게실, 청소도구 보관 장소 등을 청소 용역업체의 사업장으로 보지 아니한 유권해석(지방세운영과-3187, 2015. 10. 13.) * 주민세

해당 사업장(아파트)의 경우, 아파트단지는 청소인원의 근무현장에 해당할 뿐 달리 용역업체의 사업소로 볼 만한 근거가 없으며, 용역업체에서 파견한 청소인원이 옷을 갈아입기 위해 사용하는 휴게실이나 청소도구 보관 장소 등도 아파트관리사무소가 소유하면서 그 유지·관리 책임을 지고 있는 점 등을 고려할 때, 별도의 독립된 물적설비를 갖추고 계속하여 사업 또는 사무를 하는 장소에 해당한다고 보기에는 무리가 있다고 판단됨. 다만, 해당 사업장의 사업소 성립 여부는 위탁계약·근로계약 내용, 근무형태, 사업장 현황 등이 근무지(사업장)별로 매우 다양할 수 있으므로 과세권자가 개별적·구체적 사실관계 확인 후 최종판단할 사안임.

4) 인적설비

가) 개요

인적설비란 계약의 형태나 형식에도 불구하고 당해 장소에서 그 사업에 종사 또는 근로를 제공하는 자를 말한다(지방세관계법 운영예규 85-1). 한편, 인적설비가 어느 사업장에 귀속되는지는 사업자등록 여부와 관계없이 종업원이 실제 근무하거나 근로를 제공하는 곳 또는 업무상 지휘·감독이 이루어지는 장소를 기준으로 판단하여야 할 것이다(지방세정팀-309, 2005. 4. 20.). 실무적으로는 인적설비 귀속 판단 시 4대 보험 지급 및 근로소득세 원천징수 주체가 누구인지 등도 참고할 수 있을 것이다(조심 2022지0381, 2022. 4. 21.).

조합원인 항운 근로자를 조합의 종업원이 아니라 법인의 종업원으로 본 사례(조심 2022지0381, 2022. 4. 21.) * 주민세

청구법인은 OOO 조합원들에게 하역작업을 수행하게 한 후 그 임금을 지급하고 있는 점, 청구법인은 OOO 조합원의 사용자 또는 사업주의 지위에서 관련 법령에 따라 OOO 조합원의 국민연금, 건강보험료 및 고용보험료를 부담하고 있고 근로소득세도 원천징수하고 있는 점, OOO는 항만하역에 용역을 제공하는 근로자가 해당 사용자에 대하여 근로조건의 개선을 위하여 결성한 단체로서 청구법인과 이 건 노임협약을 체결하고 그 조합원을 청구법인에게 공급하고 있다고 하더라도 이를 근거로 일반적인 사업자의 성격을 갖는다고 보기 어려운 점(조심 2013부2977, 2013. 10. 30., 같은 뜻임) 등에 비추어 처분청이 청구법인을 「지방세법」 제75조 제3항에서 규정하고 있는 종업원(OOO 조합원)에게 급여를 지급하는 사업주(종업원분 주민세의 납세의무자)로 보아 이 건 주민세의 경정청구를 거부한 처분은 달리 잘못이 없다고 판단된다.

인적설비 귀속 판단 기준(지방세정팀-309, 2005. 4. 20.)

법인세할 안분대상 인적설비의 사업장 귀속은 등록 여부와 관계없이 종업원이 실제 근무하거나 근로를 제공하는 곳 또는 업무상 지휘・감독이 이루어지는 장소를 기준으로 판단하여야 할 것으로서, 내항선박의 경우 선박과 선원관리지가 불투명한 경우에는 선적항을 당해 선원의 근무지로 보아야 할 것이나, 선적항에 선박등록을 하였을 뿐 사실상 선적항 이외의 곳에서 선박 및 선원에 대한 관리가 이루어지고 있는 경우라면 당해 선박을 사실상 관리하는 곳을 선원의 근무지로 보아 안분하는 것이 타당함

나) 공사를 하도급받고 시공참여계약을 한 경우 종업원 귀속 판단

공사를 하도급받고 시공참여자와 시공참여계약을 한 경우 시공참여자가 시공 관련 근로자들을 지휘・감독하는 것이 일반적이므로 보통은 그 근로자는 도급인이 아닌 시공참여자의 종업원으로 본다(대법원 2010. 10. 28. 선고 2010두8027 판결). 그러나 이는 개별적인 사안마다 다를 수 있으며 그 근로자들을 하도급자가 지휘・감독하는 경우는 하도급자의 종업원으로 볼 수 있으므로 시공참여계약서, 근로계약서, 근로자 근태, 출퇴근 장부, 회계처리를 인건비로 하였는지 혹은 외주비로 하였는지 여부, 원천세를 납부한 자가 누구인지 등을 종합적으로 고려하여 종업원 귀속을 판단하여야 할 것이다(조심 2016지0040, 2016. 8. 12.).

공사를 하도급받은 뒤 그에 관한 시공참여계약을 시공참여자들 6인과 체결하여 공사를 진행한 경우 종업원 귀속(대법원 2010. 10. 28. 선고 2010두8027 판결) * 주민세

원고가 소외 1 주식회사로부터 판시 아파트 신축공사 중 형틀 및 철근공사 부분(이하 '이 사

건 공사'라 한다)을 하도급받은 후 이를 일부씩 나누어 그에 관한 시공참여계약을 소외 2 등 6인의 시공참여자들과 개별적으로 체결하고(이하 포괄하여 '이 사건 시공참여계약'이라 한다) 그 공사를 진행한 이 사건에서, 그 채용 증거들에 의하여 인정되는 다음과 같은 사정, 즉 ① 이 사건 시공참여계약에서 시공참여자가 기성금을 청구할 때 신규채용 근로자에 대한 근로계약서를 원고에게 제출하도록 한 것은 원고가 그 근로자와는 고용관계를 맺지 않았음을 전제하고 있는 것으로 볼 수 있는 점, ② 이 사건 시공참여계약에 의하면, 계약금액에는 시공참여자가 근로자 고용에 따라 사업주로서 부담해야 하는 모든 비용이 포함되어 있고, 시공참여자는 원고에게 매월 작업수행 물량을 산출하여 기성금을 청구하여야 하며, 원고는 시공참여자에게 원칙적으로 자재를 지급하지 않고 공사에 필요한 가설자재 등의 비용은 계약단가에 포함되어 있으므로, 계약금액 전체를 근로자의 노무에 대한 대가로만 볼 수 없는 점, ③ 이러한 계약 내용에 따라 이 사건 시공참여자들은 이 사건 공사에 필요한 자재를 대부분 직접 조달하여 사용한 점, ④ 이 사건 시공참여계약에 의하면, 시공참여자는 계약금액의 3%를 계약보증증권에 의하여 예치하고, 기성금 청구시 지하층은 5%, 지상층은 3%를 유보하였다가 공사완료 후에 그 유보금을 지급받으며, 근로자가 계약내용 등을 위반하여 하자가 발생하면 재시공하도록 되어 있는 점, ⑤ 또한 이 사건 시공참여계약으로 인하여 발생된 노무비, 자재비 및 기타 비용에 대한 책임이나 안전교육 등 근로자에 대한 관리책임도 시공참여자가 부담하도록 되어 있는 점, ⑥ 이에 따라 이 사건 시공참여자들은 적절한 인원수를 독자적으로 결정하여 근로자들에 대한 고용 및 출퇴근 등의 관리를 한 것으로 보이고, 그 근로자들에 대하여 원고 소속 현장소장이 구체적으로 지휘·감독을 하였다고 볼 자료가 없는 점 등에 비추어, 이 사건 시공참여자들에 의하여 이 사건 공사현장에 고용된 근로자들이 원고의 종업원이라는 사실을 인정하기 어렵다고 보고, 피고가 위 근로자들을 원고의 종업원이라고 하여 원고에게 종업원할 사업소세를 부과한 이 사건 처분은 위법한 것으로 판단된다.

공사를 하도급받은 뒤 그에 관한 시공참여계약을 시공참여자들과 체결하여 공사를 진행한 경우 종업원 귀속2(대구고등법원 2009누2475, 2010. 6. 25.) * 주민세

앞서 든 증거들 및 갑 제2호증의 1, 2, 갑 제5 내지 10호증의 각 기재와 제1심 증인 송길호의 증언에 변론 전체의 취지를 종합하여 인정되는 다음의 사정들, 즉 ① 이 사건 각 시공참여계약에 의하면, 원고가 이 사건 시공참여자들에게 지급하는 계약금액에 근로자들의 노임, 식대, 퇴직급여, 시간외수당, 국민건강보험, 국민연금 등 시공참여자들이 근로자 고용에 따른 사업주로서 부담하여야 하는 모든 비용이 포함되어 있어(시공참여계약서 제5조), 그 계약금액을 '단순한 근로의 대가'만으로는 보기 어려운 점, ② 이 사건 각 시공참여계약에 의하여 실제 지급하는 계약금액이 '단순한 근로제공일수'를 기준으로 산정된 것이 아니라 단가 별 또는 면적별로 정해지고, 기성고에 따라 순차적으로 지급되도록 되어 있고(시공참여계약서 제5조 및 제6조) 이에 따라 이 사건 시공참여자들이 실제 지급받은 금액 및 지급일자와 이 사건 각 시공참여계약과 일치하지 않게 된 점, ③ 이 사건 각 시공참여계약에 의하면, 시공참여자의 원고에 대한 하자보증(유보금 및 지체상금)에 대한 내용이 포함되어 있는 점(시공참여계약서 제11조), ④ 원고가 이 사건 근로자들의 고용 여부, 작업 여부, 노임단가의 결정 및 지급에 관여하지 않았고 이를 이 사건 시공참여자들이 독립하여 처리한 점, ⑤ 이 사건 각 시공참여계약에 의하면, 이 사건 공사에 소요되는 공사자재나 기계 · 장비를 원고가 제공한 것이 아니라 이 사건 시공참여자들이 자신의 자금으로 조달하여 사용하고, 계약금액에 자재대금 등이 포함되어 있는 등 이 사건 시공참여자들이 '공사하수급인'의 사업방식으로 이 사건 공사를 시공한 점, ⑥ 이 사건 근로자들에 대한 근무태도 및 출 · 퇴근시간 관리 등은 시공참여자들이 마련한 장부 등에 근로자들이 직접 출근시간 및 이름을 기재하는 방법으로 이루어진 점, ⑦ 원고의 직원이나 현장소장이 구체적, 개별적으로 이 사건 근로자들을 지휘 · 감독한 사실은 없으며 이 사건 시공참여자들 소속 현장소장이 이 사건 공사현장에 상주하면서 이 사건 근로자들을 직접 지휘 · 감독한 점, ⑧ 이 사건 각 시공참여계약에 의하면, 이 사건 시공참여자들은 이 사건 근로자들에 대한 건강진단 및 안전교육, 임금지급 등 노동관계법상의 제반의무 등을 성실히 이행하는 등 이 사건 근로자들에 대한 관리책임을 부담하도록 되어 있는 점, ⑨ 원고가 이 사건 시공참여자들에게 지급한 돈을 '외주비'가 아닌 '인건비'로 계상하고, 이 사건 근로자들의 소득세를 원고가 원천징수 · 납부하고, 이 사건 시공참여자들로부터 비용 및 노임영수증 등을 교부받은 것은 이 사건 시공참여자들은 사업자등록을 하지 않아 원고에게 세금계산서를 교부할 수 없고, 소득세를 원천징수 · 납부할 수 없기 때문에 원고가 시공참여자들에게 계약대금을 지급한 다음 시공참여자들로부터 비용 및 노임영수증 등을 교부받아 이 사건 근로자들에게 지급한 노무비를 인건비 항목으로 회계처리하고 소득세를 원천징수 · 납부한 것으로 보이는 점, ⑩ 이 사건 시공참여자들이 공정관리계획을 수립하여 원고에게 승인을 득하도록 한 것은 계약기간 내에 성공적인 공사수행을 위한 최소한 관리의무를 위한 것이라 보이는 점, ⑪ 원고의 지시나 승인 없이 임의로 운반, 이동 및 기타 작업 중 안전사고가 발생할 경우 시공참여자들이 배상의 모든 책임을 지고, 시공참여자들의 소속 근로자에 대한 안전보호구를 직접 지급한 것은 원수급인인 원고가 이 사건 공사의 안전과 관련하여 철저한 관리감독을 함으로써 산업재해를 예방하기 위한 것으로 보이는 점, ⑫ 원고가 이 사건 근로자들과 고용관계를 맺었는지 여부는 이를 전제로 이 사건 처분을 한 피고에게 그 입증책임이 있다고 할 것인데, 피고가 이를 인정할 직접적인 증거를 전혀 제출하지 못하고 있는 점 등에 비추어 보면, 위 (2)의 (가)항에서 인정된 사실만으로는 원고가 이 사건 시공참여자들 및 이 사건 근로자들과 고용관계를 맺고 그들에게 보수를 지급하는 등 그들의 사용자 지위에 있었다는 사실을 인정하기에 부족하고, 달리 이를 인정할 증거가 없다.

다) 아파트 관리용역회사의 종업원

아파트 관리용역회사가 관리 업무등을 수행하는 자에게 급여를 궁극적으로 지급하는 경우 그 업무등을 수행하는 자는 아파트 관리용역회사의 종업원으로 본다. 원천징수소득세를 아파트 입주자 대표회의 명의로 납부하였다고 하여도 그러하다(행심 2007-208, 2007. 3. 26.). 다만, 급여를 궁극적으로 지급하는 자가 입주자 대표회의인 경우는 아파트 관리회사의 종업원으로 보지 아니할 수 있는데 실무적으로 이에 해당하는지 여부는 위수탁계약서, 급여대장 등을 종합적으로 검토하여 판단하여야 할 것이다(행심 2002-191, 2002. 4. 29.).

아파트 관리용역회사가 급여를 궁극적으로 지급하는 경우 종업원 귀속(행심 2007-208, 2007. 3. 26.) * 주민세

위 · 수탁계약을 체결하고 수탁자가 사업장을 관리하고 있는 위탁사업장에 있어서 수탁자가 사업장에 근무하는 종업원과 고용계약을 체결하고 당해 사업에 종사하게 하는 경우 실제 당해 사업장을 책임지고 운영하는 자는 수탁자라 하겠고, 그렇다면 이러한 수탁자를 종업원할 사업소세의 납세의무자로 보아야 할 것이므로, 청구인의 경우는 공동주택관리를 목적사업으로 하는 법인으로서 청구외 ○○마을 제○단지 및 제○단지 아파트 입주자대표회의와 당해 사업장에 관리업무 위 · 수탁계약을 체결한 후 이러한 위 · 수탁계약에 따라 관리기구와 직원을 두고 아파트와 그 부대시설의 유지보수와 안전관리, 경비, 청소 및 쓰레기수거, 관리비 및 사용료의 조정 · 징수와 제세공과금의 납부대행 등을 수행하도록 하고 있는 점, 이러한 관리업무 등을 수행하는 데 필요한 인원의 채용을 청구인이 위임받아 수행하고 있는 점, 관리소의 소장 이하 전직원에 대한 인건비(급료, 제수당, 상여금 등)를 일반관리비 내에 포함시켜 입주자에게 징수하여 관리사무소에서 집행하고 있는 점, 청구인은 2002년도부터 현재까지 당해 아파트를 사업장으로 하여 고용 · 산재보험료를 납부하고 있는 점 등을 종합하여 볼 때, 당해 아파트 관리사무소장 이하 직원들은 청구인의 종업원이고, 관리사무소는 청구인이 당해 아파트의 관리사무를 수행하기 위하여 설치한 인적 · 물적 설비로서 계속하여 사업 또는 사무가 이루어지는 장소이며, 이러한 직원들의 급여는 청구인이 지급하고 있다고 봄이 타당하다 하겠고, 아파트 입주자대표회의 명의로 근로소득에 대한 원천징수의무를 이행하고 있다고 할지라도 직원들의 급여가 궁극적으로 관리용역회사에 의하여 지급되고 있으므로 청구인은 관리사무소의 사업주로서 종업원에게 급여를 지급하는 자에 해당하여 사업소세의 납세의무자라 하겠으므로(대법원 92누14182, 1993. 8. 24.), 처분청이 청구인을 이 사건 아파트 관리사무소의 사업주로서 종업원에게 급여를 지급하는 자로 보아 이 사건 종업원할 사업소세를 부과한 처분은 잘못이 없다고 판단된다.

입주자대표회의가 급여를 궁극적으로 지급하는 경우 종업원 귀속(행심 2002-191, 2002. 4. 29.) * 주민세

이에 대하여 청구인은 입주자들로 구성된 마을회로서 청구인이 설치한 관리사무소의 모든 직원을 고용하고 있으므로 신고납부된 종업원할 사업소세는 비과세 되어야 함에도 처분청에서 관리사무소를 납세의무자로 보아 이를 수납하여 징수 결정한 것은 부당하다고 주장하고 있으므로 이에 대하여 살펴보면, 이 사건 아파트 입주민들은 자치관리를 위하여 입주민들의 대표로 구성된 입주자대표회의를 구성하고 입주자대표회의에서 관리사무소를 설치하고, 관리사무소 운영에 필요한 직원을 고용계약에 의거 채용하도록 하는 관리규약을 정하였으며, 이에 따라 청구인은 관리사무소장, 경비, 서무, 경비원, 기관실요원, 변전실요원 등을 채용하고 직원들의 급여를 부담해 온 사실을 확인할 수 있으므로 이 사건 아파트의 관리사무소의 모든 직원들은 청구인의 종업원으로 봄이 타당하다 하겠다.

라) 근무지가 유동적인 종업원

근무지가 유동적인 종업원의 근무지는 근무를 시작 또는 마감하는 장소가 된다(지방세정팀-2676, 2006. 6. 28.).

> **시내버스 운전업무에 종사하는 운전사(지방세정팀-2676, 2006. 6. 28.) * 주민세**
> 비록 본사에서 급여를 일괄지급하고 있다고 하더라도 납세의무자가 실제 영업소에서 근무하고 있다면 당해 영업소를 근무지(납세지)로 보아 근로소득세할 주민세 및 종업원할 사업소세를 납부하는 것이 타당하다 할 것이고, 시내버스 운전업무에 종사하는 운전사와 같이 근무지가 유동적인 종업원에 대한 근무지 귀속은 운전업무의 시작 또는 마감을 하는 장소인 차고지를 근무지로 보아 납세지를 판단하는 것이 타당하다 할 것입니다. 다만, 담당노선이 불확정적인 운전자에 대한 근무지 판단에 있어 소득세할 주민세 및 종업원할 사업소세 신고납부 주기가 1개월이라는 점을 고려할 때, 당해 월에 주로 승무배치된 곳으로 확인되는 버스의 차고지를 당해 운전자의 근무지로 보아 소득세할 주민세 및 종업원할 사업소세를 납부하는 것이 타당하다고 사료되며, 운전자의 주된 승무배정지에 대한 판단은 처분청에서 사실조사 후 판단하여야 할 사항이라 할 것입니다.

마) 호텔 파견 직원

> **호텔 파견 직원의 종업원 귀속(세제과-7100, 2019. 5. 28., 2025 주민세 업무안내서 28p, 행정안전부) * 주민세**
> 용역계약에 의해 귀사소속 직원을 장기적으로 □호텔에 파견하여 미화, 경비, 기물관리, 직원식당 유지관리, 주차관리에 계속하여 근무하도록 하고 있다면 □호텔을 별도의 사업소로 보아 종업 원할 사업소세를 납부하여야 하나, □호텔에 파견된 직원이 본사로 출근하여 근무지시를 받는다든지 아니면 단기적 출장식 근무를 할 경우에는 본사에서 근무하는 직원으로 보아 본사에서 종업원할 사업소세를 납부하여야 함.

5) 사업 또는 사무가 이루어지는 장소

사업장이란 물적 또는 인적설비를 갖추고 사업 또는 사무가 이루어지는 장소를 말하므로 사업소의 폐쇄 등으로 해당 건축물을 장기간 사업용으로 사용하지 아니하는 경우는 사업장이라고 보기 어렵다 할 것이다(조심 2019지3587, 2020. 4. 14.). 실무적으로 이에 해당하는지 여부는 해당 건축물의 상수도 사용량, 전력 사용량 등을 종합적으로 고려하여 판단하여야 할 것이다.

한편, 사업 또는 사무란 내용 및 명칭을 불문하고 영리, 비영리 등 일체의 사업을 포함하는 것으로 본격적인 사업개시 이전에 실시하는 사전준비단계를 포함한다 할 수 있으므로 발전용 건축물을 시운전한 경우 그 발전용 건축물은 사업용으로 사용된 것으로 보아 사업장에 포함될 수 있다(조심 2009지0436, 2010. 5. 19.).

상하수도 요금 현황 등으로 사업연도 종료일 현재 사업장이 아니라고 본 사례(조심 2019지3587, 2020. 4. 14.) * 주민세

이와 같이 주민세(재산분) 과세대상인 사업소를 계속하여 사업 또는 사무가 이루어지는 장소라고 규정하고 있는 점과 「지방세법」 제74조 제5호에서 1년 이상 휴업하고 있는 사업소를 제외하도록 규정하고 있는 점에 비추어, 주민세(재산분) 과세표준에 포함되는 건축물 연면적을 산정함에 있어서 폐쇄 등으로 인하여 장기간 사업소용으로 사용하지 아니하는 건축물까지 포함하는 것은 불합리하다고 하겠다. 이 건의 경우를 보면, 처분청의 2019. 7. 4. 조사내용에서 쟁점건축물이 근무인력이 없고 생산설비 등의 제거작업이 추진 중에 있다고 기재되어 있는 점, 청구법인이 제출한 상하수도 요금 등의 내역에서 2018년 3월부터 상하수도 요금 등이 급감한 것으로 나타나는 점, 2019. 3. 18. 무렵 공장의 사무직 직원 등에 대하여 다른 부서로 인사발령을 하였던 점 등을 종합하면, 2019년도 주민세(재산분) 과세기준일 현재 쟁점건축물이 계속하여 사업 또는 사무가 이루어지는 장소로서 주민세(재산분) 과세대상인 사업소에 해당된다고 보기는 어렵다 하겠다.

전력사용량, 승강기 운행 현황 등을 고려하여 사업연도 종료일 기준 모델하우스 및 분양사무실을 사업장으로 보지 아니한 사례 (조심 2013지0366, 2013. 11. 21.)

청구법인이 당초 2011년 귀속 법인세분 지방소득세 신고납부시 쟁점건축물 중 본사사무실 부분만 OOO에 소재한 청구법인의 지방소득세 안분대상 건축물로 신고한 점, 2011. 11. 30. 이 건 아파트가 준공되었고, 이 건 아파트 준공 후에 쟁점건축물의 전력사용량 및 상수도 사용량이 급감한 점, 2011. 11. 13. 이후부터 승강기 운행이 정지된 점, 청구법인의 법인등기부상 청구법인의 주사무소를 2012. 1. 9. 이 건 아파트 상가로 이전한 점 등을 종합하여 살펴보면, 이 건 아파트 준공 후부터 2011년 지방소득세 안분 기준일인 2011년말까지는 쟁점건축물 중 본사사무실(912.1㎡) 부분만 청구법인의 사업장으로 사용하고, 모델하우스 및 분양사무실(8,346.7㎡)은 사실상 사업장으로 사용하지 아니한 것으로 보는 것이 신빙성이 있어 보이고 청구법인이 제출한 이사비용 견적서 및 분양사무실 이전 안내 사진만으로 2011년 말 이전에 이 건 아파트 상가 202호 및 206호가 인적 또는 물적설비를 갖추고 사업 또는 사무가 이루어진 사업장에 해당한다고 인정하기도 어려우므로 청구법인의 당초 지방소득세 신고에 잘못이 있었다고 인정하기는 어렵다 할 것이다.

본격적인 사업 개시 전 발전용 건축물을 시운전한 경우(조심 2009지0436, 2010. 5. 19.)

발전용 건축물의 경우 「지방세법」 제172조 제7호에서 법인세할 주민세 안분대상인 사업장을 인적설비 또는 물적설비를 갖추고 사업 또는 사무가 이루어지는 장소를 말한다고 규정하고 있는바, 여기에서 사업 또는 사무는 그 성질·내용 및 명칭을 불문하고, 영리, 비영리 등 일체의 사업을 포함하는 것으로, 본격적인 사업개시 이전에 실시하는 사전준비단계에 있다 하더라도 이에 포함되는 것으로 보아야 하겠으므로 OOO, 청구법인은 2008. 6. 1. 발전용 건축물에 대한 사업개시를 하였다고는 하나 그 이전인 2007. 11. 15. 시운전을 개시한 이상, 2007사업연도 종료일(2007. 12. 31.) 현재 이는 청구법인의 목적사업인 전기발전사업이 이루어지는 장소, 즉 사업장로서의 역할을 수행하고 있었다고 봄이 타당하다 하겠다.

다. 안분율 계산

납세지 편에서 살펴본 바와 같이 둘 이상의 지방자치단체에 사업장이 있는 법인의 법인지방소득세 납세지는 각각의 사업장 소재지인데 이 경우 다음 계산식에 의해 산출된 안분율에 따라 안분된 세액을 각각의 사업장 소재지 지방자치단체장에게 납부하여야 한다(지법 제89조 제2항). 이때 안분율은 소수점 6자리까지 계산(7번째 자리 절사)하고, 남는 비율은 본점에 가산한다(지칙 별지 제44호의6 서식 작성방법).

$$안분율 = \left(\frac{관할지방자치단체\ 안\ 종업원수}{법인의\ 총\ 종업원수} + \frac{관할지방자치단체\ 안\ 건축물\ 연면적}{법인의\ 총\ 건축물\ 연면적}\right) \div 2$$

라. 안분 항목

법인지방소득세에서 안분 및 비안분 항목은 다음과 같다(2025년 행정안전부 지방소득세 실무해설집 150~152p).

항목		안분 ○ ×	비고
산출세액		○	
가산세	신고납부가산세	×	
	그 외 가산세(지법 제103조의30)	○	
추가납부세액	조례에 의한 감면분 추가납부세액	×	조례 해당 지방자치단체만 적용

<table>
<tr><th colspan="2">항목</th><th>안분 ○ ×</th><th>비고</th></tr>
<tr><td></td><td>그 외 추가납부세액</td><td>○</td><td></td></tr>
<tr><td rowspan="2">세액
공제·감면</td><td>조례에 따른
공제·감면</td><td>×</td><td>조례 해당 지자체만 공제</td></tr>
<tr><td>지특법에 따른
공제·감면</td><td>○</td><td></td></tr>
<tr><td colspan="2">특별징수세액</td><td>○</td><td>환급세액 있는 경우(특별징수세액>총부담세액) 특별징수세액 안분율에 따라 기재하지 않고 별도 기재 방법에 따라 기재 후 본점 지자체에서 일괄 환급. 세부 내용 본편 18장 특별징수세액 정산 및 환급 참고</td></tr>
<tr><td colspan="2">수시부과세액</td><td>×</td><td>지자체별로 수시부과 여부가 다를 수 있으므로 지자체별 차감</td></tr>
</table>

마. 안분율 적용 기준

가) 종업원 수

(1) 개요

법인지방소득세 안분율 적용 기준으로서 종업원의 개념은 주민세 관련 규정에서의 종업원의 개념과 동일하다(지령 제88조 제2항 제1호). 주민세 관련 규정에서 종업원이란 사업소에 근무하거나 사업소로부터 급여를 지급받는 임직원, 그 밖의 종사자로서 급여의 지급 여부와 상관 없이 사업주 또는 그 위임을 받은 자와의 계약[50]에 따라 해당 사업에 종사하는 사람을 말한다(지법 제74조 제8호). 다만, 국외파견자 또는 국외교육 중인 자는 종업원에서 제외한다(지칙 별표 4 서식). 지방세법상 종업원의 정의가 사업소에 근무하거나 사업소로부터 급여를 지급받는 자이므로 사업소에 근무한다면 급여를 지급받지 않아도 종업원에 해당할 수 있다. 따라서 무급 접대부, 사업소에 근무하는 비상근이사는 종업원에 포함된다. 반대로 사업소에 상시 근무하지 않더라도 급여를 지급받은 경우 종업원에 해당할 수 있다. 따라서 일용근로자도 종업원에 포함된다(행심 2006-211, 2006. 5. 29.). 그러나 사업소에 근무하지 아니하고 사업주로부터 급여를 지급받지 아니하는 비상근이사는 종업원에 해당하지 않는다(지방세관계법 운영예규 78의3-1).

한편, 사업장으로 직접 사용하는 건축물이 둘 이상의 지방자치단체에 소재하는 경우에는

50) 계약은 그 명칭·형식 또는 내용과 상관없이 사업주 또는 그 위임을 받은 자와 한 모든 고용계약을 의미(지령 제78조의3 제2항)

지방자치단체별 건축물 연면적 비율에 따라 종업원 수를 계산한다(지령 제88조 제2항).

지방세법 시행규칙 별표 4 서식에서 안분율 계산 시 종업원 수 세부 적용 기준을 규정하고 있는데 이는 다음과 같고 관련 해설을 첨부하였으니 참고하도록 한다(지칙 별표 4).

구분	적용례	해설
가. 「소득세법」 제12조 제3호에 따른 비과세 대상 급여만을 받는 사람	종업원 수에 포함	소득세법 제12조 제3호에 따른 급여는 소득세에서는 비과세대상이나 지방소득세에서는 해당 급여를 받는 자를 따로 종업원에 포함하지 않는다는 규정을 두고 있지 아니하므로 해당 급여만을 지급받는 자라 하여도 종업원 수에 포함하는 것이다. 참고로 주민세(종업원분) 규정에서는 해당 급여를 과세대상에서 제외하고 있는데 이와 혼동을 방지하기 위해 둔 규정으로 보인다(지령 제78조의2 제1호).
나. 대표자	종업원 수에 포함	종업원이란 사업소에 근무하거나 사업소로부터 급여를 지급받는 임직원인데 여기서 임원은 임직원에 해당하고 임원에는 대표이사 등이 포함되는바 일반적으로 대표이사 등이 대표자가 되므로 그 대표자는 임직원으로 종업원에 해당될 수 있으므로 해당 규정을 둔 것으로 보인다.
다. 현역복무 등의 사유로 사실상 해당 사업소에 일정기간 근무하지 아니하는 사람	급여를 지급하는 경우 종업원 수에 포함	종업원의 정의에 따라 사업소에 근무하지 않아도 사업소로부터 급여를 지급받는다면 종업원으로 볼 수 있으므로 해당 경우 종업원 수에 포함하는 것이다. 이에 따라 휴직자도 급여를 지급받는 경우는 종업원 수에 포함한다(광주지방법원 2018. 9. 20. 선고 2017구단10459 판결). 참고로 동일한 내용의 주민세 규정이 존재하고 이를 법인지방소득세에도 적용하기 위해 해당 규정을 그대로 가져온 것으로 보인다(지령 제78조의3 제2항).
라. 국외파견자 또는 국외교육 중인 사람	종업원 수에 포함하지 않음	국외파견자는 주민세의 국외근로자와 유사한 개념으로 주민세의 법적 성격은 지방자치단체가 행정서비스 제공을 위해 필요한 경비의 부담을 주민 등에게

구분	적용례	해설
		분담하도록 하는 것으로 임직원이든 그 밖의 종업원이든 지방자치단체의 비용을 유발하지 않는 국외근무자에게 주민세를 부과할 이유는 크지 아니하므로 주민세 규정에서 국외근로자는 종업원에 포함하지 않고 있는데(조심 2022지1172, 2023. 8. 30.) 해당 주민세 규정을 법인지방소득세에 차용한 것으로 보이고 차용 시 추가적으로 국외교육 중인 사람도 종업원 수에 포함하지 아니하도록 규정한 것으로 보인다.
마. 국내교육 중인 사람	종업원 수에 포함	교육 중인 사람도 고용관계가 유지되므로 종업원에 해당하는 경우가 일반적이므로 해당 규정을 둔 것으로 보인다.
바. 고용관계가 아닌 계약에 따라 사업소득에 해당하는 성과금을 지급하는 방문판매원	종업원 수에 포함하지 않음	고용관계가 아닌 계약에 의하여 사업소득에 해당하는 성과급을 받고 있는 방문판매원의 경우라면 종업원의 범위에서 제외한다는 주민세 관련 유권해석이 있는데 해당 해석은 주민세 관련으로 이를 법인지방소득세에 적용하도록 명시화한 것으로 보인다(세정 13407-1098, 1999. 9. 1.).
사. 특정업무의 수요가 있을 경우에만 이를 수임 처리하기로 하고 월간 또는 연간 일정액의 급여를 지급받는 자	종업원 수에 포함	월 상시 고용하는 종업원에는 급료의 지급형태에 불구하고 월간 계속하여 노무를 제공하는 임직원은 물론 특정업무의 수요가 있을 경우에만 이를 수임처리키로 하고 월간 또는 연간 일정액의 급료를 지급받는 자를 포함한다는 유권해석이 있는바 해당 해석은 주민세 관련으로 이를 법인지방소득세에 적용하도록 명시화한 것으로 보인다(지방세운영과-1613, 2015. 6. 2.).
아. 해당 사업장에 근무하지 아니하고 사업주로부터 급여를 지급받지 아니하는 비상근이사	종업원 수에 포함하지 않음	종업원의 정의가 사업소에 근무하거나 사업소로부터 급여를 지급받는 임직원이므로 사업소에 근무하지도 않고 급여를 지급받지도 않는 비상근이사는 종업원 수에 포함하지 않는 것이다.
자. 소속회사 직원이 용역이나 도급계약 등에 의하여 1년	계약업체의 종업원 수에 포함	관련하여 행정자치부에서 이후에 안분율 종업원 수 적용 요령에서 안분율 세

구분	적용례	해설
이 초과하는 기간 동안 계약 업체에 파견되어 일정한 장소에서 계속 근무하는 자		부 적용 요령을 소개하였는바 해당 내용은 이하에 수록하였으니 참고하도록 한다(지방세정책과-502, 2017. 4. 4.).
차. 물적설비 없이 인적설비만 있는 사업장의 종업원	본점 또는 주사업장의 종업원 수에 포함	

일용직 근로자 종업원 수 포함 여부(행심 2006-211, 2006. 5. 29.). * 주민세

청구인이 임용한 일용직 근로자도 청구인과 고용계약에 의하여 청구인이 경영하는 사업소에 근무하고 급여를 지급받고 있으므로 이는 종업원에 포함된다고 보아야 한다.

급여를 지급받고 있는 경우 휴직자도 종업원에 해당한다(광주지방법원 2018. 9. 20. 선고 2017구단10459 판결). * 주민세

오히려 현역 복무 등의 사유로 해당 사업소에 일정 기간 사실상 근무하지 아니하더라도 급여를 지급하는 경우에는 종업원으로 본다고 규정한 위 시행령 조항에 비추어 휴직자 등도 급여를 지급받고 있는 ××지역본부 종업원에 포함된다고 보아야 한다.

특정업무의 수요가 있을 경우에만 이를 수임 처리하기로 하고 월간 또는 연간 일정액의 급여를 지급받는 자도 종업원에 포함함(지방세운영과-1613, 2015. 6. 2.). * 주민세

월 상시 고용하는 종업원이라 함은 급료의 지급형태에 불구하고 월간 계속하여 노무를 제공하는 임직원은 물론 특정업무의 수요가 있을 경우에만 이를 수임처리키로 하고 월간 또는 연간 일정액의 급료를 지급받는 자를 포함한다 할 것이고, 수시 고용하는 종업원이라 함은 필요에 따라 불특정인이 수시로 고용되어 노무를 제공하고 급료를 지급받는 자를 말한다고 할 것(심사 2002-0052, 2001. 12. 5.)인바, 일용근로자에 해당하지 아니하는 간이세액 인원은 상시 고용인원으로 보아야 할 것임.

고용관계가 아닌 계약에 따라 사업소득에 해당하는 성과급을 지급하는 방문판매원(세정 13407-1098, 1999. 9. 1.). * 주민세

사업소세의 과세기준이 되는 종업원의 정의를 지방세법 제243조 제6호, 같은법시행령 제204조 제1항 및 제2항에서 "급여의 지급 여부에 불구하고 사업주 또는 그 위임을 받은 자와의 계약에 의하여 당해 사업에 종사하는자"로 하고, 상기 계약에 관하여는 "그 명칭 · 형식 또는 내용을 불문한 일체의 고용계약"으로 규정하고 있는 바, 귀 법인과 고용관계가 아닌 계약에 의하여 사업소득에 해당하는 성과급을 받고 있는 방문판매원의 경우라면 종업원의 범위에서

제외되는 것이나, 구체적인 사항은 과세권자가 계약의 내용 · 근무실태 등을 종합적으로 파악하여 결정할 사항임.

주민세 규정에서 종업원에서 국외근로자를 제외하는 취지 및 국외근무자에 임직원도 포함되는지 여부(조심 2022지1172, 2023. 8. 30.). * 주민세

주민세의 법적 성격은 지방자치단체가 행정서비스 제공을 위해 필요한 경비의 부담을 주민 등에게 분담하도록 하는 지방세의 일종이므로 임직원이든 그 밖의 종업원이든 지방자치단체의 비용을 유발하지 않는 국외근무자에게 주민세를 부과할 이유는 크지 아니하다고 보이는 점 등에 비추어 법률상으로 대통령령에 주민세(종업원분) 과세대상으로 위임한 범위는 임직원과 그 밖의 종사자 모두를 포함한다고 할 것으로서, 이에 따라 「지방세법 시행령」 제87조 제1항 단서에서 국외근무자를 과세대상에서 제외한 것은 그 밖의 종사자뿐만 아니라 임직원도 포함된다고 보는 것이 타당하다 하겠다.

안분율 종업원 수 적용 요령(지방세정책과-502, 2017. 4. 4.)

용역 및 협력업체 직원이 파견되어 계약업체의 사업장 내 일정한 장소에서 계약업체의 목적사업을 함께 수행할 경우, 파견된 직원이 계약업체의 종업원 수에 포함되는지 여부?

- 계약업체에 파견되어 근무한 기간이 1년을 초과하였다면, 계약업체의 종업원 수에 포함될 것이며,
- 계약업체에 파견되어 근무한 기간이 1년 미만이라면, 용역업체의 종업원 수에 포함될 것임

※ (예시) (주)○○자동차의 주요부품 제조에 필요한 인력 ○○명을 (주)○○부품과의 하도급 계약 체결 후 2년간 (주)○○자동차의 직원과 함께 근무하는 경우

⇒ (주)00자동차 법인지방소득세 안분대상 종업원 수에 포함

용역 및 협력업체 직원이 1년을 초과하는 기간 동안 계약업체에 파견되어 근무하고 있으나, 계약업체 직원과 구분된 공간에서 근무하고 인사 및 급여 지급도 독립적으로 운영되는 경우, 파견된 직원이 계약업체의 종업원 수에 포함되는지 여부?

- 용역 및 협력업체 직원이 계약업체 직원과 구분된 공간에서 근무하고 인사 · 급여가 독립적으로 운영되고 있다면, 근무기간의 1년 초과 여부와 관계없이 계약업체가 아닌 용역 및 협력업체의 종업원 수에 포함되어야 함.

  ※ (예시) A법인이 내부 시스템 구축을 위해 (주)○○정보시스템과 용역계약을 체결하고 직원 10명을 파견받아 A법인 내 별도 사무실에서 시스템 구축사업을 수행할 경우

  ⇒ 파견직원 10명은 (주)○○정보시스템의 법인지방소득세 안분대상 종업원 수에 포함

법인의 소속직원이 사업장 등 일정한 장소가 아닌 곳에서 법인의 고유목적사업을 수행할 경우, 인적설비만을 갖춘 사업장으로 보아, 별도로 법인지방소득세를 안분해야 하는지 여부?

- 물적설비 없이 인적설비만 있는 사업장의 종업원은 본점 또는 주사업장의 종업원 수에 포

함해야 함.

※ 물적설비 없이 인적설비만 있는 영업사원의 경우 실제 지역별 영업소에 소속되어 활동하는 경우는 별도 소속된 영업소의 종업원 수에 포함

※ (예시) (주)○○보험 소속의 보험모집인이 지점 등 일정한 장소가 없이 보험모집인의 주소지 등에서 영업활동을 할 경우

⇒ (주)○○보험의 법인지방소득세 안분신고 시 본사의 종업원으로 포함

(2) 급여의 지급 여부와 상관 없이 사업주 또는 그 위임을 받은 자와의 계약에 따라 해당 사업에 종사하는 자

지방세관계법상 종업원의 정의에 따라 급여의 지급 여부와 상관 없이 사업주 또는 그 위임을 받은 자와의 계약에 따라 해당 사업에 종사하는 자도 종업원에 포함되므로 하도급자와의 시공참여계약에 따라 시공참여자가 모집한 근로자도 하도급자가 그 근로자의 관리·감독을 하고 있으면 하도급자의 종업원 수에 포함될 수 있다(조심 2016지0040, 2016. 8. 12.).

위임받은 자와의 고용계약에 따른 근로자(조심 2016지0040, 2016. 8. 12.) * **주민세**

「지방세법」 제85조 제9호 및 같은 법 시행령 제87조에서 “종업원”이란 사업소에 근무하거나 사업소로부터 급여를 지급받는 임직원, 「지방세법」 제86조에 따른 급여의 지급 여부와 상관없이 사업주 또는 그 위임을 받은 자와의 계약에 따라 해당 사업에 종사하는 사람을 말하고, 그 계약은 그 명칭·형식 또는 내용과 상관없이 사업주 또는 그 위임을 받은 자와 한 모든 고용계약을 말한다고 규정하였던바, 사업주와의 직접적인 고용계약을 체결한 자들뿐만 아니라 사업주로부터 사업의 일부를 위임받은 자와의 고용계약에 의하여 당해 사업에 종사하는 자도 포함된다고 보는 것이 타당하다고 할 것으로서, 청구법인의 경우 이 건 시공참여자는 청구법인의 도급이나 위임에 의하여 사업의 일부를 담당하면서 근로자들과 고용계약을 체결하여 청구법인의 사업장에서 근무하도록 한 자들인 점, 한편, 청구법인이 시공참여자와 체결한 ‘건설참여약정서 계약조건’ 등에 시공참여자들이 청구법인의 시공방침 및 현장 작업지시 등에 적극 따라야 한다는 조항 등이 있는 것으로 보아 청구법인이 시공참여자 및 이들이 고용한 근로자들을 직접 관리·감독하는 지위에 있는 것으로도 볼 수 있는 점, 시공참여자 및 시공참여자가 모집한 근로자에 대한 노임을 청구법인이 지급하고 있고 이를 외주비가 아닌 인건비로 계상하였으며, 이들의 근로소득세를 청구법인이 원천징수하여 관할 세무서에 신고·납부한 점 등에 비추어 볼 때 이 건 시공참여자 및 이들이 고용한 근로자는 「지방세법」상 청구법인의 종업원에 해당하는 것으로 봄이 상당하다 할 것이다.

(3) 성과급을 지급받는 자

고용관계 없이 계약에 따라 사업소득에 해당하는 성과금을 지급하는 경우 그 성과금을 지급받는 자는 종업원 수에 포함하지 아니한다(세정 14125-1023, 1998. 8. 17.). 다만, 성과급을 지급받는다고 하여도 그 외에 급여를 지급받는 경우는 지방세관계법상 종업원의 정의에 따라 그 성과금을 지급받는 자는 종업원 수 계산 시 포함하여야 할 것이다(세제과-11234, 2008. 8. 7.).

고용관계 없이 성과급을 받고 있는 강사가 종업원인지 여부(세정 14125-1023, 1998. 8. 17.)
＊주민세

〈질의〉 사업소득에 해당하는 성과급을 받는 학원강사의 사업소세 과세대상 종업원 해당하는지

〈회신〉 귀 학원과 고용관계 없이 계약에 의하여 사업소득에 해당하는 성과급을 받고 있는 강사의 경우라면 종업원의 범위에 포함할 수 없으나, 구체적인 사항은 과세권자가 계약의 내용·근무실태 등을 종합적으로 파악하여 결정할 사안입니다.

영업 실적에 따라 성과급을 받는 텔레마케터가 종업원인지 여부(세제과-11234, 2008. 8. 7.)
＊주민세

〈질의〉 사업소 내 사무실에서 텔레마케팅을 통한 영업 및 방문고객상담 영업실적에 따른 성과급을 받는 자가 지방세법상 종업원할 사업소세 과세를 위한 종업원의 범위에 해당하는 지 여부

〈회신〉

사실관계: 상기 법인의 부동산 영업사원은 부동산분양업무가 주업이며, 사업소의 사무실내에서 텔레마케팅을 통한 영업 및 방문하는 고객에 대한 상담 등으로 영업실적에 따른 성과급을 지급받고 있으며, 성과급 외에 1일 1만원의 일급 및 월 100만원의 기본급을 받고 있으며 실적이 없어도 일비 및 기본급은 지급받고 있음.

지방세법 제243조 제6호 및 지방세법 시행령 제204조에서 종업원이라 함은 사업소에 근무하거나 사업소로부터 급여를 지급받은 임원·직원 기타 종사자로서 급여의 지급 여부에 불구하고 사업주 또는 그 위임을 받은 자와의 계약에 의하여 당해 사업에 종사하는 자라고 규정하고 있는 바, 귀 질의의 경우, 분양 영업직원에게 성과급만을 지급하는 것이 아니라 실적이 없어도 회사에서 일급 및 기본급을 지급하는 경우라면 고용관계가 있는 종업원에 해당되는 것으로 판단된다 하겠습니다. 다만, 이에 해당하는지 여부는 당해 사업주와 부동산 영업직원과의 계약내용(업무수행조건, 업무기간, 사업주에 대한 독립·종속 여부, 고정보수의 지급 여부 등)등의 사실관계를 면밀히 조사하여 검토판단 할 사항임을 알려드립니다.

(4) 주주의 종업원 수 포함 여부

회사의 주주라 할지라도 그 회사의 사업소로부터 급여를 지급받거나 사업소에 근무하는 경우에는 종업원에 해당한다(지방세정팀-4555, 2006. 9. 20.).

주주인 임원이 종업원인지 여부(지방세정팀-4555, 2006. 9. 20.) * 주민세

주주인 임원의 경우에도 다른 주주의 입장에서 보면 계약에 의하여 당해 사업에 종사하는 자에 해당하므로 사업소세 종업원할 과세기준이 되는 종업원의 범위에 포함하는 것이 타당하다고 사료됨.

주식회사인 감정평가 법인의 주주인 감정평가사들을 그 법인의 종업원으로 볼 수 있는지(대법원 2009. 5. 14. 선고 2007두17083 판결) * 주민세

원고 회사 주주인 감정평가사들이 비록 외형상으로는 원고 회사의 구성원으로서 각자 독립하여 업무를 수행하는 것처럼 보이거나 그 중 일부는 이사 또는 감사의 지위에서 원고 회사의 중요한 정책 결정 및 집행에 관여하는 등의 사정이 있다고 하더라도, 그 실질에 있어서는 모두 원고 회사에서 근무하면서 회사고유의 사무인 감정평가업무를 직접 수행하고, 그 대가로 원고 회사로부터 정관 및 보수규정에 따라 정해진 급여를 지급받아 왔으며, 그에 대한 갑종근로소득세를 신고해 오는 등의 근무형태와 보수의 내용에 비추어, 이 사건 감정평가사들은 원고 회사와 사이에 단순한 위임관계를 넘어 실질적 고용관계에 있다고 보아, 종업원할 사업소세의 과세요건인 종업원에 해당한다고 판단된다.

(5) 그 외 다양한 경우에 있어 종업원 여부 판단

이하에서는 종업원 수 판단 관련한 다양한 사례를 소개하고자 한다. 유의하여야 할 것은 특정 사례에서 특정 근로자를 종업원으로 보았다고 하여도 이는 개별적인 사안마다 다를 수 있으므로 절대적인 것이 아니라는 것이다. 따라서 아래 사례들을 참고하고 관련 상황 등을 종합적으로 고려하여 종업원 수를 계산하여야 할 것이다. 또한 근로자란 직업의 종류와 관계없이 임금을 목적으로 사업이나 사업장에서 근로를 제공하는 자를 말하는바(근로기준법 제2조 제1항 제1호) 그 개념이 지방세관계법상 종업원과 비슷한 부분이 있는바 종업원 여부 판단 시 이하의 대법원이 판시한 근로자 판단 기준을 참고할 수도 있을 것이다(대법원 1996. 4. 26. 선고 95다20348 판결).

지입차주는 종업원으로 볼 수 없음(대법원 2000두6572, 2000. 10. 27.) * 주민세

(가) 1996년경부터 1998년경까지 사이에 소외 ○○○ 등 지입차주 60 내지 70여 명은 원고와는 별도로 각자의 상호로 사업자등록을 한 후 원고와 사이에 원고가 구 자동차운수사업법 제27조의 규정에 따라 신고한 일반구역화물자동차운송사업을 이용하기 위하여 그 소유 차량들을 원고 명의로 등록한 뒤 그 관리·운영은 위 지입차주들이 전담하기로 하는 내용의 위탁관리계약을 체결하였다.

(나) 위 지입차주들은 그 소유 차량들의 운행에 관하여 원고로부터 지시를 받거나 급여를 받음이 없이 각자가 직접 그 소유 차량을 운행하거나 각자의 책임 하에 운전기사를 고용하여 운행하는 등으로 각자의 계산 하에 화물자동차운송사업을 영위하면서 운송수입금 전액을 자신들의 수입으로 하였고, 그 차량의 고장수리, 주유, 제세공과금, 보험료 등 차량관리운영에 필요한 모든 비용도 위 지입차주들이 부담하였으며, 다만 원고에 대하여는 지입료만을 납부하였다.

앞서 본 원고와 위 지입차주들 사이의 위탁관리계약의 체결경위 및 내용, 지입차량의 관리 및 운영상태, 지입료의 지급관계 등의 제반 사정에 비추어 보면, 원고 소속 지입차주들을 원고에 대하여 근로제공 자체를 목적으로 한 고용관계에 있는 종업원으로 보기는 어렵다 할 것이다.

계절직 관리원의 종업원 여부(지방세운영과-2461, 2013. 10. 1.) * 주민세

〈질의〉 한국농어촌공사 각 지부에서 영농에 필요한 저수지, 용·배수로 등을 관리함에 있어, 현지 주민을 위촉(계절직 관리원)하여 시설물의 감시·관리업무를 하게 할 경우 계절직 관리원이 지방소득세 종업원분 과세대상 포함 여부

〈회신〉 계절직 관리원의 경우, 영농에 필요한 저수지, 용·배수로 등을 관리함에 있어 농업 등을 주업으로 종사하는 현지주민을 위촉한 점, 업무능력향상 및 안전관리를 위한 교육 등 감독을 하고 있으나 그 외의 근로 제공시간이나 장소에 관하여 구체적인 지시 감독을 받지 않는 점, 계약조건과 업무에 지장이 없는 범위 내에서 위촉업무를 수행하고 한국농어촌공사에서 수리시설관리수수료 지급받고 있는 점 등과 계절직 관리원의 위촉경위, 업무수행방법, 수수료 지급체계 등을 비추어 볼 때 종속적 노동관계에 있는 종업원으로 보기 어렵다고(대법원 1998. 5. 22. 선고, 98두4047 판결 참조)보여 됩니다. 다만, 근무형태, 관리감독, 근로계약내용 등이 매우 다양할 수 있으므로 과세권자가 관련자료 및 사실관계 등을 면밀히 조사하여 최종 판단하시기 바랍니다.

재가노인복지시설의 장과 근로계약을 맺고 자기 가족에게만 요양보호서비스를 제공하는 가족관계 요양보호사가 종업원에 해당하는지 여부(지방세운영과-3995, 2011. 8. 24.) * 주민세

가족관계 요양보호사는 노인장기요양보험법에 의하여 해당 기관의 장과 근로계약을 체결하고 일정 급여를 받으며 해당 사업에 종사하고 있고, 사업주 등과 체결한 계약의 명칭이나 형식

등을 불문하고 그 실질에 있어 당해 사업소에 근무하면서 근로를 제공하여 사업에 종사, 당해 사업소로부터 급여를 지급받는 사람을 종업원으로 본 대법원 판례(2007두17083 참고)를 고려해 볼 때, 가족관계 요양보호사도 해당 사업장의 종업원으로 보아야 할 것입니다만, 이에 해당하는지 여부는 과세권자가 구체적 사실관계 및 관련 자료를 확인하여 결정할 사항입니다.

아이돌보미는 종업원에 해당되는지 여부(지방세운영과-1536, 2014. 5. 8.) * 주민세

"종업원"에 해당하는지 여부는 계약의 성격 및 내용, 실제 업무의 내용 및 업무수행과정에 있어서 사용자의 구체적이고 개별적인 지휘 및 감독을 받는지, 사용자에 의하여 근무시간 및 장소가 정해지는지 등 실질적인 사용·종속관계가 존재하는지 여부를 종합적으로 판단(대법원 2009누2475, 2010. 6. 25.)하여야 하는 바, "아이돌보미"는 1) 서비스제공기관과 아이돌봄서비스 기간 및 내용, 수당 등을 정한 활동계약서를 체결하고, 2) 일정 시급기준에 따른 수당을 지급받으며, 3) 서비스제공기관으로부터 근로시간·장소 등을 배정받고 4) 배정받은 시간·장소 등에 대해 임의로 대체할 수 없고, 5) 근무상황 보고 및 활동일지 제출 등 서비스제공기관의 지휘·감독을 받아야 하는 점 등을 고려할 때, 「지방세법」 제74조 제8호에 따른 "종업원"에 해당되는 것으로 판단됩니다.

대학의 임원을 종업원으로 보지 아니한 사례(2006. 4. 14. 대법원 선고 2006두514 판결) * 주민세

위 인정사실에 의하면, 원고의 임원들은 원고의 총회에서 선출된 후 교육인적자원부장관의 승인을 얻어 임원직에 취임하는 것이고 원고와의 고용계약에 의하여 급여를 수령하는 지위에 있지 아니할 뿐만 아니라, 앞서 본 바와 같이 원고의 사업소에서 통상적으로 근무를 하는 것이 아니라 각자 자신의 대학교에서 근무하다가 1년에 3~5회 이사회가 소집되는 때에만 원고의 사업소 또는 이사회가 개최되는 장소에 참석할 뿐이므로, 앞서 본 지방세법상의 사업소세의 과세목적에 비추어 볼 때 원고의 임원들은 지방세법상 사업소세의 과세기준이 되는 종업원이라고 볼 수 없고, 원고의 임원으로 법인등기부에 등재되었다는 점만으로 원고와 고용계약이 체결되었다거나 급여를 수령할 위치에 있게 된 것이라고 볼 수도 없다.

근로자 판단 기준 참고용(대법원 1996. 4. 26. 선고 95다20348 판결) * 퇴직금 관련

근로기준법상의 근로자에 해당하는지 여부를 판단함에 있어서는 그 계약이 민법상의 고용계약이든 또는 도급계약이든 그 계약의 형식에 관계없이 그 실질에 있어 근로자가 사업 또는 사업장에 임금을 목적으로 종속적인 관계에서 사용자에게 근로를 제공하였는지 여부에 따라 판단하여야 하나, 여기서 종속적인 관계가 있는지 여부를 판단함에 있어서는 업무의 내용이 사용자에 의하여 정하여지고 취업규칙·복무규정·인사규정 등의 적용을 받으며 업무수행 과정에 있어서도 사용자로부터 구체적이고 직접적인 지휘·감독을 받는지 여부, 사용자에 의하여 근무시간과 근무장소가 지정되고 이에 구속을 받는지 여부, 근로자 스스로가 제3자를 고용하여 업무를 대행케 하는 등 업무의 대체성 유무, 비품·원자재·작업도구 등의 소유관계, 보수가 근로 자체의 대상적 성격을 갖고 있는지 여부와 기본급이나 고정급이 정하여져 있는지 여부 및 근로소득세의 원천징수 여부 등 보수에 관한 사항, 근로제공관계의 계속성과 사용자에의 전속성의 유무와 정도, 사회보장제도에 관한 법령 등 다른 법령에 의하여 근로자로서의 지위를 인정받는지 여부, 양 당사자의 경제·사회적 조건 등을 종합적으로 고려하여 판단하여야 한다.

종업원 판단 기준(대구고등법원 2010. 6. 25. 선고 2009누2475 판결) * 주민세

그러므로 구 건설산업기본법에 의한 시공참여자 및 그 소속 근로자가 지방세법 제243조 제6호, 지방세법 시행령 제204조 제1항 및 제2항에 따른 전문건설업자의 종업원에 해당하는지 여부는 시공참여자와의 약정의 성격 및 내용, 실제 업무의 내용 및 업무수행과정에 있어서 전문건설업자의 구체적이고 개별적인 지휘 및 감독을 받는지 여부, 전문건설업자에 의하여 근무시간 및 장소가 정해지는지 여부, 공사의 재료와 설비를 공급하는 자가 누구인지 여부, 공사대금이 근로 자체의 대상적 성격이 있는지 여부, 전문건설업자가 근로소득세를 원천징수하는지 여부 등 전문건설업자와 시공참여자 및 그 소속 근로자 사이에 실질적인 사용·종속관계가 존재하는지 여부를 종합적으로 판단하여야 한다.

나) 건축물 연면적

건축물 연면적은 사업연도 종료일 현재 사업장으로 직접 사용하는 건축법에 따른 건축물의 연면적(이와 유사한 형태의 건축물을 포함)을 의미한다. 다만 기계장치 또는 시설물의 경우는 그 수평투영면적을 연면적으로 한다(지령 제88조 제2항 제2호). 건축법에 따른 건축물이란 토지에 정착하는 공작물 중 지붕과 기둥 또는 벽이 있는 것과 이에 딸린 시설물, 지하나 고가의 공작물에 설치하는 사무소·공연장·점포·차고·창고 등을 말한다(건축법 제2조 제1항 제2호). 그런데 지방세관계법에서 안분대상 건축물에 건축법에 따른 건축물과 유사한 형태의 건축물을 포함한다 하고 있으므로 건축법에 따른 건축물이 아니라도 안분대상 건축물이 될 수 있는데 이에 해당하는 것으로는 이하 심판례의 특정 철골조립식 노외주차장이 있다(행심 2006-145, 2006. 4. 24.).

철골조립식 노외주차장 연면적 포함 여부(행심 2006-145, 2006. 4. 24.)

사업소세 과세대상으로 열거하고 있는 기계장치·저장시설을 제외한 나머지 전체공작물 중에서 건축법령에서 정하는 건축물이 될 수 있는 조건을 갖추면 되는 것이고, 특히 목적세의 취지 때문에 유사한 형태의 건축물까지도 포함한다고 하고 있으므로 비록 외벽은 없고 층별 및 옥상바닥이 구멍 뚫린 철판구조로 되어 있지만, 슬라브 지붕식과 같은 형태의 옥상과 기

등을 구비하고 있을 뿐만 아니라 주차시설물로 사용하고 있으므로 법령상 건축물로서의 제조건을 완비하였다고 볼 수 있고, 주차장법시행규칙 제2조 및 제6조 등에서도 운전자가 자동차를 직접 운전하여 주차하는 자주식 주차장에는 지하식 · 지평식 외에도 건축물식(공작물식을 포함)이 있다고 하면서 그 구조 및 설비기준을 정하고 있는 것에서 이미 사업소세 과세대상인 유사한 형태의 건축물에 대한 의미가 내포되어 있어서, 설령 이 사건 주차장이 완전한 건축물에 해당되지 않는다 하여도, 이는 유사한 형태의 건축물이라고 봄이 상당하다.

선로시설 등(지방세운영과-2306, 2012. 7. 18.) * **주민세**

여기에서 재산분 주민세 과세대상이 되는 건축물이란 건축법령이 적용되는 건축물*만을 말하는 것이 아니고 실질이 건축법령이 적용되는 건축물과 유사한 형태의 건축물까지 포함하는 개념으로 건축법령 적용 제외 여부에 상관없이 재산분 주민세 과세대상이 되는 "건축물"의 범위를 판단하여야 할 것입니다. 따라서 선로시설, 승강장, 대합실, 통로, 외부DECK, 출입구, 계단, 역무원 등 관리사무실, 차량기지 등 지원시설 및 매점 등 역사가 지붕과 벽 또는 기둥 등 건축물의 구조형태를 갖추었거나 그에 딸린 시설물이라면 재산분 주민세 과세대상이 되는 "건축물"에 해당된다고 판단됩니다. 다만, 선로시설 중 역사와 철도차량을 운행하기 위한 궤도와 이를 받치는 노반(路盤)이 단순히 통과하는 교량 및 터널의 경우라면 이는 토목구조물의 일부에 해당하므로 재산분 주민세 과세대상이 되는 "건축물"로 볼 수 없다고 사료되나 이에 대하여는 과세권자가 사실확인 등을 거쳐 최종 판단할 사안이라고 할 것입니다.

한편, 지방세법 시행규칙 별표 4 서식에서 안분율 계산 시 건축물 연면적 세부 적용 기준을 규정하고 있는데 이는 다음과 같고 관련 해설을 첨부하였으니 참고하도록 한다(지칙 별표 4).

구분	적용례	해설
가. 사업연도 종료일 현재 미사용중인 공실의 연면적	사용을 개시하지 않은 경우는 건축물 연면적에 포함하지 않음.	건축물 등의 사용을 개시하지 않은 경우는 사업 또는 사무가 이루어지는 장소로 볼 수 없는바 사업장에 해당하지 아니하므로 연면적에 포함하지 않는다.
	사용하던 중 사업연도 종료일 현재 일시적 미사용 상태인 경우 건축물 연면적에 포함	일시적 미사용 건축물 등은 사업장을 완전히 폐쇄하는 등 물리적으로 사용이 현저하게 곤란하거나 불가능하게 되지 아니하는 한 언제든지 다시 본래 용도로 사용이 가능하므로 사업장으로 본다.

구분	적용례	해설
나. 기숙사 등 직원 후생복지시설의 연면적	법인 목적사업 및 복리후생에 공여되는 시설 중 직원 후생복지시설은 건축물 연면적에 포함	주민세 규정에서 주민세 과세 대상인 사업소 연면적에는 종업원의 보건, 후생, 교양 등에 직접 공여되는 기숙사 등은 포함하지 않는다고 규정하고 있는데 법인지방소득세 연면적 산출 시 이와 혼동되지 않도록 해당 규정을 둔 것으로 보인다(지령 제78조 제1항 제1호). 다만, 주거전용시설에 해당하는 사택, 임대아파트는 연면적 계산시 제외한다(지방세정책과-502).
다. 공동도급공사 수행을 위한 현장사무소의 연면적	각 참여업체가 공동으로 사용하고 있는 현장사무소의 경우로 실제 사용면적 산정이 불가능한 경우 도급공사 지분별로 안분	해당 경우 적용례처럼 적용하라는 유권해석이 있는바 이를 명시화한 것으로 보인다(세정 13407-1115, 2009. 9. 18.).
라. 건설법인의 사업연도 종료일 현재 미분양 상태로 소유하고 있는 주택과 상가의 연면적	법인의 사업장으로 직접 사용하고 있지 않은 것으로 보아 안분대상 건축물에 포함하지 않음.	건설법인이 사업연도 종료일 현재 미분양 상태로 소유하고 있는 주택과 상가를 당해 법인의 사업장으로 직접 사용하고 있지 아니한 이상, 법인세할 안분대상 건축물 연면적에 산입하여 안분할 수 없다고 해석한 유권해석을 명시화한 것으로 보인다(지방세정팀-2114, 2006. 5. 25.).
마. 별도의 사업장이 필요하지 않아 주소지 또는 거소지를 사업장 소재지로 등록한 경우 주소지 또는 거소지의 연면적	주소지 또는 거소지를 사업장 소재지로 하여 사업자등록을 하였더라도, 사실상 별도의 사업장이 없는 것으로 보아 해당 주소지 또는 거소지의 면적을 건축물 연면적에 포함하지 않음.	사업장 여부는 등록 여부 등과 관계없이 실제 사업장의 정의에 부합하는지를 보는 것이므로 이 적용례 및 적용기준은 당연한 것이고 사업소가 없고 주택을 사업장으로 등록한 경우 물적설비로 보지 않은 다수의 유권해석을 명시화 한 것으로 보인다(세정 13407-901, 1995. 9. 18.)

구분	적용례	해설
바. 수평투영면적의 적용	지하에 설치된 시설물을 포함	지하저장시설을 건축물 연면적 대상 시설물로 본 유권해석이 존재하므로 해당 규정을 둔 것으로 보인다(지방세정팀-1257, 2006. 3. 28.).
	기계장치 또는 각 시설물의 수평투영면적은 사업연도 종료일 현재 고정된 상태에서의 바닥면적을 적용	적용례와 같이 적용하라는 법원 판결을 명시화한 것으로 보인다(부산고등법원 2007. 5. 4. 선고 2007누177 판결, 이하의 기계장치 부분 참고).
	수평투영면적을 산정하기 곤란한 경우, 기계장치 또는 각 시설물의 설계 도면상 면적을 적용	실무적으로 수평투영면적을 산정하는 것은 사실상 어려운바 설계도면 면적을 적용하는 것이 대다수이므로 해당 규정을 둔 것으로 보인다.
사. 기계장치의 범위	기계장치란 동력을 이용한 작업도구 중 특정장소에 고정된 것을 말하며, 그 기계의 작동에 필수적인 부대설비를 포함하여 적용함	대법원이 기계장치 정의를 설시하였는데 이를 명시화한 것으로 보인다(대법원 2001. 12. 24. 선고 2000두1744 판결, 이하의 기계장치 편 참고).

사업소가 없고 주택을 사업장으로 등록한 경우(세정 13407-901, 1995. 9. 18.) * 주민세

별도의 사무소 또는 사업소가 없고 사업자가 직접 거주하는 주택을 사업장으로 등록하여 수산업법에 의한 근해어업을 영위하는 경우 물적설비 없음.

지하저장시설 연면적 포함 여부(지방세정팀-1257, 2006. 3. 28.)

귀문의 경우, 운동장관람석·분수대·배수시설·폐수처리시설·지하저장시설(유조, 수조)·옥외변전·배전시설·복개시설·양어장의 경우 법인세할 주민세 안분대상이 되는 시설물 등에 포함된다고 할 것이나, 파고라·포장도로·담·문·옥외야적장은 안분대상에서 제외하는 것이 타당하다고 사료됩니다. 다만, 당해 시설물을 안분대상에 포함할 것인지에 대한 최종 판단은 처분청에서 사실조사 후 결정할 사항임을 알려드립니다.

건설법인의 사업연도 종료일 현재 미분양 상태로 소유하고 있는 주택과 상가의 연면적(지방세정팀-2114, 2006. 5. 25.)

귀문의 경우, 건설법인이 사업연도 종료일 현재 미분양 상태로 소유하고 있는 주택과 상가를 당해 법인의 사업장으로 직접 사용하고 있지 아니한 이상, 법인세할 안분대상 건축물 연면적에 산입하여 안분할 수 없다고 사료되나, 과세 여부는 과세권자가 사실관계를 구체적으로 확인한 후 결정할 사안이라 할 것입니다.

후생복지시설 관련 연면적 포함 여부(지방세정책과-502, 2017. 4. 4.)

공장 등 사업장 인근에 위치한 후생복지시설 중 임·직원의 기숙사, 사택, 사원임대 아파트를 법인의 안분대상 건축물 연면적으로 포함하여야 하는지 여부?

○ 지방세법 시행규칙 별표 4의 '2-나'에서 법인 목적사업 및 복리후생에 공여되는 시설 중 기숙사 등 직원 후생복지시설은 포함하는 것으로 규정되어 있음.
  - 이 때 '직원'이란 지방세법 제74조 제8호에 따른 종업원을 의미하는 것으로, 종업원의 범위는 "임직원, 그 밖의 종사자로서 급여 지급 여부와 상관없이 사업주와 계약에 따라 해당 사업에 종사하는 사람"을 말함.
  - '기숙사'는 공장 등의 종업원을 위하여 사용되는 것으로서 공동취사 등을 할 수 있는 구조를 갖추되, 독립된 주거의 형태를 갖추지 아니한 것을 의미함(건축법 시행령 제3조의4).

○ 따라서, 종업원이 사용하는 기숙사는 법인의 안분대상 건축물 연면적에 포함되어야 할 것이며, 주거전용시설에 해당하는 사택, 사원임대아파트는 포함되지 않음.
  ※ (기존 해석사례) 공장 구외의 사택, 사원임대아파트는 주거전용시설로 안분대상이 되지 않으나, 공장 구내 기숙사, 연수원, 체육관 등은 안분대상으로 봄(내무부 세정-13407-320, 1994. 7. 8.).
  → 사업장의 형태가 공장 구내외의 구분이 모호한 경우가 많으며, 공장 구내외와 관계없이 법인 목적사업 및 복리후생에 공여되는 점 등을 고려할 때 공장 구외의 기숙사, 연수원, 체육관 등 직원 복리후생시설도 안분대상에 포함되는 것이 타당함.

공동도급공사 관련 안분 적용(세정 13407-1115, 2000. 9. 18., 2025년 행정안전부 지방소득세 실무해설집 160p)

공동사업장의 법인지방소득세의 안분기준 판단 : 법인지방소득세의 안분기준이 되는 건축물의 연면적 산정에 대하여는 공동도급공사 수행으로 현장사무소 등 업체별 건축물의 실제사용면적 산정이 불가한 경우라면 행정수요에 비례하여 지방소득세를 배분하기 위한 위 규정의 취지를 감안해 볼 때 각 참여업체별 지분율에 의하여 이를 사용하는 것으로 보아 안분하는 것이 타당함.

(1) 건축물의 연면적

(가) 개요

건축물의 연면적은 하나의 건축물 각 층 바닥면적의 합계인데 이는 공부상 현황이 아닌 실제 사용 현황에 따라 계산하고 건축물 연면적에는 공용면적이 포함된다(지방세운영과-593, 2013. 2. 27.). 임대차계약서를 작성하면서 공용면적을 제외하고 전용면적만으로 임차면적을 기재하는 경우가 많은데 이 경우도 전용면적에 부수되는 공용면적은 전용면적 사용자들이 공동으로 사용할 수 있으므로 해당 공용면적을 포함하여 건축물 연면적을 산출한다(조심 2013지0042, 2013. 3. 21.).

한편, 안분대상 건축물은 건축법에 해당하는 건축물로 제한하고 있으나 연면적 산정은 그러하지 아니한바 건축법에서 연면적에 산입하지 아니한다고 규정하고 있다 하여 반드시 안분대상 건축물 연면적에 포함되지 아니하는 것은 아니라 할 것이다. 대법원에서도 건축법에서 연면적 산정에 대한 규정이 존재하나 지방세법에서 그에 대한 규정이 존재하지 않는 경우 그 산정은 지방세법령 독자적인 기준에 의해 판단하여야 한다고 판시한 바 있다(대법원 1995. 5. 12. 선고 94다28901 판결). 가령 필로티는 건축법 시행령 제119조 제1항 제3호 다목에 따라 바닥면적에 산입하지 아니하는 경우가 있으나 지방세법령에 따로 바닥면적에 산입하지 아니하라는 규정이 없으므로 필로티 연면적은 안분대상 건축물 연면적에는 포함한다(조심 2008지0228, 2008. 6. 30.). 이는 옥탑, 기계실, 캐노피 등도 마찬가지이다(지방세정팀-1421, 2006. 4. 7.).

한편, 어느 지방자치단체의 법인지방소득세 부과처분이 확정된 후 제척기간이 경과 등으로 더 이상 다툴 수 없게 됐다고 해도, 다른 지방자치단체의 법인지방소득세를 계산할 때는 부과처분이 확정된 지방자치단체에 소재하는 건축물의 연면적도 그 확정된 부과처분에서 적용한 기준이 아니라 법령에서 정한 정당한 기준에 따라 산정하여 총건축물 연면적을 계산하여야 한다(대법원 2014. 4. 10. 선고 2013두26194 판결). 가령, 어느 법인이 A시, B시, C시에 사업장이 있고 건축물 연면적이 각각 100㎡, 50㎡, 100㎡일 때 2020년 4월에 법인이 법인지방소득세를 신고할 때 A시와 B시에 건축물 연면적을 각각 50㎡씩 신고하여 A시 건축물 연면적 50㎡ 및 C시 건축물 연면적 100㎡를 누락하여 신고하였다고 가정하여 보자. 이 경우 2025년 4월 말이 경과하면 A시와 B시의 법인지방소득세는 제척기간이 5년이므로 제척기간이 경과하여 경정 등이 불가하지만 C시는 무신고하여 제척기간이 7년으로 2027년 4월 말까지 부과가 가능하다. 이때 C시가 A시, B시의 제척기간이 경과하고 C시의 7년 부과제척기간이 경과하기 전에 해당 법인에 세무조사를 하여 C시 건축물 연면적이 100㎡인 것을 확인하였으나 추가로 당초 신고 시 A시 연면적을 50㎡를 누락하여 신고한 사실을 확인한 경우 총건축물 연면적은 당초 신고 시 확정한 A시, B시 연면적에 세무조사로 확정된 C시 연면적을 가산한 200㎡{= 50(A시) + 50(B시) + 100(C시)}가 되는 것이 아니라 최종적인 각각의 시의 정당 연면적의 합인 250㎡{= 100(A시 50㎡ 누락분 포함) + 50(B시) + 100(C시)}이 되는 것이다.

모델하우스, 분양사무실 등 사업장 연면적 산정 기준이 실제 사용현황인지 공부상 현황인지(지방세운영과-593, 2013. 2. 27.)

〈질의〉 건설업 영위 법인의 준공 아파트 사용승인일(2011. 11. 30.) 이후 가설건축물(모델하우스 및 모델하우스 내 본점사무실, 분양사무실)의 2011년 법인세분 지방소득세 안분시 공부상의 현황을 기준으로 안분하는지, 실제 사용현황을 기준으로 안분하는지 질의

〈회신〉 여기에서 직접 사용이라 함은 현실적으로 당해 부동산의 사용용도가 당해 법인의 사업자체에 직접 사용되는 것을 의미(대법원 2002. 10. 11. 선고, 2001두 878 판결 참조)하는 것이므로 지방소득세는 실제 사용현황을 기준으로 안분하여야 할 것으로 판단됩니다. 다만, 해당 법인의 사업연도 종료일 현재 사업장으로 직접 사용하였는지 여부는 과세권자가 관련자료 및 사실관계 등을 면밀히 조사하여 최종 판단하시기 바랍니다.

사업장 연면적에 공용면적 포함 여부(조심 2017지1062, 2018. 3. 13.) * 주민세

청구인은 쟁점사업소의 전용면적만을 사용하고 있으므로 쟁점사업소가 소재하는 건축물의 공용부분은 사업소 연면적에서 제외하여야 한다고 주장하나 「지방세법 시행령」 제78조 제2항에서 건축물 또는 시설물을 둘 이상의 사업소가 공동으로 사용하는 경우에는 그 사용면적을 사업소용 건축물의 연면적으로 하되, 사용면적의 구분이 명백하지 아니할 경우에는 전용면적의 비율로 나눈 면적을 사업소용 건축물의 연면적으로 하도록 규정하고 있는 점, 쟁점사업소가 소재하는 건축물에 있는 주차장, 로비, 경비실 등은 쟁점사업소를 이용하는 불특정 다수인이 이용하는 공용면적으로 보는 것이 타당한 점 등에 비추어 쟁점사업소가 소재하는 건축물의 공용면적을 사업소 연면적에 포함하는 것으로 보아 이 건 주민세 등을 부과한 처분은 달리 잘못이 없다고 판단된다.

임대차계약서 작성 시 공용면적 미 기재한 경우(조심 2013지0042, 2013. 3. 21.)

일반적으로 임차면적을 기재하면서 전용면적으로 임차면적을 기재하는 경우가 많이 있고, 임대차계약서상 전용면적을 임차면적으로 기재하였다 하더라도 전용면적에 부수되는 공용면적은 당연히 전용면적의 사용자들이 공동으로 사용할 수 있는 부분이라 하겠으며, 쟁점주차장이 설치된 구조를 보면, 쟁점주차장의 출입구 부분 왼쪽에 유흥주점으로 출입할 수 있는 출입구가 설치되어 있는 점에서 유흥주점의 고객들이 전혀 이를 이용할 수 없는 상태로서 숙박시설 전용으로만 사용될 뿐이라는 주장은 인정하기 어렵다고 보여진다.

지방세관계법상 연면적 산정과 건축법상 연면적 산정 차이(대법원 1995. 5. 12. 선고 94다28901 판결)

소정의 주거용 공동주택의 경우에 건물의 연면적에 대한 구체적인 산정기준에 대하여는 지방세법령상 아무런 정함이 없음은 원심의 판단과 같으나, 이 경우는 원심이 적시한 주거의 정의에 관한 같은법 시행령 제76조 제2항 및 현황부과 원칙에 관한 같은법 시행령 제77조의 규정에 따라 당해 건물의 취득당시의 현황이 경제적 용법에 따라 실제로 주거용으로 쓰여질 구조를 갖추었는지의 여부에 의하여 합목적적으로 판단하면 족하다고 할 것이고(대법원 1987. 2. 10. 선고 86누301 판결 참조), 설사 건축관계법령에서 건축물의 연면적 산정에 관한 규정을 두었다고 하더라도 지방세법령에서 그 적용에 관한 명문을 두고 있지 아니하는 이상 지방세법령에 의하여 독자적인 기준에 따라 판단할 것이지, 원심과 같이 위 건축관계법령을 바로 그대로 적용하여 고급주택에 해당하는지의 여부를 판단하는 것이 아니다. 이는 원심의 판단과 달리 도리어 조세법률주의 원칙에 반하는 것으로 허용될 수 없다고 할 것이다.

필로티 연면적 포함 여부(조심 2008지0228, 2008. 6. 30.)

이 건 필로티는 공부상 이 건 건축물 연면적에 포함되어 있지 아니하나 이 건 건축물의 건축으로 발생된 부분으로서 건축법령에서 "건축물"을 토지에 정착하는 공작물 중 지붕과 기둥 또는 벽이 있는 것과 이에 부수되는 시설물로 정의하고 있음에 비추어 지붕과 기둥이 있는 건축물(특수구조건물)에 해당될 뿐만 아니라(구 행정자치부 심사결정 제2007-548호, 2007. 10. 29.), "OOOO장"이란 숙박시설의 주차장으로 사용되고 있어 사업 또는 사무와 관련이 있는 사업소용 건축물로 봄이 타당하다 하겠으므로, 이 건 필로티에 대한 사업소세(재산할) 부과처분은 잘못이 없는 것으로 판단된다.

공부상 연면적이 없는 캐노피, 옥탑, 계단실, 기계실 등의 과세 여부(지방세정팀-1421, 2006. 4. 10.)

〈질의〉 건축법상 연면적 산입에서 제외되는 시설과 등기능력이 없는 시설이 재산세 과세대상에 해당하는지 여부에 대하여 질의하였습니다.

〈회신〉 재산세의 과세대상인 건축물은 지방세법 제104조 제4호 및 제180조 제2호 규정에 의거 건축법 제2조 제1항 제2호의 토지에 정착하는 공작물 중 지붕과 기둥 또는 벽이 있는 것과 이에 부수되는 시설물, 지하 또는 고가의 공작물에 설치하는 사무소·공연장·점포·차고·창고 기타 대통령령이 정하는 것으로 규정하고 있습니다. 따라서, 귀 문의 캐노피, 옥탑, 계단실, 기계실 등은 지붕과 기둥 또는 벽이 있는 공작물로서 건축물대장의 연면적 포함 여부 또는 등기 여부에 관계없이 재산세 과세대상임을 알려드립니다.

다른 지방자치단체 부과처분 확정 후 제척기간 경과 시 총건축물 연면적 계산(대법원 2014. 4. 10. 선고 2013두26194 판결)

이 사건 산식은 법인세할 주민세의 과세표준이 되는 법인세 총액을 사업장이 소재하는 시·군별로 공정하게 안분하기 위한 것이므로, 이 사건 산식 중 '당해 시·군 내 건축물 연면적'과 '법인의 총건축물 연면적'은 동일한 기준에 의하여 산정되어야 한다. 그리고 이때 사업장 소재지 시·군별로 하는 법인세할 주민세 부과처분은 각각 별개의 처분이므로, 어느 시·군의 법인세할 주민세 부과처분이 불복기간의 경과 등으로 확정되어 더 이상 다툴 수 없게 되었다고 하더라도, 다른 시·군에 납부하여야 할 법인세할 주민세를 계산할 때에는 법인세할 주민세 부과처분이 확정된 시·군에 소재하는 건축물의 연면적도 그 확정된 부과처분에서 적용한 기준이 아니라 법령에서 정한 정당한 기준에 따라 산정하여 '법인의 총건축물 연면적'을 계산하여야 한다.

(나) 임대사업장

법인이 타인에게 임대하고 있는 건축물은 건축물 연면적에서 제외한다(지방세관계법 운영예규 89…88-1). 이는 부동산 임대업을 주업으로 영위하는 법인이 건축물을 타인에게 임대한 경우에도 마찬가지이다(조심 2021지2882, 2022. 7. 18.).

한편, 일시적 공실 상태의 임대사업장의 경우 일반적으로는 실질적으로 당해 사업에 직접적으로 공여되고 있는 물적설비가 투입돼 사업 또는 사무가 이루어지는 장소라 하기 어려우므로 사업장으로 볼 수 없다 할 수 있겠으나[51](조심 2021지2882, 2022. 7. 18.) 실제 현황상 해당 건축물 등을 소유한 법인이 해당 건축물 등을 임대하지 아니하고 그 법인의 사업 또는 사무에 사용하였다면 사업장으로 볼 수 있을 것이다(조심 2017지0216, 2017. 8. 21.). 참고로 일시적 공실 상태의 임대사업장을 일시적 미사용 상태인 건축물의 경우와 동일하게 보아 건축물 연면적에 포함해야 한다는 견해도 있으나 필자의 견해로는 사업장의 정의가 인적설비 또는 물적설비를 갖추고 사업 또는 사무가 이루어지는 장소이고 물적설비는 실질적으로 당해 사업에 직접 공여되고 있어야 과세대상 물적설비에 해당한다 할 것인데(지방세정팀-3334, 2006. 7. 28.) 임대사업장의 경우 임대사업을 영위하는 법인 외 법인의 경우에는 당해 사업에 직접 공여되고 있다고 보기 어렵고 사업 또는 사무가 이루어지는 장소라고 보기도 어렵다 할 것이고 일시적 미사용 건축물이 건축물 연면적에 포함되는 경우는 종전에 사용을 개시한 경우에 한하는데 이때 사용을 임대사업장으로 사용한 것까지는 포함하기 어려워 보인다 할 것이어서 임대사업을 영위하는 법인 외의 법인의 일시적 공실 상태의 임대사업장의 경

51) 다만, 임대사업을 영위하는 법인의 경우에는 임대사업장의 일시적 공실 상태를 사업의 진행 과정에서 일시적으로 일어나는 현상인 것으로 보아 임대사업장을 그 법인의 사업장으로 볼 수 있는 여지가 있다(조심 2017지0216, 2017. 8. 21.).

우 그 법인의 건축물 연면적에 포함될 수 없다고 판단된다. 다만, 사업장에서 법인이 사업을 개시했다가 임대를 한 뒤 다시 공실이 된 경우는 일시적 미사용 건축물에 해당된다고 보아 건축물 연면적에 포함해야 할 것으로 판단된다.

일시적 공실 상태의 임대사업장(조심 2017지0216, 2017. 8. 21.)

이를 입증할 만한 자료를 제시하지 못하고 있을 뿐만 아니라 일시적으로 공실상태에 있다 하더라도 이는 임대사업을 영위하는 청구법인에게는 사업의 진행과정에서 일시적으로 일어나는 현상으로 볼 수 있는 점, 청구법인이 2012년도와 2013년도 주민세(재산분)를 신고하면서 제출한 명세서와 사업장별 임대계약서 현황에서 쟁점면적을 직접 사용하고 있는 것으로 나타나는 점 등에 비추어 처분청이 쟁점면적을 법인세분 지방소득세 안분면적에 포함하는 것으로 보아 청구법인의 경정청구를 거부한 처분은 달리 잘못이 없는 것으로 판단된다.

사업장을 임대하였다는 내부 문서는 신뢰할 수 있는 객관적인 자료가 아니므로 그 사업장을 안분대상 사업장으로 본 사례(조심 2009지0436, 2010. 5. 19.)

청구법인은 2007. 12. 4. 처분청으로부터 경상정비 건축물에 대하여 임시사용승인을 받은 점, 임대용 건축물에 대한 임대차계약서에 임대개시시점이 2008. 1. 1.로, 그 계약체결일 또한 2007사업연도 종료일 이후인 2008. 1. 28.로 되어 있는 점, 임대용 건축물을 제외한 일부 면적은 청구법인이 직접 사용하고 있는 점, 청구법인의 내부문서인 OOO과 OOO(주)의 내부문서인 OOO는 청구법인이 이를 직접 사용하지 아니하였다고 신뢰할 수 있는 객관적인 자료라고 인정하기는 어려운 점 등으로 볼 때, 2007사업연도 종료일(2007. 12. 31.) 현재 청구법인이 이를 사업장으로 직접 사용하였다고 봄이 타당하다 하겠다.

임대업을 주업으로 영위하는 법인의 임대사업장(조심 2021지2882, 2022. 7. 18.)

비록 청구법인이 목적사업에 맞게 쟁점면적 부분을 임대하였다고 할지라도, 청구법인은 쟁점면적 부분을 임대만 하였을 뿐, 쟁점면적 부분이 청구법인의 인적 설비 또는 물적 설비를 투입하여 청구법인의 사업 또는 사무가 이루어지는 장소라고 보기 어려워 쟁점면적 부분을 청구법인의 사업장이라고 볼 수 없는 점, 법인지방소득세의 안분방법을 규정한 「지방세법 시행령」 제88조 제2항 제2호에서 "사업장으로 직접 사용"한 부분에 대하여 "임대의 경우도 포함한다"는 별도의 규정이 없으며, 이를 명확하게 하기 위하여 「지방세법 운영예규」 법 89…시행령 88-1(임대용건축물)에서 "직접 사용하는 건축물에는 법인이 타인에게 임대하고 있는 건축물은 이에 포함되지 아니한다"고 해석한 것으로 볼 수 있으므로 위 「지방세법 운영예규」가 상위 법령에 위반되었다고 보기 어려운 점, 만약 청구주장을 받아들이게 되면, 쟁점면적 부분을 임차한 다른 법인사업자는 각 사업연도의 소득에 대한 법인지방소득세에 대하여 또 다른 안분문제가 발생할 수 있는 점 등에 비추어, 비록 부동산 임대업을 주업으로 영위하는 청구법인이라 하더라도 임대한 쟁점면적 부분을 "직접 사용"하지 않는 사업장으로 보아 법인지방소득세 안분대상에서 제외한 것이 타당하다 할 것이다.

(다) 법인이 물적분할한 경우

법인이 물적분할한 경우(세정 13434-383, 2002. 4. 23.)
사업연도 중 법인의 물적분할이 이루어 졌다면 사업연도 종료일 현재 당해 법인이 직접 사용하는 사업장의 건축물면적과 종업원수를 기준으로 법인세분 지방소득세를 안분계산하여야 할 것임.

(2) 기계장치 연면적

안분율 산정 시 기계장치의 연면적도 건축물 연면적에 포함하며 이때의 기계장치란 동력으로 움직여서 일정한 일을 하게 만든 도구로써 일정한 장소에 고정된 것과 그 기계의 작동에 필수적인 부대설비를 말한다(대법원 2001. 12. 24. 선고 2000두1744 판결). 이때 기계장치는 취득세 과세대상인 기계장비[52]와는 다른 개념이다. 지방세관계법에서 기계장치를 구체적으로 열거하지 아니하고 있으므로 위 기계장치의 정의에 부합하는 것은 모두 기계장치가 된다고 할 수 있다. 이러한 기계장치에 해당할 수 있는 것들로는 동력시설이 있는 태양광전지판, 폐수처리시설, 변전소 옥외 기계장치 등이 있다(조심 2021지2126, 2021. 12. 3., 행심 2001-0005호, 2001. 1. 30., 행정안전부 119, 2008. 5. 13.). 그러나 판례 등에 의해 기계장치로 인정된 경우에도 기계장치 해당 여부는 개개별적인 사안마다 다를 수 있다. 가령, 조심 2021지2126호에서 동력시설이 있는 태양광전지판을 기계장치로 본 것은 그것이 동력장치가 부착된 경우이므로 기계장치로 본 것인바 동력장치가 없는 태양광전지판의 경우는 기계장치가 아니라 구축물에 해당할 수 있는 것이다(지방세관계법 운영예규 78-4). 실무적으로 기계장치와 시설물을 구분하여야 할 때가 많은데 연면적 산정 시 포함하는 시설물은 저유조, 수조 등으로 한정돼 있는바 해당 시설물이 기계장치와 구분이 곤란한 경우에는 해당 물적설비를 기계장치로 보든 시설물로 보든 연면적에 포함되므로 그 구분과 관계없이 연면적에 포함하여 과세하면 될 것인바 그 구분에 실익이 없다 할 것이다. 반면 연면적 산정 시 포함하지 아니하는 시설물, 가령 가스관 같은 것들이 기계장치와 구분이 곤란한 경우에는 그 구분에 따라 연면적 포함 여부가 달라지므로 그 구분이 필수적이라 할 것이다. 참고로 가스관의 경우는 기계장치로 보지 아니한 조심사례가 존재한다(조심 2015지1522, 2016. 10. 31.). 물론 이는 개별적인 사

52) "기계장비"란 건설공사용, 화물하역용 및 광업용으로 사용되는 기계장비로서 「건설기계관리법」에서 규정한 건설기계 및 이와 유사한 기계장비 중 행정안전부령으로 정하는 것을 말한다(지법 제6조 제8호).

안마다 다를 수 있으므로 기계장치의 정의에 해당하는지 여부, 관련 유권해석 및 판례 등을 종합적으로 고려하여 판단하여야 할 것이다.

한편, 기계장치의 수평투영면적은 특정 시점에서 기계장치를 지면 등에 수평으로 투영하여 계산되는 면적을 의미하는바 실무적으로 이는 설계도면에 의하여 계산될 수 있을 것이다. 또한 수평투영면적은 특정 시점에서 계산되는 면적인바 크레인 등이 이동 혹은 공중을 선회하면서 작업하는 경우 그 이동하는 공간면적은 연면적에 포함되지 아니한다고 할 것이다(부산고등법원 2007. 5. 4. 선고 2007누177 판결).

기계장치 정의(대법원 2001. 12. 24. 선고 2000두1744 판결)

시설물 중 '저장시설'은 그 규정에 명시적으로 열거된 수조, 저유조, 싸이로, 저장조에 한정되고, '기계장치'는 동력으로 움직여서 일정한 일을 하게 만든 도구로써 일정한 장소에 고정된 것과 그 기계의 작동에 필수적인 부대설비를 뜻한다.

기계장비와 기계장치(행정안전부 전자민원 2009. 3. 3., 2025년 행정안전부 지방소득세 실무해설집 159p)

〈회신〉 법인세할 안분대상이 되는 기계장치는 동력으로 움직여서 일정한 일을 하게 만든 도구로 일정한 장소에 고정된 것과 그 기계의 작동에 필수적인 부대설비를 뜻하므로 취득세에서 명기된 건설용 기계장비는 법인세할 주민세 안분대상의 기계장치와 다른 개념이며, 주민세 안분계산시 면적에 적용하는 것은 기계장치를 의미함.

태양전지판을 기계장치로 본 사례(조심 2021지2126, 2022. 3. 14.) * 주민세

태양광발전시스템은 태양광에너지를 받아들여 태양전지로 발전한 직류전력을 전원공급장치를 이용하여 교류전력으로 변환한 전기를 수용가에 공급하는 역할을 수행하므로 단순히 태양열을 수집하는 장치가 아닌 기계장치에 해당하는 것으로 볼 수 있는 점, 태양광전지판이 비록 패널형태로 이루어져 있다고 할지라도 태양광에너지를 흡수하여 발생시킨 직류전력을 인버터나 변압기 등과 연결시킴으로써 상용전력을 생산하는 일체의 설비 가운데 일부이므로 단순구축물과는 구조적·기능적 측면에 차이가 있어 보이는 점, 「지방세법」 제74조 제6호 및 같은 법 시행령 제78조 제1항 제2호에서 건축물 없이 기계장치 또는 저장시설만 있는 경우에는 그 수평투영면적을 사업소용 건축물의 연면적으로 규정하고 있는 점 등에 비추어 태양광전지판의 수평투영면적을 사업소용 건축물의 연면적에 해당하는 것으로 보아 이 건 주민세를 부과한 처분에는 달리 잘못이 없는 것으로 판단된다.

동력장치 없는 태양전지판을 기계장치로 보지 않은 유권해석(지방세정책과-5728) * 주민세

태양광발전소의 태양전지판이 동력장치 없이 단순구축물일 경우 기계장치로 볼 수 없어 사업소용 건축물의 연면적에 포함하지 아니한다고 규정하고 있습니다(대법원 2001. 12. 24., 선고, 2000두1744 판결 및 같은 취지의 행정안전부 지방세분석과-829, 2009. 3. 4. 해석 등 참조). 따라서, 질의의 경우 주민세 재산분 과세표준이 되는 사업소 연면적에는 인버터가 위치한 건축물의 연면적이 포함될 것이나, 기계장치로 볼 수 없는 태양전지판의 수평투영면적은 포함될 수 없을 것으로 판단됩니다.

폐수처리시설(2001-0005, 2000. 12. 27.) * 주민세

이건 폐수처리시설은 저유소 내의 시설물배치도와 현장사진 등 관계자료를 종합해 보면, 저유소 내 건축물이나 유류탱크에 부착되거나 부속되어 있는 것이 아니라 폐유저장조, 유수분리기, 반응기, 응집기, 가압부상장치, 여과장치와 기타 약품주입탱크 및 폐유 이송펌프로 구성된 공해방지용시설로서, 구지방세법시행령 제75조의2에서 취득세 과세대상으로 규정하고 있는 수조 또는 송수관, 급배수시설 등 구축물에 해당되는 것이 아니라 기계장치로 봄이 타당하다.

가스관(조심 2015지1522, 2016. 10. 31.)

처분청은 청구법인의 가스관은 기계장치에 해당하는 것이므로 가스관 면적을 건축물 연면적에 포함한 후 시·군별로 안분하여 산출한 법인지방소득세를 부과한 처분은 적법하다고 주장하나, 「지방세법」 제6조 제4호에서 "건축물"이란 「건축법」 제2조 제1항 제2호에 따른 건축물(이와 유사한 형태의 건축물을 포함한다)과 토지에 정착하거나 지하 또는 다른 구조물에 설치하는 레저시설, 저장시설, 도크(dock)시설, 접안 시설, 도관시설, 급수·배수시설, 에너지 공급시설 및 그 밖에 이와 유사한 시설(이에 딸린 시설을 포함한다)로서 대통령령으로 정하는 것을 말한다고 규정하고, 「지방세법 시행령」 제5조 제4호에서 시설의 범위에 대하여 도관시설(연결시설을 포함한다)은 송유관, 가스관, 열수송관이라고 열거하고 있으며, 가스관의 경우 건축물 연면적에서 포함하는 시설의 범위에서 제외되어 있고, 구 「지방세법 시행령」(2006. 12. 30. 대통령령 제19817호로 개정된 것) 제130조의5의 개정이유에서도 가스관 등 안분대상으로 명시되어 있지 아니한 시설물은 안분대상 건축물에서 제외되는 것으로 명시하고 있으므로, 처분청에서 가스관 면적을 건축물 연면적에 포함하여 시·군별로 안분하여 이 건 법인지방소득세를 부과한 처분은 잘못이라고 판단된다.

변전소 옥외 기계장치(행정안전부 119, 2008. 5. 13.) * 주민세

귀 질의의 경우 변전소 옥외 기계장치는 변전소에서 생산한 전력을 송전선로를 통하여 수요자에게 보내는 과정에서 필요한 시설물로서 철구조물 및 선로로 구성되어 있는 바, 철구조물은 안정적인 전력공급에 필요한 송전선로를 설치하기 위한 지지대로서 일정한 공간이 반드시 필요하고, 철구조물간의 공간은 고유목적 사업을 영위하기 위한 필수적인 부대설비 공간으로 타 용도로 사용할 수 없는 배타적 · 독점적 공간이며, 시설물의 유지보수를 위해 필요한 최소한의 공간인 점 등을 종합적으로 고려할 때, 변전소 옥외 기계장치에 대하여 수평투영면적 산정시 외곽선으로 둘러싸인 부분을 과세면적으로 정하는 것이 지방세법의 규정에 충실한 문리해석으로서 조세법규 엄격해석의 원칙에 위배되지 아니한다고 사료됩니다.

이동하며 작동되는 기계장치 연면적(2007. 5. 4. 부산고등법원 선고 2007누177 판결)

기계장치의 수평투영면적이 건축법 제2조 제1항 제2호의 규정에 의한 건축물의 연면적에 대비되는 점에 비추어 보면 이 사건 크레인과 같은 기계장치의 수평투영면적은 특정한 시점에서 그 기계장치를 지면 등에 수평으로 투영하여 계산되는 면적을 말하는 것이지, 그 기계장치의 일부나 전체가 이동하면서 작동되는 경우 그 이동 궤적에 포함되는 면적 전체를 말하는 것은 아니라고 할 것이므로 피고가 이와 다른 전제에서 한 이 사건 처분은 위법하다.

(3) 시설물 연면적

시설물 중 수조 · 저유조 · 저장창고 · 저장조 · 송유관 · 송수관 및 송전철탑의 연면적 혹은 수평투영면적은 건축물 연면적에 포함한다(지령 제88조 제2항 제2호). 지방세법 시행령에서 안분기준 대상인 시설물을 열거하고 있으므로 열거된 시설물 외의 시설물의 연면적은 건축물 연면적에 포함되지 아니한다 할 것이다(균등할 및 소득할 주민세 부과제도 해설 중 법인세할 주민세 안분기준 명확화 부분, 행정자치부 2007. 3. 20.). 참고로 주민세에서 과세대상으로 열거하고 있는 시설물의 범위는 저장시설(수조, 저유조, 저장창고 및 저장조 등)인바 법인지방소득세에서 안분기준으로 열거하고 있는 시설물의 범위보다 좁다.

한편, 건축물 연면적에 포함되는 수조, 저유조 등의 정의는 2025년도 지방세 시가표준액 조사산정 업무요령을 참고할 수 있을 것이고 이하에서 이를 살펴보고자 한다. 다만, 해당 업무 요령은 취득세 및 재산세와 관련된 것으로 해당 세목들은 법인지방소득세와 과세 목적 등이 다르므로 해당 업무 요령이 무조건 준용된다고 볼 수는 없고 일부 수조, 저유조 등의 범위에 대한 열거적인 규정 관련된 것들은 안분율 산정 시는 적용되지 아니한다 할 것이다(조심 2016지0496, 2016. 12. 6.).

균등할 및 소득할 주민세 부과제도 해설(2007. 3. 20., 행정자치부)

◈ 시군별 법인세할 주민세액은 시군별 건축물 연면적 비율로 안분 계산하고, 건축물 연면적은 시설물 등의 수평투영면적도 포함하여 산정하도록 하고 있으나

◈ 시설물 등에 대하여 자치단체별로 해석이 상이하여 발생하는 납세자 불편을 해소하기 위하여 시설물은 "수조 · 저유조 · 사일로 · 저장조 · 송유관 · 송수관 · 송전철탑"에 한하여 수평투영면적을 적용하도록 명확히 규정

〈적용례〉

- 법인세할 안분대상 건축물의 범위를 건축법 제2조 제1항 제2호에 따른 건축물(이와 유사한 형태의 건축물을 포함)의 연면적과 구조적 특성상 연면적을 정하기 곤란한 기계장치 또는 시설물(수조 · 저유조 · 사일로 · 저장조 · 송유관 · 송수관 · 송전철탑에 한함)에 대하여는 그 수평투영 면적으로 함.
- 시설물 중 레저시설, 도크, 조선대, 가스관, 열수송관, 급 · 배수시설, 복개시설, 주유시설, 가스충전기시설, 잔교, 방송중계탑, 무선통신기지국용철탑 등 안분대상으로 명시되어 있지 아니한 시설물은 법인세할 안분대상 건축물에서 제외되는 것임.

(가) 저장시설 중 수조, 저유조, 저장창고, 저장조

지방세법상 수조, 저유조, 저장창고, 저장조는 저장시설에 해당하며 이는 옥외저장시설을 의미한다. 취득세 관련 규정에서는 저장시설에 다른 시설과 유기적 관련을 갖고 일시적 저장 기능을 하는 시설이 포함된다고 규정하고 있다(지령 제5조 제1항 제2호). 그러나 법인지방소득세 관련하여서는 이러한 규정이 존재하지 아니하는바 다른 시설과 유기적 관련을 갖고 일시적 저장기능을 하는 시설은 시설물 연면적을 계산할 때 포함하지 아니한다(조심 2016지0496, 2016. 12. 6., 조심 2012지0196, 2012. 9. 17.). 한편, 연면적 산정 시 포함하는 시설물 중 '저장시설'의 범위는 관련 규정에 명시적으로 열거된 수조, 저유조, 저장창고, 저장조로 한정된다(대법원 2001. 12. 24. 선고 2000두1744 판결).

① 수조

수조는 건물과 관계없이 독립적으로 물을 저장하기 위해 축조된 시설을 의미한다.

② 저유조

저유조란 유류(휘발유, 경유 등), LPG, LNG 등을 저장하였다가 공급할 수 있는 시설(석유화학제품 포함)을 의미한다.

③ 저장창고

가축의 조사료인 청초(엔시레지) 저장을 위하여 만든 탱크식 창고를 말하며 사일로라고도 한다.

④ 저장조

저장조란 곡물, 어류, 과일, 시멘트, 화학제품, 방사성폐기물(고・중・저준위) 등의 물품을 저장 보관하기 위하여 축조된 시설을 의미한다. 한편, 취득세 관련 규정에서 저장용량이 1톤 이하인 액화석유가스 저장조는 저장조에서 제외하고 있으나 이를 법인지방소득세에 적용할 수 있는지 여부에 대해서는 명확한 유권해석이나 조심 사례등은 없는 실정이다. 필자의 견해로는 앞서 일시적 저장 기능을 하는 시설을 저장시설 연면적에서 제외한 논리, 즉 과세목적이 다른 취득세 관련 규정을 법인지방소득세에 그대로 준용할 수 없다는 논리가 이 경우에도 적용될 수 있을 것으로 보이므로 1톤 이하인 액화석유가스 저장조의 경우에도 연면적에 포함해야 할 것으로 판단된다. 물론 해당 조심에 사례에서는 취득세 규정을 준용하지 아니함으로써 결론적으로 과세대상 범위를 제한하였으나 1톤 이하인 액화석유가스 저장조를 저장조에서 제외하는 규정을 법인지방소득세에 준용하지 아니하면 과세대상 범위가 확대되는바 해당 조심의 경우와 이 부분에 있어 차이가 있으니 참고하도록 한다.

(나) 도관시설 중 송유관

송유관이란 주로 원유, 석유화학제품 등을 운반하기 위하여 지하나 지상 또는 고가에 설치된 관을 말한다. 한편, 취득세 관련 규정에서 송유관에는 그 연결시설 및 옥외주유시설을 포함한다고 규정하고 있으나 위 저장조의 경우와 마찬가지로 이를 법인지방소득세에 적용할 수 있는지 여부에 대해서는 명확한 유권해석이나 사례는 없는 실정이다(지령 제5조 제1항 제4호). 필자의 견해로는 앞서 일시적 저장 기능을 하는 시설을 저장시설 연면적에서 제외한 조심사례에서의 논리, 즉 과세목적이 다른 취득세 관련 규정을 법인지방소득세에 그대로 준용할 수 없다는 논리가 이 경우에도 적용될 수 있을 것으로 보이므로 송유관 연면적 계산 시 그 연결시설 및 옥외주유시설을 포함하지 않고 계산하여야 할 것으로 판단된다.

(다) 급배수시설 중 송수관

송수관은 주로 물을 운반하기 위하여 지하나 지상 또는 고가에 설치된 관을 말한다, 한편, 위 송유관의 경우와 마찬가지로 취득세 관련 규정에서 그 연결시설을 포함한다고 하고 있고 이를 법인지방소득세에 적용하여야 하는지 여부에 대한 필자의 견해는 위 송유관의 경우와 같다(지령 제5조 제5호).

(라) 에너지공급시설 중 송전철탑

송전철탑은 전력공급을 위한 전력선을 지탱하기 위하여 지상에 설치된 철탑을 말한다. 취득세 규정에서 전압 20만 볼트 미만을 송전하는 것과 주민들의 요구로 전기사업법 제72조의 규정에 의하여 이전・설치하는 것은 송전철탑에서 제외한다고 하고 있는바 해당 규정을 법인지방소득세에 적용하여야 하는지 여부 관련 필자의 견해는 위 저장조의 경우와 같다(지령 제5조 제6호).

방파제와 호안이 급배수시설인지 여부(지방세운영과-741, 2011. 2. 18.)

〈질의〉 원자력발전소의 방파제와 호안을 원자력발전을 위한 냉각용 해수의 급·배수시설로 보아 사업장 연면적에 포함할 수 있는지 여부

〈회신〉 울진원자력발전소의 시설물 중 방파제와 호안은 동해안의 파도로부터 원자력발전소 부지내 건축물(급·배수시설 포함)을 보호하고, 급·배수시설 내에 토사 등 불순물이 유입되는 것을 방지하기 위한 것이 주된 기능이므로 원자력발전을 위한 냉각용 해수의 급·배수와는 직접적으로 관련이 있다고 보기 어렵다.

정수장의 침전지 및 정수지가 저장조에 해당하는지 여부, 취득세에서 일시적 저장시설을 저장시설에 포함하는 개념을 법인지방소득세에 준용할 수 있는지 여부(조심 2012지0196, 2012. 9. 17.)

쟁점시설물은 높이 차이에 의하여 물이 연속적으로 이동하면서 정화되도록 하는 시설물로서 중력 및 소독제 등을 이용하는 단계별의 공정을 거쳐 원수가 수돗물로 바뀌도록 하는 정수시설 및 그 부대시설이므로 이를 저장시설(저장조)에 해당한다고 볼 수는 없다 하겠고, 위 공정과정 중 유출량 증감에 따라 정체되어 일시적으로 물이 저장되는 경우가 있다하더라도 지방세법령에서 주민세(재산분) 과세대상 및 지방소득세(법인세할) 안분대상인 저장시설을 다른 시설과 유기적으로 관련되어 있고 일시적으로 저장기능을 하는 시설을 저장시설에 포함하도록하고 있는 취득세 규정과는 달리 저장시설(수조, 저유조, 저장창고 및 저장조 등) 및 저장조로 규정하고 있으므로 취득세의 저장시설의 개념을 주민세(재산분) 과세대상 및 지방소득세(법인세할) 안분대상에 준용할 수는 없다고 할 것이다.

발전설비의 냉각을 위한 냉각수 취·배수시설, 이 건 발전소에서 필요한 용수 공급시설 및 우수 등의 배수시설 등이 저장시설에 해당하는지, 취득세에서 일시적 저장시설을 저장시설에 포함하는 개념을 법인지방소득세에 준용할 수 있는지 여부(조심 2016지0496, 2016 12. 6.)

이 건 시설은 이 건 발전소에 있는 발전설비의 냉각을 위한 냉각수 취·배수시설, 이 건 발전소에서 필요한 용수 공급시설 및 우수 등의 배수시설 등으로서 그 고유 용도는 급수·배수시설로 보이고 이는 원칙적으로 주민세 과세대상에 해당되지 않는 점, 취득세에서 사용하는 용어를 규정한 「지방세법 시행령」 제5조 제1항 제2호의 "저장시설"에는 옥외저장시설뿐만 아니라 다른 시설과 유기적으로 관련되어 있고 일시적으로 저장기능을 하는 시설도 포함하는 것으로 규정되어 있으나, 주민세에서 사용하는 용어를 정의한 같은 영 제78조 제1항 제2호는 주민세 과세대상이 되는 "저장시설"을 수조, 저유조, 저장창고 및 저장조 등으로 규정하고 있을 뿐 일시적 저장기능을 하는 시설에 대하여는 별도로 명시하지 않고 있으며 이는 예시적 규정이 아니라 열거적 규정으로 보아야 하는 점, 취득세와 주민세는 그 과세목적 등이 다를 뿐만 아니라 지방세법령에서 관련 용어가 각각 달리 정의되어 있으므로 취득세에서 사용되는 저장시설의 개념을 주민세에 준용할 수는 없다고 보이는 점 등에 비추어 냉각수 취·배수시설에 일정 수위 이상의 해수가 항상 고여 있고, 공업 및 일반용수 공급관로와 우수 배수시설 등에 일시적으로 물이 저장될 수 있다는 사실만으로 처분청이 이 건 시설을 주민세 과세대상

인 저장시설로 보아 청구법인에게 이 건 주민세를 부과한 처분은 잘못이 있다고 판단된다.

정수장 내 침전지 및 정수지가 수조에 해당하는지 여부(조심 2000-0874, 2000. 10. 11.) * 주민세

정수장 내의 침전지와 정수지가 사업소세 과세대상인 저장시설(수조)에 해당되는지에 대하여 보면, 수조는 물을 담아 두는 큰 통을 뜻한다 할 것인 바, 정수장 내에 설치되어 있는 침전지와 정수지는 인공적 시설물임은 분명하지만, 각 시설물에 유입부와 유출부가 연결되어 앞 수처리시설에서 다음 수처리시설로 연속적으로 물이 흐르도록 설치된 시설(착수정→혼화지→침전지→여과지→정수지→배수관로→수요자)이고, 그 중 침전지는 물의 유속을 감소시켜 부유물을 가라앉히는 기능과 가라앉은 부유물을 제거하는 장치가 설치되어 있으며, 정수지는 물에 소독제를 투입하여 미생물을 제거한 다음 배수관로를 통하여 수요자에게 물이 공급되도록 하는 기능을 가지고 있는 시설물로서, 연속적으로 흐르는 물을 정수하는 시설이라 할 것인 바, 물을 담아 두는 큰 통의 의미를 갖고 있는 수조로 보기는 어렵다 하겠으므로, 이건 침전지 등을 사업소세 과세대상인 저장시설(수조)로 보아 사업소세 재산할을 부과 고지한 처분은 잘못이 있는 것이라 하겠다.

저유조 주변 방유제(대법원 1995. 9. 5. 선고 95누2067 판결) * 주민세

원고 산하의 울산화력발전소에는 원통형의 저유조 20기가 있고, 각 저유조 사이는 송유배관으로 연결되어 있으며, 1기 또는 몇 기의 저유조가 집단을 이루고 있는 주위 4면에 방화, 누유확산방지, 해상오염방지를 목적으로 한 경사면 둑이 대체적으로 설치되어 있으며, 각 저유조 사이, 각 저유조와 경사면 둑 사이에는 빈 공간이 확연히 구분되어 있고, 그 빈 공간의 바닥에는 잔디 등이 심어져 있는 사실을 확정한 다음 위 경사면 둑을 소방시설의 설치, 유지및위험물제조소등시설의기준등에관한규칙(현행 소방기술에관한규칙) 제190조 소정의 방유제라고 본다고 할지라도 경사면 둑내의 바닥 자체를 기계장치 또는 저장시설인 시설물이라고는 할 수 없고, 따라서 각 저유조의 수평투영면적을 제외한 나머지 바닥면적을 사업소세의 과세대상으로 삼을 수 없다고 판단된다.

구축물이 기계장치나 저장시설에 부속되어 하나의 시설물로서 기능할 경우 그 구축물을 사업장 연면적에 포함하는 것으로 본 유권해석(세정 13407-197, 1993. 7. 21., 2024 주민세 업무안내서 38p, 행정안전부) * 주민세

재산할 사업소세는 지방세법 시행령 제202조에서 "사업 또는 사무에 제공되는 건물은 물론 건물은 없고 기계장치나 저장시설만 있는 경우 시설물"까지도 과세대상 건축물로 규정하고 있음. 따라서 암거, 방호벽 등의 구축물이 위의 기계장치나 저장시설에 부속되어 하나의 시설물로서 기능하고 있다면 당해 구축물은 과세대상에 포함되고, 주유시설 또는 저유조와 함께 과세대상이 됨.

바. 납세지 오류 혹은 안분율 오류에 따른 가산세

1) 납세지 오류 혹은 안분세액 오류

단일 사업장 법인이 납세지를 착오신고한 경우(납세지 오류) 혹은 둘 이상의 지방자치단체에 사업장이 있는 법인이 당초에 안분하여 신고는 하였으나 안분율을 착오적용하여 신고한 경우(안분세액 오류) 과세관청이 부과고지하기 전까지 관할 지방자치단체장에게 수정신고, 기한후신고 또는 경정청구를 할 수 있다(지법 제103조의24 제2항). 이때 추가로 납부하는 세액에 대해서는 신고납부가산세를 과세하지 아니하고 환급세액에 대해서는 환급가산금을 지급하지 아니한다(지법 제103조의24 제3항, 4항).

> **단일사업장 법인 납세지 착오(지방소득소비세제과-1538, 2024. 6. 24.)**
> 단일사업장 법인이 「지방세법」 제103조의23 제1항 및 같은 법 시행령 제100조의13 제1항에 따라 법인지방소득세를 사업장 소재지를 관할하는 지방자치단체의 장에게 신고·납부하지 않고, 다른 지방자치단체의 장에게 신고·납부한 경우는 「지방세법」 제103조의24 제2항의 "납세지에 오류가 있는 경우"에 해당한다고 보아야 할 것이며, 「지방세법」 제103조의24 제3항에 따라 「지방세기본법」 제53조부터 제55조까지에 따른 가산세를 부과하지 않는 것이 타당함.

2) 안분 대상이나 안분 자체를 하지 아니한 경우

둘 이상의 지방자치단체에 사업장이 있는 법인이 하나의 지방자치단체에 일괄하여 신고한 경우 즉, 안분 자체를 하지 아니하고 신고한 후에 그 외 납세지 지방자치단체에 기한후 신고한 경우 지방세기본법에 따른 신고납부가산세를 과세하되 무신고가산세는 10%로 과세하고 환급세액에 대해서는 환급가산금을 지급하지 아니한다(지법 제103조의24 제6항). 단, 2022년 이전 귀속은 무신고가산세 20%를 과세한다{구 지방세법(2023. 12. 29. 법률 제19860호로 일부개정되기 전의 것) 제103조의24 제6항}.

3) 당초 신고납부세액과 수정신고 및 경정청구 합계 세액이 다른 경우

"납세지 또는 안분세액의 오류"는 법인지방소득세 전체 신고·납부세액 합계액은 전체 정당 세액 합계액과 일치하나 납세지 또는 안분 착오로 신고한 지방자치단체별 납부세액이 정당 지방자치단체별 납부세액과 차이가 발생하는 경우만을 의미하므로 당초 신고·납부세액 합계와 수정신고 및 경정청구 세액 합계가 다른 경우는 지방세기본법에 따른 일반적인 가산세 및 환급가산금 규정을 적용한다(2025년 행정안전부 지방소득세 실무해설집 166p).

당초 세액이 경정청구, 수정신고 세액과 다른 경우 납세지 또는 안분세액의 오류에 해당하는지 여부(2025년 행정안전부 지방소득세 실무해설집 166p)

구분	수정신고, 경정청구세액	당초 신고납부 세액	추가(환급)세액	가산세 및 환급가산금
A지방	100	0	100	가산세O
B지방	140	130	10	가산세O
C지방	260	300	(40)	환급가산금O
합계	500	430	70*	

* 당초 신고납부세액 합계는 430이나 수정신고 경정청구 세액 합계는 500으로 그 둘이 일치하지 않아 이는 납세지 또는 안분세액의 오류에 따른 경정청구, 수정신고, 기한후신고가 아니므로 일반적인 지방세기본법상 가산세 및 환급가산금 적용

사. 실무 Check

1) 안분율 0% 신고(세무대리인 전용)

이상에서 살펴본 바와 같이 안분율을 착오 신고하면 가산세가 과세될 수 있는바 안분율 관련 쟁점이 될 수 있는 사업장의 경우는 안분율을 0%로 신고만 해놓으면[53] 추후 세무조사 등으로 안분율이 변경돼 법인지방소득세가 수시분 부과될 경우 가산세를 줄일 수 있는 여지가 있다[54]. 가령, 법인의 사업장이 A시, B시, C시에 있는데 C시 사업장이 위탁사업장으로 안분 대상 사업장인지 불명확한 경우 C시에 법인지방소득세를 신고하지 아니하고 추후 세무조사에 따라 C시 사업장이 안분 대상 사업장으로 확정돼 추징된다고 가정하면 법인은 무신고가산세 20%를 부담하게 되는데 C시에 안분율을 0%로 신고만 해놓으면 추후 세무조사에 따라 C시 사업장이 안분 대상 사업장으로 확정된다고 하더라도 무신고가 아니므로 무신고가산세 20%가 아니라 과소신고가산세 10%만 부담할 수 있는 것이다. 그러나 안분율을 0%로 신고할 경우 신고서를 접수받은 과세관청에서 안분율을 조사할 위험은 증가[55]하니 이 점도 고려하여 안분율 0% 신고 여부를 결정해야 할 것이다.

53) 안분율 0%이므로 납부할 세액은 없다.
54) 다만, 추후 판례나 유권해석 등에서의 법리적 해석에 따라 이 경우 신고로 인정되지 아니할 가능성도 있다.
55) 물론 실무적으로 단순히 안분율이 0%로 신고됐다 하여 해당 과세건에 대해 조사하는 경우는 드물다.

구분	과세 구분	무신고한 경우	안분율 0% 신고한 경우
단일사업장 & 납세지 착오 신고	기한 후 신고	무신고가산세 없음	무신고가산세 없음
	수시분 부과	무신고가산세 20%	과소신고가산세 10%
2개 이상 사업장 & 하나의 지자체에 신고	기한 후 신고	무신고가산세 10%	무신고가산세 없음
	수시분 부과	무신고가산세 20%	과소신고가산세 10%
2개 이상 사업장 & 2개 이상 지자체에 신고하였으나 안분 착오	기한 후 신고	무신고가산세 없음	무신고가산세 없음
	수시분 부과	무신고가산세 20%	과소신고가산세 10%

2) 안분율 오류에 따른 수시분 부과 시 환급가산금

이상에서 살펴본 바와 같이 법인이 안분율에 오류가 있음을 발견하고 이를 수정하고자 해당 지방자치단체에 수정신고 혹은 기한 후 신고하고 안분율이 감소하는 지방자치단체에는 경정청구한 경우 그에 따라 안분율이 감소하는 지방자치단체장이 환급금을 지급할 때는 환급가산금을 지급하지 아니한다. 그런데 과세관청이 안분율에 오류가 있음을 발견하여 이를 수정하고자 수시분 부과한 경우에도 안분율이 감소하는 지방자치단체장이 환급금을 지급할 때 환급가산금을 지급하지 아니하여야 한다는 주장을 하는 공무원 실무자를 실무를 하면서 종종 마주치게 된다. 이하에서 이에 대한 당부를 살펴본다.

지방세법 제103조의24

② 제103조의23에 따라 신고를 한 내국법인이 신고납부한 법인지방소득세의 납세지 또는 지방자치단체별 안분세액에 오류가 있음을 발견하였을 때에는 제103조의25에 따라 지방자치단체의 장이 보통징수의 방법으로 부과고지를 하기 전까지 관할 지방자치단체의 장에게 「지방세기본법」 제49조부터 제51조까지에 따른 수정신고, 경정 등의 청구 또는 기한 후 신고를 할 수 있다.

④ 제2항에 따른 경정 등의 청구를 통하여 환급세액이 발생하는 경우에는 「지방세기본법」 제62조에 따른 지방세환급가산금을 지급하지 아니한다.

해당 주장은 지방세법 제103조의24 제4항의 '제2항에 따른 경정 등의 청구'란 단지 법인지방소득세의 안분율 오류를 발견했을 때에 대한 것으로 해석되므로 안분율 오류 관련 경정청구 시 다른 지방자치단체의 수시분 부과 여부 등과 관계없이 환급가산금을 지급하지 아니한다는 것이나 해당 규정은 납세의무자인 법인이 안분세액에 오류가 있는 것을 발견한 경우에 한하여 적용하는 것으로 세무조사 등을 통하여 과세관청이 안분세액에 오류가 있는 것을 발견한 경우에는 적용이 불가하다 할 것이고(국민신문고 질의회신, 2020. 12. 31.) 가사 적용이 가능하다고 하더라도 제2항의 경정 등의 청구의 의미를 문언 그대로 해석하면 이는 단지 법인지방소득세를 신고한 법인이 안분율 오류를 발견했을 때에 관한 경정청구를 말하는 것이 아니라 그 경정청구 중에서도 다른 지방자치단체장이 이를 수정하여 수시분 부과하고 고지하기 전에 하는 경정청구를 말하는 것으로 해석되므로 이미 다른 지방자치단체가 해당 세액에 대해 수시분 부과 및 고지를 한 경우에는 제4항에서 말하고 있는 경정 등의 청구라 볼 수 없으므로 지방세환급가산금을 지급하여야 한다 할 것이다.

세무조사로 안분세액 오류를 발견한 경우(국민신문고 질의회신, 2020. 12. 31., 2025년 행정안전부 지방소득세 실무해설집 165p)

〈질의〉 신고한 법인지방소득세 안분세액에 대한 오류를 세무조사를 통하여 알게 되어 수정신고할 경우 가산세가 부과되는지.

〈회신〉 지방세법 제103조의24 제2항에 따르면 제103조의23에 따라 신고를 한 내국법인이 신고납부한 법인지방소득세의 지방자치단체별 안분세액에 오류가 있음을 발견하였을 때에는 수정신고를 할 수 있으며, 제3항에서 수정신고를 통하여 추가납부세액이 발생하는 때에는 추가납부세액에 대해서 가산세를 부과하지 아니한다는 조항은 '내국법인이 오류가 있음을 발견하여 수정신고 하는 때'에 적용되는 규정으로 세무조사를 통하여 알게된 안분세액의 오류는 가산세 부과대상임.

참고로 안분율 오류 관련 세무조사 결과 통지나 과세예고통지서를 받고 해당 세액이 과세 되기 전에 경정청구를 하는 경우에도 위 유권해석에 따라 해당 규정 자체가 적용되지 아니한다 할 것이므로 환급가산금을 지급하여야 할 것이다.

3) 안분율 조사 후 과세예고

지방세기본법에서는 원칙적으로 납세고지하려는 세액이 30만원 이상인 경우는 과세예고하되 국세청 통보 자료에 따라 지방소득세를 고지하는 경우는 과세예고 대상에서 제외하도록 규정하고 있다(지기법 제88조 제1항 제5호, 지기령 제58조 제3항 제3호). 그러나 과세관청이 법인지방소득세 안분율을 조사(정식 세무조사 외 과세자료 요청하여 납세자가 자발적으로 제출한 자료로 하는 조사)하여 수시분 부과하는 경우 과세예고하여야 하는지 여부는 지방세관계법에서 규정하고 있지 아니하므로 이 경우 과세예고를 해야 하는지 아닌지에 대해 혼란이 발생하고 있다. 왜냐하면 안분율 변경에 따라 수시분 부과한다고 하여도 결국은 안분율 외 산출세액 등은 국세청 통보자료를 따르므로 과세예고 대상이 아닌 것으로 볼 여지가 있기 때문이다. 참고로 표준지방세정보시스템 상으로도 법인지방소득세는 과세예고 기능을 지원하지 않고 있다(현재 기능 추가 요청 중). 그러나 과세예고 통지는 납세자에게 과세전적부심 기회를 부여하는 의미를 갖는바 대법원에서 과세예고를 하지 아니한 경우 중대한 절차적 하자가 있는 경우에 해당하는 것으로 보고 있고(대법원 2025. 2. 13. 선고 2023두51700 판결) 과세관청이 과세예고를 하지 않는다고 하여도 제척기간이 임박한 경우 등 극히 예외적인 경우를 제외하면 과세관청에 불이익이 없고 납세자에게는 과세전적부심 기회 부여라는 큰 이익이 있으므로 과세예고를 하는 것이 합리적이라고 판단된다. 해당되는 경우에 과세예고를 하지 아니하여야 한다는 규정도 없으므로 더욱 그러하다 할 것이다.

한편, 세무조사 결과통지의 경우 과세예고와 마찬가지로 그 통지를 받은 날로부터 30일 이내에 과세전적부심을 청구할 수 있는 기회를 부여하고 있는바 해당 경우에 세무조사 결과 통지를 하면 되지 아니하냐는 의견이 있을 수 있으나(지기법 제88조 제2항 제1호) 지방자치단체가 납세자에게 안분율 관련 과세자료를 요청하고 이에 따라 납세자가 제출한 과세자료에 따라 과세하는 것이 안분율 조사의 일반적인 형태인데 이는 세무조사의 일종이긴 하나 납세자가 자발적으로 제출한 자료에 따라 과세하는 것으로 결과통지 대상인 지방세법상 세무조사로 보기는 어렵다 할 것이므로 해당 경우에 세무조사 결과통지를 하기는 어렵다 할 것이다(대법원 2017. 3. 16. 선고 2014두8360 판결).

과세예고 없이 한 부과처분(대법원 2025. 2. 13. 선고 2023두51700 판결)

원심은 판시와 같은 이유로, 과세관청이 과세행정을 장기간 해태하여 스스로 부과제척기간 만료일까지 3개월 이하의 기간에 이르는 사정을 초래하고, 이를 이유로 납세자에 대한 과세예고통지를 생략한 채 과세전적부심사의 기회를 부여하지 않은 것은 제3호 규정의 예외사유에 해당하지 않는다고 보아, 과세예고통지를 생략한 채 이루어진 2014 사업연도 법인세 부과처분은 원고의 절차적 권리를 침해한 것으로서 그 절차상 하자가 중대하여 위법하다고 판단하면서 이를 취소하였다. 원심판결 이유를 관련 법리와 기록에 비추어 살펴보면, 과세예고통지를 생략한 채 이루어진 위 처분이 위법하다는 원심의 판단은 정당하다.

자발적으로 제출한 자료의 수령에 따른 조사가 지방세기본법의 세무조사에 해당하는지 여부 (대법원 2017. 3. 16. 선고 2014두8360 판결)

세무공무원의 조사행위가 사업장의 현황 확인, 기장 여부의 단순 확인, 특정한 매출사실의 확인, 행정민원서류의 발급을 통한 확인, 납세자 등이 자발적으로 제출한 자료의 수령 등과 같이 단순한 사실관계의 확인이나 통상적으로 이에 수반되는 간단한 질문조사에 그치는 것이어서 납세자 등으로서도 손쉽게 응답할 수 있을 것으로 기대되거나 납세자의 영업의 자유 등에도 큰 영향이 없는 경우에는 원칙적으로 재조사가 금지되는 '세무조사'로 보기 어렵다.

15 토지 등 양도소득 및 미환류소득에 대한 법인지방소득세

가. 토지 등 양도소득에 대한 법인지방소득세

1) 개요

법인이 부동산을 양도하는 경우에 그 양도차익은 각 사업연도 소득에 포함돼 법인지방소득세로 과세된다. 그런데 비사업용 토지 등의 경우 개인이 해당 토지 등을 양도하는 경우 중과세율이 적용되는데 법인이 해당 토지 등을 양도하는 경우 그 양도차익이 각 사업연도 소득에 포함돼 과세되긴 하나 중과세율이 적용되지 않는바 해당 부동산 양도차익에 대한 개인지방소득세와 법인지방소득세의 과세형평을 위해 법인이 비사업용 토지 등을 양도하는 경우에 각 사업연도에 대한 법인지방소득세 외 추가로 법인지방소득세를 과세하는데 이때 추가로 과세하는 것이 토지 등 양도소득에 대한 법인지방소득세이다.

내국법인이 비사업용 토지 등을 양도한 경우 다음의 세율을 적용하여 계산한 세액을 양도소득에 대한 법인지방소득세로 하여 각 사업연도의 소득에 대한 법인지방소득세에 추가하여 납부하여야 한다. 이때 하나의 자산이 다음 구분 중 둘 이상에 해당할 때에는 그 중 가장 높은 세액을 적용한다(지법 제103조의31 제1항).

구분	세율
주택, 별장, 조합원입주권 및 분양권	2%(미등기 시 4%)
비사업용 토지	1%(미등기 시 4%)

토지 등 양도소득에 대한 법인세 세율은 20% 혹은 10%(미등기 시 40%)로 결국 토지 등 양도소득에 대한 법인지방소득세 세율은 해당 법인세 세율의 10%이다. 그리고 주택, 별장, 조합원입주권 및 분양권, 비사업용 토지의 범위는 법인세법에 따른 범위와 동일하고 양도시기, 비과세, 양도소득 계산 등도 법인세의 그것과 동일하다(지법 제103조의31 제2~4항).

2) 실무 Check(공무원 실무자 전용)

국세청 통보자료를 통해 과세할 때 각 사업연도 소득에 대한 법인지방소득세는 관련 법인세의 과세표준에 표준세율을 적용하여 산출세액을 계산하게 되는데 토지 등 양도소득에 대한 법인지방소득세는 관련 법인세 과세표준이 통보되지만 토지등 양도소득에 대한 법인세 산출명세서(법칙 별지 제3호 서식 부표2)가 통보되지 않는바 해당 통보자료만으로는 직접적으로 적용되는 세율을 알 수 없다. 다만, 간접적으로 법인세 과세표준과 산출세액을 대응해

보면 어떠한 세율이 적용됐는지 알 수 있을 수 있는데 가령, 양도소득에 대한 법인세 과세표준 및 산출세액이 각각 200만원, 20만원인 경우 20만원을 200만원으로 나누면 10%이므로 비사업용 토지 세율인 10%가 적용됐다는 것을 알 수 있는 것이다. 그런데 과세대상이 둘 이상이고 적용되는 세율이 둘 이상일 때는 이 방법으로는 세율을 확인할 수 없는바 이 경우는 결국 토지 등 양도소득에 대한 법인지방소득세 세율이 법인세 세율의 10%이고 과세표준도 서로 동일하므로 해당 법인세 산출세액의 10%가 해당 법인지방소득세 산출세액이 될 것이므로 해당 법인세 산출세액의 10%를 해당 법인지방소득세 산출세액으로 하여 계산할 수 있을 것이다. 그러나 간혹 세무서 등의 결의 오류 등으로 양도소득에 대한 법인세 과세표준과 세율이 서로 대응되지 않는 경우도 있는바 위 간접적으로 계산하는 방법을 무조건 신뢰하지는 말고 필요 시 관할 세무서에 토지 등 양도소득에 대한 법인세 산출명세서를 조회하여 처리하여야 할 것이다. 한편, 양도 물건별 적용되는 세율이 토지 등 양도소득에 대한 법인지방소득세 과세 시 필수적이므로 국세청 통보자료에 토지 등 양도소득에 대한 법인세 산출명세서가 포함되도록 개선이 필요한 부분이라 판단된다.

나. 미환류소득에 대한 법인지방소득세

1) 개요

상호출자제한기업집단에 속하는 내국법인이 투자, 임금 등으로 환류하지 아니한 소득(사내유보금)이 있는 경우 미환류소득에 대한 법인세를 추가하여 납부하여야 한다(조특법 제100조의32 제1항). 법인이 소득을 사내에 유보하지 아니하고 투자, 임금 등으로 지출하면 그 지출된 금액은 가계소득에 유입될 수 있고 그 유입에 따라 가계소득이 증가하고 증가된 가계소득은 다시 가계의 소비, 투자 등으로 기업소득에 유입될 수 있는바 이러한 기업소득과 가계소득 간 선순환을 유도하고자 미환류소득에 대한 법인세가 도입된 것이다.

2) 미환류소득에 대한 법인지방소득세

미환류소득에 대한 법인세를 납부하는 경우에는 그 납부하는 세액의 10%를 각 사업연도 소득에 대한 법인지방소득세에 추가하여 납부하여야 한다(지법 제103조의31 제5항). 따라서 미환류소득에 대한 법인세 납부하여야 할 세액이 미환류소득에 대한 법인지방소득세 과세표준이 되고 그 과세표준의 10%가 산출세액이 된다. 이때 미환류소득에 대한 법인세 이자상당액도 법인세 납부하여야 할 세액이므로 법인지방소득세 과세표준에 포함된다. 참고로 미환류소득에 대한 법인세 이자상당액은 투자금액으로 공제받은 기계장치 등을 취득일로부터 2개월이 지나기 전에 양도하는 경우 등에 과세된다(조특법 제100조의32 제8항).

16 청산소득에 대한 법인지방소득세

가. 개요

청산소득에 대한 법인세는 법인이 해산한 경우에 청산소득(잔여재산가액에서 해산등기일 현재의 자본금 또는 출자금과 잉여금의 합계액을 공제한 금액)을 과세표준으로 하여 과세되는 것이다(법법 제79조 제1항). 청산소득에 대한 법인세의 납세의무가 있는 자는 청산소득에 대한 법인지방소득세 납세의무가 있으며 이때 법인지방소득세의 과세표준은 법인세의 과세표준과 동일하다(지법 제103조의41, 43). 세율은 각 사업연도 소득에 대한 법인지방소득세 표준세율이 적용된다(지법 제103조의42).

나. 납세의무

1) 해산한 경우

법인이 해산(합병, 분할 제외)한 경우 그 법인은 청산소득에 대한 법인지방소득세의 납세의무가 있다(법법 제4조 제1항 제2호).

2) 설립무효 등의 판결을 받은 경우

법인이 설립무효 또는 설립취소의 판결을 받은 경우에도 그 법인은 해당 판결의 확정일까지 발생한 소득에 대한 법인세와 청산소득에 대한 법인세를 납부할 의무가 있다(법법 기본통칙 2-0…1).

다. 납세의무가 없는 경우 및 비과세

1) 납세의무가 없는 경우

비영리법인 및 외국법인은 청산소득에 대한 법인지방소득세 납세의무가 없다(법법 제4조 제1, 4항)

2) 조직변경에 대한 비과세

다음 중 어느 하나에 따른 조직변경의 경우에는 법인격이 유지되는 것으로 보므로 청산소득에 대한 법인지방소득세가 과세되지 아니한다(지법 제103조의46 제2항).

- 「상법」의 규정에 따라 조직변경하는 경우

• 특별법에 따라 설립된 법인이 그 특별법의 개정이나 폐지로 인하여 「상법」에 따른 회사로 조직변경하는 경우
• 「변호사법」에 따라 법무법인이 법무법인(유한)으로 조직변경하는 경우
• 「관세사법」에 따라 관세사법인이 관세법인으로 조직변경하는 경우
• 「변리사법」에 따라 특허법인이 특허법인(유한)으로 조직변경하는 경우
• 「협동조합 기본법」 제60조의2 제1항에 따라 법인등이 협동조합으로 조직변경하는 경우
• 「지방공기업법」 제80조에 따라 지방공사가 지방공단으로 조직변경하거나 지방공단이 지방공사로 조직변경하는 경우

라. 신고납부

1) 확정신고

청산소득에 대한 법인세 확정신고의무가 있는 내국법인은 해당 법인세 신고기한까지 청산소득에 대한 법인지방소득세 과세표준과 세액을 신고하여야 한다(지법 제103조의43). 이때 청산소득에 대한 법인세의 확정신고 신고기한은 다음과 같다(법법 제84조 제1항, 제86조 제1항).

구분	법인세 신고기한	법인지방소득세 신고기한
해산하는 경우	잔여재산가액확정일[56]이 속하는 달의 말일부터 3개월 이내	좌동
청산 중인 내국법인이 사업을 계속하는 경우	계속등기일이 속하는 달의 말일부터 3개월 이내	좌동

2) 중간신고

청산소득에 대한 법인세 중간신고의무가 있는 내국법인은 해당 법인세 신고기한까지 법인청산소득에 대한 법인지방소득세를 신고하여야 한다(지법 제103조의43). 이때 청산소득에 대한 법인세의 중간신고 신고기한은 다음과 같다(법법 제85조 제1항).

---

56) 잔여재산가액확정일은 다음의 날을 말한다(법령 제124조 제3항).
• 해산등기일 현재의 잔여재산의 추심 또는 환가처분을 완료한 날
• 해산등기일 현재의 잔여재산을 그대로 분배하는 경우에는 그 분배를 완료한 날

구분	법인세 신고기한	법인지방소득세 신고기한
해산에 의한 잔여재산가액이 확정되기 전에 그 일부를 주주 등에게 분배한 경우	그 분배한 날이 속하는 달의 말일부터 1개월 이내	좌동
해산등기일부터 1년이 되는 날까지 잔여재산가액이 확정되지 아니한 경우	그 1년이 되는 날이 속하는 달의 말일부터 1개월 이내	좌동

3) 납세지

법인지방소득세 납세지는 사업연도 종료 당시 법인세법에 따른 납세지이고 잔여재산가액 확정일 또는 계속등기일이 사업연도 종료일이므로 해당일 기준 법인세법에 따른 납세지가 청산소득에 대한 법인지방소득세 납세지가 된다. 안분도 해당일 기준으로 안분한다(2025년 행정안전부 지방소득세 실무해설집 206p).

청산소득에 대한 법인지방소득세 안분(2025년 행정안전부 지방소득세 실무해설집 206p)

○ (납부) 법인세법 제84조 및 제85조에 따른 확정신고의무 및 중간신고의무가 있는 내국법인은 해당 신고기한까지 납세지 관할 지방자치단체에 납부(지법 §103의43 ② 참조)

⇒ 잔여재산가액 확정일 또는 계속등기일에 사업연도가 종료되므로 사업연도 종료일 현재 종업원 수 및 건축물 연면적에 따라 안분 납부

4) 청산소득이 없는 경우

청산소득이 없는 경우에도 신고의무는 존재한다(법법 제84조 제3항).

5) 신고 서류

신고서류는 다음과 같다(지령 제100조의26).

- 청산소득에 대한 법인지방소득세과세표준 및 세액신고서(지칙 별지 제45호 서식)
- 잔여재산가액 확정일 또는 계속등기일 현재의 그 해산한 법인의 재무상태표[57]

마. 청산소득에 대한 과세특례

청산소득에 대한 법인지방소득세를 징수할 때에는 체납분 납부지연가산세를 징수하지 아니한다(지법 제103조의46 제1항).

---

57) 중간신고의 경우 분배한 날 현재의 재무상태표, 해산등기일부터 1년이 되는 날 현재의 재무상태표

17 연결법인에 대한 법인지방소득세

가. 개요

연결납세제도는 모회사와 자회사가 경제적으로 결합되어 있는 경우 경제적 실질에 따라 해당 모회사와 자회사를 하나의 과세단위로 보아 소득을 통산하여 법인세를 과세하는 제도를 말한다(조심 2021전1584, 2022. 10. 19.). 법인세법에 따라 연결납세방식을 적용받는 법인은 법인지방소득세도 연결납세방식을 적용한다. 연결납세방식의 적용, 취소와 포기, 추가와 배제 등은 법인세법을 준용하도록 하고 있으므로 결국 그 적용 등은 법인세를 따라가게 된다(지법 제103조의33).

나. 용어 정리

1) 연결납세방식

"연결납세방식"이란 둘 이상의 내국법인을 하나의 과세표준과 세액을 계산하는 단위로 하여 법인지방소득세를 신고·납부하는 방식을 말한다(지법 제85조 제1항 제12호).

2) 연결법인

"연결법인"이란 연결납세방식을 적용받는 내국법인을 말한다(지법 제85조 제1항 제13호).

3) 연결집단

"연결집단"이란 연결법인 전체를 말한다(지법 제85조 제1항 제14호).

4) 연결지배

"연결지배"란 내국법인이 다른 내국법인의 발행주식총수 또는 출자총액의 100분의 90 이상을 보유하고 있는 경우[58]를 말한다(법법 제2조 제10호의2).

---

58) 보유 비율은 다음과 같이 계산한다.
   가. 의결권 없는 주식 또는 출자지분을 포함할 것
   나. 「상법」 또는 「자본시장과 금융투자업에 관한 법률」에 따라 보유하는 자기주식은 제외할 것
   다. 「근로복지기본법」에 따른 우리사주조합을 통하여 근로자가 취득한 주식 및 그 밖에 대통령령으로 정하는 주식으로서 발행주식총수의 100분의 5 이내의 주식은 해당 법인이 보유한 것으로 볼 것
   라. 다른 내국법인을 통하여 또 다른 내국법인의 주식 또는 출자지분을 간접적으로 보유하는 경우로서 대통령령으로 정하는 경우에는 대통령령으로 정하는 바에 따라 합산할 것

5) 연결모법인

"연결모법인"이란 연결집단 중 다른 연결법인을 연결지배(「법인세법」에 따른 연결지배를 말한다.)하는 연결법인을 말한다(지법 제85조 제1항 제15호).

6) 연결자법인

"연결자법인"이란 연결모법인의 연결지배를 받는 연결법인을 말한다(지법 제85조 제1항 제15호).

7) 연결사업연도

"연결사업연도"란 연결집단의 소득을 계산하는 1회계기간을 말한다(지법 제85조 제1항 제16호).

다. 신고 납부

1) 개요

연결모법인은 각 사업연도의 종료일이 속하는 달의 말일부터 5개월 이내에 각 연결사업연도 소득에 대한 과세표준과 각 연결사업연도 소득에 대한 연결법인별 법인지방소득세 산출세액을 연결법인별 납세지 관할 지방자치단체장에게 신고하고 그 세액에 세액공제 및 감면세액, 특별징수세액을 공제하여 납부하여야 한다. 둘 이상의 지방자치단체에 사업장이 있는 연결법인은 연결법인별 법인지방소득세 산출세액을 안분율에 따라 안분하여 각각의 사업장 소재지 관할 지방자치단체장에게 각각 신고하여야 한다. 이때 연결자법인은 연결법인별로 계산된 지방소득세 상당액을 연결모법인에 지급하여야 하고 만약 그 금액이 음수일 경우 연결모법인이 연결자법인에 음의 부호를 뗀 금액을 지급한다. 한편, 각 연결사업연도 소득금액이 없거나 결손금이 있는 경우에도 신고하여야 하고 연결모법인은 분납 요건을 충족할 경우 분납이 가능하다(지법 제103조의37 제1~6항). 분납과 관련하여서는 내국법인의 분납과 내용이 동일하므로 본편 13장 가. 확정신고 중 5) 분납 부분을 참고하도록 한다.

2) 제출 서류

제출 서류는 다음과 같으며 확정신고 시 신고서 외 첨부서류는 연결모법인 본점 납세지 관할 지방자치단체장에게 제출하면 연결법인별 납세지 관할 지방자치단체장에게도 제출한 것으로 본다(지법 제103조의37 제1, 8항).

- 각 연결사업연도 소득에 대한 법인지방소득세 과세표준 및 세액신고서(지칙 별지 제44호 서식)
- 각 연결법인의 재무상태표, 포괄손익계산서, 이익잉여금처분계산서(또는 결손금처리

계산서)

- 각 연결법인의 법인지방소득세 과세표준 및 세액조정계산서(지칙 별지 제43호의2 서식)[59]
- 각 연결법인의 법인지방소득세 안분명세서(지칙 별지 제44호의6 서식)
- 각 연결법인의 그 밖에 대통령령[60]으로 정하는 서류
- 연결집단 법인지방소득세 과세표준 및 세액조정계산서(지칙 별지 제44호의2 서식)
- 연결법인별 법인지방소득세 가산세액계산서(지칙 별지 제44호의3 서식)
- 연결법인별 기본사항 및 법인지방소득세 신고서(지칙 별지 제44호의4 서식)
- 연결법인별 법인지방소득세 과세표준 및 세액조정계산서(지칙 별지 제44호의5 서식)
- 사실과 다른 회계처리로 인하여 과다 납부한 세액의 차감액 명세서(지칙 별지 제43호의12 서식)

연결법인지방소득세 납세의무자(지방세운영과-5989, 2010. 12. 22.)

연결모법인은 연결자법인의 각 사업연도소득을 기초로 소득결손금 통산 등을 조정하여 법인세를 신고납부하는 것으로, 법인세분 지방소득세의 납세의무자는 각 법인의 회계에 따라 법인세를 실제로 부담하는 개별법인인 연결모법인 및 연결자법인 각각의 법인으로 보아야 할 것입니다.

한편, 신고 시 각 연결법인의 재무제표{각 연결법인의 재무상태표, 포괄손익계산서, 이익잉여금처분계산서(또는 결손금처리계산서)}, 법인지방소득세 과세표준 및 세액조정계산서, 법인지방소득세 안분명세서 중 어느 하나라도 제출하지 아니하면 신고하지 아니한 것으로 본다(지법 제103조의37 제9항). 또한, 납세지 관할 지방자치단체장은 제출된 신고서 또는 그 밖의 서류에 미비한 점이 있거나 오류가 있는 경우 보정을 요구할 수 있다(지법 제103조의37 제10항).

3) 수정신고 · 경정 · 경정 및 징수 등

각 연결사업연도 소득에 대한 법인지방소득세의 수정신고 · 결정 · 경정 · 징수 및 환급에 관해서는 일반 내국법인의 각 사업연도 소득에 대한 법인지방소득세의 규정을 준용한다(지법 제103조의38).

59) 외국법인세액 과세표준 차감 시 외국법인세액 차감 명세서(지칙 별지 제43호의13 서식)와 관련 서류(외국법인세액 증명서류, 법칙 별지 제8호 서식 부표5, 부표 5의3)
60) 내국법인과 동일. 본편 13장 가. 확정신고 부분 참고.

라. 세액의 계산

1) 개요

연결모법인은 연결법인별 법인지방소득세 산출세액을 연결법인별 안분율에 따라 안분하여 해당하는 납세지에 신고하여야 하므로 세액의 계산은 연결법인별 법인지방소득세 산출세액을 산출하는 것이 핵심이다. 다음은 연결법인별 지방소득세 산출세액을 계산하는 순서 및 방법을 요약한 것이다.

순서	구분	계산 방법
1	각 연결사업연도 소득에 대한 과세표준	연결모법인 및 연결자법인별 법인세 과세표준개별귀속액의 합－외국법인세액의 합
2	각 연결사업연도 소득에 대한 법인지방소득세 연결산출세액	각 연결사업연도의 소득에 대한 과세표준×표준세율
3	연결세율	$\frac{\text{각 연결사업연도소득에 대한 법인지소 연결산출세액}}{\text{각 연결사업연도소득에 대한 과세표준}}$
4	연결법인별 법인지소 산출세액	(해당 연결법인의 과세표준개별귀속액－외국법인세액)×연결세율+(해당 연결법인의 토지등 양도소득 및 미환류소득에 대한 법인지방소득세)

2) 각 연결사업연도 소득에 대한 과세표준

법인지방소득세의 각 연결사업연도 소득에 대한 과세표준은 법인세의 각 연결사업연도 소득에 대한 과세표준과 동일한 금액으로 한다. 이는 연결법인 전체의 법인세 과세표준개별귀속액[61]의 합이다. 다만, 일반 내국법인의 경우와 마찬가지로 법인세에서 외국납부세액공제를 받은 경우 외국법인세액을 과세표준에서 차감하는 등 일반 내국법인의 외국법인세액 과세표준 차감 규정을 준용한다(본편 6장 다. 외국법인세액 과세표준 차감 부분 참고, 지법 제103조의34 제1~2항). 이때 차감은 각 연결법인의 과세표준개별귀속액에서 차감하고 차감하는 외국법인세액은 그 연결법인에서 발생한 외국법인세액으로 한정한다. 차감 한도는 과세표준개별귀속액이 된다. 한편, 차감액 이월이 가능한데 그 방법 등은 일반 내국법인의 차감액 이월과 동일하므로 관련 내용은 본편 6장 라. 적용 및 경정 중 3) 외국법인세액 이월 차감 부분을 참고하도록 한다(지령 제100조의23 제1~2항).

법인세의 각 연결사업연도 소득에 대한 과세표준을 산출하기 위해서는 연결법인별 각 사업연도의 소득의 계산, 연결조정항목의 제거, 거래손익의 조정, 조정항목의 배분, 이월결손

61) 참고로 국세청 법인세 통보자료상 통보되는 과세표준이 연결법인별 과세표준개별귀속액이다.

금 차감 등의 과정이 필요하나 법인지방소득세 각 연결사업연도 소득에 대한 과세표준은 법인세의 그것과 동일하다고 규정하고 있어 해당 내용 학습은 불필요하므로 생략한다.

3) 연결산출세액

연결산출세액은 각 연결사업연도 소득에 대한 법인지방소득세 연결산출세액에 양도소득, 미환류소득에 대한 법인지방소득세 연결산출세액을 가산하여 구한다. 이때 각 연결사업연도 소득에 대한 법인지방소득세 연결산출세액은 각 연결사업연도 소득에 대한 과세표준(법인세 각 연결사업연도 소득에 대한 과세표준－연결법인별 외국법인세액 차감액 합계)에 표준세율을 적용하여 구한다(지법 제103조의35 제1~2항). 이 경우 연결사업연도가 1년 미만인 경우는 사업연도가 1년 미만인 내국법인의 각 사업연도 소득에 대한 법인지방소득세 산출세액을 산출하는 방식을 준용한다(법인지방소득세 세율 편 사업연도가 1년 미만인 경우 부분 참고, 지법 제103조의35 제3항).

지방세법에서 연결산출세액을 산출할 때 양도소득, 미환류소득에 대한 법인지방소득세 연결산출세액을 가산하도록 하고 있으나 실무적으로 해당 세액을 가산한 연결산출세액을 구하는 것은 의미가 없다. 왜냐하면 법인세는 연결산출세액을 신고하여야 하므로 양도소득, 미환류소득에 대한 법인세를 가산하는 것이 의미가 있으나 법인지방소득세는 연결법인별 산출세액을 신고·납부하고 양도소득, 미환류소득에 대한 법인지방소득세에 대한 가산은 연결법인별 산출세액 계산 단계에서 하므로 연결산출세액 계산 단계에서 해당 세액들을 가산하는 것은 의미가 없기 때문이다. 따라서 지방세법에서 연결산출세액 산출 시 양도소득, 미환류소득에 대한 법인지방소득세를 가산하도록 규정하고 있다고 하더라도 실무적으로는 단지 아래 연결세율을 계산하기 위하여 연결산출세액 중 각 연결사업연도 소득에 대한 법인지방소득세 연결산출세액을 산출하기만 하면 된다.

4) 연결세율

연결세율은 다음과 같이 구한다(지령 제100조의23 제6항 제2호).

$$\text{연결세율} = \frac{\text{각 연결사업연도소득에 대한 법인지방소득세 연결산출세액}}{\text{각 연결사업연도의 소득에 대한 과세표준}}$$

5) 연결법인별 법인지방소득세 산출세액

가) 일반적인 경우

연결산출세액 중 각 연결법인에 귀속되는 금액(연결법인별 법인지방소득세 산출세액)은 과세표준개별귀속액(법인세에서 외국납부세액 공제받은 경우 해당 연결법인의 과세표준 개별귀속액에서 외국법인세액을 차감한 후의 금액)에 연결세율을 곱하여 계산한 금액에 양도소득 및 미환류소득에 대한 법인지방소득세를 가산하여 구한다(지법 제103조의35 제4항, 지령 제100조의23 제6항).

나) 결손금 공제 정산 시

(1) 개요

연결법인 간 과세형평성을 제고하기 위해 법인세법에서는 2023. 12. 31. 법인세법을 법률 제19930호로 일부개정하면서 결손금 공제 정산 시 연결법인별 법인세 산출 등에 관한 규정을 신설하였는바 이는 2024. 1. 1.부터 연결자법인의 정의가 종전 연결모법인의 완전지배를 받는 연결법인에서 연결모법인의 연결지배(연결모법인이 해당 연결법인의 발행주식총수 등 90% 이상 보유)를 받는 연결법인으로 변경됨에 따라 연결법인 주주에 소수주주가 존재할 수 있게 된바 연결법인 중 결손법인이 있는 경우 그 결손금을 연결납세방식에 따라 통산하면 그 결손법인은 향후 공제받을 결손금이 감소하여 법인세 부담이 증가할 수 있고 이에 따라 기업가치가 하락하여 결국 그 결손법인의 소수주주는 손실을 입을 수 있게 되는바 연결법인 주주 등의 이익을 보호하기 위하여 다른 연결법인의 결손금을 이전받은 연결법인에 대한 연결법인별 산출세액은 해당 결손금을 이전받기 전의 소득금액 등을 기초로 과세표준 및 세율을 조정하여 계산한 금액으로 하며, 다른 연결법인에 결손금을 이전한 연결법인에 대한 연결법인별 산출세액은 해당 결손금을 이전하기 전과 후의 세액 차이에 결손금 이전 비율을 곱하여 계산한 금액으로 하는 등 연결집단에서 결손 발생 시 각 연결법인 간에 결손금 이전에 따른 손실의 배분·정산 근거를 마련한 것이다{지령(2025. 4. 29. 대통령령35477호로 일부개정된 것) 제정·개정 이유}.

법인지방소득세의 경우 2025. 4. 29. 지방세법 시행령을 대통령령 제35477호로 일부개정하면서 해당 법인세 규정과 동일한 구조의 관련 규정들을 신설하였는바 해당 규정은 2025. 4. 29. 이후 법인지방소득세 과세표준을 신고하는 경우부터 적용한다. 이하에서 해당 규정들을 자세히 살펴본다.

(2) 결손금을 공제한 연결법인

연결자법인의 해당 연결사업연도 소득금액에 다른 연결법인의 결손금이 합하여진 경우 혹은 연결소득 개별귀속액에서 다른 연결법인의 결손금이 공제된 경우의 연결법인(결손금을 공제한 연결법인)의 연결법인별 산출세액은 다음의 계산식에 따라 계산한 금액으로 한다. 이때 토지등의 양도소득 또는 미환류소득에 대한 법인지방소득세가 있는 경우 이를 가산한다(지령 제100조의23 제7항 제1호).

> A × (B ÷ C) = 연결법인별 연결조정 과세표준 상당액[*1)] × 조정연결세율[62)]
>
> A: 각 연결법인별 조정 법인지방소득세 과세표준 상당액{법인세법 제76조의14 제1항에 따라 계산한 각 연결법인별 소득에서 지방세법 제103조의34 제1항에 따라 각 연결사업연도 법인지방소득세 과세표준 계산 시 공제한 결손금(해당 법인에서 발생한 결손금으로서 해당 법인의 소득에서 공제한 금액으로 한정한다), 비과세소득, 소득공제액 및 같은 조 제2항에 따라 각 연결사업연도 법인지방소득세 과세표준 계산 시 차감한 외국법인세액을 차감한 금액을 말한다.}
>
> B: 조정 법인지방소득세 연결산출세액(각 연결법인별 조정 법인지방소득세 과세표준 상당액의 합계액에 표준세율을 적용하여 계산한 금액을 말한다)
>
> C: 조정 법인지방소득세 과세표준 상당액(각 연결법인별 조정 법인지방소득세 과세표준 상당액의 합계를 말한다)
>
> *) 연결법인별 연결조정 과세표준 상당액: 각 연결법인의 연결조정 후 소득 − 각 연결법인의 연결조정 후 소득에서 공제된 해당 법인의 이월결손금등
> **) 연결조정 과세표준 상당액: 연결법인별 연결조정 과세표준상당액의 합계액
> ***) 조정 연결산출세액: 연결조정 과세표준상당액에 표준세율을 적용하여 계산된 금액
> ****) 조정 연결세율: 조정 연결산출세액 ÷ 연결조정 과세표준상당액

(3) 결손금을 지급한 연결법인

연결자법인의 해당 연결사업연도 결손금이 다른 연결법인의 소득금액에 합하여진 경우 혹은 연결자법인의 결손금이 다른 연결법인의 연결소득 개별귀속액에서 공제된 경우의 연결법인(결손금을 지급한 연결법인)의 연결법인별 산출세액은 다음의 계산식에 따라 계산한 금액으로 한다. 이때 토지등의 양도소득 또는 미환류소득에 대한 법인지방소득세가 있는 경우 이를 가산한다(지령 제100조의23 제7항 제2호).

62) 일반적인 경우 연결법인별 산출세액은 과세표준개별귀속액에 연결세율을 곱하여 구한다(지령 제100조의23 제6항).

$$D \times (E \div F) = (\text{연결산출세액} - \text{조정 연결산출세액}) \times \frac{\text{해당 연결법인의 결손금}}{\text{연결법인 전체 결손금}}$$

D: 결손금 조정세액(법인지방소득세 연결산출세액에서 지방세법 시행령 제100조의23 제7항 제1호의 계산식 B에 해당하는 금액을 차감한 금액을 말한다)
E: 각 연결법인별 결손금 공제액(법인세법 제76조의14 제1항에 따라 다른 연결법인의 소득금액에 합쳐진 결손금과 지방세법 제103조의34 제1항에 따라 다른 연결법인의 법인세법 시행령 제120조의17 제4항에 따른 연결소득개별귀속액에서 공제된 결손금의 합계액을 말한다)
F: 총 결손금 공제액(각 연결법인별 결손금 공제액을 모두 더한 금액을 말한다)

(4) 결손금 공제, 지급이 동시에 이루어진 연결법인

결손금 공제, 지급이 동시에 이루어진 연결법인의 경우 연결법인별 산출세액은 위 (2)와 (3)의 합계이다(지령 제100조의23 제7항 제3호).

(5) 자법인을 완전지배하는 경우 혹은 주주의 동의를 받은 경우

이상의 결손금 공제 정산 시 연결법인별 산출세액 계산식에도 불구하고 다음 각 호의 어느 하나에 해당하는 경우에는 위 가) 일반적인 경우의 계산식을 적용한 금액을 연결법인별 산출세액으로 할 수 있다(지령 제100조의23 제8항).

- 연결모법인이 모든 연결자법인을 완전지배하는 경우
- 연결법인 외 주주의 동의를 확정신고기한 내에 받은 경우(주식총수 90% 이상 동의)

6) 세액공제 및 감면

지방세법에서 연결법인의 연결사업연도 소득에 대한 법인지방소득세의 세액공제 및 감면에 관한 사항은 지방세특례제한법에서 규정하도록 하고 있다(지법 제103조의36). 지방세특례제한법상 법인지방소득세 관련 세액공제 및 감면 규정은 인구감소지역 주민의 고용에 대한 세액공제 규정이 유일하며 자세한 사항은 본편 8장 세액공제 및 감면을 참고한다.

7) 가산세

연결법인은 내국법인에 대한 각 사업연도 소득에 대한 법인지방소득세의 기타가산세 규정을 준용하여 계산한 금액을 각 연결사업연도 소득에 대한 법인지방소득세에 더하여 기타가산세로 납부하여야 한다(지법 제103조의39).

8) 특별징수세액

연결법인 과세표준 및 세액 신고 시 특별징수세액은 아래와 같이 기재하는데 이는 지방자치단체 간 특별징수세액 정산을 위한 것으로 정산 관련 자세한 것은 본편 18장 라. 특별징수세액 기재 및 특별징수명세서 부분을 참고한다.

연결법인 신고서 상 특별징수세액 기재 방법(지칙 별지 제44호 서식)

1) 「연결집단 전체의 특별징수납부세액 합계 〉 연결집단 전체의 총부담세액 합계」인 경우
   - 모법인의 지점 및 자법인의 본 · 지점의 특별징수납부세액 = 해당 납세지에 납부할 총부담세액
   - 모법인 본점의 특별징수납부세액 = 연결집단 전체의 특별징수납부세액 - 모법인 본점 외 사업장의 특별징수납부세액 합계
2) 「연결집단 전체의 특별징수납부세액 합계 ≦ 연결집단 전체의 총부담세액 합계」인 경우
   - 모법인의 지점 및 자법인의 본 · 지점의 특별징수납부세액=

$$\text{연결집단 전체의 특별징수납부세액} \times \frac{\text{해당 납세지의 총부담세액}}{\text{연결집단 전체의 총부담세액}}$$

   - 모법인 본점의 특별징수납부세액 =
     연결집단 전체의 특별징수납부세액 - 모법인 본점 외 사업장의 특별징수납부세액 합계
3) 위 1)~2)에도 불구하고 각 연결법인별 특별징수세액을 각 연결법인별 안분율에 따라 안분계산하여 납세지별 기납부세액으로 적을 수 있습니다.
4) 수정신고하는 경우 특별징수세액의 총액이 변경되지 않은 경우에는 확정신고 시 적은 기납부세액과 동일한 금액을 적습니다.

9) 연결법인세액 정산

법인지방소득세 연결산출세액이 없는 경우로서 다음 각 호의 어느 하나에 해당하는 경우에는 각 연결법인의 결손금 이전에 따른 손익을 정산한 금액(이하 "정산금"이라 한다)을 해당 호에서 정하는 바에 따라 연결법인별로 배분하여야 한다(지법 제103조의37 제7항).

구분1	구분2	정산금 계산	지급
제1호	연결자법인의 해당 연결사업연도 소득금액에 다른 연결법인의 결손금이 합하여진 경우 혹은 연결소득 개별귀속액에서 다른 연결법인의 결손금이 공제된 경우	결손금 공제 정산 시 결손금을 공제한 법인의 연결법인별 산출세액 계산 방법과 동일, 위 (2) 참고	연결자법인이 확정신고기한까지 연결모법인에 지급

구분1	구분2	정산금 계산	지급
제2호	연결자법인의 해당 연결사업연도 결손금이 다른 연결법인의 소득금액에 합하여진 경우 혹은 결손금이 다른 연결법인의 연결소득 개별귀속액에서 공제된 경우	결손금 공제 정산 시 결손금을 지급한 법인의 연결법인별 산출세액 계산 방법과 동일, 위(3) 참고	연결모법인이 확정신고기한까지 연결자법인에 지급

10) 중소기업 관련 규정의 적용

법인세법 제76조의22에서 각 연결사업연도 소득에 대한 법인세액을 계산할 때 연결집단을 하나의 내국법인으로 보아 그 연결집단이 중소기업에 해당하는 경우에는 법인세법 및 조세특례제한법상 중소기업에 관한 규정을 적용하도록 하고 있는데 이 경우 법인지방소득세도 법인세법 제76조의22 규정을 준용한다(지법 제103조의40).

11) 예제

연결법인별 법인지방소득세 납부하여야 할 세액은 연결법인별 법인지방소득세 산출세액을 산출하고 그 산출세액에 지방자치단체별 안분율을 곱한 금액에서 기납부세액을 공제하여 구한다. 아래 예제를 통해 연결법인별 납부하여야 할 세액을 구하는 방법을 구체적으로 살펴보자.

국세청이 아래와 같이 연결법인 신고자료를 통보하였다고 하였을 때 A자치단체에 납부하여야 할 세액을 구하라(외국법인세액 과세표준 차감은 없다고 가정, 기납부세액은 총부담세액비율로 신고).

구분	연결집단 계	모법인	자법인1	자법인2
과세표준개별귀속액	16억	10억	5억	1억
특별징수세액	160만원	100만원	50만원	10만원
미환류소득에 대한 법인세	10억	10억	-	-
기타가산세(법인세)	1억	1억	-	-
A 지방자치단체 안분율	-	10% (모법인 지점)	1%	-

답 : 12,715,037

답에 대한 해설은 다음과 같다.

구분1	구분2	계산 방법	계산 값
①	각 연결사업연도 소득에 대한 과세표준	연결법인별 법인세 과세표준개별귀속액 - 외국법인세액 과세표준 차감액의 합	10억 + 5억 + 1억 = 16억
②	각 연결사업연도 소득에 대한 연결 산출세액	각 연결사업연도 소득에 대한 과세표준 × 표준세율	①값 × 1.9% - 200만원 = 28,400,000
③	연결세율	$\frac{\text{각 연결사업연도소득에 대한 연결산출세액}}{\text{각 연결사업연도소득에 대한 과세표준}}$	② ÷ ① = 0.01775
④	모법인의 각 연결사업연도 소득에 대한 연결법인별 법인지소 산출세액	(과세표준개별귀속액 - 외국법인세액 과세표준 차감액) × 연결세율	10억 × ③ = 17,750,000원
⑤	자법인1의 각 연결사업연도 소득에 대한 연결법인별 법인지소 산출세액	(과세표준개별귀속액 - 외국법인세액 과세표준 차감액) × 연결세율	5억 × ③ = 8,875,000원
⑥	모법인의 A자치단체 산출세액	(과세표준개별귀속액 - 외국법인세액 과세표준 차감액) × 연결세율 × 안분율 + 토지등양도소득 및 미환류소득에 대한 대한 법인지방소득세 × 안분율	④ × 10% + 10억 × 10% × 10% = 11,775,000원
⑦	자법인1의 A자치단체 산출세액	(과세표준개별귀속액 - 외국법인세액 과세표준 차감액) × 연결세율 × 안분율 + 토지등양도소득 및 미환류소득에 대한 대한 법인지방소득세 × 안분율	⑤ × 1% = 88,750
⑧	A자치단체 산출세액	연결법인 전체의 A자치단체 산출세액의 합	⑥ + ⑦ = 11,863,750
⑨	모법인의 A자치단체 기타가산세액	모법인 기타가산세액 × 안분율	1억 × 10% × 10% = 1,000,000
⑩	모법인의 A자치단체 총부담세액	총부담세액 = {각 연결사업연도 소득에 대한(산출세액 - 공제감면세액 + 가산세액 + 추가납부세액)} + {토지등양도소득에 대한(산출세액 + 가산세액 - 공제감면세액)} + 미환류소득에 대한 (산출세액 + 가산세액 + 이자상당액)}	⑥ + ⑨ = 12,775,000
⑪	자법인1의 A자치	총부담세액 = {각 연결사업연도 소득에 대한	⑦ = 88,750

구분1	구분2	계산 방법	계산 값
	단체 총부담세액	(산출세액 - 공제감면세액 + 가산세액 + 추가납부세액)} + {토지등양도소득에 대한(산출세액 + 가산세액 - 공제감면세액)} + 미환류소득에 대한 (산출세액 + 가산세액 + 이자상당액)}	
⑫	연결집단의 총부담세액(특징세액 산정용)	총부담세액 계산 방법은 ⑪의 계산 방법 구조와 동일하니 이를 참고, 이때 각 연결사업연도 소득에 대한 연결산출세액 = 각 연결사업연도 소득에 대한 연결법인별 산출세액 합	② + 10억 × 10%(미환류소득에 대한 법인지소) + 1억 × 10%(기타가산세) = 138,400,000
⑬	모법인의 A자치단체 특별징수세액	연결집단전체의 특별징수납부세액 $\times \frac{\text{해당 납세지의 총부담세액}}{\text{연결집단전체의 총부담세액}}$	160만원 × ⑩ ÷ ⑫ = 147,687
⑭	자법인1의 A자치단체 특별징수세액	연결집단전체의 특별징수납부세액 $\times \frac{\text{해당 납세지의 총부담세액}}{\text{연결집단전체의 총부담세액}}$	160만원 × ⑪ ÷ ⑫ = 1,026
⑮	A자치단체에 납부하여야 할 세액	연결법인별 A자치단체에 납부할 총부담세액의 합 - 연결법인별 A자치단체 기납부세액의 합	⑩ + ⑪ - ⑬ - ⑭ = 12,715,037

가) 각 연결사업연도 소득에 대한 과세표준

각 연결사업연도 소득에 대한 과세표준은 연결모법인 및 자법인의 법인세 과표 개별귀속액의 합이므로 16억(= 10억 + 5억 + 1억)이 각 연결사업연도 소득에 대한 과세표준이 된다.

나) 각 연결사업연도 소득에 대한 연결산출세액

각 연결사업연도 소득에 대한 연결산출세액은 각 연결사업연도 소득에 대한 과세표준에 표준세율을 적용하여 구하므로 28,400,000원(= 16억 × 1.9% - 200만원)이 된다.

다) 연결세율

연결세율은 각 연결사업연도 소득에 대한 연결산출세액에서 각 연결사업연도 소득에 대한 과세표준을 나누어 구하므로 0.01775($= \frac{28,400,000}{1,600,000,000}$)가 된다.

라) 각 연결사업연도 소득에 대한 연결법인별 법인지방소득세 산출세액

(1) 모법인의 각 연결사업연도 소득에 대한 연결법인별 법인지방소득세 산출세액

각 연결사업연도 소득에 대한 연결법인별 법인지방소득세 산출세액은 연결법인별 과세표준개별귀속액(외국법인세액 차감 후)에 연결세율을 곱하여 구하므로 모법인의 해당 세액은 10억(모법인 법인세 과세표준개별귀속액) × 0.01775(연결세율) = 17,750,000원이다.

(2) 자법인1의 각 연결사업연도 소득에 대한 연결법인별 법인지방소득세 산출세액

위 (1)과 같은 방법으로 계산하면 자법인1의 해당 세액은 8,875,000(= 5억 × 0.01775)원이다.

마) A 지방자치단체 산출세액

(1) 모법인의 A자치단체 산출세액

모법인의 A자치단체 각 연결사업연도 소득에 대한 산출세액은 모법인의 각 연결사업연도의 소득에 대한 연결법인별 법인지방소득세 산출세액에 모법인의 A자치단체 안분율을 곱하여 구하므로 1,775,000(= 17,750,000×10%)원이고 모법인의 A자치단체 미환류소득에 대한 산출세액은 해당 법인세액 10억의 10%인 1억에 해당 안분율을 곱하여 1천만원(= 1억 × 10%)이 된다. 그리고 모법인의 A자치단체 산출세액은 그 둘의 합인 11,775,000원(1천만원 + 1,775,000)이 된다.

(2) 자법인1의 A자치단체 산출세액

자법인1의 A자치단체 각 연결사업연도 소득에 대한 산출세액은 자법인1의 각 연결사업연도 소득에 대한 연결법인별 법인지방소득세 산출세액에 자법인1의 A자치단체 안분율을 곱하여 구하므로 88,750(= 8,875,000 × 1%)원이다. 미환류 및 토지 등 양도소득에 대한 법인세가 없으므로 해당 금액이 자법인1의 A자치단체 산출세액이 된다.

(3) A자치단체 산출세액

모법인과 자법인1의 A자치단체 산출세액의 합계가 A자치단체 산출세액이 되므로 해당 금액은 11,863,750(= 11,775,000 + 88,750)원이다.

바) 모법인의 A자치단체 기타가산세액

기타가산세는 법인세 가산세액의 10%가 법인지소 기타가산세액이 된다. 또한, 모법인에 기타가산세가 있으므로 해당 세액에 모법인의 A자치단체 안분율을 곱하여 모법인의 A자치단체 기타가산세액을 구한다. 따라서 해당 금액은 백만원(1억 × 10% × 안분율 10%)이 된다.

사) A자치단체 총부담세액

총부담세액은 다음과 같이 구한다.

{각 연결사업연도 소득에 대한(산출세액 - 공제감면세액 + 가산세액 + 추가납부세액)} + {토지등양도소득에 대한(산출세액 + 가산세액 - 공제감면세액)} + 미환류소득에 대한(산출세액 + 가산세액 + 이자상당액)}

A자치단체 총부담세액은 이하의 모법인 A자치단체 총부담세액과 자법인1 A자치단체 총부담세액의 합(12,863,750)이다.

(1) 모법인의 A자치단체 총부담세액

모법인은 A자치단체에 납부할 각 연결사업연도 소득 및 미환류소득에 대한 법인세, 기타가산세가 있으므로 해당 총부담세액은 다음과 같다.

11,775,000(모법인의 A자치단체 각 연결사업연도 소득 및 미환류소득에 대한 산출세액) + 1,000,000(모법인의 A자치단체 기타가산세액) = 12,775,000원

(2) 자법인1의 A자치단체 총부담세액

자법인1은 A자치단체 관련 각 연결사업연도 소득에 대한 산출세액만 있으므로 해당 금액 88,750원이 해당 총부담세액이 된다.

아) A자치단체 특별징수세액

연결법인은 총부담세액비율 혹은 안분율 기준으로 특별징수세액을 신고할 수 있다. 예제에서는 신고 기준을 총부담세액비율 기준으로 한다고 하였으나 이하에서는 두 가지 기준으로 했을 때 각각의 특별징수세액을 모두 구해보도록 한다.

(1) 총부담세액비율로 특별징수세액을 신고하는 경우

총부담세액비율로 특별징수세액을 신고하는 경우 특별징수세액은 다음과 같다.

$$\text{연결집단전체의 특별징수납부세액} \times \frac{\text{해당 납세지의 총부담세액}}{\text{연결집단전체의 총부담세액}}$$

(가) 모법인의 A자치단체 특별징수세액

① 연결집단전체의 특별징수납부세액

100만원(모법인) + 50만원(자법인1) + 10만원(자법인2) = 160만원

② 모법인의 A자치단체 총부담세액

11,775,000(모법인의 A자치단체 각 연결사업연도 소득 및 미환류소득에 대한 산출세액) + 1,000,000(모법인의 A자치단체 기타가산세액) = 12,775,000원

③ 연결집단전체의 총부담세액

각 연결사업연도 소득에 대한 연결산출세액 28,400,000 + 법인 전체 미환류소득에 대한 법인지소 100,000,000 + 법인 전체 기타가산세 10,000,000원 = 138,400,000원

④ 모법인의 A자치단체 특별징수세액

160만원 × (11,775,000 + 1,000,000)/(28,400,000 + 100,000,000 + 10,000,000) = 147,687

(나) 자법인1의 A자치단체 특별징수세액

① 연결집단전체의 특별징수납부세액

100만원(모법인) + 50만원(자법인1) + 10만원(자법인2) = 160만원

② 자법인1의 A자치단체의 총부담세액

88,750

③ 연결집단전체의 총부담세액

각 연결사업연도 소득에 대한 연결산출세액 28,400,000 + 법인 전체 미환류소득에 대한 법인지소 100,000,000 + 법인 전체 기타가산세 10,000,000원 = 138,400,000원

④ 자법인1의 특별징수세액

160만원 × 88,750/(28,400,000 + 100,000,000 + 10,000,000)=1,026

(다) A자치단체 특별징수세액

147,687 + 1,026=148,713

(2) 안분율로 특별징수세액을 신고한 경우

(가) 모법인의 A자치단체 특별징수세액

100만원 × 10%=10만원

(나) 자법인1의 A자치단체 특별징수세액

50만원 × 1%=5,000

자) A자치단체에 납부하여야 할 세액

(1) 모법인의 A자치단체에 납부하여야 할 세액

12,775,000(모법인의 A자치단체 총부담세액) − 147,687(모법인의 특별징수세액) = 12,627,313

(2) 자법인1의 A자치단체에 납부하여야 할 세액

88,750(자법인1의 A자치단체 총부담세액) − 1,026(자법인1의 특별징수세액) = 87,724

(3) A자치단체에 납부하여야 할 세액(모법인이 신고납부하므로 납세자는 모법인)

위 (1)과 (2)의 합이 A자치단체에 납부하여야 할 세액 되므로 해당 세액은 12,627,313 + 87,724 = 12,715,037이다.

18 특별징수세액 정산 및 환급

가. 특별징수 개요

지방세관계법에서의 특별징수란 국세의 원천징수와 같은 의미인데 지방세에서 원천징수의 용어만 바꾸어 차용한 것으로 지방세를 편의상 징수할 여건이 좋은 자로 하여금 징수 및 납부하게 하는 것을 말한다. 이때의 징수 및 납부의무가 있는 자를 특별징수의무자라 하며 특별징수의무자는 지방세법에 따른 납부의무가 있는 납세의무자와는 구분된다. 즉, 납세의무자의 지방세법상 납부의무에 대해 관련 세금을 납세의무자로부터 징수하여 대신 납부하는 것이 특별징수의무자인 것이다. 한편, 특별징수의무자와 납세의무자를 합쳐 납세자라 한다(지기법 제2조 제1항 제11호, 12호, 20호, 21호). 지방세법에서는 내국법인에 이자소득 혹은 배당소득을 지급하는 자가 법인지방소득세 특별징수세액을 특별징수하도록 규정하고 있다(지법 제103조의29 제1항). 이때의 납세의무자는 이자소득 혹은 배당소득을 지급받는 내국법인이며 특별징수의무자는 이자소득 혹은 배당소득을 지급하는 자이고 납세자는 그 둘이 된다.

나. 특별징수 납세지

법인지방소득세 특별징수세액의 납세의무자는 법인이지만 납세자인 특별징수의무자는 개인과 법인 모두가 될 수 있는바 특별징수의무자가 개인인 경우의 법인지방소득세 특별징수세액 납세지는 그 개인이 거주자인 경우는 주된 사업장 소재지[63]가 되며 비거주자인 경우는 주된 국내사업장 소재지[64]가 된다. 특별징수의무자가 법인인 경우의 납세지는 원천징수의무자의 본점, 주사무소 소재지이다[65](지법 제89조 제1항 제2호, 법법 제9조 제4항). 한편, 법인세의 원천징수사무를 본점 또는 주사무소에서 일괄처리하는 경우[66]는 그 소득의 지급지가 납세지가 된다(지법 제89조 제3항 제4호). 특별징수의무자가 금융기관인 경우 일반적으로 원천징수사무를 단일프로그램에 의하여 본점에서 일괄처리하므로 대부분의 경우 법인지방

63) 주된 사업장 외의 사업장에서 원천징수를 하는 경우에는 그 사업장 소재지, 사업장이 없는 경우는 그 거주자의 주소지 또는 거소지

64) 주된 국내사업장 외의 사업장에서 원천징수 하는 경우는 그 국내사업장의 소재지, 국내사업장이 없는 경우는 그 비거주자의 거류지 또는 체류지

65) 본점이나 주사무소가 소재하지 않는 경우에는 사업의 실질적 관리장소, 법인으로 보는 단체의 경우 사업장 소재지 등 확정신고 납세지와 동일

66) "원천징수사무를 본점 등에서 일괄처리하는 경우"라 함은 법인세법 시행령 제7조 제1항에 따라 각 지점 등이 독립채산제에 의한 독자적 회계처리를 하고 그 지점 등이 지급하는 소득에 대한 원천징수세액을 본점·주사무소에서 일괄계산하여 본점·주사무소의 소재지 관할 세무서장에게 신고·납부하는 경우라 할 수 있다(지방세정책과-98, 2014. 12. 1.).

소득세 특별징수납세지는 그 소득의 지급지가 된다. 반면, 금융업을 업으로 하지 않는 특별징수의무자가 법인에 이자를 지급하는 경우(비영업대금의 이익의 경우) 일반적으로 원천징수사무를 일괄적으로 처리하지 아니하므로 대부분의 경우 법인지방소득세 특별징수납세지는 본점, 주사무소, 주된 사업장 소재지 등이 된다.

이상의 법인지방소득세 특별징수세액 납세지를 정리하면 다음과 같다.

<table>
<tr><th colspan="2">특별징수의무자</th><th>납세지</th><th>비고</th></tr>
<tr><td rowspan="2">개인</td><td>거주자</td><td>• 거주자의 주된 사업장 소재지. 다만, 주된 사업장 외의 사업장에서 원천징수를 하는 경우에는 그 사업장의 소재지,
• 사업장이 없는 경우: 그 거주자의 주소지 또는 거소지</td><td rowspan="3">비영업대금 이익에 대한 특별징수 대부분이 이에 속함.</td></tr>
<tr><td>비거주자</td><td>• 그 비거주자의 주된 국내사업장 소재지. 다만, 주된 국내사업장 외의 국내사업장에서 원천징수를 하는 경우에는 그 국내사업장의 소재지
• 국내사업장이 없는 경우: 그 비거주자의 거류지 또는 체류지</td></tr>
<tr><td colspan="2">법인</td><td>• 해당 법인의 본점 · 주사무소의 소재지. 다만, 국내에 본점이나 주사무소가 소재하지 않는 경우에는 사업의 실질적 관리장소의 소재지
• 법인으로 보는 단체의 경우 사업장 소재지 등 법인세 확정신고 납세지와 동일</td></tr>
<tr><td colspan="2">예외</td><td>• 법인세의 원천징수사무를 본점 또는 주사무소에서 일괄처리하는 경우 그 소득에 대한 지방소득세: 그 소득의 지급지</td><td>특별징수의무자가 금융기관인 경우 대부분이 이에 속함.</td></tr>
</table>

한편, 지방세법 제103조의62에서 특별징수세액을 공제할 때 확정신고 납세지와 특별징수 납세지가 다른 경우에는 특별징수납세지를 확정신고 납세지로 본다고 규정하고 있다(지법 제103조의62 제1항). 해당 규정은 특별징수 정산 관련 조항으로 이하에서 자세히 살펴본다.

다. 특별징수 정산 개요

이상에서 확인할 수 있는 바와 같이 법인지방소득세 확정신고 납세지와 법인지방소득세 특별징수 납세지는 다를 수 있다. 이자소득이 존재하는 어느 법인이 있을 때 일반적으로 그 법인의 법인지방소득세 확정신고 납세지는 그 법인의 사업장 소재지일 것이나 특별징수 납세지는 그 법인에 이자를 지급한 특별징수의무자의 본점, 주사무소 소재지 혹은 지급지 등이 되기 때문이다. 법인지방소득세 확정신고 납세지와 법인지방소득세 특별징수 납세지가 다를 경우 확정신고 시 특별징수세액 공제 혹은 환급 관련 문제가 발생할 수 있는바 그 문제는 아래 예시를 통해 살펴보고자 한다.

예시 이자를 지급받은 법인: A(사업장 소재지 지방자치단체: C시), 이자를 지급한 금융업 법인:B(지급지 소재지 지방자치단체: D시)인 경우

A법인이 확정신고 납세지인 C시에 법인지방소득세를 신고하면서 B법인에 의해 특별징수된 이자소득에 대한 특별징수세액을 산출세액에서 공제하고 납부하려고 한다고 가정해보자. 이때 C시에서는 A법인이 B법인을 통해 해당 특별징수된 특별징수세액을 D시에 납부하였을 뿐 C시에 납부한 적이 없으므로 해당 특별징수세액을 공제할 수 없는 문제가 발생한다. 즉, 확정신고 납세지(C시)와 특별징수 납세지(D시)가 다른바 과세권자가 상이하므로 납세의무자가 확정신고 시에 특별징수세액을 공제받지 못하는 문제가 발생하는 것이다. 따라서 A법인은 D시에는 특별징수세액만큼 환급신청하고 C시에는 공제받지 못한 특별징수세액만큼 추가적으로 납부할 수밖에 없게 된다. 그런데 납세자가 D시에 환급신청한다고 하더라도 D시가 해당 환급신청을 검토하는 시간이 필요하므로 바로 환급금이 지급되는 것이 아닌데 C시에는 확정신고기한까지 납부해야 하는바 A법인에 자금 유동성 문제 등이 발생할 수 있게 되고 신고 불편 등을 초래하게 된다.

이러한 문제를 해결하고자 2015. 12. 29. 지방세법을 법률 제13636호로 일부개정하면서 지방세법 제103조의62를 신설하여 특별징수세액을 공제할 때 법인지방소득세 확정신고 납세지와 특별징수 납세지가 다른 경우 그 특별징수 납세지를 확정신고 납세지로 보도록 하여 법인의 신고 불편 등의 문제를 해소하였으며 특별징수 납세지 지방자치단체에서 해당 특별징수세액을 감액하여 본점 소재지 지방자치단체에 지급(정산)하도록 하고 그 본점 소재지 지방자치단체에서는 안분율 대로 지점 소재지 지방자치단체에 특별징수세액을 지급(배분)하고 법인에 특별징수세액을 일괄 환급하도록 규정하면서 특별징수세액 정산제도를 마련하였다(지법 제103조의62).

또한, 2016년에 지방세법 제103조의62 제5항에 따라 정산제도를 구체화하고자 지방자치단체 간 정산 관련 협약을 체결하였고(효력 기간: 2016. 1. 1.~2016. 12. 31.) 협약 효력 기간이 만료된 뒤 2017년에 협약서를 갱신하여(효력 기간: 체결일~2017. 12. 31., 협약서 변동 사항 없을 경우 자동 갱신) 현재까지 이어져 오고 있다.

법인지방소득세 특별징수세액 지방자치단체 정산업무 처리 요령(2016. 8. 30. 1차 개정)

○ 특별징수세액이 1만원 이하인 경우 업무처리 특례

법인의 특별징수세액 총액이 1만원 이하인 경우에는 정산대상에서 제외하고, 법인이 이를 환급을 신청하는 경우 본점소재지 지자체에서 이를 전액 부담하여 지급

○ 연결법인의 정산

① 연결법인의 정산은 연결모법인의 본점소재지 지자체가 특별징수지 지자체로부터 특별징수세액 전액을 입금받아서 연결모법인의 각 사업장 및 연결자법인의 본점과 각 지점 지자체에 배분

② 연결집단 전체의 특별징수세액이 연결집단 전체의 총부담세액을 초과하는 경우 정산금액 배분 전 연결모법인의 본점소재지 지자체에서 연결모법인 본점에게 일괄 환급

③ 단, 연결모법인 본점에 환급세액을 합산하여 신고하지 않고 각 사업장별로 환급세액을 신고한 경우는 연결모법인 본점에서 일괄환급하지 아니하고, 각 사업장 소재지별로 환급하며, 기납부세액으로 차감한 특별징수세액을 지자체간 정산 실시

④ 그 외 사항은 일반법인과 동일하게 정기정산 및 수시정산을 실시

라. 특별징수세액 기재 및 특별징수명세서

1) 특별징수세액 기재 요령

가) 일반법인

원래 확정신고 시 납세지별 특별징수세액에 기재하는 것은 실제로 납세지별로 납부한 특별징수세액이 돼야 하나 정산제도에 따라 법인지방소득세 특별징수세액을 공제할 때 특별징수 납세지는 확정신고 납세지로 보므로 특별징수세액을 법인지방소득세 안분율에 따라 계산한 금액을 납세지별 특별징수세액에 기재한다. 다만, 특별징수납부세액이 총부담세액을 초과하는 경우에는 지점의 특별징수세액에는 납세지별 총부담세액을 적고 본점의 특별징수세액에는 법인 전체의 특별징수세액에서 지점의 특별징수세액 합계를 차감한 금액을 적는데 이는 특별징수세액이 총부담세액을 초과하는 부분에 대해 본점 소재지 지방자치단체에서 일괄 환급하고 그 본점 소재지 지방자치단체에서 특별징수세액을 정산 후 안분율에 따라 특별징수세액을 각 지점에 배분하고자 하는 것이며 배분 후 지방자치단체별 법인지방소득세 특별징수세액 잔액은 각 지방자치단체별로 안분율에 따라 계산한 법인지방소득세 특별징수세액 금액과 같아지게 된다.

나) 연결법인

신고서 상 특별징수세액 기재 방법(지칙 별지 제43호 서식)

○ 총부담세액 ≥ 특별징수납부세액인 경우: 납세지별 안분율에 따라 안분한 특별징수납부세액을 적습니다.

○ 총부담세액 〈 특별징수납부세액인 경우:

- 지점의 특별징수납부세액: 해당 지점의 납세지별 총부담세액을 적습니다.
- 본점의 특별징수납부세액: 법인전체의 특별징수납부세액 중 지점의 기납부세액으로 적은 후의 잔여액을 적습니다.

○ 수정신고하는 경우로서 특별징수세액의 총액이 변경되지 않은 경우에는 확정신고 시 적은 기납부세액과 동일한 금액을 적습니다.

연결법인의 경우 원칙적으로는 연결모법인의 본점 소재지 지방자치단체에서 정산 및 환급하여야 하는바(지법 제103조의62 제2항, 제4항) 연결법인의 경우 특별징수세액이 총부담세액을 초과하는 경우는 모법인 본점이 환급하므로 자법인 본・지점 및 모법인 지점은 해당 납세지에 납부할 총부담세액을 기재하고 모법인 본점은 연결집단 전체의 특별징수세액에서 자법인 본・지점 및 모법인 지점의 특별징수세액의 합계를 차감한 금액을 기재한다. 총부담세액이 특별징수세액보다 크거나 같은 경우에는 총부담세액 비율로 기재한다. 한편, 이상의 기재 방법에도 불구하고 각 연결법인별 안분율에 따라 특별징수세액을 기재할 수 있다. 안분율에 따라 특별징수세액을 기재한 경우는 연결모법인에서 해당 세액을 일괄하여 환급하지 않고 각 사업장 소재지 지방자치단체별로 해당되는 세액을 환급한다(법인지방소득세 특별징수세액 지방자치단체 정산업무 처리요령 19p, 2016. 8. 30. 1차 개정).

연결법인 신고서 상 특별징수세액 기재 방법(지칙 별지 제44호 서식)

1) 「연결집단 전체의 특별징수납부세액 합계 〉 연결집단 전체의 총부담세액 합계」인 경우

- 모법인의 지점 및 자법인의 본・지점의 특별징수납부세액 = 해당 납세지에 납부할 총부담세액
- 모법인 본점의 특별징수납부세액 = 연결집단 전체의 특별징수납부세액 − 모법인 본점 외 사업장의 특별징수납부세액 합계

2) 「연결집단 전체의 특별징수납부세액 합계 ≤ 연결집단 전체의 총부담세액 합계」인 경우

- 모법인의 지점 및 자법인의 본・지점의 특별징수납부세액 =

$$\text{연결집단 전체의 특별징수납부세액} \times \frac{\text{해당 납세지의 총부담세액}}{\text{연결집단전체의 총부담세액}}$$

- 모법인 본점의 특별징수납부세액 =

연결집단 전체의 특별징수납부세액 - 모법인 본점 외 사업장의 특별징수납부세액 합계

3) 위 1)~2)에도 불구하고 각 연결법인별 특별징수세액을 각 연결법인별 안분율에 따라 안분계산하여 납세지별 기납부세액으로 적을 수 있습니다.
4) 수정신고하는 경우 특별징수세액의 총액이 변경되지 않은 경우에는 확정신고 시 적은 기납부세액과 동일한 금액을 적습니다.

법인지방소득세 특별징수세액 지방자치단체 정산업무 처리요령(2016. 8. 30. 1차 개정)

3) 연결법인의 정산

① 연결법인의 정산은 연결모법인의 본점소재지 지자체가 특별징수지 지자체로부터 특별징수세액 전액을 입금받아서 연결모법인의 각 사업장 및 연결자법인의 본점과 각 지점 지자체에 배분

② 연결집단 전체의 특별징수세액이 연결집단 전체의 총부담세액을 초과하는 경우 정산금액 배분 전 연결모법인의 본점소재지 지자체에서 연결모법인 본점에게 일괄 환급

③ 단, 연결모법인 본점에 환급세액을 합산하여 신고하지 않고 각 사업장별로 환급세액을 신고한 경우는 연결모법인 본점에서 일괄환급하지 아니하고, 각 사업장 소재지별로 환급하며, 기납부세액으로 차감한 특별징수세액을 지자체간 정산 실시

④ 그 외 사항은 일반법인과 동일하게 정기정산 및 수시정산을 실시

다) 수정신고 시 특별징수세액 기재 요령

법인지방소득세 과세표준 및 세액신고서 작성방법(지칙 제43호, 제44호 서식)을 보면 납세지별 기납부세액은 "수정신고하는 경우로서 특별징수세액의 총액이 변경되지 않은 경우에는 확정신고 시 적은 기납부세액과 동일한 금액을 적습니다."라고 기재하고 있으므로 해당 작성 요령에 따라 특별징수세액을 기재하여야 할 것이다. 참고로 해당 작성 요령은 수정신고 시 불필요한 재정산을 방지하기 위한 것이다.

2) 특별징수명세서 제출

가) 개요

특별징수의무자는 납세의무자별로 특별징수명세서(지칙 별지 제42호의4 서식)를 특별징수일이 속하는 해 다음 해 2월 말일[67]까지 특별징수의무자 소재지 관할 지방자치단체의 장에게 제출하여야 하여야 한다[68](지령 제100조의19 제2항). 이때 제출된 특별징수명세서로 정산 기

67) 특별징수의무자가 휴업, 폐업 및 해산한 경우에는 휴업, 폐업 및 해산일이 속하는 달 말일의 다음 날부터 2개월이 되는 날

68) 납세의무자가 외국법인인 경우도 이자, 배당소득에 대해서는 특별징수명세서 제출의무가 있다(2025년 행정안전부 지방소득세 실무해설집 340p).

초 자료가 구축되며 제출되지 아니하여도 특별징수명세서 제출 불이행에 따른 가산세 등은 부과되지 아니한다. 한편, 납세자는 특별징수세액 정산을 받고자 하면 특별징수명세서 혹은 특별징수영수증을 본점 소재지 관할 지방자치단체장에게 제출하여야 하는바 특별징수의무자가 특별징수명세서를 제출하지 아니한 경우 과세관청은 납세의무자에게 특별징수영수증을 요청하고 해당 특별징수영수증으로 특별징수세액 정산을 할 수 있을 것이다(지령 제100조의36 제3항).

나) 특별징수명세서와 특별징수세액명세서

특별징수명세서(영수증)[69]와 특별징수세액명세서(별지 제43호의5 서식)는 그 명칭이 비슷해 보이나 명백히 다른 것으로 특별징수명세서는 특별징수의무자가 특별징수명세를 작성한 것이고 특별징수세액명세서는 납세의무자인 법인이 확정신고 시 특별징수세액을 공제받고자 특별징수명세를 작성한 것이다.

한편, 원천징수의무자가 원천징수영수증을 발급할 때 법인지방소득세 특별징수액과 그 납세지 정보를 포함하여 발급하는 경우에는 법인지방소득세 특별징수영수증을 발급한 것으로 보는바 납세자는 정산 관련하여 특별징수명세서(영수증) 대신 원천징수명세서(영수증)를 제출할 수도 있을 것이다(지령 제100조의19 제4항).

69) 특별징수의무자가 납세의무자인 법인에게 교부한 것은 특별징수영수증이고 제출·보관용으로 작성한 것은 특별징수명세서이다.

마. 특별징수세액 정산 업무처리(공무원 실무자 전용)

1) 개요

특별징수 정산 및 배분 과정은 다음과 같다.

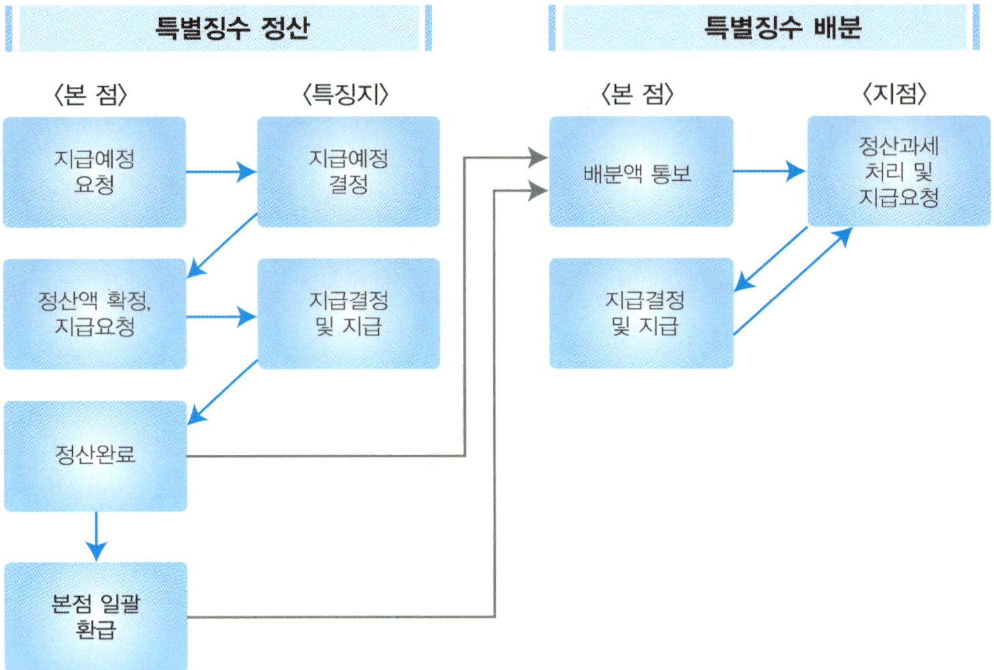

주의할 점은 어느 한 지방자치단체는 본점, 특징지, 지점 소재지로서의 역할을 각각 모두 수행해야 한다는 것이다. 왜냐하면 그 지방자치단체에 본점, 지점, 특별징수자인 법인이 모두 존재하기 때문이다.

2) 정산 및 배분(본점 소재지 지방자치단체)

정산 및 배분 시 본점 소재지 지방자치단체의 업무는 다음과 같다.

가) 지급예정요청

특별징수명세서, 특별징수세액명세서 등을 확인하여 정산 대상 자료들(정기신고분 자료들) 중 정산대장을 선정하고 그 대장을 바탕으로 지급예정자료를 생성한다. 그 후 특징지 지자체에 특별징수세액 지급예정요청서를 전산으로 통보하여 특별징수세액을 본점 소재지 지자체로 지급하여 줄 것을 요청한다.

이때 정산대장 선정은 본점 소재지 지자체로서 정산할 때 가장 중요한 부분으로 특별징수세액명세서가 아닌 특별징수명세서를 기준으로 정산 대장을 선정한다. 특별징수세액명세서는 납세의무자인 법인이 작성한 것이고 특별징수명세서는 특별징수의무자가 작성한 것이므로 특별징수명세서 내역을 더 신뢰할 수 있기 때문이다. 결론적으로 정산 대장 선정 시 특별징수세액명세서, 특별징수명세서를 상호 비교・대조하여 그 둘의 특별징수의무자별 특별징수세액 및 특별징수지가 일치하는지 확인한다. 그 둘의 내역이 일치하지 않거나 특별징수명세서가 존재하지 않는다면 납세자에게 특별징수명세서(영수증)를 요청한 후 제출된 특별징수명세서(영수증)를 검토하여 정산 대상으로 확인되면 정산대장에 반영한다. 이때 특별징수명세서(영수증) 대신 원천징수명세서(영수증)를 요청할 수 있다(지기법 제100조의19 제4항).

(1) 실무 Check

실무상 정산 자료 유형 구분과 그 유형에 따른 정산 대장 선정 등 처리 방법은 다음과 같다.

구분	처리방법
세액명세서 내역과 명세서 내역이 일치하는 경우	정산 대장 선정 후 정산 처리
세액명세서상 특별징수세액 < 명세서상 특별징수세액	• 세액명세서상 내역이 명세서상 내역에 전부 포함돼 있다면 명세서상 내역으로 정산 대장 선정 후 정산 처리 • 세액명세서상 내역이 명세서상 내역에 일부만 포함돼 있거나 전혀 포함돼 있지 아니한 경우는 납세자에게 제출된 명세서로 증빙이 안되는 특별징수세액 관련 특별징수명세서(영수증) 혹은 원천징수명세서(영수증) 요청하여 수령한 뒤 특별징수지 지자체에 해당 증빙 송부 후 정산 대장 선정 및 정산 처리
세액명세서상 특별징수세액 > 명세서상 특별징수세액	납세자에게 제출된 명세서로 증빙이 안되는 특별징수세액 관련 특별징수명세서(영수증) 혹은 원천징수명세서(영수증) 요청하여 수령한 뒤 특별징수지 지자체에 해당 증빙 송부 후 정산 대장 선정 및 정산 처리
특별징수 명세서 없는 경우	납세자에게 증빙이 안되는 특별징수세액 관련 특별징수명세서(영수증) 혹은 원천징수명세서(영수증) 요청하여 수령한 뒤 특별징수지 지자체에 해당 증빙 송부 후 정산 대장 선정 및 정산 처리
명세서와 세액명세서상 특별징수세액은 일치하나 특별징수지 혹은 특별징수의무자가 다른 경우	특별징수명세서상 특별징수지 혹은 특별징수의무자로 정산 대장 입력(특별징수세액명세서 수정) 후 정산 대장 선정 및 정산 처리

간혹 특별징수명세서도 올바르지 않은 경우가 있으므로 각 지자체의 특별징수 과세내역도 참고하여 정산 대장을 선정한다.

나) 정산액 확정, 지급요청

지급예정결과 자료를 받은 본점 소재지 지자체는 정산대상에 대하여 정산액을 확정하여 과세자료를 생성하고 특징지 지자체에 지급요청한다.

다) 본점일괄 환급(특별징수세액이 총부담세액 초과 시)

특징지 지자체의 정산액 지급 완료 후 법인이 신고한 환급세액을 본점 소재지 지자체에서 일괄 환급한다. 환급 시 체납된 징수금이 2건 이상인 경우에는 신고지 관할 지자체의 체납된 징수금 중 소멸시효가 먼저 도래하는 것부터 충당한다(지법 제103조의62 제4항).

라) 정산금액 확정 및 배분액 통보

지점 소재지 지자체에 배분할 세액(특별징수세액을 지점소재지 지자체별 안분율에 따라 계산한 금액)을 통보한다.

마) 배분액 지급결정

해당하는 배분액을 지급결정하고 지급한다.

3) 정산(특징지 지방자치단체)

정산 시 특징지 소재 지방자치단체의 업무는 다음과 같다.

가) 지급예정결정

특별징수명세서 등을 확인하여 지급요청 예정자료의 납세지, 정산금액 등이 올바른지 확인하고 정산 대상일 경우 지급예정결정 통보하고 정산제외 대상인 경우 사유를 등록하고 정산 제외 통보한다. 지급예정결정 대상 여부를 확인하는 방법은 위 본점 소재지 지자체의 지급예정요청 시 정산 대장 선정 방법과 같다.

나) 정산액 지급결정 및 지급

해당하는 정산액을 지급결정하고 본점 소재지 지자체에 입금한다.

4) 배분(지점 소재지 지방자치단체)

배분 시 지점 소재지 지방자치단체의 업무는 다음과 같다.

가) 정산과세처리 및 지급요청

배분액을 통보받는 경우 해당 배분액에 대해 정산과세처리하고 지급요청한다.

5) 특별징수세액이 1만원 이하인 경우 업무처리 특례

법인의 특별징수세액 총액이 1만원 이하인 경우에는 정산대상에서 제외하고, 법인이 이를 환급을 신청하는 경우 본점 소재지 지자체에서 이를 전액 부담하여 지급한다(법인지방소득세 특별징수세액 지방자치단체 정산업무 처리요령 17p, 2016. 8. 30. 1차 개정).

6) 실무 Check

가) 외국법인 특별징수세액 정산

지방세법 제103조의62 제1항에서 같은 법 제103조의23 제3항 제3호에 따라 특별징수세액을 공제할 때 정산하도록 규정하고 있는데 이때 그 제103조의23 제3항 제3호에 따른 특별징수세액이란 같은 법 제103조의29에 따른 특별징수세액으로 "내국법인"으로부터 법인세를 원천징수하는 경우에 대한 특별징수세액으로 규정하고 있는바 해당 규정을 문언해석하면 외국법인의 경우는 특별징수세액 정산 대상에서 제외된다는 것을 알 수 있다. 그러나 2023. 1. 31. 행정안전부가 지방세법 제103조의51 제1항에서 외국법인의 각 사업연도 소득에 대한 법인지방소득세의 신고・징수 등에 대해서 따로 규정하고 있지 아니한 사항에 대해서는 내국법인의 각 사업연도 소득에 대한 법인지방소득세의 신고・징수 등의 규정 및 법인세법의 규정을 준용하도록 하고 있으므로 외국법인의 특별징수세액도 정산 대상에 포함한다고 유권해석한바 각 지방자치단체는 이에 따라 운영하여야 할 것이다(지방소득소비세제과-263, 2023. 1. 31.).

한편, 외국법인의 이자, 배당소득 외 소득에 대한 특별징수세액은 정산대상에 포함되지 아니하고 특별징수명세서 제출 의무도 없다(2025년 행정안전부 지방소득세 실무해설집 353p).

외국법인 특별징수세액 정산 여부(지방소득소비세제과-263, 2023. 1. 31.)

〈질의〉 국내에 사업장이 1개 존재하는 외국법인의 특별징수 대상인 국내 원천 소득에 대하여 특별징수의무자의 신고지와 외국법인의 확정신고 시 사업장 소재지가 다른 경우, 이에 대한 환급지 질의

〈회신〉 외국법인의 특별징수세액 정산에 대해서는 내국법인과는 달리 「지방세법」에 별도로 규정을 두고 있지 않으나 같은 법 제103조의51에 따라 신고・납부・결정・경정 및 징수에 대하여는 제9절(외국법인의 각 사업연도의 소득에 대한 지방소득세)에서 규정하는 것을 제외하고는 제6절(내국법인의 각 사업연도의 소득에 대한 지방소득세) 및 「법인세법」 제97조를 준용하고 있으므로 외국법인도 「지방세법」 제6절에 따른 내국법인의 각 사업연도 소득 규정 및 이에 대한 보칙인 특별징수세액 정산에 대한 특례를 적용하여야 할 것입니다. 이를 종합하여 살펴보면, 외국법인도 내국법인과 같이 특별징수세액 납세지와 확정신고 납세지가 다를 경우 특별징수세액정산의 특례를 적

용하여 확정신고 당시의 납세지 관할 자치단체의 장에게 정산하여야 하고, 해당 외국법인의 법인지방소득세 확정신고에 따른 특별징수세액에 대한 환급 또한 확정신고할 때의 납세지 관할 지방자치단체의 장이 하여야 할 것으로 판단됩니다.

특별징수명세서 제출의무(2025년 행정안전부 지방소득세 실무해설집 340p)

○ 대상자 : 법인지방소득세 특별징수의무자

※ 납세자는 매년 확정신고시에 특별징수세액명세서를 사업장 관할 지방자치단체에 제출

○ 제출자료 : 내국법인 및 외국법인(국내원천)의 이자·배당소득을 특별징수 내역

19 결손금 소급공제

가. 개요

손금의 총액이 익금의 총액을 초과하는 경우 그 초과하는 금액을 결손금이라 하는데 그 결손금은 일반적으로 다음 사업연도로 이월하여 그 이월된 사업연도의 소득에서 공제하나 지방세법에서 일정 요건을 충족하는 법인에 대하여 그 결손금을 소급하여 직전 사업연도의 소득에서 공제하여 직전 사업연도[70]에 이미 납부한 법인지방소득세를 환급할 수 있도록 하고 있는데 이를 결손금 소급공제라 한다(지법 제103조의28 제1항).

나. 요건

1) 법인지방소득세 결손금 소급공제 요건

법인지방소득세 결손금 소급공제는 다음의 요건을 모두 충족하는 경우에 적용한다.

- 법인세법 혹은 조세특례제한법에 따라 법인세 결손금 소급공제 환급 신청을 하였을 것 (지법 제103조의28 제1항)
- 조세특례제한법 시행령 제2조에 따른 중소기업에 해당하는 법인일 것(법인세 집행기준 72-110-1)
- 결손금이 발생한 사업연도의 법인지방소득세 과세표준 신고기한까지 결손금 소급공제 환급신청을 하였을 것. 단 법인세에서 결손금소급공제 환급신청 시 법인지방소득세도

70) 2021. 12. 31.이 속하는 과세연도에 결손금이 발생한 경우는 직전 2개 과세연도(조특법 제8조의4), 이하 같음.

신청한 것으로 봄(지법 제103조의28 제2항).

- 결손금이 발생한 사업연도에 대한 법인지방소득세를 신고하였을 것(기한 내 신고 여부 무관)(지법 제103조의28 제4항)
- 직전 사업연도의 소득에 대한 법인지방소득세가 과세됐을 것(신고 혹은 부과됐을 것)(지법 제103조의28 제4항)

2) 법인세와 요건 비교

구분	법인세[71]	법인지방소득세	비고
1	-	법인세법에 따라 법인세 결손금 소급공제 환급 신청을 하였을 것	
2	중소기업에 해당할 것	중소기업에 해당할 것	해당 요건 관련 지방세법 규정은 없으나 1에 따라 해당 요건 적용되는 효과 있음.
3	결손금이 발생한 사업연도의 법인세 과세표준 신고기한까지 결손금 소급공제 환급신청	결손금이 발생한 사업연도의 법인지방소득세 과세표준 신고기한까지 결손금 소급공제 환급신청	법인세에서 결손금 소급공제 신청 시 법인지방소득세도 신청한 것으로 보므로 법인지방소득세의 경우 1을 만족하면 해당 요건은 자동으로 만족하게 됨.
4	결손금이 발생한 사업연도에 대한 법인세를 확정신고기한 내 신고하였을 것	결손금이 발생한 사업연도에 대한 법인지방소득세를 신고하였을 것	법인지방소득세는 기한 내 신고 여부 무관, 기한 후 신고 후 환급 적용 가능
5	직전 사업연도의 소득에 대한 법인세를 확정신고기한 내 신고하였을 것	직전 사업연도의 소득에 대한 법인지방소득세가 과세됐을 것	법인지방소득세는 신고 여부 무관, 수시분 부과 및 고지 후 환급 적용 가능

다. 환급세액

결손금 소급공제 환급세액은 다음 계산식에 따라 계산한 금액으로 한다(지령 제100조의18 제2항).

> 환급액 = 직전 사업연도 법인지방소득세 산출세액 - (직전 사업연도 과세표준 - 법인세법에 따라 소급공제를 받은 금액) × 직전 사업연도세율

71) 법인세 집행기준 72-110-1

다만, 한도액은 다음과 같다(지령 제100조의18 제1항).

환급액＝직전 사업연도 각 사업연도소득에 대한 산출세액－(직전 사업연도의 소득에 대한 법인지방소득세로 공제 또는 감면된 법인지방소득세액

이때 2021. 12. 31.이 속하는 과세연도에 결손금이 발생한 경우로 직전 2개 과세연도의 법인지방소득세 산출세액이 있는 경우에는 직전전 사업연도의 과세표준에서 결손금을 먼저 공제한다(지령 제100조의18 제3항).

라. 환급신청

결손금 소급공제 환급신청을 하고자 하는 법인은 법인지방소득세 확정신고기한까지 소급공제 법인지방소득세액 환급신청서(지칙 별지 제43호의9 서식)[72]를 제출하여야 한다. 법인세에서 결손금 소급공제 환급신청을 한 경우 법인지방소득세도 함께 신청한 것으로 본다(지법 제103조의28 제2항).

마. 환급결정 및 지급

납세지 관할 지방자치단체장이 결손금 소급공제 환급신청을 받은 경우 지체없이 환급결정하여 환급금을 충당 또는 지급하여야 한다. 이때 둘 이상의 지방자치단체에 사업장이 있는 법인이 결손금 소급공제 환급신청한 경우 각각의 사업장 소재지 지방자치단체장이 안분율(당해 사업연도 안분율)에 따라 계산한 환급액을 환급한다(지법 제103조의28 제3항).

바. 결손금 소급공제 추징

1) 개요

결손금 소급공제 환급을 받았으나 아래 중 어느 하나에 해당하는 경우 그 환급세액을 이월결손금이 발생한 사업연도의 법인지방소득세로 추징한다(지법 제103조의28 제5항). 이때 초과환급신고가산세나 초과환급분 납부지연가산세는 적용하지 아니하고 이자상당액은 가산한다(국세청 징세과-481, 2013. 4. 5.). 초과환급신고가산세, 초과환급분 납부지연가산세는 "지방소득세 과세표준 신고"를 하면서 환급받을 세액을 신고하여야 할 금액보다 많이 신고한 경우에 대한 것(지기법 제54조 제1항)이기 때문에 이 경우 적용하지 않는 것이다.

---

72) 직전 2개 과세연도에 대해 적용하는 경우는 환급특례신청서 제출(지칙 별지 제43조의10 서식)

• 결손금이 발생한 사업연도에 대한 법인지방소득세가 경정돼 결손금이 감소된 경우
• 직전 사업연도의 법인지방소득세가 경정돼 환급세액이 감소된 경우
• 중소기업에 해당하지 아니하였던 경우

> **결손금 소급공제 후 결손금 감소로 추가 납부 시 가산세 적용 여부**(국세청 징세과-481, 2013. 4. 5.)
>
> 〈질의〉 법인세법 제72조에 따라 결손금소급공제를 적용하여 환급받은 이후 결손금이 발생한 사업연도에 대한 법인세의 과세표준을 경정함에 따라 결손금이 감소된 경우 초과환급신고가산세 및 환급불성실가산세대상인지 여부
>
> 〈회신〉 귀 질의의 경우, 기획재정부 해석(기획재정부 조세정책과-270, 2013.3.21.)을 참고하시기 바랍니다.
>
> ○ 기획재정부 조세정책과-270, 2013. 3. 21. 「법인세법」 제72조에 따른 결손금 소급공제에 의한 환급을 적용받은 후 해당 결손금이 발생한 사업연도에 대한 법인세의 과세표준과 세액을 경정함으로써 결손금이 감소된 경우에는 같은법 시행령 제110조 제4항에 따라 계산한 법인세액에 같은 조 제5항에 따른 이자상당액을 가산한 금액을 해당 결손금이 발생한 사업연도의 법인세로 징수하는 것입니다.

2) 결손금이 감소된 경우 추징세액 계산

결손금이 감소된 경우 결손금 소급공제 추징에 따른 추징액은 다음 계산식에 따라 계산한 금액으로 한다. 이 경우 결손금 중 일부 금액만을 소급공제받은 경우에는 소급공제받지 않은 결손금이 먼저 감소된 것으로 본다(지령 제100조의18 제6항).

$$\text{당초환급세액} \times \frac{\text{감소된 결손금액으로서 결손금소급공제받지 않은 결손금을 초과하는 금액}}{\text{소급공제결손금액}}$$

3) 이자상당액

결손금 소급공제 추징 시 다음 계산식에 따라 계산한 금액을 이자상당액으로 가산하여 징수한다. 다만, 납세자가 개인지방소득세액을 과다하게 환급받은 데 정당한 사유가 있는 경우 대통령령으로 정하는 이자율은 연 1천분의 31을 적용한다(지령 제100조의18 제7항, 국기칙 제19조의3)

> 추징세액 ×일수(당초 환급세액 통지일의 다음 날부터 추징세액 고지일) × 대통령령으로 정하는 이자율(10만분의 22)

사. 실무 check

1) 현년도 분으로 환급 및 추징

결손금 소급공제에 따른 환급은 직전 사업연도의 법인지방소득세를 환급하지 않고 결손금이 발생한 사업연도의 법인지방소득세로 환급한다(2025년 행정안전부 지방소득세 실무해설집 99p). 따라서 직전 사업연도 법인지방소득세에 체납분 납부지연가산세가 가산됐고 그 이후 결손금 소급공제 환급이 발생했을 때 결손금 소급공제 환급에 따라 해당 가산세가 감액되지 아니한다.

참고로 결손금 소급공제 관련 국세청 통보자료는 직전 사업연도의 환급자료(추징의 경우 부과자료)의 형태로 통보된다. 이때 법인지방소득세 결손금 소급공제에 따른 환급세액(추징세액)은 법인세 환급(고지)세액의 10%이다(이하의 3) 참고).

2) 환급지

결손금 소급공제 시 환급지는 직전연도의 납세지가 아니라 현년도의 납세지이다. 즉, 현년도 귀속 사업연도 종료일 당시 법인세법에 따른 납세지 등에서 환급한다.

> **현년도분으로 환급(2025년 행정안전부 지방소득세 실무해설집 99p)**
> 결손금 소급공제로 인한 환급시 직전연도 납부세액을 직접 감액하는 것이 아니라 현년도분을 환급하는 것임('타시군환급'으로 처리).
> ※ 직전연도 납부세액을 감액하는 경우 가산금 및 중가산금이 제외되는 것을 방지하기 위해 현년도분을 환급 처리하는 것임.

> **사업장 소재지가 변경된 경우의 환급지(2025년 행정안전부 지방소득세 실무해설집 99p)**
> 사업장 소재지가 변경된 경우 직전 사업연도의 사업장 소재지 관할 지자체가 아니라 당해 사업연도의 사업장 소재지 관할 지자체에서 환급(안분대상 법인인 경우 당해 사업연도의 안분율에 따라 안분계산)

3) 신청한 소급공제 결손금이 국세와 다를 때

실무상 법인이 지방자치단체에 따로 결손금 소급공제 환급신청을 할 때 소급공제 결손금을 국세와 다르게 신청하는 경우가 종종 있다. 법인세법상 법인세의 결손금 소급공제 환급세액의 계산은 법인지방소득세의 결손금 소급공제 환급세액의 계산과 비교하면 세율(지방소득세가 국세의 10%)만 다를 뿐 같은 계산식이 적용되는바 법인세 결손금 소급공제 한도액이 위 다.의 법인지방소득세 한도액과 같은 구조로 직전사업연도 산출세액에서 공제 혹은 감면된 법인세액을 차감하여 산출되는데 법인지방소득세는 국세와 달리 지방세특례제한법상 공제 혹은 감면 세액이 없으므로 법인지방소득세의 한도액이 법인세 한도액의 10%보다 더 높을 수 있어 법인지방소득세에서 법인세보다 더 많은 소급공제 결손금을 적용할 수 있는 것으로 판단하고 이에 따라 결손금 소급공제를 신청하는 경우가 있는 것이다.

> 한도액 = 직전 사업연도 각 사업연도 소득에 대한 산출세액 − 직전 사업연도의 소득에 대한 법인지방소득세로서 공제 또는 감면된 법인지방소득세액

그러나 지방세법 시행령 제100조의18 제2항에서 지방소득세 결손금 소급공제 환급액 계산 시 직전과세기간의 과세표준에서 차감하는 소급공제 결손금은 법인세법에 따라 소급공제를 받은 금액으로 명시하고 있기 때문에 지방세의 소급공제 결손금을 국세와 다르게 신청할 수는 없다고 할 것이다.

> 환급액 = 직전 사업연도 법인지방소득세 산출세액 − (직전 사업연도 과세표준 − 법인세법에 따라 소급공제를 받은 금액) × 직전사업연도세율

관련하여 지방세법 시행규칙이 2020. 12. 31. 법률 제228호로 개정되면서 지방세법 시행규칙 별지 제43호의9 서식 작성 요령에 "법인지방소득세 소급공제 결손금은 법인세 결손금 소급공제 신청금액과 동일한 금액을 적용한다"라고 명시되면서 법인지방소득세 소급공제 결손금을 법인세 소급공제 결손금과 동일하게 하여야 하는 근거가 더욱 명확해졌다. 또한, 지방세법이 2019. 12. 31. 법률 제16855호로 개정되면서 법인지방소득세의 과세표준이 종전 법인세법에 따라 계산한 금액에서 법인세의 과세표준과 동일한 금액으로 개정된바 이 개정은 2019. 12. 31. 이후에 납세의무가 성립하는 분부터 적용하므로 2020년 이후 귀속의 법인지방소득세의 소급공제 결손금은 법인세 소급공제 결손금과 동일하게 신청해야 함이 더욱 명확해졌다고 할 수 있다. 왜냐하면 법인지방소득세의 소급공제 결손금을 국세의 소급공제 결손금과 다르게 신청한 경우 그 결손금이 속하는 사업연도의 다음 사업연도 과세표준이 법인세의 과세표준과 동일한 과세표준이 되지 아니하기 때문이다. 따라서 법인이 법인지방소득세 소급공제 결손금을 법인세의 소급공제 결손금과 다르게 신청하였을 때 과세관청은 이상의 근거에 따라 동일한 금액으로 신청하도록 안내하여야 할 것이다. 세무대리인의 경우도 이상의 근거에 따라 법인지방소득세 소급공제 결손금을 법인세의 소급공제 결손금과 동일한 금액으로 신청하여야 할 것이다.

20 외국법인의 각 사업연도 소득에 대한 지방소득세

가. 과세표준 및 세율

외국법인의 각 사업연도 소득에 대한 법인지방소득세 과세표준은 법인세의 과세표준과 동일한 금액으로 한다. 세율은 표준세율을 적용하고 토지등 양도소득에 대한 법인지방소득세가 있는 경우 이를 가산한다. 한편, 외국법인의 국내원천소득 금액의 계산, 국내원천소득의 구분 및 외국법인의 국내사업장에 관한 사항은 법인세법 제92조부터 제94조까지의 규정에서 정하는 바에 따른다(지법 제103조의47 제1~5항, 제103조의48).

나. 외국법인의 국내사업장에 대한 과세특례(지점세 제도)

외국법인이 국내로 진출하는 방법은 크게 현지법인(자회사)으로 진출하는 경우와 국내사업장(지점)으로 진출하는 경우로 나눌 수 있다. 이 중 외국법인이 자회사의 형태로 국내에 진출한 경우 그 자회사는 국내에서 발생한 소득에 대해서 일차적으로 국내에 법인세를 납부하게 되고 이익을 외국법인에 배당하는 경우 추가로 배당소득세를 납부하게 된다. 그런데 외국법인이 지점의 형태로 국내에 진출한 경우에는 그 지점이 국내에서 발생한 소득에 대해서 법인세를 납부하긴 하나 이익을 본점에 송금하는 경우에는 이는 배당이 아니므로 배당소득세를 납부하지 아니한다. 결과적으로 외국법인이 자회사로 진출하는 경우와 지점으로 진출하는 경우 간 과세불형평이 발생하게 된다. 이러한 과세불형평을 해소하기 위해 지점세 제도를 도입하였으며 지점세란 국내사업장(지점)에 법인세를 과세한 후에 세후소득에 추가로 지점세의 세율을 적용하여 과세하는 것이다. 외국법인의 국내사업장은 법인세 지점세의 10%를 법인지방소득세에 추가하여 납부하여야 한다(지법 제103조의50).

다. 외국법인 신고기한 연장승인 신청

외국법인은 본점 등의 결산이 확정되지 아니하거나 기타 부득이한 사유로 신고기한까지 법인지방소득세 신고서를 제출할 수 없는 경우 납세지 관할 지방자치단체장의 승인을 받아 신고기한을 연장할 수 있다. 신고기한을 연장받고자 하는 외국법인은 해당 사업연도 종료일부터 60일 이내에 사유서를 갖추어 납세지 관할 지방자치단체장에게 신고기한 연장승인을 신청할 수 있다. 법인세에도 동일한 구조의 신고기한 연장승인 신청 제도가 존재하며 법인세에서 해당 신고기한 연장승인을 신청한 경우 법인지방소득세도 신고기한 연장승인을 신청한 것으로 본다(지법 제103조의51 제2항, 지령 제100조의27 제1항).

한편, 해당 신청에 따른 연장승인을 받은 외국법인이 신고세액을 납부할 때는 이자상당액을 가산하여 납부하여야 한다. 이자상당액은 기한연장일수에 대통령령으로 정하는 이율(연 1천분의 31)을 적용하여 계산하는데 이때 기한 연장일수는 신고기한의 다음 날부터 연장승인을 받은 날까지의 일수로 한다. 다만, 연장승인 기한에 신고 및 납부가 이루어진 경우에는 그 날까지의 일수로 한다(지법 제103조의51 제3~4항).

참고로 법인세에는 내국법인 신고기한 연장 관련 규정도 존재하나 법인지방소득세에는 해당 관련 규정이 없다(법법 제60조 제7항).

라. 외국법인의 유가증권 양도소득 등에 대한 신고납부등의 특례

1) 내국법인의 주식 등을 2회 이상 양도한 경우(조세조약상 유가증권 과세기준 충족)

국내사업장이 없는 외국법인은 동일한 내국법인의 주식 또는 출자증권을 동일한 사업연도에 2회 이상 양도하여 조세조약에서 정한 과세기준 충족하게 된 경우 양도 당시 원천징수되지 아니한 소득에 대한 원천징수 상당액을 양도일 속하는 사업연도 종료일부터 3개월 이내 유가증권을 발행한 내국법인의 소재지 관할 세무서장에게 법인세로 신고납부하여야 한다. 국내사업장이 있는 외국법인의 소득으로서 그 국내사업장과 실질적으로 관련되지 아니하거나 그 국내사업장에 귀속되지 아니한 소득에 대하여도 이를 준용한다(법법 제98조의2 제1~2항). 이때 법인지방소득세는 법인세 신고 납부할 금액의 10%를 사업연도 종료일부터 4개월 이내 유가증권을 발행한 내국법인의 소재지 관할 지방자치단체장에게 신고하여야 한다(지법 제103조의51 제5항). 신고 시 외국법인 유가증권양도소득 정산신고서(지칙 별지 제45호의2 서식)를 제출한다(지령 제100조의28 제1호).

2) 국내사업장이 없는 자에게 주식등을 양도한 경우

국내사업장이 없는 외국법인이 국내사업장이 없는 비거주자나 외국법인에 외국에서 거래되는 원화표시 유가증권등을 양도하는 경우 그 양도로 발생하는 소득에 대해서 일정비율을 곱하여 산출한 금액을 그 소득을 지급받은 날이 속하는 다음다음 달 10일까지 해당 주식등 유가증권을 발행한 내국법인의 소재지 관할 세무서장에게 법인세로 신고납부하여야 한다(법법 제98조의2 제3항). 이때 법인지방소득세는 법인세 신고 납부할 금액의 10%를 소득을 지급받은 날이 속하는 달의 다음다음다음 달 10일까지 유가증권을 발행한 내국법인의 소재지 관할 지방자치단체장에게 신고하여야 한다(지법 제103조의51 제5항). 신고 시 외국법인 유가증권양도소득신고서(지칙 별지 제45호의3 서식)를 제출한다(지령 제100조의28 제2호).

3) 외국법인이 국내자산을 증여받은 경우

국내사업장이 없는 외국법인이 국내에 있는 자산을 국내사업장이 없는 비거주자나 외국법인으로부터 증여받아 국내원천 기타소득이 발생한 경우 지급금액의 20%를 증여일이 속하는 달의 말일부터 3개월 이내 자산의 소재지(유가증권인 경우에는 유가증권을 발행한 내국법인의 소재지) 관할 세무서장에게 법인세로 신고납부하여야 한다(법법 제98조의2 제4항). 이때 법인지방소득세는 법인세 신고 납부할 금액의 10%를 증여받는 날이 속하는 달의 말일부터 4개월 이내 해당 자산의 소재지(유가증권인 경우에는 유가증권을 발행한 내국법인의 소재지) 관할 지방자치단체장에게 신고하여야 한다(지법 제103조의51 제5항). 신고 시 외국법인증여소득신고서(지칙 별지 제45호의4 서식)를 제출한다(지령 제100조의28 제3호).

마. 외국법인의 국내원천 인적용역 소득에 대한 신고납부 특례

외국법인이 국내원천 인적용역소득[73]이 있는 경우 법인세 납부 시 원천징수 방법과 신고납부방법 중 선택할 수 있는데 법인지방소득세도 납부 시 특별징수방법과 신고납부방법 중 선택할 수 있다. 원천징수(특별징수)방법을 선택한 경우 원천징수(특별징수)로 납세의무는 종결된다(법법 제99조 제1항). 신고납부방법을 선택한 경우 용역 제공기간 종료일부터 4개월 이내[74]에 특별징수의무자의 납세지 관할 지방자치단체장에게 법인지방소득세를 신고납부하여야 한다. 이때 과세표준에 이미 특별징수된 소득이 포함돼 있으면 특별징수세액은 이미 납부한 세액으로 공제한다(지법 제103조의51 제6항). 신고 시 제출하여야 하는 서류는 외국법인인적용역신고서(지칙 별지 제45호의5 서식)와 그 소득과 관련된 비용을 증명하는 서류이다(지령 제100조의29). 과세표준은 국내용역 제공기간에 발생한 국내원천인적용역소득에서 그 소득과 관련되는 것으로 입증된 비용을 뺀 금액이다(법법 제99조 제1항).

---

73) 국내에서 다음 중 어느 하나에 해당하는 인적용역을 제공함으로써 발생하는 소득(법법 제93조 제6호, 법령 제132조 제6항)
- 영화 · 연극의 배우, 음악가 기타 공중연예인이 제공하는 용역
- 직업운동가가 제공하는 용역
- 변호사 · 공인회계사 · 건축사 · 측량사 · 변리사 기타 자유직업자가 제공하는 용역
- 과학기술 · 경영관리 기타 분야에 관한 전문적 지식 또는 특별한 기능을 가진 자가 당해 지식 또는 기능을 활용하여 제공하는 용역

74) 법인세의 경우 용역 제공기간 종료일부터 3개월 이내

21 동업기업에 대한 과세특례

가. 개요

동업기업에 대한 과세특례는 국세의 경우는 조세특례제한법에서 규정하고 있으며 동업기업을 도관으로 보아 발생한 소득에 대해 동업기업 단계에서는 과세하지 않고, 동업자에게 귀속시켜 동업자 단계에서만 과세하는 제도이다(조심 2022서8274 2023. 11. 30.). 이때 동업기업이란 2명 이상이 금전이나 그 밖의 재산 또는 노무 등을 출자하여 공동사업의 경영에서 발생하는 이익 또는 손실을 배분하기 위해 설립한 단체를 말하고 동업자란 동업기업의 출자자를 말한다(조특법 제100조의14 제1~2호). 동업기업에 대한 과세 구조를 간단히 살펴보면 동업기업은 소득금액, 결손금액 등을 계산하고 그 소득금액, 결손금액 등을 모든 동업자들에게 손익분배비율에 따라 배분하고 동업자는 배분받은 동업기업의 소득금액, 결손금액 등에 대해 법인세(동업자가 개인인 경우 소득세)를 납부하여야 할 의무를 지는 구조이다(지법 제103조의53 제1항). 이때, 동업기업의 신고의무의 성격은 법인세 신고의무가 아니라 동업기업 소득계산 및 배분명세를 신고할 납세협력의무이다.

지방세법에서도 국세와 마찬가지로 동업기업과세특례를 적용받는 동업자는 배분받은 동업기업의 소득에 대하여 개인지방소득세 또는 법인지방소득세를 납부할 의무를 진다고 규정하고 있다(지법 제103조의53 제1항). 한편 지방세법에서 동업기업과세특례에 대해서 지방세법에서 규정하고 있지 아니한 사항은 조세특례제한법을 준용한다고 규정하고 있어 동업기업과세특례 관련 지방세법에서 규정하고 있지 아니한 소득금액 배분, 결손금액 배분, 손익분배비율 등은 조세특례제한법의 내용과 동일하므로 생략한다(지법 제103조의53 제3항).

나. 동업기업의 배분 등

동업기업과 관련된 다음 각 호의 금액은 각 과세기간 종료일에 손익분배비율에 따라 동업자에게 배분한다. 다만 제4호의 금액은 내국법인 및 외국법인인 동업자에게만 배분[75]한다(지법 제103조의54 제1항).

- 1. 지방세특례제한법에 따른 세액공제 및 세액감면금액
- 2. 동업기업에서 발생한 소득에 대하여 특별징수된 세액
- 3. 기타가산세 및 동업기업에 대한 가산세(이하의 라. 참고)
- 4. 토지등 양도소득에 대한 법인지방소득세

75) 즉, 거주자 및 비거주자는 제외

위 금액 계산 시 동업기업을 하나의 내국법인으로 보아 계산하고 동업자는 동업기업의 과세연도의 종료일이 속하는 과세연도의 지방소득세를 신고·납부할 때 이상의 배분받은 금액 중 같은 항 제1호 및 제2호의 금액은 해당 동업자의 지방소득세에서 공제하고, 같은 항 제3호 및 제4호의 금액은 해당 동업자의 지방소득세에 가산한다(지법 제103조의54 제2항, 지령 제100조의32 제1~2항).

다. 동업기업 지분의 양도

법인인 동업자가 동업기업의 지분을 타인에게 양도하는 경우 주식등을 양도하는 것으로 보아 법인세를 과세하는데 이 경우 지방세에서도 주식등을 양도하는 것으로 보아 법인지방소득세를 과세한다(지법 제103조의55).

라. 동업기업에 대한 가산세

법인세에서 동업기업의 소득계산배분명세신고불이행 가산세 혹은 동업기업 원천징수불이행 가산세가 동업기업에 과세되는 경우 그 가산세액의 10%를 법인지방소득세 가산세로 과세한다(지법 제103조의57).

마. 준청산소득에 대한 법인지방소득세

1) 개요

어느 법인이 동업기업의 과세특례를 적용받아 동업기업이 되면 동업기업은 법인세 신고 납부의무가 없고 동업기업 소득계산 및 배분명세 신고의무만 있는바 그 후 그 법인이 해산하여도 청산소득에 대한 법인지방소득세를 부담하지 아니하게 된다. 즉, 청산소득에 대해서 과세누락이 발생하는 것이다. 조세특례제한법 및 지방세법에서는 이러한 과세누락을 방지하기 위해 동업기업 전환법인이 준청산소득에 대한 법인세 및 법인지방소득세를 납부하도록 하고 있다(지법 제103조의53 제1항).

2) 신고

준청산소득에 대한 법인지방소득세를 신고·납부하고자 하는 동업기업 전환법인은 동업기업과세특례를 적용받는 최초 사업연도의 직전 사업연도 종료일 이후 3개월이 되는 날[76]까지 납세지 관할 지방자치단체장에게 준청산소득에 대한 법인지방소득세를 신고하고 납

76) 참고로 신고기한은 법인세도 동일하다(조특법 제100조의16 제4항).

부하여야 한다. 신고 시 제출하여야 하는 신고서류는 준청산소득에 대한 법인지방소득세 과세표준 및 세액신고서(지칙 별지 제45호의6 서식) 및 준청산일 현재의 재무상태표이다(지법 제103조의53 제2항, 지령 제100조의30).

3) 균분 납부

조세특례제한법에서는 준청산소득에 대한 법인세의 세액을 신고기한부터 3년의 기간 동안 균분한 금액 이상을 납부하도록 규정하고 있는데 지방세관계법에서는 따로 그러한 규정이 없으므로 준청산소득에 대한 법인지방소득세는 균분 납부하지 아니하고 신고기한까지 모든 금액을 납부하여야 한다(조특법 제100조의16 제5항).

4) 과세표준 및 세액 계산

준청산소득에 대한 법인지방소득세 과세표준의 산출 등은 국세의 규정을 준용하고, 세율은 각 사업연도 소득에 대한 법인지방소득세 표준세율로 한다(지법 제103조의53 제1, 3항).

22 법인과세 신탁자산에 대한 법인지방소득세

가. 개요

신탁법에 따른 신탁이란 신탁을 설정하는 자(위탁자)와 신탁을 인수하는 자(수탁자) 간의 신임관계에 기초하여 위탁자가 수탁자에게 특정의 재산을 이전하거나 담보권의 설정 또는 그 밖의 처분을 하고 수탁자로 하여금 일정한 자(수익자)의 이익 또는 특정한 목적을 위하여 그 재산의 관리, 처분, 운용, 개발, 그 밖에 신탁 목적의 달성을 위하여 필요한 행위를 하게 하는 법률관계를 말한다(신탁법 제2조). 법인세법에서는 원칙적으로 신탁재산에 귀속되는 소득에 대해서는 그 신탁의 이익을 받을 수익자가 그 신탁재산을 가진 것으로 보고 그 수익자에게 과세하도록 하고 있다(법법 제5조 제1항). 그러나 다음 중 어느 하나에 해당하는 신탁의 경우(투자신탁 및 수익증권이 발행된 신탁 제외)에는 그 신탁의 수탁자에게 법인세 납세의무가 있다. 이 경우 신탁재산별로 각각을 하나의 내국법인으로 본다(법법 제5조 제2항).

- 「신탁법」 제3조 제1항 각 호 외의 부분 단서에 따른 목적신탁
- 「신탁법」 제78조 제2항에 따른 수익증권발행신탁
- 「신탁법」 제114조 제1항에 따른 유한책임신탁

해당 경우에 법인지방소득세도 수탁자에게 납세의무가 있으며 납세지는 수탁자의 납세지가 되고 사업연도는 법인과세 수탁자가 법인세법에 따라 신고한 기간이다. 그 외 과세방식의 적용, 2차납세의무 등에 관해서는 법인세법을 준용한다(지법 제103조의58 제1~4항).

23 비영리 내국법인에 대한 과세 특례

가. 이자소득에 대한 법인지방소득세 신고특례

1) 개요

비영리내국법인은 일반적으로 그 규모가 영세하여 기장이나 세무신고능력이 부족한 경우가 많다. 이에 따라 법인세법에 따른 이자·할인액 및 이익[77]으로서 특별징수된 이자소득에 대해서는 해당 법인이 신고납부방법과 특별징수방법 중 선택할 수 있도록 하고 있는데 이것이 이자소득에 대한 법인지방소득세 신고특례이다(지법 제103조의32 제1항). 이때 법인이 특별징수방법을 선택한 경우 그 이자소득에 대해서는 법인세 과세표준에 포함하지 아니하며 수정신고, 기한후 신고 또는 경정 등을 통하여 이를 과세표준에 포함시킬 수 없다(지령 제100조의22 제2항).

2) 이자소득만 있는 비영리법인의 법인지방소득세 신고 간소화 특례

이자소득만 있는 비영리법인의 경우 특별징수방법을 선택하면 완납적 분리과세를 통해 납세의무를 간편하게 종결시킬 수 있으나 이자소득이 2억원 이하일 경우 특별징수세율은 1.4%인데(법법 제73조 제1항) 확정신고 세율은 0.9%로 특별징수방법을 선택하면 오히려 세부담이 커지므로 확정신고를 선택하는 경우가 있다. 이 경우 신고를 간편하게 할 수 있도록 신고 간소화 특례를 두고 있는바 확정신고 시 아래 서식에 따라 신고가 가능하며 이때 재무상태표, 손익계산서, 이익잉여금처분계산서, 현금흐름표 등은 첨부할 필요가 없다(지칙 제48조의9 제1항).

- 지칙 별지 제43호의5 서식의 법인지방소득세 특별징수세액명세서(부표를 포함한다)
- 지칙 별지 제43호의6 서식의 법인지방소득세 과세표준(조정계산) 및 세액신고서(부표를 포함한다)
- 지칙 별지 제44호의6 서식의 법인지방소득세 안분명세서

77) 소득세법에 따른 비영업대금 이익 제외, 투자신탁 이익 포함, 이하 이자소득이라 함.

나. 비영리내국법인의 자산양도소득에 대한 신고 특례

1) 개요

비영리내국법인이 토지 등을 양도하는 경우 그 양도소득에 대해 과세표준을 신고하지 아니하고 법인세 규정 대신 양도소득세 규정에서의 과세표준 및 세율을 적용하여 산출한 금액을 법인세로 납부할 수 있는데(법법 제62조의2 제1~2항) 이 경우 법인지방소득세는 양도소득에 대한 개인지방소득세 규정에서의 과세표준 및 세율을 적용하여 산출한 금액을 납부하여야 한다(지법 제103조의32 제3항).

2) 신고

가) 예정신고

해당 특례를 적용하는 경우 양도소득세 예정신고 신고기한[78]에 2개월을 더한 날까지 양도소득과세표준을 예정신고하고 자진납부하여야 한다(지법 제103조의32 제5항). 신고 시 비영리내국법인의 법인지방소득에 대한 양도소득 과세표준 예정신고서(지칙 별지 제43호의11 서식)를 제출한다(지령 제100조의22 제3항).

나) 확정신고

위 예정신고를 하면 확정신고한 것으로 본다. 다만, 해당 연도에 누진세율의 적용대상 자산에 대한 예정신고를 2회 이상 한 자가 이미 신고한 양도소득금액과 합산하여 신고하지 아니한 경우 등에는 확정신고를 하여야 한다(지법 제103조의32 제6항). 한편 예정신고 및 자진납부한 경우에도 과세표준 확정신고를 할 수 있는데 이 경우 예정신고 납부세액은 납부할 세액에서 공제한다(지령 제100조의22 제4항).

3) 주택, 비사업용토지 등을 양도한 경우 추가납부

위 특례의 적용에도 불구하고 법인이 비사업용토지 등을 양도하여 양도소득에 대한 법인지방소득세 과세 대상이 된 경우 양도소득에 대한 법인지방소득세를 추가로 납부하여야 한다. 다만, 지방세법 제103조의3 제5항에 따라 가중세율을 적용하는 경우(투기지역에 있는 비사업용 토지 양도 시 그 외 비사업용 토지 양도 시 적용되는 세율에 1% 가산)에는 그러하지 아니하다(지법 제103조의32 제3항).

---

78) 소득세법 제105조에 따른 소득세 예정신고 기한
- 토지, 건물, 부동산에 관한 권리, 특정주식, 부동산과다법인의 주식: 양도일이 속하는 달의 말일부터 2개월 이내
- 주식 등: 양도일이 속하는 반기의 말일부터 2개월 이내

4) 각 사업연도의 소득에 대한 법인지방소득세 규정 및 법인세법 준용

비영리내국법인의 자산양도소득에 대한 신고 특례에 따른 법인지방소득세의 과세표준에 대한 신고 · 납부 · 결정 · 경정 및 징수에 관하여는 자산 양도일이 속하는 각 사업연도의 소득에 대한 법인지방소득세의 과세표준의 신고 · 납부 · 결정 · 경정 및 징수에 과한 규정을 준용하되, 그 밖의 법인지방소득세액에 합산하여 신고 · 납부 · 결정 · 경정 및 징수한다. 그 외에 해당 특례에 관한 내용은 법인세법을 준용한다(지법 제103조의32 제4항, 제7항).

5) 실무 Check

실무상 비영리내국법인 양도소득에 대한 과세특례 관련 과세 시 기납부세액 공제 관련하여 유의할 점이 있는데 이는 아래 사례를 통해 살펴보기로 한다. 해당 사례를 이해하기 위한 사전지식은 최초 사업연도 개시일 전 발생한 손익을 사실상 그 법인에 귀속시킨 것이 있는 경우 최초사업연도 기간이 1년을 초과하지 않는 범위 내에서 이를 당해 법인의 최초 사업연도 손익에 산입할 수 있도록 하는 법인세 규정이 있고 이는 법인세와 법인지방소득세의 과세표준이 동일하므로 법인지방소득세에도 적용된다는 것이다(지법 제103조의19 제1항, 법령 제4조 제2항).

(1) 사례: 국세에서 법인세 계산 시 양도소득세를 기납부세액으로 공제한 경우

- 2018. 5. 25. 甲종중(개인)이 부동산을 양도하면서 양도소득세 및 개인지방소득세(양도소득분)를 각각 관할 세무서 및 대표자 주소지 소재 지방자치단체인 A시에 신고 · 납부하였다.
- 2018. 8. 21. 이후 甲종중(개인)이 관할 세무서에 법인으로 보는 단체(乙법인)로 승인 신청하였고 관할 세무서는 이를 승인하고 이미 납부한 양도소득세를 법인세로 세목 경정하여 기납부세액으로 처리하고 환급하였다.
- 2018. 9. 15. 국세청은 해당 과세자료를 乙법인 소재지인 B시 지방자치단체에 통보하였다.

(2) 과세 방법

국세 과세권자는 양도소득세를 법인세로 세목 경정하여 기납부세액으로 처리 및 환급하였으나 지방세는 개인지방소득세(양도소득분)의 과세권자(A시장)와 법인지방소득세의 과세권자(B시장)가 다르므로 국세와 같이 세목 경정 후 기납부세액으로 처리 및 환급이 불가하다. 따라서 이 경우 국세청 자료를 통보받은 B시에서는 기납부세액을 공제하지 않고 과세하고 A시에서 개인지방소득세(양도소득분)를 환급받을 수 있도록 해당 법인에 안내한다. 세무대리인도 이에 맞게 신고 · 납부 및 환급을 진행하면 될 것이다.

한편, 국세청 통보자료로 과세하는 공무원 실무자의 경우 실무상으로는 다음과 같이 해당 자료를 검토 후 과세하면 될 것이다.

검토 내용	해당 OX
법인등록번호 없이 사업자 번호로 통보온 자료인가?	
사업자 번호 중간 2자리[79]가 82인가?	
통보자료 귀속연도가 최초사업연도인가? (사업자상세정보, 전국통보자료 활용하여 확인)	
통보자료 내역 중 기납부세액 공제 내역이 존재하는가?	
위 해당 여부가 모두 O인 경우 국세청에 양도소득세를 기납부세액으로 처리 및 환급하였는지 조회. 조회 결과 그 경우에 해당한다면 법인지방소득세를 해당 기납부세액 공제하지 않고 과세하고 타 시에서 개인지방소득세(양도소득분) 환급받을 수 있도록 안내	

비영리내국법인 양도소득에 대한 과세특례 적용요령(지방세정책과-1403)

□ 검토 배경

○ (사실관계) 甲종중(법인×)이 부동산을 양도하여 양도소득분 개인지방소득세를 대표자 주소지인 A시에 신고・납부

※ 국세인 양도소득세는 대표자 주소지 관할 세무서에 신고・납부

- 이후 甲종중이 법인으로 보는 단체(乙법인)로 승인받아 기존에 납부한 양도소득세를 법인세로 과목 경정하여 기납부세액으로 처리・환급*

* 양도소득세보다 법인세 세율이 낮아 과목경정 시 환급세액 발생

- 국세청에서는 법인세 환급 결정자료를 乙법인 소재지 B시*에 통보

'18.5.25.	'18.7.30.	'18.8.21.	'18.9.15.
부동산 양도	지방소득세 신고·납부	비영리법인 등록	국세청 법인세 환급자료 통보

[법인세법 시행령 제4조]

② 제1항의 규정을 적용함에 있어서 최초사업연도 개시일 전에 생긴 손익을 사실상 그 법인에 귀속시킨 것이 있는 경우 최초사업연도 기간이 1년을 초과하지 않는 범위 내에서 이를 당해 법인의 최초사업연도 손익에 산입할 수 있다.

○ (쟁점) A시에 납부한 개인지방소득세 환급 및 B시에 납부하여야 할 법인지방소득세 신고・납부방안에 대해 견해 대립

- 1안: 납세자 편의를 위해 A시에서 초과 납부세액만 乙법인에게 환급, 법인지방소득세 상당액을 B시로 이체

※ 양도소득분 개인지방소득세 신고로 법인지방소득세 신고 갈음 전제

79) 사업자번호 중간 2자리는 사업자 구분을 나타내며 비영리법인의 경우 82이다.

- 2안: 당초 A시에 납부한 개인지방소득세를 전액 환급하고, 乙법인이 B시에 법인지방소득세를 신고·납부하도록 안내

□ 쟁점사항에 대한 적용요령

○ (납세지) 거주자로 보는 법인격 없는 단체인 종중이 재산을 양도한 경우 신고 당시 종중 대표자 주소지인 A시가 납세지이나,

- 소득세가 법인세로 과목 경정되면서 과세표준을 공유하는 지방소득세 납세지도 개인분에서 법인분으로 변경, 잠정 납세지*는 B시

 * 현재 납세지는 B시이나, 사업연도 종료 전 법인이 이전할 경우 변동 가능

○ (환급) 과세근거가 사라진 양도분 개인지방소득세는 A시에서 납세자인 乙법인에게 전액 환급

- 납세편의를 위해 법인지방소득세 상당액을 B시로 이체하는 것은 법적 근거가 없는 행위
- 乙법인의 사업장이 둘 이상인 경우 A시에서 임의적으로 안분하여 이체 불가

○ (신고·납부) 국세청 환급 결정자료가 B시에 통보되므로, B시에서 乙법인에게 법인지방소득세 신고·납부 안내(A시에서 환급하도록 안내)

- 국세와 달리 개인지방소득세와 법인지방소득세 과세권자가 상이, 개인분 신고로 법인분 신고를 갈음할 수 없으며*,

 * 지방세법 제89조 제2항에서도 동일 법인이더라도 법인지방소득세를 과세권자(납세지)별로 각각 신고·납부하도록 규정하고 있는 취지 고려할 필요

- 안분법인에 해당할 경우 예정신고 당시 지자체별 안분신고가 되어 있지 않아, 법인지방소득세 신고를 예정신고로 갈음 불가

24 독립세 전환 전 법인지방소득세

가. 개요

법인지방소득세는 법인세의 부가세였다가 지방세법이 2014. 1. 1. 법률 제12153호로 개정되면서 독립세가 됐다. 그리고 그 개정된 법은 2014. 1. 1. 이후[80]에 최초로 과세기간이 시작돼 납세의무가 성립되는 분(사업연도 개시일 2014. 1. 1. 이후)부터 적용되는바 2013년 이전 귀속은 부가세 때의 구지방세법[81]이 적용된다고 할 수 있다. 제척기간 특례가 존재함

80) 원문은 이후가 아니라 후로 규정하고 있으나 실제 적용은 2014. 1. 1. 이후에 최초로 과세기간이 시작돼 납세의무가 성립하는 분부터 적용하였으므로 이후로 표현하였다. 과거 법령(주로 2014년 말 전)에서 이후와 후를 제대로 준별하지 아니한 경우가 많은데 대법원에서 입법 취지와 목적, 개정 연혁 등을 고려하면 이 법 시행 후 최초로 개시하는 과세기간부터 적용한다는 규정을 이 법 시행 이후 최초로 개시하는 과세기간부터 적용하는 것으로 해석이 가능하다고 판시한 바가 있다(대법원 2016. 2. 18. 선고 2015두1243 판결).

81) 2014. 1. 1. 법률 제12153호로 일부개정 되기 전의 것, 이하 같음.

에 따라 2013년 이전 귀속분도 종종 법인세가 경정되므로 과세관청이 해당 귀속 법인지방소득세를 과세해야 하는 경우가 발생한다.

나. 신고납부

1) 신고기한 및 신고

독립세 전환 전 법인지방소득세 신고기한은 다음과 같다(구지방세법 제91조 제1항).

구분	신고기한
확정신고(일반 법인)	사업연도 종료일부터 4개월 내
확정신고(연결 법인)	사업연도 종료일부터 5개월 내
신고기한을 연장하는 경우	연장된 법인세 신고기한의 만료일부터 1개월
수정신고하는 경우	법인세 신고일부터 1개월
법인세 경정, 결정 시	법인세 고지서의 납부기한으로부터 1개월

이때 법인지방소득세를 신고하지 아니하고 납부만 하여도 신고한 것으로 본다(구지방세법 제91조 제5항).

2) 가감신고제도에 따른 가감액

경정 또는 수정신고에 따라 사업연도별 추가납부 혹은 환급되는 총세액이 당초 결정 혹은 신고한 세액의 10%에 미달할 때 귀속사업연도에도 불구하고 경정고지일 또는 수정신고일이 속하는 사업연도분 법인세분에 가감하여 신고납부할 수 있다. 이는 소액임에도 매번 납부 또는 환급받아야 하는 납세자의 번거로움을 덜어주기 위한 것이다. 한편, 이 경우 환급가산금은 적용하지 아니한다(구지방세법 제91조 제1항).

다. 과세표준 및 세율

독립세 전환 전 법인지방소득세의 과세표준은 법인세 납부하여야 할 세액 총액이며 세율은 10%이다(구지방세법 제89조, 제94조 제1항). 이때 법인세 납부하여야 할 세액 총액에는 법인세 의무불이행에 대한 가산세가 포함된다(구지방세법 기본통칙 85-2). 그러나 법인세 환급가산금은 포함하지 아니한다(행정안전부 지방세운영과-511, 2009. 2. 4.).

구지방세법 기본통칙 85-2

「지방세법」 제85조 제4호에서 규정하고 있는 「법인세법에 따라 납부하여야 하는 법인세액」은 법인세의 본세와 의무불이행에 따른 가산세를 포함한다.

법인세할 주민세 과표에 환급가산금이 포함되는지(지방세운영과-511, 2009. 2. 4.)

〈질의〉 법인세할 주민세 과표가 국세청에서 환급 또는 추징에 의하여 최종 부과된 금액인지, 아니면 국세청에서 환급 또는 추징에 의하여 최종 부과된 금액과 환급가산금을 포함하는 금액인지,

〈회신〉 지방세법 제178조 제2항의 규정에 의하여 법인세할 주민세 과표는 환급가산금은 포함되지 아니하며, 국세청에서 환급 또는 추징에 의하여 최종 결정된 세액만 과표에 해당됨.

라. 가산세

독립세 전환 전 법인지방소득세의 신고납부의무를 이행하지 아니하면 산출세액 또는 부족세액에 무신고/과소신고가산세 및 납부불성실가산세[82]를 합한 금액을 세액으로 하여 보통징수 방법으로 징수한다(구지방세법 제91조 제3항). 다만, 2012년 이전 귀속의 경우는 20%의 신고불성실가산세(2012년까지 무신고가산세의 명칭이 신고불성실가산세였음) 및 납부불성실가산세를 과세한다. 해당 귀속에 적용되는 구지방세법에는 과소신고가산세 규정이 없었으므로 2012년 이전 귀속의 경우 과소신고가산세는 과세하지 아니하는 것이다(구지방세법 제91조 제3항, 2013. 1. 1. 법률 제11617호로 개정되기 전의 것).

가산세가 포함된 법인세액을 과세표준으로 하여 지방소득세를 부과하면서 다시 가산세를 부과한 처분의 당부(조심 2015지0728, 2015. 6. 26.)

법인세 과세시 부과된 가산세는 「법인세법」의 규정에 의하여 납부하여야 하는 법인세액으로서 지방소득세(법인소득)의 과세표준에 포함된다 할 것이고 청구법인에 대한 법인세와 지방소득세 과세시 가산세가 각 1회씩 부과되었다고 하더라도, 각 가산세 조세납세의무는 법령에서 정한 요건에 따라 독립적으로 성립하는 것이며, 이에 모두 해당할 경우 중복적용을 배제하는 특별한규정이 없는 한 어느 한 쪽의 과세만 가능한 것은 아니라고 할 것이다.

82) 납부불성실가산세는 현행 일반분 납부지연가산세와 동일한 개념

마. 실무 Check

1) 예제

납세자가 2013 1. 1.~2013. 12. 31. 사업연도 관련하여 2015. 9. 1. 법인세 1,440만원(가산세 240만원 포함)을 수정신고 및 납부하고 2015. 9. 5. 법인지방소득세를 수정신고한 경우 법인지방소득세 납기, 추가하여 납부할 세액, 가감신고 가능 여부는? 단, 법인지방소득세 당초 신고세액은 2,000만원이다.

답 :

납기: 2015. 10. 1.(법인세 수정신고일부터 1개월)

납부금액: 144만원(1,440만원×10%, 기한 내 신고하였으므로 법인지방소득세 가산세 없음),

가감가능 여부: 추가납부세액(144만원)이 당초 신고세액 2,000만원의 10%(200만원)에 미달하므로 2015. 9. 1.(수정신고일)이 속하는 2015년 귀속 법인지방소득세에 가산하여 신고 가능

제3편

지방소득세 관련 지방세기본법

1 환급 및 환급가산금

가. 환급가산금 개요

지방세환급금을 충당하거나 지급할 때에는 환급가산금 기산일부터 그 충당일이나 지급결정하는 날까지의 기간에 대통령령으로 정하는 이자율(연 1천분의 31)을 적용하여 계산한 금액을 환급가산금으로 지급하여야 한다(지기법 제62조 제1항).

참고로 조세환급금은 민법상 부당이득에 해당하고 환급가산금은 그 부당이득에 대한 법정이자로서의 성질을 가진다(대법원 2018. 1. 10. 선고 2007다79534 판결).

환급가산금 성질(대법원 2018. 1. 10. 선고 2007다79534 판결)
조세환급금은 조세채무가 처음부터 존재하지 않거나 그 후 소멸하였음에도 불구하고 국가가 법률상 원인 없이 수령하거나 보유하고 있는 부당이득에 해당하고, 환급가산금은 그 부당이득에 대한 법정이자로서의 성질을 가진다.

나. 환급가산금 기산일

1) 기산일 규정

지방소득세 관련 환급가산금 기산일은 다음과 같다(지기령 제43조 제1항).

규정	구분	기산일
1호	착오납부, 이중납부, 종전 신고 또는 부과를 경정(6호 제외)하거나 취소함에 따라 환급하는 경우	해당 지방세 납부일의 다음 날[83)] (지방세관계법에 따라 특별징수의무자가 특별징수하여 납부한 세액의 환급의 경우 해당 세목의 법정신고기한 만료일)
3호	적법하게 납부된 지방세의 감면으로 환급하는 경우	그 감면 결정일의 다음 날
4호	적법하게 납부된 후 법령 또는 조례 개정에 따라 환급하는 경우	그 개정된 법령 또는 조례 규정의 시행일의 다음 날
5호 본문	지방세관계법에 따른 환급세액의 신고, 환급신청이나 신고한 환급세액의 결정·경정으로 환급하는 경우 ※ 예시: 기납부세액 환급(기한 내 신고)	그 신고일(법정신고기일 전에 신고한 경우는 법정신고기일) 또는 신청을 한날로부터 30일이 지난 날의 다음 날

83) 둘 이상의 납기가 있는 경우와 2회 이상 분할납부된 것일 때(최초 신고 후 증액경정에 따라 납부한 것

규정	구분	기산일
5호 단서	환급세액을 신고하지 않아 결정에 따라 환급하는 경우 ※ 예시: 기납부세액 환급(기한 후 신고, 무신고)	그 결정일로부터 30일이 지난 날의 다음 날
6호	법인지방소득세 특별징수세액 정산에 따른 지방자치단체 간 환급	지자체장이 결정 혹은 경정한 날로부터 30일이 지난 날의 다음 날
	사실과 다른 회계처리로 인한 환급 특례 관련 내국법인이 해산하는 경우(합병 분할 제외) 환급	

2) 실무 Check

가) 결손금 소급공제 신청을 국세에만 한 경우

국세에서 결손금 소급공제 신청을 한 경우 지방소득세에서도 결손금 소급공제 신청을 한 것으로 보는데 이때 환급가산금 기산일은 5호 단서를 적용하여 그 결정일로부터 30일이 지난 날의 다음 날로 본다(지법 제103조의28 제2항, 지령 제100조의18 제5항, 지법 제101조 제2항, 지령 제98조 제4항). 반면에 지방소득세에서 결손금 소급공제 신청을 따로 할 경우 환급가산금 기산일은 5호 본문이 적용되는바 과세관청의 환급이 지연되는 경우 환급가산금 측면에서 결손금 소급공제 신청을 따로 하는 것이 납세자에게 유리할 수 있으니 세무대리인은 참고하도록 한다.

나) 기한 후 환급 신고

지방소득세 특별징수세액이 총부담세액을 초과하는 경우 그 초과분을 환급하여야 하고 이 경우 환급가산금 기산일은 위 5호가 적용되는데 신고기한이 지난 후(기한 후)에 환급세액을 신고하는 경우 5호 본문인 그 신고일의 다음 날을 환급가산금 기산일로 적용하는 것이 아니라 환급세액을 신고하지 아니한 것으로 보아 5호 단서인 결정일로부터 30일이 지난 날의 다음 날을 환급가산금 기산일로 적용한다(행정안전부 지방소득소비세제과-133, 2025. 1. 20.).

은 해당 안됨, 대법원 2020. 3. 12. 선고 2018다264161 판결)는 그 마지막 납부일, 지방세 환급금이 마지막에 납부된 금액을 초과하는 경우에는 그 금액이 될 때까지 납부일의 순서로 소급하여 계산한 지방세의 각 납부일

환급가산금 기산일 적용 요령(행정안전부 지방소득소비세제과-133, 2025. 1. 20.)

- 5호 후단 적용요령 (지자체장이 결정한 날부터 30일이 지난 날의 다음 날)
  : 환급세액을 신고하지 아니함에 따른 결정 또는 기한 후 신고로 발생한 환급세액을 환급할 때에는 그 결정일*부터 30일이 지난 날의 다음 날
  * '환급결정일'을 '감액결정일'로 적용
  - (적용기준)
    ▶ 무신고, 기한후신고 등의 경우 ⇒ 그 결정일로부터 30일이 지난 날의 다음 날
    ▶ 「지방세법」(2014. 1. 1. 법률 제12153호로 개정된 것) 부칙 제13조에서 2019. 12. 31.까지 결정・경정은 세무서장 또는 지방국세청장이 하였으나, 2020. 1. 1. 이후부터는 지자체장이 결정・경정

증액경정 후 감액경정 시 환급가산금 기산일(대법원 2020. 3. 12. 선고 2018다264161 판결)

원고는 2009년 및 2010년 귀속 종합부동산세 등을 최초의 신고 또는 부과처분과 제1, 2차 증액경정처분에 따라 각각 납부한 것일 뿐 각 증액경정처분에 따른 세액을 '분할납부'하였다고 볼 수 없으므로, 이 사건 환급금의 환급가산금 기산일은 국세기본법 시행령 제43조의3 제1항 제1호 본문에 따라 각 국세 납부일의 다음 날로 보아야 한다. 또한 이 사건 환급금은 최초 부과처분 및 신고, 제1, 2차 증액경정처분에 따른 각 납부분 중 각 재산세액 과소공제분만큼 발생한 것이므로, 그 각각의 금액을 납부한 다음 날이 그 환급가산금의 기산일이 되어야 한다.

다) 수정신고 이후 당초신고분 경정에 따른 환급가산금 기산일

수정신고 이후에 감액경정이 됐으나 그 경정 사유가 당초신고분 관련인 경우 당초신고분 기준(당초신고분 납부일의 다음 날)으로 환급가산금 기산일을 적용한다(세제-11456, 2013. 9. 6.).

수정신고 후 당초신고분 경정에 따른 환급 시 환급가산금 기산일(세제-11456, 2013. 9. 6.)

〈질의〉 법인세를 신고납부한 후 추가분에 대한 수정신고를 하였으나 이후 당초 신고납부한 법인세가 경정결정될 경우 법인세할주민세 환급결정시 환급가산금 기산일에 관하여 질의

〈회신〉 귀 질의와 같이 당초 신고한 법인세의 경정결정으로 법인세할주민세 환급사유가 발생한 건이 법인세를 수정신고한 사업부문과 별개의 사안인 경우라면 법인세할주민세 환급가산금의 기산일은 당초 신고납부한 법인세할주민세 납부일의 다음 날로 계산함이 타당하다(안행부 52, 2008. 8. 27.)할 것임.

라) 특별징수세액 환급(개인지방소득세)

(1) 행정안전부 적용 요령 중 재해석 요구되는 부분

행정안전부는 지방소득세 환급가산금 기산일 적용 요령(행정안전부 지방소득소비세제과-133, 2025. 1. 20.)에서 지방세기본법 시행령 제43조 제1항 제5호 본문의 적용 예시를 확정신고 시 특별징수세액이 산출세액을 초과하는 경우라고 하고 있어 이상에서 이에 따라 설명하였으나 최근의 국세 유권해석을 고려하면 이는 틀린 해석이라고 볼 여지가 있다. 왜냐하면 지방세법 제100조 제2항에서는 특별징수한 세액이 총결정세액을 초과하는 경우에는 이를 환급하거나 지방세에 충당하는 조치를 취하여야 한다고 규정하고 있는바 해당 규정에 따르면 해당 경우 그 초과하는 금액은 납세자의 환급신고·신청 내지 과세관청의 결정·경정없이 법률상 당연히 환급돼야 하는 것이기 때문이다. 따라서 특별징수세액의 환급은 지방세관계법에 따른 환급세액의 신고하는 경우 등의 5호를 적용하는 것이 아니라 1호를 적용하여야 할 것이고 1호에서 특별징수세액을 환급하는 경우는 해당 세목의 법정신고기한 만료일이 환급가산금 기산일이라고 규정하고 있는바 이때 법정신고기한이란 세법에 따라 과세표준 신고서를 제출할 기한으로 개인지방소득세의 경우 법정신고기한은 5월 말일이 되므로 이 경우 환급가산금 기산일은 6월 1일이 된다(기준-2021-법령해석기본-0036, 2021. 4. 1.). 이와 관련한 국세 유권해석이 존재하는바 지방소득세의 법 구조가 소득세의 그것과 거의 동일하고 지방소득세 유권해석의 대다수가 국세 유권해석을 참조한 것임을 볼 때 해당 5호 관련 적용 요령은 변경돼야 할 것으로 보인다. 그러나 행정안전부 유권해석은 지방소득세 운영 지침으로 각 지방자치단체는 이에 따르지 아니할 수 없기 때문에 해당 해석이 수정되기 전까지 그 해석에 따라 운영하여야 할 것이다.

원천징수세액 경정에 따른 환급 시 환급가산금 기산일(기준-2021-법령해석기본-0036, 2021. 4. 1.)

〈사실관계〉

○ 종래 경정청구에 따른 국세환급금이 발생한 경우 「국세기본법 시행령」 제43조의3 제1항 제5호(이하 "쟁점규정")에 따라 경정청구일의 다음 날을 환급가산금 기산일로 보았으나,

○ 2021. 2. 17. 국세기본법 시행령 개정으로 쟁점규정이 삭제되었는바, 쟁점규정 삭제 이후 근로소득자가 연말정산세액을 경정청구함에 따라 국세환급금이 발생한 경우 환급가산금 기산일을 언제로 볼지에 대하여 실무상 혼란이 있음.

〈질의내용〉

○ 2021. 2. 17. 쟁점규정이 삭제된 이후 연말정산세액에 대한 근로소득자의 경정청구에 따라 국세환급금을 지급할 경우 국세환급가산금의 기산일을 종합소득세 신고기한 만료일의 다

음 날로 보는지 여부

〈회신〉

○ 원천징수세액에 대한 환급가산금 기산일은「국세기본법 시행령」 제43조의3 제1항 제1호 단서에 따라 "해당 세목의 법정신고기한 만료일의 다음 날"로 봄(국기령 제43조의3 제1항 제1호 해석론).

- 「국세기본법 시행령」 제43조의3 제1항 제1호는 '착오납부, 이중납부 또는 납부 후 그 납부의 기초가 된 신고 또는 부과를 경정하거나 취소함에 따라 발생한 국세환급금은 국세 납부일의 다음 날을 국세환급가산금 기산일로 한다'고 하여, 오납액과 초과납부액에 대하여는 원칙적으로 국세 납부일의 다음 날을 환급가산금 기산일로 하면서도
- 그 단서에서 "세법에 따른 중간예납액 또는 원천징수에 의한 납부액은 해당 세목의 법정신고기한 만료일에 납부된 것으로 본다"고 하여 원천징수에 의한 납부세액에 대하여는 특칙을 두고 있는데,
- 위 단서 규정은 중간예납액 또는 원천징수에 의한 납부액은 일단 세금이 납부되었지만 최종 확정절차가 남아 있으므로 해당 세목의 법정신고기한 만료일에 납부된 것으로 보는 것임.
- 한편 위 단서 규정은 해당 규정이 2003. 12. 30. 신설되기 이전에 불복청구 내지 경정청구 등에 의한 경정결정으로 중간예납액 또는 원천징수액을 환급함에 따라 그 환급가산금을 지급하는 경우 舊「국세기본법 시행령」 제43조의3 제1항 제1호에 의할지 같은 항 제6호에 의할지 혼란이 있어 이를 해소하기 위해 제정된 것으로,
- 결국 위 단서 규정의 입법취지는 특별한 규정이 없는 한 국세환급금 발생원인이 무엇이든 간에 중간예납액 또는 원천징수액을 환급할 때에는 그 환급가산금 기산일을 법정신고기한 만료일로 함을 명확히 하기 위한 것임(국심 2007광4050, 2007. 12. 18. 참조).
- 아울러, 「국세기본법 시행령」 제43조의3 제1항 제1호 단서 규정은 같은 항 제1호 본문 뒤에 위치하였으므로 해당 본문의 내용을 토대로 해석하여야 할 것인바,
- 위와 같은 위상에 비추어, 위 단서 규정은 중간예납액 또는 원천징수에 의한 세액의 환급의 경우에는 「국세기본법 시행령」 제43조의3 제1항 제1호가 적용된다는 전제에서 동 규정이 정하고 있는 환급가산금의 기산일인 '국세 납부일의 다음 날'에서 납부일을 언제로 볼 것인지에 관한 특례를 명시한 것으로 이해될 수 있음.
- 이상에서 검토한 「국세기본법 시행령」 제43조의3 제1항 제1호 단서 규정의 문언 · 입법취지 및 체계에 비추어 보면, 원천징수세액에 대한 환급은 특별한 규정이 없는 한 그 발생원인이 경정청구에 의한 것인지 그 외의 것인지를 막론하고 환급대상세액이 원천징수에 의한 것이라면 「국세기본법 시행령」 제43조의3 제1항 제1호 단서 규정에 따라 해당 세목의 법정신고기한 만료일의 다음 날을 국세환급가산금 기산일로 봄이 타당함.

  * 여기서 말하는 '해당 세목의 법정신고기한'은 법정신고기한의 정의(세법에 따라 과세표준신고서를 제출할 기한) 및 법정신고기한에 있어 근로소득만 있는 자와 종합소득이 있는 자를 달리 구별한 합리적인 이유가 없다는 점에서 근로소득 지급명세서 제출기한(3월 10일)으로 볼 수 없고, 문언 그대로 소득세의 법정신고기한(5월 말일)으로 봄이 타당

○ 「국세기본법 시행령」 제43조의3 제1항 제4호에서 규정하는 '환급세액'이란 개별세법에 따라 환급신고·신청 등에 의하여 지급되는 환급세액만을 의미하므로, 납세자의 환급신고·신청과 무관하게 법률상 당연히 발생하는 원천징수세액에 대한 환급세액에 대하여는 「국세기본법 시행령」 제43조의3 제1항 제4호가 적용되지 아니함(국기령 제43조의3 제1항 제4호 해석론).

- 소득세법상 원천징수세액의 환급과 같이 예납적 원천징수세액이 확정신고납부세액을 초과하는 경우 그 초과납부액은 국세환급금 발생 사유 중 '환급세액'으로서
- 「국세기본법 시행령」 제43조의3 제1항 제4호에서 규정하는 '개별세법에 따른 환급세액의 신고, 환급신청, 경정 또는 결정으로 인하여 환급하는 경우'에 해당할 여지가 있는 것처럼 보이나,

  * 여기서의 "결정 또는 경정"이란 납세자가 개별세법에 따라 신고·신청하여 발생하는 환급세액에 대한 것으로서 개별세법에 따라 납세자에게 환급세액 신고·신청권한이 부여되어 있음에도 이를 무신고하거나 잘못 신고한 경우에 관한 것으로 봄이 타당

- 「국세기본법 시행령」 제43조의3 제1항 제4호에서의 '환급세액'은 "환급세액의 신고, 환급신청, 결정과 경정으로 인하여 환급"하는 경우만을 대상으로 하고 있으므로, 위 규정의 문언 상 환급세액의 신고, 환급신청, 결정과 경정에 따른 환급세액이 아닌 경우는 그 적용이 없다고 할 것인데,
- 「소득세법」 제85조 제4항에 의하면 '중간예납, 원천징수한 세액 등이 종합소득총결정세액의 합계액을 초과하는 경우에는 그 초과하는 세액은 환급하여야 한다'고 하여, 납세자의 환급신고·신청 내지 과세관청의 결정·경정 없이 법률상 당연히 환급되어야 할 것으로 규정하고 있는바
- 결국, 경정청구에 의한 환급이든 확정신고 등 그 외 사유에 따른 환급이든 소득세법상 원천징수세액의 환급은 「국세기본법 시행령」 제43조의3 제1항 제4호에서의 '환급세액'에 해당한다고 볼 수 없으므로, 오로지 같은 항 제1호(보다 구체적으로는 제1호 단서 중 원천징수세액에 대한 특례 부분)에 의할 수밖에 없다 할 것임.

(2) 근로소득자의 연말정산 세액 등 경정에 따라 소득 귀속자에게 환급하는 경우

국세청 소득세 통보자료 상 원천징수세액이 경정되어 특별징수세액이 경정되는 경우의 환급가산금 기산일은 위 (1)과 같은 논리에 따라 법정신고기한(5월 말일)의 다음 날이 돼야 하나 행안부 유권해석에 따르면 5호를 적용하여야 한다.

(3) 연말정산에 따라 특별징수의무자에게 환급

연말정산 환급 신청에 따라 특별징수의무자에게 환급하는 경우 위 (1)과 같은 논리에 따라 연말정산 환급 신청은 지방세기본법 시행령 제43조 제1항 제5호 본문의 환급신청으로 보지 아니하므로 해당 규정은 적용되지 아니하고 제1호가 적용돼 개인지방소득세 법정신고기한(5월 말일)의 다음 날이 환급가산금 기산일이 돼야 하나 행안부 유권해석에 따르면 제5호를 적용하여야 한다. 참고로 지방세기본법 시행령 제43조 제1항 제5호 규정은 엄밀히 따져보면 결손금 소급공제 환급신청에만 적용된다 할 수 있다.

다. 환급가산금 가산 제외

다음 각 호의 어느 하나에 해당하는 사유 없이 대통령령으로 정하는 고충민원의 처리에 따라 지방세를 환급하는 경우 환급가산금을 가산하지 아니한다(지기법 제62조 제3항).

- 1. 경정 등의 청구
- 2. 이의신청, 심판청구, 심사청구, 혹은 소송에 따른 결정이나 판결

이때 대통령령으로 정하는 고충민원이란 위 각 호의 불복청구 등을 그 기한까지 제기하지 않은 사항에 대하여 지방자치단체장에게 직권으로 취소, 변경 등을 해줄 것을 요청하는 민원을 말한다(지기령 제43조 제3항).

라. 청산법인 환급

청산 중인 법인에 지방세환급금이 발생한 경우 대표청산인에게 환급한다. 법인의 청산절차가 종료돼 청산종결등기를 한 경우에는 법인격이 소멸하고 실체 또한 존재하지 아니하여 권리능력을 상실하게 되므로(사람으로 치면 사망) 해당 법인에 지방세환급금을 환급할 수 없다(지방세관계법 운영예규 60-10, 60-14).

2 징수유예, 납기연장

가. 징수유예

1) 개요

징수유예란 납세자가 사업에 현저한 손실을 입은 경우 등 특정 사유에 해당하여 지방세를 납부하지 못한다고 인정될 때 확정된 지방세에 대해 징수를 유예해주는 것으로 납기 시작 전의 징수유예와 고지 후의 징수유예가 있다.

2) 납기 시작 전의 징수유예

납기가 시작되기 전 납세자가 다음 중 어느 하나에 해당하는 사유로 지방세를 납부하지 못한다고 인정될 때에는 납세 고지를 유예하거나 세액을 분할하여 고지할 수 있다(지징법 제25조).

- 풍수해, 벼락, 화재, 전쟁, 그 밖의 재해 또는 도난으로 재산에 심한 손실을 입은 경우
  - 이때 "그 밖의 재해"라 함은 한해, 냉해, 지진, 기타 자연현상의 이변에 의한 재해와

화약류의 폭발, 광해, 교통사고 기타의 인위에 의한 이상한 재해를 포함한다(지방세관계법 운영예규 25-4).

- 사업에 현저한 손실을 입은 경우
  - 이때 "사업에 현저한 손실을 입은 경우"라 함은 납세자가 경영하는 사업에 관하여 현저한 결손을 받은 것을 말하며, 그 손실에는 사업에 관하여 생긴 손실 이외의 사유로 인한 손실은 포함하지 아니한다(지방세관계법 운영예규 25-5).
- 사업이 중대한 위기에 처한 경우
  - 이때 "사업이 중대한 위기에 처한 경우"라 함은 판매의 급격한 감소, 재고의 누적, 매출채권의 회수곤란, 노동쟁의로 인한 조업중단, 기타의 사정에 의한 자금경색으로 부도발생 또는 기업도산의 우려가 있는 경우 등을 말한다(지방세관계법 운영예규 25-6).
- 위와 준하는 사유가 있는 경우{"위 준하는 사유가 있는 경우"란 징수절차를 즉시 강행할 경우 납세자에게 돌이킬 수 없는 손해를 가하여 경제생활을 위태롭게 할 우려가 있는 경우로서 다음 중 어느 하나에 해당하는 경우를 말한다(지방세관계법 운영예규 25-8)}.
  - 납세자 또는 동거가족이 질병이나 중상해로 6개월 이상의 치료가 필요한 경우 또는 사망하여 상중인 경우
  - 사업을 영위하지 아니하는 납세자로서 소득이 현저히 감소하거나 전혀 없는 경우
  - 납세자의 거래처 등이 다음에 따른 사유가 있어 납세자가 매출채권 등을 회수하기 곤란하게 된 경우
    - † 파산선고
    - † 회생절차의 개시결정
    - † 어음교환소의 거래정지처분
    - † 사업의 부진 또는 부도로 인한 휴·폐업
    - † 위의 사유[84]와 유사한 사유
  - 「채무자 회생 및 파산에 관한 법률」에 따라 회생결정을 받고 납부계획서를 제출한 경우
  - 위[85]와 경우와 유사한 경우
- 조세조약에 따라 외국의 권한 있는 당국과 상호합의절차[86]가 진행 중인 경우. 이 경우

---

84) 파산선고, 회생절차의 개시결정, 어음교환소의 거래정지처분, 사업의 부진 또는 부도로 인한 휴·폐업

85) 납세자 또는 동거가족이 질병이나 중상해로 6개월 이상의 치료가 필요한 경우 또는 사망하여 상중인 경우, 납세자의 거래처 등이 다음에 따른 사유가 있어 납세자가 매출채권 등을 회수하기 곤란하게 된 경우, 「채무자 회생 및 파산에 관한 법률」에 따라 회생결정을 받고 납부계획서를 제출한 경우

86) "상호합의절차"란 조세조약의 적용·해석이나 부당한 과세처분 또는 과세소득의 조정에 대하여 우리나라의 권한 있는 당국과 체약상대국의 권한 있는 당국 간에 협의를 통하여 해결하는 절차를 말한다(국조법 제2조 제10호).

「국제조세조정에 관한 법률」 제24조 제2항 · 제4항 및 제6항[87]에 따른 징수유예의 특례에 따른다.

3) 고지 후의 징수유예

고지 또는 독촉 이후에도 납부 기한을 다시 정하여 징수유예를 할 수 있으며 유예 사유는 위 납기 시작 전의 징수유예 사유와 같다(지징법 제25조의2). 이 경우 분할고지는 불가하다.

4) 징수유예의 신청

징수유예를 받기 위해서는 납부기한, 독촉기한 또는 최고기한(이하 "납부기한등"이라 함.)의 3일 전까지 신청서를 관할 지방자치단체장에게 제출하여야 한다. 다만, 지방자치단체장이 납부기한등의 3일 전까지 제출할 수 없다고 인정하는 경우에는 납부기한등의 만료일까지 신청서를 제출하게 할 수 있다(지징령 제32조 제1항). 한편 국세에서 납기연장이나 징수유예 신청을 하여 승인을 받아도 지방세의 과세권자가 국세의 과세권자와 다르므로 지방소득세가 자동으로 납기연장이나 징수유예가 되는 것은 아니다(조심 2011지0577, 2012. 4. 12.). 즉 지방소득세에서 납기연장이나 징수유예 받기 위해서는 국세의 납기연장이나 징수유예 신청과 별개로 따로 납기연장이나 징수유예 신청을 하여야 한다. 다만, 매년 국세청이 수출중소기업 등에 대해 세정지원하고자 국세의 납부기한을 연장해주곤 하는데 이때 국세 납기연장된 납세자에 대해서 행안부가 지침을 하달하여 각 지방자치단체에 지방세도 납기연장해주도록 하고 있는바(지방소득소비세제과-575, 2025. 3. 12.) 이 경우는 국세의 징수유예와 지방세의 징수유예가 동일하게 적용된다 하겠다.

소득세 징수유예와 지방소득세 징수유예(조심 2011지0577, 2012. 4. 12.)

청구인이 OOO으로부터 양도소득세에 대해 징수유예 승인을 받았다 하더라도 지방세인 지방소득세 징수유예 승인권자는 OOO이므로 별도로 신청절차를 거쳐 징수유예에 대한 승인을 받아야 한다.

---

87) 국조법 제49조(법률 개정에 따라 해당 조항으로 이전 및 일부 삭제)

② 제1항에 따른 신청을 받은 납세지 관할 세무서장 또는 지방자치단체의 장은 납부할 세액을 고지(告知)하기 전에 상호합의절차가 개시된 경우에는 상호합의절차의 종료일까지 「국세징수법」 제14조에 따른 납부고지의 유예(「지방세징수법」 제25조에 따른 고지유예와 분할고지를 포함하며, 이하 이 조에서 "납부고지의 유예"라 한다)를 할 수 있다. 이 경우 납세지 관할 세무서장 및 지방자치단체의 장은 납부할 세액을 상호합의절차 종료일의 다음 날부터 30일 이내에 고지하여야 한다.

④ 제2항과 제3항은 체약상대국이 상호합의절차의 진행 중에 납부기한 등의 연장 또는 압류 · 매각의 유예를 허용하는 경우에만 적용한다.

5) 징수유예의 기간 및 재유예

가) 일반적인 경우

징수유예 기간은 그 징수유예를 결정한 날의 다음 날부터 6개월 이내로 하고 분할하여 납부할 수 있도록 할 경우 그 기간 중의 분납기한과 분납금액은 지방자치단체장이 정한다(지징령 제31조 제1항). 이때 징수유예 기간이 만료될 때까지 납세자의 징수유예 사유가 지속되는 경우에는 한 차례에 한정하여 6개월 이내 다시 징수유예 결정을 할 수 있으며 그 기간 중의 분납기한과 분납금액은 지방자치단체장이 정한다(지징령 제31조 제2항). 그리고 징수유예의 시작일은 납기가 종료되는 날로 한다. 다만, 그 날이 부적당하다고 인정하는 때에는 과세권자가 별도로 그 시작일을 지정할 수 있다(지방세관계법 운영예규 31-2).

나) 조세조약에 따라 외국의 권한 있는 당국과 상호합의절차가 진행 중인 경우에 해당하여 징수유예 받은 경우

해당 경우 징수유예등의 기간은 세액의 납부기한 다음 날 또는 상호합의절차의 개시일 중 나중에 도래하는 날부터 상호합의절차의 종료일까지로 한다(지징령 제31조 제3항).

6) 징수유예의 효과 및 효력일

징수유예를 한 경우 그 징수유예 기간이 끝날 때까지 체납분 납부지연가산세 및 체납분 특별징수 의무불이행 가산세를 징수하지 아니하고 그 기간 중에는 그 유예한 지방세 또는 체납액에 대해 체납처분이 불가하다(지징법 제28조 제1~3항).

한편, 징수유예의 효력일은 납세자가 신청하여 결정하는 경우는 그 신청일이며 과세관청이 직권으로 결정하는 경우에는 그 통지서의 발급일이다(지징령 제33조 제3항).

7) 징수유예의 취소

징수유예등을 받은 자가 다음 각 호의 어느 하나에 해당하게 됐을 때에는 지방자치단체장은 그 징수유예등을 취소하고 그 징수유예등에 관계된 지방세 또는 체납액을 한꺼번에 징수할 수 있다(지징법 제29조 제1항).

- 1. 지방세와 체납액을 지정된 기한까지 납부하지 아니하였을 때
- 2. 담보의 변경이나 그 밖에 담보 보전에 필요한 지방자치단체장의 명령에 따르지 아니하였을 때
- 3. 징수유예등을 받은 자의 재산상황, 그 밖에 사업의 변화로 인하여 유예할 필요가 없다고 인정될 때

- 4. 납기전징수 사유에 해당되어 그 유예한 기한까지 유예에 관계되는 지방자치단체의 징수금 또는 체납액의 전액을 징수할 수 없다고 인정될 때

위에 따라 징수유예를 취소하였을 때에는 납세자에게 그 사실을 통지하여야 하고(지징법 제29조 제2항), 위 사유 중 3호를 제외한 사유로 징수유예를 취소한 경우에는 그 지방세 또는 체납액에 대해 다시 징수유예를 할 수 없다(지징법 제29조 제3항).

8) 납세담보

지방자치단체장은 징수유예를 하는 때에는 그 유예와 관계되는 금액에 상당한 담보의 제공을 요구할 수 있다(지징법 제27조).

나. 기한연장 및 납기연장

1) 개요

지방자치단체장은 대통령령으로 정하는 사유로 납세자가 기한까지 납부・신고 등을 할 수 없다고 인정되는 경우에는 기한연장이 가능하다(지기법 제26조 제1항).

2) 기한연장 사유

기한연장 사유는 다음과 같다(지령 제6조).

- 1. 납세자가 「재난 및 안전관리 기본법」에 따른 재난이나 도난으로 재산에 심한 손실을 입은 경우
- 2. 납세자나 그 동거가족이 질병이나 중상해로 6개월 이상의 치료가 필요하거나 사망하여 상중인 경우
- 3. 권한 있는 기관에 장부등이 압수되거나 영치된 경우
- 4. 납세자가 경영하는 사업에 현저한 손실이 발생하거나 부도 또는 도산 등 사업이 중대한 위기에 처한 경우(납부의 경우로 한정한다)
- 5. 정전, 프로그램의 오류, 그 밖의 부득이한 사유로 정보처리장치나 시스템[88]을 정상적으로 가동시킬 수 없는 경우
- 6. 지방자치단체의 금고 또는 지방세수납대행기관의 휴무, 그 밖에 부득이한 사유로 정

---

88) 정보처리장치나 시스템은 다음 중 어느 하나에 해당하는 것을 말한다.
- 「지방회계법」 제38조에 따른 지방자치단체의 금고(이하 "지방자치단체의 금고"라 한다)가 운영하는 정보처리장치
- 「지방회계법 시행령」 제49조 제1항 및 제2항에 따라 지방자치단체 금고업무의 일부를 대행하는 금융회사 등(이하 "지방세수납대행기관"이라 한다)이 운영하는 정보처리장치
- 「지방회계법 시행령」 제62조에 따른 세입금통합수납처리시스템

상적인 신고 또는 납부가 곤란하다고 행정안전부장관이나 지방자치단체의 장이 인정하는 경우

• 7. 납세자의 장부 작성을 대행하는 세무사(세무법인 포함) 또는 세무대리업무등록부에 등록한 공인회계사(회계법인을 포함)가 재난 등으로 피해를 입거나 해당 납세자의 장부(장부 작성에 필요한 자료를 포함한다)를 도난당한 경우(지방소득세에 관하여 신고 · 신청 · 청구 또는 그 밖의 서류 제출 · 통지를 하거나 납부하는 경우로 한정한다)
• 8. 제1호부터 제8호까지의 규정에 준하는 사유가 있는 경우

이상에서 사업에 현저한 손실이 발생하거나 사업이 중대한 위기에 처한 경우의 기한연장은 납부의 경우로 한정하는바 이 경우 신고기한의 연장은 불가하므로 과세관청이 기한연장을 승인한다 하여도 납세자가 세액 및 과세표준을 기한 내에 신고하지 아니하였거나 과소신고하였으면 무신고 혹은 과소신고가산세를 부담하게 된다.

3) 기한연장 신청

기한연장을 신청하려는 자는 기한 만료일 3일 전까지 연장 신청서를 지방자치단체장에게 제출하여야 한다. 다만 지방자치단체장은 신청인이 기한 만료일 3일 전까지 신청할 수 없다고 인정하는 경우에는 기한의 만료일까지 신청하게 할 수 있다(지기령 제7조 제1항).

4) 기한연장 기간 및 재연장

기한연장 기간은 기한연장 결정일의 다음 날부터 6개월 이내로 하고 그 기간 중의 분납기한 및 금액은 지방자치단체장이 정한다. 이 경우 지방자치단체의 장은 가능한 한 매회 같은 금액을 분납할 수 있도록 정하여야 한다. 또한, 기한을 연장한 후에도 해당 기한연장의 사유가 소멸되지 않는 경우 6개월을 넘지 않는 범위에서 한차례 추가로 연장이 가능하다(지기령 제8조).

5) 담보 제공

지방자치단체의 장은 기한 연장 시 담보의 제공을 요청할 수 있다(지기법 제26조 제2항).

6) 납기연장 취소

납기 연장 후 납세자가 다음 어느 하나의 사유에 해당할 경우 지방자치단체장은 그 기한연장을 취소하고 연장됐던 지방세를 즉시 징수할 수 있다(지기법 제27조).

• 담보의 제공 등 지방자치단체장의 요구에 따르지 아니할 때

• 납기전징수 사유에 해당되어 그 연장한 기한까지 연장된 해당 지방세 전액을 징수할 수 없다고 인정될 때
• 재산상황의 변동 등 대통령령으로 정하는 사유[89]로 인하여 납부기한을 연장할 필요가 없다고 인정될 때

다. 실무 Check

1) 징수유예와 납기연장 차이

지방세징수법 제2장 제1절 징수절차에서 납세의 고지, 고지서의 발급시기 등을 규정하면서 징수유예를 같이 규정하고 있고 징수유예의 효력은 일반분 납부지연가산세가 아니라 체납분 납부지연가산세 등에 적용된다고 규정하고 있는바 법의 체계상 징수유예는 고지하는 지방세(신고납부하는 지방세이나 고지한 경우 포함)에 대해서만 적용되고 신고납부하는 지방세의 경우(신고납부하는 지방세이나 고지한 경우 제외)에는 납기연장이 적용된다고 볼 수 있다(조심 20210447, 2012. 8. 31.). 또한, 납기연장은 연장사유 범위가 징수유예 유예사유 범위보다 더 넓다.

> **부과고지분과 납기연장(조심 2012지0447, 2012. 8. 31.)**
> 청구법인이 주장하는 납부기한의 연장에 관한 규정은 부과고지분이 아닌 신고납부분에 대해 적용하는 규정이다.

2) 재무비율

법인 혹은 사업자의 징수유예, 납기연장 사유에는 사업이 중대한 위기에 처한 경우 등이 있는데 징수유예 등을 승인할 경우 법인 혹은 사업자가 그 위기를 벗어나는 것이 아니라 그 위기로 법인 혹은 사업자가 해산하거나 파산 혹은 체납처분될 것으로 예상되면 그 징수유예 등으로 세수가 유실될 수 있으므로 징수유예 등의 승인을 해주기는 어렵다 할 것이다. 따라서 징수유예 등의 승인 검토 시 법인 혹은 사업자의 전국 지방세 체납액, 재무제표 등을 점검하는 과정이 필요하다 할 것이고 그 점검 방법 중 재무비율을 검토하는 것도 하나의 방법이 될 수

---

89) 대통령령으로 정하는 사유란 다음 각 호의 어느 하나에 해당하는 경우를 말한다.
1. 재산상황, 그 밖에 사업의 변화로 인하여 기한을 연장할 필요가 없다고 인정되는 경우
2. 정전, 프로그램의 오류, 그 밖의 부득이한 사유로 다음 각 목의 어느 하나에 해당하는 정보처리장치나 시스템을 정상적으로 가동시킬 수 없는 경우에 해당하는 사유로 납부기한이 연장된 경우에 그 해당 사유가 소멸되어 정상적인 납부가 가능한 경우

있으므로 이하에서 재무비율 중 대표적인 것들을 소개하고자 한다. 이러한 재무비율들의 현년도의 비율과 전년도의 비율을 비교하는 것도 징수유예 등의 승인 검토 시 도움이 된다.

가) 유동비율

유동비율은 기업의 단기채무 지급능력 혹은 신용력을 측정하는 비율이며 일반적으로 200%를 초과할 때 좋다고 한다.

$$\text{유동비율} = \frac{\text{유동자산}}{\text{유동부채}}$$

나) 부채비율

부채비율은 부채와 자본의 크기를 비교하는 비율로 부채비율이 클수록 기업의 재무위험과 채권자의 위험이 큰 것을 의미한다. 일반적으로 100% 이하인 경우 양호한 것으로 판단된다.

$$\text{부채비율} = \frac{\text{부채총계}}{\text{자본총계}}$$

다) 자기자본비율

자기자본비율은 기업의 안정성을 측정하는 비율이다. 보통 50% 이상일 때 기업이 건전하다고 평가한다.

$$\text{자기자본비율} = \frac{\text{자본총계}}{\text{자산총계}}$$

3 제척기간

가. 개요

지방세 부과의 제척기간 제도는 권리관계를 조속히 확정·안정시키려는 것으로 부과제척기간이 경과하면 지방자치단체의 부과권은 소멸돼 과세표준이나 세액을 변경하는 어떠한 결정 또는 경정도 할 수 없다(지기법 제38조 제1항, 지방세관계법 운영예규 38-1).

나. 제척기간 기산일

1) 일반적인 경우

지방소득세의 제척기간 기산일은 지방소득세 신고기한의 다음 날이다(지기령 제19조 제1항 제1호). 이때 이때 예정신고기한은 신고기한에 포함되지 아니하며 신고·납부기한이 연장된 경우 그 연장된 납기한의 다음 날을 기산일로 한다(지기령 제19조 제2항 제2호).

2) 특별징수의무자 또는 납세조합에 대해 부과하는 지방세

특별징수의무자 또는 납세조합에 대해 부과하는 지방세는 해당 특별징수세액 또는 납세조합징수세액의 납부기한의 다음 날이 제척기간 기산일이 된다(지령 제19조 제2항 제1호).

다. 부과의 제척기간

1) 일반적인 경우

일반적인 경우의 지방소득세 부과의 제척기간은 5년이다. 즉, 이하의 경우를 제외한 일반적인 경우 제척기간 기산일로부터 5년이 경과하면 그 날에 부과제척기간이 최초로 경과한다(지기법 제38조 제1항 제3호).

2) 무신고한 경우

납세자가 법정신고기한까지 지방소득세를 신고하지 아니한 경우의 부과의 제척기간은 7년이다(지기법 제38조 제1항 제2호).

3) 부정행위가 있는 경우

납세자가 사기나 그 밖의 부정한 행위로 지방세를 포탈하거나 환급·공제 또는 감면받은 경우의 부과의 제척기간은 10년이다. 실무적으로는 국세청 통보자료상 법인세 혹은 소득세의 부정무신고 혹은 부정과소신고가산세가 과세된 경우에 해당 부과의 제척기간이 적용될 수 있을 것이다(지기법 제38조 제1항 제1호).

4) 이의신청, 심판청구, 심사청구, 행정소송법에 따른 결정 또는 판결이 있는 경우

이의신청, 행정소송 등의 결정 또는 판결이 있는 경우 그 결정 또는 판결이 확정된 날로부터 1년 이내에 경정결정이나 그 밖에 필요한 처분을 할 수 있다(지기법 제38조 제2항 제1호). 다만 이 경우에도 결정이나 판결에 따른 결정 혹은 경정만이 가능한 것이지 새로운 경정사유의 발생 등에 따라 그 결정이나 판결과 관계없는 결정·경정은 불가하다 할 것이다(대법원 2010. 6. 24. 선고 2007두16493 판결).

판결에 따르지 아니하는 새로운 결정이나 경정의 경우(대법원 2010. 6. 24. 선고 2007두16493, 판결)

구 국세기본법(2006. 12. 30. 법률 제8139호로 개정되기 전의 것, 이하 같다) 제26조의2 제2항의 규정은 같은 조 제1항 소정의 과세제척기간이 일단 만료하면 과세권자는 새로운 결정이나 증액경정결정은 물론 감액경정결정 등 어떠한 처분도 할 수 없게 되는 결과 과세처분에 대한 행정심판청구 또는 행정소송 등의 쟁송절차가 장기간 지연되어 그 결정 또는 판결이 과세제척기간이 지난 후에 행하여지는 경우 그 결정이나 판결에 따른 처분조차도 할 수 없게 되는 불합리한 사례가 발생하는 것을 방지하기 위하여 마련된 것임에 비추어 볼 때, 그 문언상 과세권자로서는 당해 판결 또는 결정에 따른 경정결정이나 그에 부수하는 처분만을 할 수 있을 뿐, 판결 또는 결정이 확정된 날로부터 1년 내라 하여 당해 판결이나 결정에 따르지 아니하는 새로운 결정이나 증액경정결정까지도 할 수 있는 것은 아니다.

5) 조세조약 상호합의가 있는 경우

조세조약에 부합하지 아니하는 과세의 원인이 되는 조치가 있는 경우 그 조치가 있음을 안 날부터 3년 이내에 그 조세조약에 따른 상호합의가 신청된 것으로서 그에 대하여 상호합의가 이루어진 경우 상호합의가 종결된 날로부터 1년 이내에 경정결정이나 그 밖에 필요한 처분을 할 수 있다(지기법 제38조 제2항 제2호).

6) 경정청구가 있는 경우

경정청구가 있는 경우 경정청구일로부터 2개월 이내에 경정결정이나 그 밖에 필요한 처분을 할 수 있다(지기법 제38조 제2항 제3호).

7) 국세청이 과세자료를 통보한 경우

국세청이 지방자치단체에 지방소득세 관련 과세자료를 통보한 경우 그 자료를 통보한 날로부터 2개월 이내에 경정결정이나 그 밖에 필요한 처분을 할 수 있다(지기법 제38조 제2항 제4호).

라. 제척기간과 환급

1) 실무 Check

가) 제척기간이 경과했으나 환급금 소멸시효는 경과하지 않은 경우

지방세법 제103조의59 제4항에서 국세청 통보자료에 따른 환급의 경우 지방세환급금의 소멸시효를 그 자료를 통보받은 날부터 5년으로 규정하고 있는데 이 규정을 근거로 국세청 통보자료에 따른 환급의 경우 제척기간이 경과하여도 환급이 가능하다는 주장이 있어 이하에서는 이에 대한 당부를 자세히 살펴보고자 한다.

지방자치단체장은 오납액, 초과납부액, 환급세액이 있는 경우 즉시 이를 지방세환급금으로 결정하여야 하는데(지기법 제60조 제1항) 오납액, 초과납부액, 환급세액의 정의는 다음과 같다(대법원 2009. 3. 26. 선고 2008다31768 판결).

구분	정의	예시	환급금 확정일
오납액	납부 또는 징수의 기초가 된 신고 또는 부과처분이 부존재하거나 당연무효임에도 불구하고 납부 또는 징수된 세액	이중납부, 납세의무가 없는데 납부한 경우 등 당연무효임에도 납부한 경우	납부 또는 징수 시
초과납부액	신고 또는 부과처분이 당연무효는 아니나 그 후 취소 또는 경정됨으로써 그 전부 또는 일부가 감소된 세액	과세표준 감액경정	부과처분의 취소 또는 경정에 의하여 조세채무의 전부 또는 일부가 소멸한 때
환급세액	적법히 납부 또는 징수되었으나 그 후 국가가 보유할 정당한 이유가 없게 되어 각 개별 세법에서 환부하기로 정한 세액	결손금 소급공제 환급	각 개별 세법에서 규정한 환급 요건 충족 시

위 표에서 알 수 있듯 초과납부액의 경우 과세표준 감액경정이 돼야 비로소 지방세환급금 확정된다. 그런데 부과제척기간이 경과하면 과세권자는 새로운 결정이나 감액경정 등 어떠한 처분도 할 수 없는바(대법원 2002. 9. 24. 선고 2000두6657 판결) 초과납부액의 경우 부과제척기간이 경과하면 감액경정이 불가하므로 환급금의 확정이 되지 않고 결론적으로 환급이 불가하다 할 것이다. 국세청 통보자료에 따른 과세표준 경정 등은 초과납부액에 따른 경정

이라 할 것이므로 결국 국세청이 통보한 과세자료의 제척기간이 경과하였다면 감액경정이 불가하여 환급이 불가한 것이다. 따라서 국세청이 제척기간 경과가 임박한 자료들을 통보한 경우 그 자료를 통보한 날로부터 2개월 이내까지는 부과 등 처분을 할 수 있다고 규정하고 있는 제척기간 특례조항이 있으므로 통보일로부터 2개월 이내에 과세 처리(환급 포함)하여야 할 것이다.

한편, 오납액의 경우 납부 또는 징수 시에 경정 없이 지방세환급금이 확정되므로 이중납부, 착오납부 등의 경우는 제척기간이 경과하여도 환급이 가능할 수 있다. 다만, 이때도 해당 과세가 당연무효에 해당하여야 오납액이라 할 수 있는데 당연무효에 해당하는지 여부는 중대하고 위법한 하자가 있었는지 여부를 판단하는 것으로 결국 사법부에서 판단하는 것이라 할 것인바 단순 이중납부 등 오납액이 명백한 경우 외에는 민사소송 중 부당이득금 반환소송을 통해 해당 과세가 당연무효로 확정되지 아니하는 한 환급은 어렵다 할 것이다.

제척기간 경과 후 감액경정(대법원 2002. 9. 24. 선고 2000두6657 판결)

과세제척기간이 만료되면 과세권자로서는 새로운 결정이나 증액경정결정은 물론 감액경정결정 등 어떠한 처분도 할 수 없음이 원칙이라고 할 것이다.

오납액, 초과납부액, 환급세액(대법원 2008다31768, 2009. 3. 26.)

오납액이라 함은 납부 또는 징수의 기초가 된 신고(신고납세의 경우) 또는 부과처분(부과과세의 경우)이 부존재하거나 당연무효임에도 불구하고 납부 또는 징수된 세액을 말하고, 초과납부액은 신고 또는 부과처분이 당연무효는 아니나 그 후 취소 또는 경정됨으로써 그 전부 또는 일부가 감소된 세액을 말하며, 환급세액은 적법히 납부 또는 징수되었으나 그 후 국가가 보유할 정당한 이유가 없게 되어 각 개별 세법에서 환부하기로 정한 세액을 말하므로, 위 오납액과 초과납부액 및 환급세액은 모두 조세채무가 처음부터 존재하지 않거나 그 후 소멸되었음에도 불구하고 국가가 법률상 원인 없이 수령하거나 보유하고 있는 그 부당이득에 해당한다.

오납액의 환급금 소멸시효(대법원 1996. 11. 12. 선고 96다29878 판결)

구 지방세법 제48조 제2항(1994. 12. 22. 법률 제4794호로 개정되기 전의 것)은 "지방자치단체의 징수금의 과오납으로 인하여 생긴 지방자치단체에 대한 청구권은 그 권리를 행사할 수 있는 때로부터 5년간 행사하지 아니할 때에는 시효로 인하여 소멸한다."고 규정하고 있는바, 위 규정에 따른 5년의 소멸시효기간이 적용되는 징수금의 오납에는 납부 또는 징수의 기초가 된 신고(신고납세의 경우) 또는 부과처분(부과과세의 경우)에 단순히 취소할 수 있는 위법

사유가 있는 경우뿐만 아니라, 그 위법이 중대하고도 명백하여 당연무효이거나 신고 또는 부과처분이 부존재하여 그로 인한 부당이득반환청구권을 바로 행사할 수 있는 경우도 포함된다고 할 것이다.

권리를 행사할 수 있는 때(지방세운영과-831, 2010. 2. 26.)

소멸시효는 객관적으로 권리가 발생하여 그 권리를 행사할 수 있는 때로부터 진행하고 그 권리를 행사할 수 없는 동안만은 진행하지 않는 것으로서, "권리를 행사할 수 없는" 경우라 함은 그 권리행사에 법률상의 장애사유, 예컨대 기간의 미도래나 조건불성취 등이 있는 경우를 말하는 것(같은 취지의 대법원 판결 2003두10763, 2004. 4. 27.)인 바, 동 규정에서 "그 권리를 행사할 수 있는 때"함은 근로소득세를 경정토록 확정판결을 받음에 따라 비로소 근로소득세가 감액되고 이를 과세표준으로 하여 납부하는 지방소득세(구 주민세)의 경우도 비로소 감액사유가 발생되는 것이어서 확정판결일 익일부터 과오납환부청구권이 발생되어 기산(세정과-1487호, 2004. 6. 7. 참조)되어야 한다고 판단되며, 기타 사실관계 등은 과세권자가 판단한 사항이라고 사료됨.

2) 제척기간이 경과한 후에 수정신고한 경우

제척기간이 경과하였으나 납세자가 착오로 수정신고한 경우 그 착오신고액은 오납액으로 보아 제척기간의 경과와 관계없이 환급한다(조심 2016중2042, 2016. 10. 27.). 이는 제척기간이 경과하여 납세의무가 소멸하였으므로 그 소멸한 납세의무에 대한 신고는 당연무효로 볼 수 있기 때문이다.

제척기간 경과 후 수정신고한 경우(조심 2016중2042, 2016. 10. 27.)

조세채무가 소멸하면 과세관청이 부과권을 행사한다거나 납세자 및 과세관청이 과세표준 또는 세액을 변경하는 결정·경정도 할 수 없어 납세자가 납세의무를 부담할 법령상 근거가 있는 것으로 보기 어려울 뿐 아니라, 부과제척기간 경과 후 수정신고를 허용하는 경우 신고내용에 오류 또는 누락이 있더라도 이를 결정·경정하기 어렵고, 국세 관련 권리관계를 조속히 확정시키려는 부과제척기간의 취지에도 반하게 되는 점, 부과제척기간이 경과하여 소멸된 납세의무가 수정신고를 하였다 하여 다시 성립한다고 보기 어려운 점 등에 비추어 쟁점납부액은 부과제척기간을 도과한 과세기간분에 대한 세액으로서 오납금에 해당하는 것으로 보이므로 「국세기본법」 제51조 제1항의 적용대상에 해당한다 할 것이다.

4 경정청구

가. 개요

경정이란 납세의무자의 신고나 과세관청의 결정·경정에 오류가 있어 과세관청이 이를 시정하는 것으로 증액경정과 감액경정으로 나누어진다. 과세표준 혹은 세액이 증가하는 경우를 증액경정이라 하고 감소하는 경우를 감액경정이라 한다. 한편, 지방세기본법에서는 과세관청이 부과 징수가 위법·부당한 것임을 확인하면 즉시 그 처분을 취소하거나 변경하여야 한다고 규정하고 있는데 이처럼 어떠한 청구 등이 없이 과세관청이 직접 세액, 과세표준을 경정하는 것을 직권경정이라고 한다(지기법 제58조). 이와 달리 납세자는 경정을 청구하여 과세관청이 과세표준 및 세액을 결정·경정하게 할 수 있는데 이를 경정청구라 한다(지기법 제50조).

나. 경정청구 요건

경정청구를 할 수 있는 경우는 신고서 및 기한후신고서에 기재한 과세표준 및 세액(결정・경정이 있는 경우에는 그 결정・경정이 있은 후의 과세표준 및 세액)이 정당 과세표준 및 세액을 초과하는 경우 혹은 신고서 및 기한후신고서에 기재된 환급세액이 정당 환급세액보다 적은 경우이다(지기법 제50조 제1항).

다. 경정청구 기한

1) 일반적인 경우

일반적인 경우의 경정청구 기한은 법정신고기한이 지난 후 5년 이내이다(지기법 제50조 제1항).

2) 후발적 사유에 따른 경정청구

다음 중 어느 하나에 해당하는 경우 그 사유가 발생한 것을 안 날로부터 90일 이내에 결정 또는 경정을 청구할 수 있다(지기법 제50조 제2항, 지기령 제30조).

- 과세표준 및 세액의 근거가 되는 거래나 행위 등이 그에 관한 심판청구, 심사청구에 대한 결정 혹은 소송의 판결에 의하여 다른 것으로 확정된 경우
- 조세조약 상호합의가 최초의 신고 결정・경정과 다르게 이루어졌을 때
- 최초의 신고・결정 또는 경정을 할 때 과세표준 및 세액의 근거가 되는 거래나 행위 등의 효력에 관계되는 관청의 허가나 그 밖의 처분이 취소된 때
- 최초의 신고・결정 또는 경정을 할 때 과세표준 및 세액의 계산근거가 된 거래 또는

행위 등의 효력과 관계되는 계약이 해당 계약의 성립 후 발생한 부득이한 사유로 해제 되거나 취소된 경우

- 최초의 신고·결정 또는 경정을 할 때 장부 및 증빙서류 압수, 그 밖의 부득이한 사유로 과세표준 및 세액을 신고할 수 없었으나 그 후 해당 사유가 소멸한 경우
- 그 밖에 위에 준하는 사유가 있는 경우 등

라. 경정청구 결과 통지

경정청구를 받은 과세권자는 그 청구를 받은 날로부터 2개월 이내에 결정·경정하거나 결정·경정할 이유가 없는 사실을 청구인에게 통지하여야 하는데 2개월 이내에 결정·경정이 곤란한 경우는 진행 상황과 청구인이 그 2개월이 되는 날의 다음 날부터 불복을 청구할 수 있다는 사실을 통지하여야 한다(지기법 제50조 제3항~5항). 실무상으로 국세청 통보자료로 과세하는 지방소득세 특성상 국세와 지방세에 동시에 경정청구를 한 경우 국세의 경정청구 검토 및 경정이 늦어져 경정청구 관련된 국세청 통보자료가 지방소득세 경정청구일로부터 2개월 이내에 통보되지 아니하여 경정 등을 하지 못하는 경우가 있을 수 있는데 이 경우 청구 법인에 진행 상황 및 불복 가능 사실을 통지하여야 할 것이다.

마. 법인지방소득세 본점 일괄 경정청구

둘 이상의 지방자치단체에 사업장이 있는 법인은 과세표준에 대한 경정청구 시 본점 소재지의 지방자치단체장에게 일괄하여 경정을 청구할 수 있다. 이때 본점 소재지 지방자치단체장은 법인이 경정 청구한 내용을 다른 사업장 소재지 지방자치단체의 장에게 통보하여야 한다(지법 제103조의24 제5항). 일괄 경정청구 시 경정청구서는 납세지별로 각각 작성하여 사업연도 종료일 현재 본점 또는 주사무소 소재지 지방자치단체의 장에게 일괄 제출한다(지령 제100조의14 제3항). 한편, 해당 일괄 경정청구의 대상은 과세표준에 대한 경정청구이므로 세액 공제, 안분율 변동 등에 대한 경정청구는 일괄 경정청구가 불가하다(2025년 행정안전부 지방소득세 실무해설집 164p).

일괄 경정청구 시 경정청구서 제출(2025년 행정안전부 지방소득세 실무해설집 164p)
일괄 경정청구는 과세표준에 대한 경정청구에 한하여 가능하므로, 일괄 경정청구 대상이 아닌 세액공제 등에 관한 경정청구서는 납세지 자치단체별 각각 제출

바. 개인지방소득세 무관할 경정청구

개인지방소득세는 납세지를 관할하는 지방자치단체장 외의 지방자치단체장에게 신고하여도 그 효력이 인정되는 이른바 무관할 신고제도가 도입돼 있는데 경정청구도 납세지를 관할하는 지방자치단체장 외의 지방자치단체장에게 하여도 그 효력이 인정된다(지법 제96조 제1항).

| 저 | 자 | 소 | 개 |

이정민

- 고려대학교 법무대학원 조세법학과 석사과정(재학)
- 서울과학기술대학교 경영학과(졸업)
- 화성시청 세정과 법인지방소득세 담당(현)
- 서초구청 세무2과 근무(전)
- 한국지방세연구원 법인지방소득세 강사(2025~)
- 서울시 인재개발원 법인지방소득세 강사(2025~)

최신판 **지방소득세 실무**

2026년 1월 13일 초판 인쇄
2026년 1월 19일 초판 발행

저　　자　이　정　민
발 행 인　오　연　관
발 행 처　**삼일피더블유씨솔루션**

저자협의 인지생략

서울특별시 용산구 한강대로 273 용산빌딩 4층
등록번호 : 1995. 6. 26 제3－633호
전　　화 : (02) 3489－3100
F A X : (02) 3489－3141
I S B N : 979－11－6784－462－0　93320

※ '삼일인포마인'은 '삼일피더블유씨솔루션'의 단행본 브랜드입니다.
※ 파본은 교환하여 드립니다.

정가 32,000원